Zu diesem Buch

Der englische Dramatiker Alan Ayckbourn hat seit 1959 sechsundvierzig Theaterstücke geschrieben, die rund um die Welt, mittlerweile in mehr als dreißig Ländern, gespielt werden. Wie sein berühmterer Kollege Shakespeare leitet Ayckbourn ein eigenes Theater. In der Arenabühne des kleinen Stephen Joseph Theatre in Scarborough, einem Badeort an der englischen Nordostküste, inszeniert er die Uraufführungen all seiner Stücke. Ayckbourns erstaunliche Produktivität und sein ungewöhnlich lang anhaltender, internationaler Erfolg, sowohl im kommerziellen Theater wie auf den subventionierten Bühnen, machen Erklärungsversuche dieses Phänomens schwierig. Er wurde als Boulevardier und Farceur abqualifiziert, aber auch mit Molière, Ibsen oder Tschechow verglichen. «Ich überquere in meinen Stücken die schmale Brücke, die zwischen der Komödie und der Tragödie liegt, wahrscheinlich häufiger als andere», sagt Ayckbourn selbst. In dem vorliegenden Band sind vier Stücke aus einer Zeitspanne von dreizehn Jahren (1975 bis 1987) in neuer Übersetzung abgedruckt, ergänzt durch ein Gespräch zwischen Ayckbourn und dem Theaterjournalisten Ian Watson sowie ein Nachwort über den Autor und seine Stücke.

Alan Ayckbourn
Stücke

Halbe Wahrheiten
Schlafzimmergäste
Ganz unter uns
Ab jetzt

rororo
Rowohlt

Deutsche Erstausgabe

Veröffentlicht im Rowohlt Taschenbuch Verlag GmbH,
Reinbek bei Hamburg, Februar 1994

Übersetzer siehe Zwischentitel
Umschlaggestaltung: Walter Hellmann
(Foto des Autors: John Haynes)
Satz Garamond (Linotronic 500)
Gesamtherstellung Clausen & Bosse, Leck
Printed in Germany
1890-ISBN 3 499 13391 1

Inhalt

Wie die Stücke entstehen

IAN WATSON: Sie planen ein neues Stück bis zu einem Jahr im voraus. Wissen Sie in diesem Stadium bereits, was es für ein Stück wird?

ALAN AYCKBOURN: Ich habe eine ungefähre Vorstellung. Sobald ich ein Stück fertig habe, möchte ich am liebsten ein neues anfangen. Man kommt in eine ungeheuer euphorische Stimmung, wenn man schreibt. Man denkt: «Toll! Ich kann immer weiterschreiben!» Allerdings gibt es im Hinterkopf eine Stimme, die sagt: «O nein, kannst du nicht!» Aber trotzdem, ich plane dann das nächste Stück. In dem Stadium gibt es aber nur ein paar skizzenhafte Vorstellungen. Vielleicht irgendwelche Ideen aus dem Regal.

IW: Was meinen Sie damit? Sachen, die Sie im Laufe der Jahre sozusagen abgelegt haben?

AA: Genau. Der Einfall zu *Treppauf – Treppab*[1] war zum Beispiel jahrelang in dem Regal. Es hat nur die Geschichte mit den drei Stockwerken gefehlt. Als ich den Einfall hatte, kam – schwupp – auch gleich der nächste: Ein Mann, der von seiner Frau verlassen wird, und dann liest ein anderer Mann ihren Abschiedsbrief. Das hört sich wie der blödeste Einfall des Jahrhunderts an, aber es war wirklich der Knackpunkt des ganzen Stücks.

IW: Und in welchem Stadium entscheiden Sie, ob Sie etwas aus dem Regal nehmen oder etwas völlig Neues suchen?

AA: Erst, wenn ich soweit bin.

IW: In der dazwischenliegenden Phase – die man sich als eine Art Schwangerschaftsphase vorstellen könnte und die manchmal auch genau neun Monate dauert, geschieht aber nichts, oder? Sie fangen nicht an, sich Notizen zu machen oder komplizierte Ablaufpläne zu zeichnen?

[1] Das Stück spielt in einer Villa: Wobei Dachkammer, Schlafzimmer im ersten Stock, Wohnzimmer im Erdgeschoß und die beiden Treppen alle auf derselben Bühnenebene liegen. Die Handlung spielt oft parallel in den Räumen und auf den Treppen.

AA: Nein. Normalerweise hege ich eine Art Ersatzkind, das aus dem Nest geworfen wird, wenn der Zeitpunkt näher kommt. Ich denke: «Was für eine wunderbare Idee.» Ich nähere mich ihr, und dann scheint die wunderbare Idee plötzlich, wenn ich mich vor ein weißes Blatt Papier setze, völlig unbrauchbar. Ich eiere also darum herum, auf der Suche nach der Idee, die vielleicht dahintergesteckt hat. Immer wieder habe ich mich mit bestimmten Ideen hingesetzt und sie nie geschrieben. Ich schreibe die Idee, die dahintersteckt. Und dann ergibt sich immer mehr. Anderes fügt sich zu der Idee. Es ist wie ein Stein, und der rollt, und kleine Teile bleiben daran haften. Ich brauche ungefähr acht Ideen – also, nicht genau acht, aber schon ein paar –, um ein Stück daraus zu machen. Ich bin nicht zufrieden, wenn nur eine da ist. Zum Beispiel, nehmen Sie *Treppauf – Treppab*, wovon ich Ihnen gerade erzählt habe: Es reicht nicht, wenn ich bloß den Einfall habe, daß eine Frau ihren Mann verläßt und er lädt einen anderen Mann ein, der den Brief liest. Ich brauche noch zwei andere, die Schlafzimmer zum Beispiel und den Mann, der alle zum Einschlafen bringt. Wenn ich die drei Einfälle gemeinsam ins Laufen gebracht habe, dann denke ich: «Jetzt wird was passieren können. Jetzt stimmt die Chemie, es wird ein Stück und kein Sketch.» Oft sind meine Einfälle nur Sketchideen: Die Chemie stimmt nicht, sie locken keine anderen Ideen an. Also lasse ich sie fallen oder pack sie ins Regal, bis sie irgendwann andere kleine Freunde anlocken, die dann zusammen ein Ganzes werden. So läuft das ungefähr ab. Oft geht es nur darum, Dinge in der richtigen Reihenfolge miteinander zu kombinieren.

IW: Haben Sie irgendein Rezept, wie Sie überhaupt auf diese Ideen kommen? Vermutlich kristallisieren sie sich meist ganz ohne Ihr Zutun heraus. Aber wo kommen sie zuerst her?

AA: Weiß der Himmel. Sie kommen auf die merkwürdigsten Weisen. Aber viele vergesse ich auch wieder.

IW: Sie schreiben sie nicht auf?

AA: Nein. Aber jetzt ärgere ich mich gerade wieder darüber. Ich bin neulich auf etwas Wunderbares gekommen, und ich kann mich überhaupt nicht mehr erinnern, was es war. Ach, macht nichts, es wird schon wiederkommen.

IW: Sie vergessen selten etwas für immer?

AA: Es ist irgendwo hier drin eingeschlossen. Irgendwo. Dummerweise kann ich es nicht überprüfen, weil ich es niemandem erzähle. Ich gehe immer davon aus, daß es in anderer Form wiederkommt, wenn es stimmt.

IW: Die meisten Ihrer Stücke enthalten neben ihrem scheinbaren Thema ein sehr starkes Element der Konstruktion. Zumindest auf einer Ebene geht es um das gesamte Spektrum theatralischer Kniffe. Ich denke dabei an Sachen wie das Simultanbühnenbild, etwa in *Die bessere Hälfte* und *Treppauf – Treppab*, oder das stumme Spiel im zweiten Akt von *Frohe Feste*[2], das nur als theatralische Konstruktion glaubwürdig ist. Kann man das Element der Konstruktion von der Entwicklung der Stücke selbst trennen? Mit anderen Worten, gehen Sie, wenn das Stück zu keimen beginnt, eher von thematischen Ideen aus oder von einer technischen Herausforderung?

AA: Na ja, das gehört wohl zusammen, ich glaube, für mich ist immer sehr wichtig, *wie* die Geschichte erzählt wird. Ich suche immer nach neuen Wegen. Die Bühne hat für mich eine merkwürdige Anziehungskraft. Im Gegensatz zu den meisten Autoren schreibe ich ausschließlich für das Medium Theater; es bietet die Möglichkeit, unterschiedlichste Elemente in verschiedensten Konstellationen miteinander zu verbinden, das liebe ich und experimentiere sehr gern damit. Vor allem fasziniert mich, wie sich zum Beispiel Zeit darstellen läßt und wie man Raum verändern kann. Wenn man auf der Bühne die Zeit verschiebt, dann verschiebt man sie sowohl für die Zuschauer wie für die Schauspieler – es passiert wirklich, vor ihren Augen, und das ist nur in diesem Medium möglich. Das ist anders als beim Fernsehen, wo man gewöhnt ist, drei Jahre zu überspringen. Auf der Bühne ist die Art, wie man das macht, viel direkter. Alle diese Elemente sind wichtig. Und ich glaube, in den besten Stücken verbinden sich Idee und Technik. Man möchte etwas schreiben, die Grund-

[2] Eine Figur des Stücks unternimmt in der Küche eine Reihe von Selbstmordversuchen, die aber von den anderen entweder nicht bemerkt oder mißinterpretiert werden.

idee ist da, dann kommt das Wie – wie erzähle ich diese Geschichte? Bei *Sisterly Feelings* wollte ich über persönliche Entscheidungen schreiben, und dann kam mir der Gedanke, daß ich genau hier diesen speziellen Einfall verwenden könnte, eben weil es um Entscheidungen ging.

IW: Der Einfall, daß eine Münze geworfen wird?

AA: Eine Münze werfen und damit entscheiden und so den Stückablauf variieren. Wahrscheinlich reagiere ich auch auf mein eigenes Theater mit seinen Besonderheiten. Ich hätte *Rookery Nook* [Farce von Ben Travers] nicht schreiben können, selbst wenn ich gewollt hätte, weil es keine Türen auf unserer Bühne gibt. Deshalb mußte ich ein absurdes Äquivalent dafür finden. Beim Stückeschreiben kommt es darauf an, herauszufinden, wie man seine Geschichte am besten erzählt. Vielleicht mit einem Bühnenbild, fortlaufender Handlung (wie in *Freunde in der Not*) und Einheit der Zeit (von Punkt A in anderthalb Stunden zu Punkt B, das ist das einfachste). Dann gibt es Sachen wie *Suburban Strains* [Stück mit Musik von Paul Todd], wo ich eine sehr komplexe Geschichte gleichzeitig in der Mitte und am Anfang beginnen und dann parallel ablaufen ließ.

IW: Das ist doch im Grunde eine filmische Technik.

AA: Ja, viele Sachen von mir sind eindeutig beim Film geklaut. Das Tolle beim Film ist, daß er seinen eigenen beweglichen Zeitrahmen entwickelt hat. Ich benutze Schnitt-Techniken des Films für Theaterstücke. Ich finde Regeln in der Kunst spannend, und ich weiß, das, was ich sagen will, ist relativ einfach, ich schreibe normalerweise über Menschen und ihre Beziehungen. Wenn ich einen neuen Aspekt – oder zumindest eine andere Färbung – kriegen will, muß ich neue Wege finden, wie ich eine Geschichte erzähle.

IW: Liegt darin aber nicht ein Risiko? Nehmen wir noch einmal das Beispiel *Frohe Feste*, ein Stück über berufliche und gesellschaftliche Karrierebrüche. Besteht nicht die Gefahr, daß Sie durch die Verwendung dieses Kunstgriffs im zweiten Akt das, was Sie mit dem Stück sagen wollen, quasi abwerten? Mit anderen Worten, besteht nicht die Gefahr, daß die Virtuosität der Mittel die Aussage beschädigt, einfach weil sie zu irrwitzig sind?

AA: Ja, ich glaube schon. Das ist eben das Dilemma, denn wenn ich meine Geschichten todernst und bedeutend erzählen würde, oder ganz ohne solche Mittel, dann will sie niemand sehen. Sie müssen unterhaltsam sein. Sie müssen auffallend sein, ich meine nicht aufdringlich, aber packend, so daß die Leute sagen: «Mensch, ich war die ganze Zeit wie gebannt.» Und es ist meine Sache, die Mittel der Kunst einzusetzen, die mir zur Verfügung stehen, aber ich versuche immer, darauf zu achten, daß die eingesetzten Mittel den Figuren nicht die eigentliche Entwicklung unmöglich machen. Ich hoffe, daß sie immer aus einer bestimmten Haltung heraus handeln, die ihre Entwicklung ermöglicht, ohne irgendwelche unnötige Einmischung des Autors, ohne schreckliche Umwege, um billige Lacher zu kriegen. Ich hoffe, daß die Figuren nur ganz selten etwas sagen, was sie normalerweise nicht sagen würden, damit es einen Lacher gibt. Bei vielem, was ich schreibe, geht es tatsächlich darum, solche verführerischen Momente zu vermeiden, wo man mit nur fünf Zeilen mehr einen ganz großen Lacher haben könnte, der Figur damit aber das Fundament wegziehen würde, auf dem sie im weiteren Verlauf der Szene noch stehen muß – solche Momente versuche ich unbedingt zu vermeiden. Wenn ich einen Kunstgriff benutze, hoffe ich, daß er das Ganze eher hebt als runterzieht. Mehr kann ich dazu nicht sagen.

IW: Und ein klassisches Beispiel dafür ist der Kunstgriff, der Ihnen mitten beim Schreiben von *Frohe Feste* einfiel. Was ist da passiert? Das Stück sollte ursprünglich im Wohnzimmer spielen?

AA: Ja, und landete dann in der Küche. Damit sind wir wieder bei der Auswahl. Stückeschreiben ist für mich, wenn Sie so wollen, folgendes: Man hat den Grundeinfall, man hat eine Abfolge von Ereignissen – die, in allen Einzelheiten beschrieben und auf der Bühne dargestellt, mindestens, sagen wir, vier Tage dauern würden –, und dann muß man auswählen, was das Publikum sehen soll, wenn möglich nur das notwendige Minimum, so daß man die Ereignisse begreifen kann. Knappheit erscheint mir beim Schreiben immer wünschenswerter. Wenn man mit vier Zeilen eine Geschichte erzählen oder mit vier Strichen ein Bild malen könnte, wunderbar, müßte man sofort machen, das wäre dann die endgültige Kurzgeschichte. Leider ist aber keiner so gut – ich jedenfalls bestimmt nicht –, daß er das einfach kann.

IW: Das wirklich Paradoxe bei Ihnen ist – Sie sind immerhin der produktivste lebende englische Dramatiker –, daß Sie dennoch sehr wenig Zeit mit dem eigentlichen Schreiben verbringen. Stimmt das? Sie brauchen – wie war das – höchstens etwa zwei Wochen, um ein Stück zu schreiben?

AA: Ich halte mir vier frei und schreibe in zwei.

IW: Und Sie arbeiten nicht nach Notizen, die Sie sich über längere Zeit gemacht haben. Könnten wir das mal Schritt für Schritt durchgehen? Was passiert während der Phase Ihrer «kreativen Klausur»? Zuerst zahlen Sie alle Rechnungen, machen alles dicht und wollen niemand mehr sehen. Ist das so?

AA: Ja. Ich sage: «Also, Leute, ich tauche einen Monat unter.» Ich glaube, in den ersten acht oder zehn Tagen ungefähr mache ich überhaupt nichts. Ich laufe herum, lese, spitze Bleistifte, sehe fern. Ich mache ganz normale Sachen – schraube Regale fest, all so was. Ich gehe spazieren, träume vor mich hin.

IW: Arbeiten Ihre Gedanken dabei?

AA: Ja, könnte man sagen. Eigentlich mehr so ein Aussieben von Gedanken.

IW: Es ist nicht nur ein Ausweichen?

AA: Es ist auch Ausweichen, zum Teil, ja. Aber es ist auch, daß ich weiß, es wird kommen, aber es hat keine Eile. So ein Gefühl ist es.

IW: Ja, woher wissen Sie denn, daß es kommen wird, und warum hat es keine Eile? Offensichtlich eilt es doch, wenn in diesem Stadium schon fest geplant ist, daß Sie zu einem bestimmten Thema, zu einer bestimmten Stunde, in vier Wochen mit den Proben beginnen. Warum fühlen Sie sich nicht entsetzlich unter Druck gesetzt und nehmen alle möglichen Beruhigungsmittel?

AA: Also, irgendwie ist man schon unruhig. Aber bei mir ist es so, daß ich ein Stück einfach nicht schon vier Wochen vor Probenbeginn anfangen kann. Schreiben funktioniert bei mir eben nicht so. Ich weiß, daß der Probenbeginn schon sehr nah sein muß, damit es klappt. Also muß ich bei achtundzwanzig Tagen eigentlich mindestens achtzehn verstreichen lassen, ehe ich anfange zu schreiben.

IW: Wieso?

AA: Ich weiß es nicht. Ich darf es eben erst fertig haben, kurz bevor es losgeht.

IW: Sie können nicht eher damit anfangen und den Prozeß länger ausdehnen?

AA: Nein. Wenn Zeit wäre, darüber nachzudenken, würde ich es vernichten. Ich kritisiere meine eigene Arbeit wirklich sehr scharf.

IW: Gut, also Sie trödeln herum, sehen fern und stellen Regale auf. Und werden reizbar?

AA: Ein bißchen. Nicht sehr, am Anfang. Normalerweise habe ich einen Notizblock und fange an, einfache Muster zu entwickeln. Sicher arbeite ich erst mal an der anfangs erwähnten ursprünglichen Idee, über die ich vor acht Monaten nachgedacht habe. In neun von zehn Fällen wird diese Idee abgelegt, wie eine alte Haut, und ich kann nur beten, daß etwas darunter zum Vorschein kommt. Manchmal mache ich mich dann hektisch auf die Suche, kreuz und quer durch die Regale in meinem Kopf, nach anderen Ideen, die ich früher verworfen hatte und die plötzlich wieder auftauchen – so wie ich nach verzweifeltem Wühlen auf die alte Idee zu *Treppauf – Treppab* stieß, die vorher rausgeflogen war. Eine Idee kommt immer wieder hoch, wie Unkraut im Garten: man hackt es ab, und im nächsten Jahr kommt es wieder. Manchmal kann es auch sein, daß ich mich bei einer Idee tatsächlich stärker festlege, so wie bei *Schlafzimmergäste*. Ich hatte mich darauf festgelegt, ein Stück über Schlafzimmer zu schreiben, obwohl ich eigentlich überhaupt nicht wußte, was ich darüber schreiben wollte, bis ich damit anfing.

IW: Wie festgelegt?

AA: Na ja, ich hatte gesagt, ich wollte etwas über Schlafzimmer schreiben, und hatte den Titel angekündigt.

IW: Nach den Titeln wollte ich Sie fragen, der Titel ist ja das erste, was man überhaupt von Ihren Stücken weiß, der entsteht anscheinend in einem ziemlich frühen Stadium.

AA: Ja.

IW: Und einige Ihrer Titel sind auch sehr merkwürdig. Obwohl sie sich als Titel sehr gut einprägen, haben sie nicht unbedingt einen starken Bezug zu dem, was im Stück passiert. Sie haben mir mal erzählt, daß *Absurd Person Singular* eigentlich der Titel für ein ganz anderes Stück war. Sie haben den Titel beibehalten und das Stück ausgetauscht.

AA: Ja, der Titel gefiel mir.

IW: Es ist ein guter Titel, aber er hat eigentlich überhaupt nichts mit dem Stück zu tun. Ist das Erfinden der Titel ein Spaß für sich?

AA: Manchmal. Auf einige kommt man ganz leicht, und bei anderen ist es schwieriger. Manchmal taucht ein Titel auf, wenn man mitten im Stück ist, manchmal ist er da, ehe man überhaupt an das Stück denkt. Kommt drauf an.

IW: Gibt es für Sie eine Deadline, den Moment, wo Sie sagen: «Also, jetzt muß ich mich wirklich hinsetzen, und das Papier da vor mir muß voll werden.»?

AA: Es gibt zwei oder drei Nächte, wo mir klar wird, daß ich nah dran bin. Das passiert immer nachts. Ich fange nicht an, bevor die Sonne untergegangen ist, meist um zehn Uhr abends.

IW: Und Sie schreiben die Nacht durch?

AA: Ich versuche es. Mit der Zeit wird es immer später. Meistens setze ich mich in der ersten Nacht um zehn hin und gehe um zwei ins Bett, schlechtester Laune, weil ich nichts geschrieben habe. In der nächsten Nacht, nach einem frustrierenden Tag, an dem ich nur rumhänge, setze ich mich wieder um zehn hin und arbeite vielleicht bis drei – und habe immer noch nichts geschrieben. Und dann schreibe ich eines Nachts vielleicht einen halben Akt, ein Drittel des Stücks, kommt drauf an, wie es läuft. Normalerweise fange ich ziemlich langsam an – schreibe ein Viertel des Stücks. Wenn das Stück nicht funktioniert, fange ich dann mit der zweiten Fassung an, ehe ich mit der ersten fertig bin.

IW: Das ist alles noch handgeschrieben?

AA: Ja, die erste Fassung schreibe ich mit der Hand.[3] Aber beim

[3] Seit *A Chorus of Disapproval* benutzt Ayckbourn einen Wordprocessor. AA.: «Die Flexibilität der Maschine vereinfacht die Arbeit, ich kann gleichzeitig revidieren und nach vorne gehen. Und ich bin die Sorge los,

Festkomitee zum Beispiel hatte ich mich ziemlich festgefahren. Ich war in meinem Schreibheft bis Seite 90 gekommen und dachte: «Ich krieg das nicht deutlich hin.» Also hab ich zu Heather[4] gesagt: «Ich glaube, heute abend möchte ich diktieren.» Das ist eine angenehme Art zu arbeiten, weniger einsam. Ich suche immer nach Wegen, um beim Schreiben nicht ganz so allein zu sein.

IW: Sprechen Sie die Rollen, wenn Sie diktieren?

AA: Ja, irgendwie schon. Glücklicherweise vergesse ich diesen Ton selbst sehr schnell, sonst wäre es unerträglich, mit einem Schauspieler daran zu arbeiten.

IW: Wie stark unterscheidet sich die zweite Fassung von der ersten?

AA: Oh, gewaltig. Nicht wiederzuerkennen. Sie können eine Seite rausnehmen, und wenn Sie sie lesen könnten, würden Sie vielleicht wissen, an welcher Stelle im Stück sie gestanden hat – vielleicht auch nicht. Sobald ich mit der zweiten Fassung anfangen kann, stelle ich mir vor, ich wäre eigentlich schon fertig. Obwohl das natürlich nicht stimmt. Es kommt sogar öfter vor, daß ich einen ganzen Akt aus einer zweiten Fassung rauswerfe, und alles bleibt bis zu dem Moment noch offen, bis es geheftet und abgeliefert wird. Die Begeisterung darüber, daß ich an der zweiten Fassung bin, animiert mich jedenfalls, wieder mehr an der ersten zu tun.

IW: Und wenn Sie mit der zweiten durch sind, schließen Sie das Stück in dieser Fassung ab?

AA: Ja, und dann wird es wirklich ernst, denn jetzt sind wir wahrscheinlich schon ganz kurz vor Probenbeginn.

IW: Oder die Proben fangen sogar schon an.

AA: Ja, es könnte tatsächlich der erste Probentag werden. Dann setze ich mich hin und lese es durch. Man muß vielleicht noch einiges daran tun – nicht umschreiben in dem Sinn, daß man fünfzig Seiten rausnimmt, aber auf jeder Seite muß man vermutlich noch was ändern.

meine eigene Handschrift am nächsten Morgen nicht mehr entziffern zu können.»

4 Die Schauspielerin Heather Stoney lebt und arbeitet seit vielen Jahren mit Ayckbourn.

IW: Das ist die dritte Fassung.

AA: Ja, Korrektur, Grübeln, Überarbeiten, Überflüssiges herausnehmen, deutlicher machen. Dummes Zeug verbessern, wenn zum Beispiel jemand im ersten Akt Gordon und im zweiten Geoffrey heißt – solche Kleinigkeiten. Und dann wird es nur noch vervielfältigt.

IW: Und wie sakrosankt ist der Text anschließend? Ist er zementiert oder gestatten Sie dem Ensemble – gestatten Sie sich selbst – Änderungen während der Proben?

AA: Nein, es wird selten etwas verändert. Aber vielleicht sind die Schauspieler auch einfach nur etwas vorsichtiger geworden. Es gab eine Zeit, als ich mit dem Schreiben anfing, da hatten die Schauspieler tausend Änderungsvorschläge. Natürlich gibt es Situationen, in denen ich etwas ändere. Aber ich habe zu meinen Stücken, glaube ich, dieselbe Haltung wie vielleicht ein Maler, der gerade ein Bild vollendet hat. Das Werk ist, wie es ist, weil es so ist, wie es ist. Während ich es geschrieben habe, habe ich meine Figuren sehr überlegt in genau dieser Anordnung in genau diese Landschaft gestellt. Und man kann ja von einigen Voraussetzungen ausgehen: meine Schreibtechnik ist inzwischen ganz gut, und deshalb sind die Figuren deutlich, und sie sind da, wo sie sind, weil ich sie mir so vorgestellt habe. Eine Figur umzuändern, das wäre für mich ein so radikaler Schritt, daß ich dann fast lieber das ganze Stück neu schreiben würde. Sicher, manches wird deutlicher gemacht, manches wird neu untersucht, gelegentlich kommt etwas dazu. Bei *Freunde in der Not* habe ich noch zwei oder drei Seiten dazugeschrieben, bei *Ganz unter uns* eine ganze Szene eingeschoben.

IW: Während der Proben?

AA: Nach der Leseprobe. Ich glaube, manchmal passiert es einfach, daß etwas in meinem Kopf gewesen ist, aber nicht auf dem Papier steht. Man lernt viel über das Stückeschreiben, wenn man sich sagt: «Ach komm, das weiß das Publikum längst, das hast du ihnen doch schon erzählt.» Es macht Spaß, wenn man kleine Hinweise verstreut, natürlich ganz sparsam, und das Publikum die Möglichkeit hat, sie mitzukriegen. Ich glaube, das Publikum mag das. Manchmal weiß man gar nicht, ob etwas aufgenommen worden ist, erst zwanzig Minuten später, wenn es einen Bezug gibt und das Publikum reagiert, sagt man sich: «Sie haben es mitgekriegt. Wunderbar.» Ganz sicher ist man natürlich nie. Man hofft es, und man baut es so, daß es funktionieren müßte. In *Schlafzimmergäste* gibt es ein ganz schönes Beispiel, fällt mir ein, vielleicht ein bißchen simpel. Am Ende geht Trevor ins Schlafzimmer, und Kate sagt: «Sieh mal, was Malcolm heute nacht gebaut hat.» Sie meint die Kommode. Während der Proben hatten wir uns schiefgelacht über die Kommode, die dann zusammenbricht. Bei der ersten Voraufführung ging Chris Godwin hin, nahm sie hoch, und das Ding brach zusammen. Aber es gab nur vereinzelte Lacher. Und wir überlegten: «Wieso? Wieso gab es keinen Lacher bei unserem teuren Möbel?» Dann wurde mir klar, daß man den Zuschauern einfach genug Zeit lassen muß, damit sie ahnen können, was er gleich machen wird. Was in der Phantasie geschieht, kann unmöglich von dem überboten werden, was mit irgendwelchen Holzteilen passiert. Also habe ich bei der zweiten Vorstellung gesagt: «Du mußt näher an der Kommode stehen und sie anfassen, *bevor*... dann kriegen sie es mit.» Er hat es so gemacht, und es war ein Riesenlacher.

IW: Der zweite Akt von *Frohe Feste* ist sicher der Gegenbeweis, wo alle Zuschauer wissen, volle zwanzig Minuten, ehe es soweit ist, daß jemand unter dieser Spüle naß wird, weil Sie das vorbereitet haben. Doch wenn es endlich passiert, ist es ein wunderschöner Moment.

AA: Ja, das ist immer sehr komisch. Versuch das Publikum zweimal irrezuführen, und dann tu so, als würdest du den Gag nicht machen, und dann mach ihn. *Treppauf – Treppab* steckt voller Running Gags – unendlich viele und oft gleichzeitig. Irgendwer hat gesagt, sie wiederholen sich, das fand ich ein bißchen unhöflich. Aber die Zuschauer lieben Running Gags.

IW: Wenn Sie über das Schreiben sprechen, hört es sich an, als ob Sie es nicht sehr mögen, als ob Schreiben für Sie nur eine andere Form von Regieführen ist.

AA: Na ja, ich schreibe nicht gern viel. Wenn es gut läuft, macht es großes Vergnügen. Und ganz oft, wenn ich ein Stück schreibe, stelle ich fest, daß ich in der ersten Hälfte Sachen ausspucke, die ich dann später einsammeln kann. In *Treppauf – Treppab* zum Beispiel schlafen die Leute immer ein, wenn Mark anfängt, ernst und bedeutend über seine Beziehung zu reden, seine Stimme wird immer monotoner. Es ist irgendwie tragisch und nicht ganz realistisch, aber trotzdem, jeder kennt solche Menschen – man weiß, sie sagen bestimmt etwas ganz Wichtiges, aber man schweift in Gedanken ab. Ein tragischer Mensch eben, dessen Schicksal es ist, daß die Leute immer einschlafen, wenn er redet, und ich dachte: «Das ist lustig.» Also habe ich das in die erste Szene getan. Ich hatte keine Ahnung, wie ich das noch mal benutzen könnte, aber ich habe mich gefreut, als ich später zu einer Szene kam, in der Roland Schlaftabletten genommen hat und sie ihn wachhalten müssen, und ich dachte: «Oh, für die Szene habe ich doch den Mann, der alle Leute zum Einschlafen bringt. Wie wunderbar.» Es hat mir Spaß gemacht, daß diese beiden Elemente auf Kollisionskurs waren, aber als ich mit dem Stück anfing, hatte ich keine Ahnung, daß das passieren würde. Das war ausgesprochen erfreulich. Aber alles in allem ist es eine einsame und langweilige Arbeit. Ich weiß nicht, wie Romanautoren das schaffen, weil sie in ihrer Arbeit nie dazu kommen, sie direkt mit jemandem zu teilen. Ich setze mich ja dann mit einer Gruppe von Schauspielern auseinander, wobei ich es natürlich auch aushalten muß, demontiert zu werden. Man teilt das, was man geschrieben hat, mit den Schauspielern, diskutiert darüber und arbeitet damit, und wenn alles gutgeht mögen sie es und finden die Dinge komisch, die man selbst komisch gefunden hat. Und die Zuschauer irgendwann auch – das ist wunderbar.

(Aus: «Conversations with Alan Ayckbourn» von Ian Watson, 1988, Faber & Faber, London) Übersetzung: Dorothea Renckhoff

Halbe Wahrheiten

(Relatively Speaking)

Deutsch von
Gottfried und Inge Greiffenhagen

Personen

Greg
Ginny
Philip
Sheila

Das Stück spielt an einem Sommerwochenende in London und auf dem Land.

Erster Akt

Erste Szene

London, Sonntag, 7 Uhr morgens.
Ein Wohnschlafzimmer, das von einer jungen, etwas verrückten und eindeutig weiblichen Person eingerichtet worden ist. Ein paar Poster an den Wänden, eine Puppe oder etwas Ähnliches und sonstiger weiblicher Krimskrams.
Zwei Türen führen nach draußen – eine zum Badezimmer, eine zur Eingangstür des Apartments. Mehrere dekorative Wandschirme verdecken die Küchenecke. An einer Seite eine durch einen Vorhang abgedeckte Nische (der Kleiderschrank). Das sonstige Mobiliar besteht aus einem Sessel, ein paar Stühlen, einem Klapptisch, einer Kommode, einer Bettcouch (für eine Person) und daneben ein kleines Tischchen mit dem Telefon. Überall stehen Blumen. Die Vorhänge sind ein wenig aufgezogen, so daß ein Strahl des Morgenlichts in den ansonsten dunklen Raum fällt.
Zu Beginn liegt Greg im Bett, ist aber nur als Bettenberg zu erkennen. Das Telefon klingelt. Noch mal. Und noch mal. Im Badezimmer hört man Wasser laufen, aber niemand geht ans Telefon.
Dann schiebt sich ein Arm unter dem Bettzeug hervor, greift nach dem Telefon und zieht den Hörer mit unter die Bettdecke.

GREG *(durch die Bettdecke gedämpft)*: Ja. Drei vier sechs sieben eins. Hallo. Hallo. *(Er taucht unter dem Bettzeug auf.)* Hallo. Wer spricht da? Hall –
(Der Anrufer hat offensichtlich kommentarlos aufgelegt. Greg betrachtet das Telefon mißtrauisch. Er legt den Hörer wieder auf und richtet sich im Bett auf. Er sieht sich im Zimmer um, blinzelt. Er will aufstehen. Aber als er merkt, daß er nackt ist, wickelt er sich in das lose oberste Laken. Es ergibt eine sehr kunstvoll drapierte römische Toga. Er steht auf, geht zum Fenster und zieht die Vorhänge auf. Wieder Wasserplanschen aus dem Badezimmer. Er sieht sich plötzlich im Spiegel.)

GREG *(feierlich)*: Nero kehrt zurück. Wo sind die Löwen?

(Das Telefon klingelt wieder. Greg runzelt die Stirn, überlegt und geht dann zum Telefon.)

(Mit hoher verstellter Stimme) Salve! Drei vier sechs sieben eins. Wo brennt's denn? *(Pause. Mit normaler Stimme)* Drei vier sechs sieben eins. Wer ist da? Hall – *(Er legt langsam auf, überlegt einen Moment, geht dann entschlossen zum Badezimmer.)* Ginny! Ginny! *(Er tritt auf etwas Spitzes.)* Ginny – auuu! *(Er hüpft herum.)*

GINNY *(off)*: Was?

(Greg hinkt zum Bett zurück, setzt sich und sieht sich seine verletzte Fußsohle an.)

(off) Greg? *(Sie steckt ihren zerzausten Kopf durch die Tür.)* Greg? – Oh. Hast du gerufen?

GREG: Nein.

GINNY: Was machst du da?

GREG: Ich probiere, aus dem Fuß zu lesen.

GINNY: Hat das Telefon geklingelt?

GREG: Wann?

GINNY: Grade eben?

GREG *(nach einer kleine Pause)*: Nein.

GINNY: Oh. Bestimmt nicht?

GREG *(untersucht noch immer seinen Fuß)*: Hiernach werde ich noch manche Prüfung und Heimsuchung zu bestehen haben, werde aber schließlich die wahre Liebe finden und ein Mädchen heiraten, das ein Muttermal auf dem linken Oberschenkel hat. Keine Ahnung, wer das sein kann.

GINNY: Ich auch nicht.

GREG: Ich werd mal drauf achten.

GINNY: Das ist kein Muttermal. Das ist 'ne Sommersprosse. *(Sie verschwindet wieder im Bad.)* Das Wasser müßte schon kochen. Ich hab den Kessel aufgestellt.

GREG: Wie schön. *(Er starrt wieder auf das Telefon.)*

GINNY *(off)*: Mach den Tee, Liebling, sonst werd ich nie fertig. Der Wecker hat nicht geklingelt. Wie immer.

(Während Greg spricht, angelt er geistesabwesend mit den Füßen unter dem Bett herum.)

GREG: Wenn man zu zweit in diesem Bett schläft, braucht man keinen Wecker. Es ist so schmal, daß einer sowieso rausfällt. Wir sollten uns das patentieren lassen.

(Er ist mit dem Fuß auf ein Paar schicke schwarze Herrenpantoffeln gestoßen. Er steht auf und geht darin zur Küchenecke. Sie sind ihm offensichtlich zu groß und schlappen sehr laut. Er verschwindet hinter den Wandschirmen.)

Wann geht dein Zug?

GINNY *(off)*: Acht Uhr vierundzwanzig.

GREG *(off, meint das nicht ernst)*: Schön. Dann amüsier dich mal gut.

(Nach einer kleinen Pause erscheint Ginny in der Tür.)

GINNY: Greg.

GREG *(steckt den Kopf um den Wandschirm)*: Ja?

GINNY: Hör auf. *(Sie geht wieder ins Badezimmer.)*

GREG *(zieht eine Grimasse und verschwindet auch)*: O Scheiße, nein!

GINNY *(off)*: Was?

GREG *(off)*: Da sind ja noch mehr.

GINNY *(sieht besorgt durch die Tür)*: Noch mehr was?

GREG *(taucht mit einem Strauß Blumen wieder auf)*: Diese beknackten Blumen! In der ganzen Wohnung. Jetzt auch noch in der Spüle.

GINNY *(beiläufig)*: Ach die.

GREG: Wo arbeitest du eigentlich im Moment – im Botanischen Garten?

GINNY: Ich mag Blumen.

GREG: Ich auch – aber nur da, wo sie hingehören. Hier ersäuft man ja in Blumen.

GINNY *(streckt den nackten Arm durch die Tür)*: Gib sie her. Ich leg sie in die Badewanne.

GREG *(gibt ihr die Blumen)*: Schön. Und wenn du schon mal dabei bist, pflanz doch gleich ein paar Wasserlilien.

GINNY *(off)*: Hast du den Tee fertig?

GREG: Bin grade dabei. *(Er verschwindet kurz hinter dem Wandschirm.)* Uaaahh! Blumenblätter im Teekessel!

(Er kommt mit zwei Bechern und der Teekanne zurück und stellt

sie auf den Tisch. Ginny taucht in Unterwäsche aus dem Badezimmer auf und zieht dabei einen Morgenrock an.)

GINNY: Hallo, Großer.

GREG: Na, Kleine? *(Er küßt sie leicht.)*

GINNY: Werde ich dir fehlen, wenn ich weg bin?

GREG *(kleine Pause)*: Hmmm?

GINNY: Ich habe gefragt, ob ich dir fehlen werde?

GREG: Du? Mir fehlen? Wieso? Ich hab einen heißen Tag vor mir. Keine freie Minute, bin völlig ausgebucht. Eine Party jagt die andere! *(Er lacht sehr laut.)*

GINNY: Du wirst mir auch fehlen.

GREG *(nickt, aber nicht sehr überzeugt)*: Hmmm.

(Er schlurft wieder zur Küchenecke. Ginny sieht hinter ihm her, zuckt die Achseln und verschwindet wieder im Bad. Greg bleibt abrupt stehen, scheint auf irgend etwas zu horchen, starrt auf seine Füße und geht dann in die Küchenecke.)

GINNY *(off)*: Mensch, weißt du, wie spät es ist! Das schaff ich nie. *(Greg kommt mit der Zuckerdose und einer halbvollen Flasche Milch zurück. Er bleibt wieder stehen und betrachtet eingehend seine Füße. Ginny kommt herein und bürstet dabei ihr Haar.)* Ich brauch unbedingt 'ne Tasse Tee. Ich bin – *(Sie sieht sich Greg genau an.)* Ist irgendwas?

GREG: Gar nichts. Ich hatte bloß das Gefühl, als ob mir jemand nachgeht.

GINNY: Mein Gott! Mein Mann –!

GREG: Wär denkbar –

GINNY *(mit einem dramatischen Blick zur Wohnungstür)*: Oswald! Bitte, laß dir erklären.

GREG *(drückt Ginny an sich)*: Nein, Sir – tun Sie das nicht. Wenn Sie schießen, dann erschießen Sie uns beide –

GINNY: Ich liebe ihn, Oswald, ich liebe ihn!

GREG *(weicht mit ihr zurück)*: Ich wiederhole – wir sterben zusammen. Also bitte, schießen Sie – schießen Sie doch, verdammt noch mal! PÄNG!

(Beide fallen in einer gespielten Todesszene auf das Bett. Greg küßt sie. Einen Moment liegen sie einander in den Armen.)

GINNY *(halb entschuldigend)*: Ich verpasse noch meinen Zug.

GREG: Wen interessiert das denn?

GINNY *(setzt sich hoch und macht sich etwas von ihm los)*: Nein. Das geht nicht.

(Sie steht auf, setzt sich an den Tisch und schenkt den Tee ein. Greg steckt sich eine Zigarette an, behält das Päckchen in der Hand und sieht es sich genau an. Eine Pause)

GREG *(sieht sie aufmerksam an)*: Soll ich mal raten, woran du denkst?

GINNY: Da bin ich aber gespannt. *(Sie gibt ihm den Tee.)* Bitte.

GREG: Danke. Ich wette, du hast meine Pantoffeln bewundert.

GINNY: Deine Pantoffeln?

GREG *(setzt sich an den Tisch, zeigt seine Füße)*: Da.

GINNY: So 'ne blöde Idee.

GREG: Oh. Falsch geraten?

GINNY: Leider ja.

GREG: Oh.

GINNY: Ich hab nicht mal gewußt, daß du welche hast.

GREG: Tja, das ist ja grade das Problem.

GINNY: Wieso?

GREG: Das ist genau das Problem.

GINNY *(amüsiert)*: Also hör mal, Großer.

GREG *(prostet ihr mit dem Tee zu)*: Prost, Kleine.

GINNY: Du wirst mir fehlen.

GREG: Wirklich?

GINNY: Glaubst du mir nicht?

GREG: Kommt ganz darauf an, was du heute noch anstellen willst.

GINNY: Bei meinen Eltern? Daß ich nicht lache!

GREG: Und warum fährst du dann hin?

GINNY: Es ist doch bloß für einen Tag. Heute abend bin ich wieder da.

GREG: Ein Tag? Du meinst das halbe Wochenende.

GINNY: Ich hab sie schon ewig nicht mehr besucht.

GREG: Aha. Das schlechte Gewissen.

GINNY: Teilweise. Aber auch, weil ich sie mag.

GREG: Würde ich sie auch mögen?

GINNY: Ich glaube schon.

GREG: Schön. Ich möchte sie kennenlernen.

GINNY: Ja, unbedingt.

GREG: Heute. Ich fahre mit.

GINNY: Ich hab dir schon hundertmal gesagt, sie rechnen nicht mit dir. Ich kann nicht einfach Besuch mitbringen. Das würden sie mir ewig übelnehmen.

(Pause. Greg steht auf und geht zum Badezimmer. Er dreht sich um und sieht sie an.)

GREG: Also ehrlich gesagt, ich bin ganz begeistert von diesen Pantoffeln. Wie findest du sie?

GINNY: Was?

GREG: Die da. Gefallen sie dir?

GINNY: Sie sind okay. Warum?

GREG: Ich wollte nur deine Meinung hören, das ist alles.

GINNY: Na ja – es sind eben Pantoffeln, nicht?

GREG: Tja. Man könnte es nicht besser ausdrücken.

(Er setzt sich auf das Bett. Pause)

GINNY: Hab ich irgendwas verkehrtgemacht?

(Greg zuckt die Achseln.)

Greg?

GREG: Ich weiß nicht. Hast du?

GINNY: Keine Ahnung. Du reitest ständig darauf rum.

GREG: Ich? Ich sitz hier ganz ruhig, sonst nichts.

GINNY: Und reizt mich auf Teufelkommraus.

GREG *(anzüglich)*: Also, wieso sollte ich dich reizen wollen? Kannst du mir das mal verraten?

GINNY: Ach, du kannst mich mal. *(Sie steht auf und geht zur Nische, um ihr Kleid zu holen, bleibt stehen.)* Also, ich finde deine Slipper affengeil.

GREG: Vielen Dank.

(Ginny kommt mit ihrem Kleid zurück. Greg geht zum Badezimmer. Er hat die Pantoffeln neben dem Bett stehenlassen. Ginny sieht ihn an und lacht.)

(Greg dreht sich um.) Hmmm?

GINNY: Wie siehst du denn aus?

GREG: Wieso?

GINNY: Redet von meinen Muttermalen. Und hat dabei selber eins.

GREG: Wo?

GINNY *(zeigt auf seinen Hintern)*: Da.

GREG: Das ist kein Muttermal – das ist eine Narbe. Zu deiner Information – dieser Arsch war beim Militär.

(Greg geht ins Badezimmer. Ginny lächelt und fängt an, sich anzuziehen.)

(off) Verdammte Scheiße! Was ist denn das?

GINNY: Was?

GREG *(off)*: Hier ist ja alles voll mit Blumen.

GINNY: Ja. Ich hab sie da hingetan. Hab ich dir doch gesagt.

GREG *(off)*: Mit dem in der Wanne sind es zusammen fünf.

GINNY *(unschuldig)*: Ach wirklich?

(Greg erscheint mit den tropfenden Blumen in der Tür.)

GREG: Fünf. *(Er zählt die anderen drei Sträuße im Zimmer.)* Fünf – sechs – sieben – acht. Wo kommen die alle her?

GINNY: Die hast du mir mitgebracht.

GREG: Von mir ist nur der ganz kleine, das weiß ich genau. Von wem sind die anderen? Hmm?

GINNY: Ach, du kennst doch den kleinen Mann vorn an der Ecke, der die Blumen verkauft – der den Stand da hat?

GREG: Nein.

GINNY: Also, vorn an der Ecke steht ein kleiner Mann und verkauft an einem Blumenstand Blumen, und der hat sie mir zum Sonderpreis ganz billig verkauft – gestern abend – Sonnabend – weil er sie zum Wochenende loswerden wollte. Ich wollte einen Blumenstrauß haben, und da hat er gesagt, er gibt mir fünf für den Preis von zweien. Da konnte ich nicht widerstehen, nicht?

GREG: Nein.

GINNY: Er hat sie wahrscheinlich geklaut.

GREG: Aus dem Garten vom Buckingham Palast.

GINNY *(lahm)*: Genau.

GREG: Dann ist ja alles geklärt, nicht? *(Er geht wieder zum Bad, dreht sich dann noch mal um.)* Übrigens, wo kommen denn die anderen beiden Sträuße her?

GINNY: Och, die hat er mir noch geschenkt.

GREG: Aha.

(Greg geht ins Badezimmer. Während des Folgenden zieht sich

Ginny an. Greg läuft zwischen Bad und Zimmer hin und her und zieht sich auch an.)

GINNY *(ruft)*: Willst du noch Tee?

GREG *(off)*: Ja, bitte. Sag mal, wieso haben deine Eltern so Angst, andere Leute kennenzulernen?

GINNY: Haben sie gar nicht. Sie sind bloß ein bißchen altmodisch. Bei ihnen muß alles seine Ordnung haben.

GREG: Glaubst du, deine Eltern könnten was gegen mich haben? *(Ginny schenkt zwei Tassen Tee ein und tut dann Milch und Zucker dazu.)*

GINNY: Natürlich nicht. Vater ist, na ja – er ist vielleicht ein bißchen schwierig. Weißt du, er will immer nur das Beste für mich. Oder das, was er für das Beste für mich hält.

GREG: Ich bin das Beste für dich.

GINNY: Das weiß ich. Aber davon muß ich sie erst überzeugen, nicht? Und Mutter regt sich immer furchtbar auf, wenn jemand unangemeldet zu Besuch kommt.
(Sie geht zu dem Spiegel über der Kommode und fängt an sich zu schminken. Sie nimmt ihren Tee mit. Greg kommt aus dem Bad. Er hat seine Hose an und trägt Socken, Hemd und Krawatte in der Hand.)
Da steht dein Tee.

GREG: Danke. *(Er setzt sich an den Tisch und fängt an, seine Socken anzuziehen.)*

GINNY: Wie spät ist es?

GREG: Zwanzig vor.

GINNY *(schreit auf)*: Ich verpaß den Zug.

GREG: Nimm ein Taxi.

GINNY: Ich hab's ja gewußt.

GREG: Ich ruf dir eins.

GINNY: Mist Mist Mist!

GREG: Ich hab doch gesagt, ich rufe ein Taxi.

GINNY: Ja, geht nicht anders.
(Greg ist noch dabei, seine Socken anzuziehen.)
Los, mach schon!

GREG: Wenn ich meine Socken angezogen habe.

GINNY: Mensch, bis du in die Gänge kommst...

Greg *(beiläufig)*: Wer wohnt eigentlich The Willows, Lower Pendon, Buckinghamshire?

Ginny *(läßt ihre Schminksachen fallen, fängt sich aber sofort)*: Woher weißt du das?

Greg: Wer wohnt da?

Ginny *(geht zu ihm)*: Wo hast du die Adresse her?

Greg: Klingt ja stinkvornehm. The Willows. Lower Pendon.

Ginny: Hast du in meinen Sachen rumgeschnüffelt?

Greg: Nein.

Ginny: Dann verrat mir, wo du die Adresse herhast. Das will ich wissen.

Greg: Hat hier jemand draufgeschrieben. *(Er hält das Zigarettenpäckchen hoch.)* Da. The Willows. Lower Pendon. Buckinghamshire. Jemand, den ich kenne?

Ginny *(geht wieder zum Spiegel)*: Nein.

Greg: Wer denn?

Ginny: Meine Eltern.

Greg: Ach nein. Ich weiß ja, was für ein schlechtes Gedächtnis du hast – und ich bin für meine Eltern auch kein Traumbild von Sohn –, aber ich weiß doch wenigstens, wo sie wohnen.

Ginny *(verteidigt sich)*: Ich hab sie für jemanden im Büro aufgeschrieben – für eine Kollegin, aber die hat die Packung liegenlassen. Sie kennt meine Eltern, weil wir zusammen zur Schule gegangen sind. Sie wollte ihnen schreiben – deswegen.

Greg: Ich glaube dir ja.

Ginny: Bestimmt?

Greg: Ja.

Ginny: Ganz bestimmt?

Greg: Ja. Es reicht.

(Ginny trinkt einen Schluck Tee.)

Ginny: Dein Tee ist immer so stark, daß der Löffel drin steht. Wie halte ich es bloß mit dir aus? *(Sie geht zur Küchenecke.)*

Greg *(zerknirscht)*: Eins möchte ich gern wissen.

Ginny: Was denn?

Greg: Wie hältst du es mit mir aus?

Ginny: Tja.

Greg: Tja?

GINNY: Vielleicht aus demselben Grund, warum du es mit mir aushältst. *(Sie lächelt zärtlich.)* Als Liebhaber bist du wunderbar, wenn dich das tröstet.

(Sie geht in die Küchenecke.)

GREG *(zu sich)*: Wie schön.

(Er nimmt die Pantoffeln in die Hand und betrachtet sie. Ginny kommt zurück, nachdem sie Wasser in ihren Tee gegossen hat. Gerade, als sie sich setzen will, läßt Greg die Pantoffeln auf ihren Stuhl fallen.)

GINNY: Also, wenn wir in fünf Minuten ein Taxi bestellen, dann hätte ich auf dem Bahnhof noch ungefähr zehn Minuten Zeit. Ich muß mir ja schließlich noch meine – auu! *(Sie hat sich auf die Pantoffeln gesetzt, springt auf und verschüttet dabei ihren Tee.)* Hach! *(Sie entdeckt die Pantoffeln.)* Wahnsinnig komisch. *(Sie wirft die Pantoffeln auf den Boden.)* Das ist vielleicht 'ne Schnapsidee. Was soll denn das?

GREG *(zerknirscht)*: Es tut mir leid.

GINNY: Das sollte es auch. Guck dir das an! Ich hol einen Lappen. *(Sie geht zur Küche.)* Und wenn du mich satt hast, kannst du mir das ganz offen sagen.

(Greg sitzt niedergeschlagen am Tisch.)

Also, so kann es doch nicht weitergehen. Ist doch bescheuert. Oder nicht?

GREG *(murmelt)*: Wenn du das findest –

GINNY: Wenn ich das finde! Du machst mir Spaß. Hör mal zu, ich weiß zwar nicht, was du hast, aber ich hoffe, daß sich das bis heute abend gelegt hat. Ich hab schon Probleme genug und muß mich nicht auch noch von dir schikanieren lassen.

GREG: Und was, glaubst du, machst du mit mir, verdammt noch mal?

GINNY *(verblüfft)*: Was?

(Das Telefon klingelt. Ginny sieht Greg noch einen Augenblick an. Dann geht sie ans Telefon.)

Hallo... ja... nein, nein... ich glaube, Sie haben sich verwählt... ja... Wiederhören.

(Sie legt auf. Greg steht auf und geht zur Nische.)

Was hast du da eben gesagt?

GREG *(kommt mit einer alten Sporttasche mit Reißverschluß zurück)*: Also, dann packe ich mal.
GINNY: Greg –?
GREG: Laß du dir alles noch mal durch den Kopf gehen in The Willows, Lower Pendon – *(Er geht ins Badezimmer.)*
GINNY: Greg?
GREG *(off, mürrisch)*: Zisch ab!
(Greg kommt zurück und stopft dabei ein paar von seinen Sachen in die Sporttasche, sein Rasierzeug usw.)
GINNY: Vergiß deine heißgeliebten Pantoffeln nicht, ja?
GREG: Ach die.
GINNY *(hebt sie auf und hält sie ihm hin)*: Bitte schön.
GREG: Ich will sie nicht, kann nichts damit anfangen.
GINNY: Nun nimm sie schon, verdammt noch mal!
GREG: Wenn die Frage erlaubt ist: Welche Größe haben sie?
GINNY: Woher soll ich das wissen?
(Greg setzt sich und fängt an, seine Schuhe anzuziehen.)
GREG: Es steht da bestimmt irgendwo drauf, guck mal nach. Innen an der Seite.
GINNY: Da steht Zehn. Warum?
GREG: Nicht meine Größe, ich habe Acht. Vielleicht passen sie dir.
GINNY: Du bist vielleicht blöd.
GREG: Wieso?
GINNY: Kauft Größe Zehn, wenn er Acht hat –
GREG: Ich hab sie nicht gekauft.
GINNY: Wer denn?
GREG: Keine Ahnung. Meine Pantoffeln haben Größe Acht.
GINNY: Ja, und wem gehören die?
GREG: Keine Ahnung. Die haben hier rumgelegen. *(Er bindet seine Schuhe zu.)*
GINNY: Wo?
GREG: Unter deinem Bett.
(Pause. Greg beobachtet sie. Ginny setzt sich langsam auf das Bett.)
Unter unserem Bett. Oder wem auch immer das gehört. Unter dem Bett da. Vielleicht gehört es dem Herrn, dem die Pantoffeln gehören.

GINNY: Also das war's.

GREG *(steht auf und geht langsam zu ihr)*: Es war wirklich ziemlich komisch. Als ich eben aufgestanden bin, war ich noch ein bißchen verschlafen, weißt du, und da hab ich genau dasselbe gemacht wie zu Hause – ich hab mit den Füßen unter dem Bett nach meinen Pantoffeln geangelt. Das ist so 'ne Angewohnheit von mir – so eine Idiosynkrasie –, dann weiß ich nämlich wieder, wer ich bin, wenn ich noch halb schlafe. Ich finde das ganz wichtig, weißt du. Das erste, was man tut, wenn man morgens aufwacht, ist, daß man sich vergewissert, wer man eigentlich ist. Ich habe nämlich schreckliche Angst davor, daß ich nachts meine Identität verliere. Manche Leuten haben Angst vor Einbrechern. Ich hab Angst, daß man heimlich nachts eine Gehirnwäsche mit mir macht. *(Er setzt sich neben sie aufs Bett.)* Ich hab also da mit meinen Füßen rumgefischt und mir gedacht: Ganz ruhig, mein Junge, mach dich auf eine böse Überraschung gefaßt. Da können keine Pantoffeln sein. Du bist nämlich in ihrer Wohnung. Also keine Panik. Du bist noch derselbe Mensch, der du warst, als du eingeschlafen bist. Du bist nur in einem anderen Bett. Und dann passierte es: ein Paar fremde Pantoffeln baumeln an meinen Füßen. Ich kann dir sagen, den Moment möchte ich nicht noch mal erleben. So was kann zu einer Persönlichkeitsspaltung führen. Hast du das gewußt? Das kann sehr unangenehm werden.

GINNY: Und du bist sehr schnell mit deinen Schlußfolgerungen, nicht?

GREG: Wenn ich fremde Pantoffeln anhabe, ja.

GINNY *(steht auf und geht zum Fenster)*: Du bist wirklich sehr schnell mit deinen Schlußfolgerungen.

GREG: Ab und zu ja. Ich frage mich zum Beispiel, warum du am Telefon erst zu jemand ja sagst und dann nein. Das kapier ich nicht so richtig.

GINNY: Wie meinst du das?

GREG: Grade eben. Was hat der Anrufer gesagt, als du abgenommen hast?

GINNY: Weiß ich nicht mehr.

GREG: Egal was, du hast jedenfalls ja gesagt. Hat da vielleicht jemand gefragt, ist dort drei vier sechs sieben zwei?

GINNY: Könnte sein. Oder so ähnlich. Was spielt das für eine Rolle?

GREG: Nein, könnte nicht sein. Sonst hättest du nämlich gesagt, nein, hier ist drei vier sechs sieben eins.

GINNY: Was soll das alles? Ich hab's eilig.

GREG: Warte mal, das ist sehr interessant. Es könnte ja auch sein, daß da jemand gefragt hat, ist da zwei vier sechs sieben eins, und du hast verstanden, drei vier sechs sieben eins. War's so?

GINNY *(setzt sich auf einen Stuhl)*: Vielleicht. Ich hab das wahrscheinlich mißverstanden.

GREG: Dann hat also jemand angenommen, es wäre die richtige Nummer?

GINNY: Ja – nein, so war es nicht.

GREG: So muß es aber gewesen sein, weil du ja gesagt hast. Es ist doch so, wenn ich anrufe, und es nimmt jemand ab, und ich frage, ist da zwei vier sechs sieben eins, und ich kriege als Antwort ja, dann kann ich doch wohl annehmen, daß die Nummer stimmt, du nicht?

GINNY: Er hat seinen Irrtum aber gleich bemerkt.

GREG: Es war also ein er? Und was hat er gesagt?

GINNY *(erschöpft)*: Ich weiß es nicht mehr. Er hat gefragt, ist da Jack oder so was.

(Pause)

GREG: Verstehe. Jack. Du sagst ja, und dann fragt er, ist da Jack? *(Er kommt nach vorn.)* Armer alter Jack. Der ist eindeutig nicht ganz normal. Muß schlimm sein, wenn einem so was passiert wie dem Jack?

GINNY: Vielleicht hat er auch Betty gesagt, ich weiß es nicht. Er hat gefragt, ist da Derundder, und ich habe nein gesagt.

GREG: Ah ja. Einigen wir uns auf Betty.

GINNY: Alles, was du willst, solange es dich beruhigt.

GREG: Ich könnte mir denken, Jack würde das noch viel mehr beruhigen. Ich frage mich bloß, wer da wohl angerufen hat. Vielleicht der nette kleine Mann von dem Blumenstand vorn an der Ecke. Der muß doch nach deiner Schilderung einen kleinen Dachschaden haben. Der Ärmste.

GINNY: Ist damit alles klar? Zufrieden? Beruhigt? Keine weiteren Fragen? Wie schön.

GREG: Ich danke dir. Dann ruf ich jetzt ein Taxi, ja?

GINNY: Oh, ich danke dir.

(Greg geht zum Telefon, sieht die Nummer auf dem Block nach und wählt.)

Du hast wohl überhaupt kein Vertrauen zu mir, oder?

GREG *(gespielt fröhlich)*: Das laß ruhig meine Sorge sein.

GINNY: Möchte ich aber nicht. Du bist bei so was nämlich unausstehlich.

GREG: Vielleicht liegt es daran, daß ich so 'ne lange Leitung habe. Oh, hallo... könnten Sie bitte ein Taxi schicken? ...Ja, jetzt gleich. Redbury Square 41... Ja. Mein Name ist Miss Whittaker... Genau. Ich warte draußen. Ich trage ein blaues Kleid und einen weißen Mantel. Wiedersehen. *(Er legt auf.)*

GINNY *(geht zu ihm und legt die Arme um ihn)*: Du bist verrückt, weißt du, du bist ein absoluter Spinner.

GREG: Hm.

GINNY: Wir müssen eins abmachen. Wir dürfen nie, nie im Streit auseinandergehen. Vorher müssen wir uns unbedingt wieder vertragen.

GREG: Einverstanden.

GINNY: Weißt du, was mir grad eingefallen ist – erinnerst du dich noch daran, als wir uns kennengelernt haben?

GREG: Das ist grade einen Monat her. Ich habe ein gutes Gedächtnis. Es war auf der Party bei Malcolm.

GINNY: Stimmt. Ich sah dich da sitzen und dachte – der. Den möchte ich gern kennenlernen. Der sieht interessant aus. Anders als die anderen Leute hier. Und da hab ich dich angeguckt und habe gelächelt – und du hast ganz finster zurückgeguckt –, unheimlich süß war das. Und ich habe gedacht: Er mag mich nicht. Aber ich werde ihn dazu bringen, daß er mich mag. Also hab ich mich an dich rangemacht.

GREG: Und ich habe gedacht, wer zum Teufel ist denn diese Quasselstrippe, die da wie ein Wasserfall auf dich einredet?

GINNY *(läßt ihn los)*: Jetzt übertreib aber nicht.

GREG: Wie bitte? Innerhalb von zehn Minuten hast du mir deine sämtlichen unglücklichen Liebesgeschichten erzählt. Ich wußte nicht genau, ob ich dich küssen oder dir einen Lolly kaufen sollte.

GINNY: Ach ja, glückliche Zeiten. *(Sie stopft ihre Schminksachen in ihre Handtasche.)* Ist das Taxi schon da?

GREG: Das würde mich überraschen. *(Er geht zum Fenster.)*

GINNY: Meine Fingernägel muß ich mir im Zug machen. *(Sie verschwindet im Badezimmer.)*

GREG: Noch kein Taxi.

GINNY *(off)*: Liebling, kannst du mal nachsehen, ob ich noch Nagellackentferner habe – in der obersten Schublade? So 'ne kleine weiße Flasche.

GREG: Sofort. *(Er versucht, die Schublade zu öffnen. Sie scheint zu klemmen.)* Sie klemmt.

GINNY *(off)*: Och, das passiert andauernd. Du mußt drunter fassen und sie rausziehen.

GREG: Dieses billige zusammengehauene Zeug vom Möbelmarkt – *(Er will die darunterliegende Schublade herausziehen. Er zieht zu fest. Die Schublade und der gesamte Inhalt ergießen sich über den Fußboden.)*

Scheiße!

(Ginny kommt sofort, als sie den Krach hört. Sie ist gerade beim Kämmen und hat die Bürste noch in der Hand. Greg betrachtet den Inhalt der Schublade: vier oder fünf teure Schachteln Pralinen.)

GINNY: Du Taps, du! Ich – *(Sie hört abrupt auf.)*

GREG: Oho, wer nascht denn hier?

GINNY: Och, das sind –

GREG: Ja. *(Er bückt sich und fängt an, die Schachteln aufzuheben.)* Und wer hat dir die verkauft?

GINNY: Niemand. Das sind Proben. Gratispackungen. Weißt du, ich kenne ein Mädchen, die arbeitet in einem Süßwarenladen. Und die kriegt die umsonst. Aber sie macht Diät. Und da hat sie sie mir gegeben.

GREG: Ich dachte, du machst Diät?

GINNY: Das stimmt. Aber nicht so streng wie sie.

GREG *(eindeutig nicht überzeugt)*: Ah ja.

GINNY *(merkt das)*: Na – und was hast du gedacht, wo die herkommen?

GREG: Da fallen mir diverse Erklärungen ein. Die harmloseste wäre, daß sie mein Vorgänger zurückgelassen hat.

GINNY: Wer?

GREG: Na! Der Mann, den du total vergessen hast. Weißt du nicht mehr?

GINNY: Ach, das ist doch schon Jahre her.

GREG: Verstehe. Du sprichst nicht viel über ihn, nicht?

GINNY: Ich hab dir von ihm erzählt.

GREG: Nicht viel.

GINNY: Ich habe schon alles vergessen. Ich habe – ich habe sogar vergessen, wie er aussieht.

GREG: Wo ist er denn hin?

GINNY: Zurück zu seiner Frau, nehme ich an. Ich weiß es nicht.

GREG: Das war dieser ältere Mann. Da freust du dich aber, daß du jetzt mit jemand Gleichaltrigem zusammen bist, was? Ihr zwei habt doch bestimmt nicht viel gemeinsam. Hat er dir seine Erlebnisse aus dem Ersten Weltkrieg erzählt? *(Er schiebt die Schublade wieder in die Kommode.)*

GINNY: Sei nicht so gehässig.

GREG: Also –

GINNY: Greg – wie hättest du reagiert, wenn du ihn kennengelernt hättest?

GREG *(meint das ernst)*: Ich hätte ihn vermöbelt. Und wie.

GINNY: Das kann ich mir vorstellen.

GREG: Also, ich finde, du kannst froh sein, daß er dich verlassen hat.

GINNY: Er hat mich nicht verlassen. Ich habe ihn verlassen.

GREG *(übertrieben verständnisvoll)*: Ja, natürlich.

GINNY *(leicht gereizt)*: Hab ich auch. *(Sie geht zur Nische, um ihren Mantel zu holen.)*

GREG *(besänftigend)*: Ja, natürlich hast du das. Ich hab mir nur grade überlegt, wie viele Leute man kennt, die verlassen worden sind. Weißt du, ich kenne Dutzende, die irgendwann jemanden verlassen haben. Aber ich habe ganz selten einen von denen getroffen, die verlassen worden sind. *(Er setzt sich auf das Bett.)* Findest du das nicht auch merkwürdig? Wo sind diese armen verlassenen Menschen bloß abgeblieben, das möchte ich zu gern wissen. Die können doch nicht alle ins Wasser gegangen sein, sonst wären die Flüsse längst verstopft. Wahrscheinlich ist es wie mit den Elefantenfriedhöfen oder den Fliegen im Winter, glaubst du nicht?

(Ginny kommt mit ihrem Mantel zurück und legt ihn auf einen Stuhl.)

GINNY: Ich habe nicht die leiseste Ahnung.

GREG: Warum hast du ihn verlassen?

GINNY *(setzt sich)*: Ich hatte meine Gründe.

GREG: Ach?

GINNY: Hör mal, ich sag's dir nicht, also frag erst gar nicht.

GREG: Na gut. *(Er zuckt die Achseln.)* Na gut.

GINNY: Ich verstehe sowieso nicht, warum dich das überhaupt interessiert. Deine Vergangenheit ist mir scheißegal.

GREG *(lächelt engelhaft)*: Tja – mein Leben hat eben erst angefangen, als ich dich kennengelernt habe.

GINNY *(sarkastisch)*: Soso. *(Sie springt hoch und geht zum Fenster.)* Wo bleibt das verdammte Taxi?

GREG: Der Fahrer wird schon klingeln.

GINNY: Aber nicht, wenn er einen Mann im blauen Kleid und weißen Mantel sucht. *(Sie geht zu ihm, fährt ihm durchs Haar.)* Du Spinner.

GREG *(hält sie an beiden Händen fest)*: Hmmm. Weißt du was? *(Er steht auf.)* Ich hab mir grade überlegt – es wäre vielleicht keine schlechte Idee, wenn wir heiraten – sehr bald.

GINNY: Wann – jetzt?

GREG: Nein.

GINNY: Na toll. Sonst hätte ich mich nämlich noch mal umziehen müssen.

GREG: Nein. Im Ernst.

GINNY: Wann bist du so plötzlich auf diese Idee gekommen?

GREG: Ich dachte, es wäre vielleicht eine nette Idee.

GINNY *(läßt seine Hände los und betrachtet ihn)*: Heißt das, du hast mir grade einen Heiratsantrag gemacht?

GREG *(geht zum Fenster, unsicher)*: Ja, ich glaube, das habe ich. Wenn du mich so fragst.

GINNY: Entweder du hast oder du hast nicht.

GREG *(dreht sich um)*: Ja, ich habe.

GINNY: Ah ja. Es ist bloß so – ich fahre jetzt weg.

GREG: Mit dem Taxi dauert es bestimmt noch einen Moment. Du brauchst doch nicht so lange, um dich zu entscheiden, oder?

GINNY: Leider doch. *(Pause. Sie setzt sich auf das Bett.)* Wenn du es ernst meinst, weiß ich nicht, was ich sagen soll. Ich liebe dich sehr, ich glaube, mehr als ich irgend jemand geliebt habe. Und eines Tages werde ich wahrscheinlich ja sagen, glaube ich. Aber nicht in diesem Moment.

GREG: Ah ja.

GINNY: Greg, hast du dir das wirklich überlegt? Entschuldige, wenn ich dich das frage – aber willst du nicht eigentlich nur ein heißes Wochenende mit mir verbringen? Oder vielleicht sogar vier ganze aufregende Wochen?

GREG: Nein. Ein ganzes aufregendes, heißes Leben.

GINNY: Mit wieviel Mädchen warst du eigentlich bis jetzt zusammen, abgesehen von mir?

GREG: Tja –

GINNY: Ich meine, richtig zusammen – du weißt, was ich meine.

GREG: Tja – ich – na ja –

GINNY: Ich war die erste, stimmt's?

GREG *(beleidigt)*: Wenn das so eindeutig –

GINNY: Mir macht das überhaupt nichts. Aber was ist mit dir? Du hast doch gar keine Vergleichsmöglichkeiten – vielleicht bin ich die schlimmste Zimtziege, die es gibt.

GREG: Bist du nicht. *(Etwas besorgt)* Oder doch?

GINNY: Stell dir vor, du merkst es erst, wenn wir verheiratet sind. Das wär Pech, was?

GREG: Was soll ich denn deiner Meinung nach tun? Mich überall erkundigen? 'ne Meinungsumfrage bei deinen Ex-Liebhabern machen?

GINNY: Ich möchte bloß, daß du dir ganz sicher bist, sonst nichts.

GREG: Ich bin mir ganz sicher.

GINNY: Na gut.

GREG: Ich weiß, was ich tue. Keine Angst.

GINNY: Na prima. Schön.

(Sie steht auf und nimmt ihre Handtasche. Kleine Pause)

GREG: Es ist nicht zufällig denkbar, daß du dich in den nächsten fünf Minuten entscheidest?

GINNY: Warum?
GREG: Na ja, ich hab mir grade überlegt, wenn ich jetzt mit dir zu deinen Eltern fahre, dann könnte ich sie gleich fragen, ob –
GINNY: Nein, Greg!
GREG: Es ist doch bloß, weil –
GINNY: Nein.
GREG: Aber –
GINNY: Nein, nein, nein.
(Greg sieht niedergeschlagen aus. Ginny geht zu ihm und küßt ihn besänftigend.)
Liebling – Liebling – es geht nicht –
(Die Türklingel läutet.)
Mist, das ist das Taxi. Ich muß los. *(Sie macht sich von ihm los und sucht ihre Sachen zusammen.)* Bringst du mich noch raus?
(Greg antwortet nicht, sondern geht zum Fenster.)
Ich bin so gegen sieben wieder da. Du kannst dann ja herkommen und hier auf mich warten, wenn du willst.
(Die Türklingel läutet wieder.)
Ich komm ja schon.
GREG: Du brauchst dich gar nicht so zu hetzen, es ist nicht der Taxifahrer.
GINNY: Nein?
GREG: Es sei denn, er wäre ohne Auto gekommen. Da draußen steht nämlich kein Taxi.
GINNY: Oh. *(Sie geht schnell zur Tür.)* Ich guck mal nach, wer es ist.
GREG *(schneidet ihr den Weg ab)*: Ich gehe schon.
GINNY: Nein, ist schon gut – laß mich –
GREG: Ich gehe. *(Er hat die Hand auf der Türklinke und versperrt ihr den Weg.)*
GINNY: Nein.
GREG *(schiebt sie sanft, aber entschieden zur Seite und öffnet die Tür)*: Ich bin gleich wieder da.
GINNY *(in Panik)*: Aber Greg!
(Es läutet.)
GREG: Bleib schön hier.
(Greg geht schnell hinaus und läßt die Tür angelehnt. Ginny steht unschlüssig da, geht dann zum Fenster und sieht nervös hinaus.

Das Telefon klingelt. Ginny wirft einen vorsichtigen Blick zur Tür, geht schnell zum Telefon, nimmt den Hörer ab und spricht leise.)

GINNY: Ja... bin ich... jetzt hör mal zu, ich hab mir alles mögliche von dir gefallen lassen... o ja, und wie du das tust... nein, wir *haben* darüber geredet... schon hundertmal... nein...

(Greg kommt schnell herein. Er bleibt stehen und horcht einen Moment. Dann zieht er sich zurück.)

Und wenn du mich noch einmal anrufst... erstens geht mir das wahnsinnig auf die Nerven... ja... ja... ja. *(Sie legt auf.)*

(Gerade als sie auflegt, kommt Greg fröhlich herein.)

GREG: Da wär ich wieder.

GINNY: Ah.

GREG: Nun rat mal, wer das war. Der Rotfuchs. Die Frau von nebenan. Mit einem Päckchen für dich. Sie hat es angenommen. *(Er hält es ihr hin.)* Bitte.

GINNY: Ach ja. *(Pause)* Wie nett. *(Sie nimmt es.)* Vielen Dank. *(Sie steht da und hält es unschlüssig in der Hand.)*

GREG: Willst du es nicht aufmachen?

GINNY: Nein. Jetzt nicht. Es ist doch nur irgendein dummes Buch. Die schicken mir andauernd welche. Keine Ahnung, wieso. Ich hab mich schon bei denen beschwert.

GREG: Bei wem?

GINNY: Bei diesen Bücherfritzen. Ich will das nicht. *(Sie stopft das Päckchen in den Papierkorb.)* Was soll ich damit?

GREG: Oh. *(Pause)* Hat das Telefon geklingelt?

GINNY: Wann?

GREG: Grade eben?

GINNY: Nein. Das muß oben gewesen sein.

GREG: Ah ja. Oben. *(Er geht zum Fenster und sieht hinaus.)*

GINNY *(geht auf und ab)*: Ich glaube, ich geh einfach zu Fuß. *(Pause)* Ich brauche doch höchstens fünf Minuten. *(Pause)* Wenn ich hier noch länger rumsitze und auf das Taxi warte, verpaß ich den Zug. Zu Fuß bin ich in zehn Minuten da – meinst du nicht?

(Greg ignoriert sie völlig.)

(plötzlich) Oh. Weißt du was? Mir ist grade wieder eingefallen, wo diese Pantoffeln herkommen.

GREG *(dreht sich um)*: Woher?

GINNY: Hast du Jane mal kennengelernt?

GREG: Welche Jane?

GINNY: Das Mädchen, mit dem ich hier zusammen gewohnt habe. Nein, kannst du ja gar nicht. Sie ist ausgezogen, kurz bevor ich dich kennengelernt habe.

GREG *(geht zum Tisch und starrt auf die darunterliegenden Pantoffeln)*: Nun erzähl mir nicht, daß das ihre sind.

GINNY: Nein. Aber sie hatte so einen kleinen Köter.

GREG: Einen kleinen Köter?

GINNY: Ja, sie hatte einen Hund. Das waren seine.

GREG: Ah, verstehe. *(Pause)* Was war's denn? 'ne dänische Dogge?

GINNY: Nein, es war ein –

GREG: Ein Bernhardiner.

GINNY: Nein, einer von diesen kleinen – ähmmm –

GREG: Also, eins muß man ihm lassen – dafür daß das arme Viech nur zwei Pfoten hatte, waren die aber riesengroß.

GINNY: Ein Dackel. Das war's.

GREG *(kniet sich neben das Bett)*: Einen Moment.

GINNY: Was machst du da?

GREG *(sucht unter dem Bett)*: Ich sehe nach, ob ich das andere Paar finde. Bei der Vorstellung wird mir ja ganz schlecht: So 'n winziger Hund mit zwei so Riesenpfoten – und torkelt in dieser Wohnung rum – warte mal. Einen Moment. *(Er steht auf.)* Vielleicht hatte er die ja nur an den Vorderpfoten. Und für die Hinterpfoten hatte er Gummistiefel, wenn er mal rausmußte. Ja, so wird's gewesen sein. Er ist einfach abwechselnd auf den Vorder- oder Hinterpfoten gelaufen, je nachdem, ob er draußen oder drin war. So ein kluger Hund.

GINNY: Bist du jetzt fertig?

GREG: Fast.

GINNY: Greg.

GREG. Mmmm?

GINNY: Hab doch Vertrauen zu mir – bitte.

GREG: Ja?

GINNY: Ich schwöre, es gibt keinen anderen. Ich schwöre es.

GREG: Nein?

GINNY: Nur dich.
GREG: Niemand?
GINNY: Nein, nein, nein.
GREG: Du solltest jetzt gehen.
GINNY: Ich liebe dich, Großer.
GREG: Und ich dich, Kleine. Ciao.
GINNY: Bis bald.

(Ginny geht ab.

Nach einem Augenblick hört man, wie die Wohnungstür geöffnet und dann zugeschlagen wird. Greg will auch gehen. Als er am Papierkorb vorbeikommt, bleibt er stehen und holt neugierig das Päckchen heraus. Er starrt es an, befühlt es und schüttelt es dann. Er reißt ein winziges Loch in das Packpapier, dann ein größeres Loch. Schließlich reißt er die Verpackung ab und holt eine sehr dekorative, sehr teure herzförmige Schachtel Pralinen heraus.

Die Wohnungsklingel läutet. Greg geht zum Fenster.)

GREG: Das Taxi.

(Er faßt einen Entschluß, nimmt seine Tasche, stopft die Pantoffeln hinein, nimmt das Zigarettenpäckchen, läuft zur Tür und liest dabei:)

The Willows. Lower Pendon. Buckinghamshire.

Vorhang

Zweite Szene

Die Terrasse eines großen, modernen Landhauses. Hinten ein Tisch mit ein paar Stühlen, einem Korbsessel, eine Steinbank und ein Teewagen. Von der Terrasse führen zwei Türen ins Haus. Im vorderen Teil der Terrasse ein paar Gartenstühle. Links führt eine Pforte in den Garten; rechts neben dem Haus geht es zur Straße. Sonnenschein. Philip und Sheila sitzen beim Frühstück und lesen die Sonntagszeitungen. Die Vögel zwitschern.

PHILIP: Ich kann nicht behaupten, daß mich diese Orangenmarmelade vom Hocker reißt.
SHEILA: Nein, mich auch nicht.
PHILIP: Warum hast du sie dann gekauft?
SHEILA: Konnte ich doch von außen nicht sehen.
PHILIP: Hm.
SHEILA: Unsere Sorte hatten sie nicht.
PHILIP: Dann hätte ich lieber gar keine gehabt.
SHEILA: Das sagst du jetzt. Das sagst du –
PHILIP: Wenn du mich fragst – selbst Pflaumenmus wäre mir lieber gewesen als das.
SHEILA: Das sagst du jetzt –
PHILIP: Ja, das tue ich. Und ich meine es auch so.
(Stille)
SHEILA: Noch Tee?
PHILIP: Ja – wenn noch – wenn noch welcher – ja.
SHEILA *(gießt Tee ein)*: Bitte.
(Philip grunzt.)
Gehst du heute morgen nicht Golf spielen?
PHILIP: Ich glaube nicht.
SHEILA: Ist aber so schönes Wetter.
PHILIP: Ja.
SHEILA: Ist bestimmt hübsch da oben. An so einem Tag.
PHILIP: Wo oben?
SHEILA *(macht eine vage Geste)*: Da oben. Auf dem Feld.
PHILIP: Auf dem Feld?
SHEILA: Ja, Philip... das Golffeld.

PHILIP: Platz.
SHEILA: Mmm?
PHILIP: Eishockeyfeld. Aber Golfplatz. Wie – Fensterplatz, Platzregen.
SHEILA: Dann hättest du wenigstens richtig Appetit. An deiner Stelle würde ich hingehen.
PHILIP: Ich glaube, du kannst es getrost mir überlassen, wie ich meinen Sonntagvormittag gestalte.
SHEILA: Natürlich. Ich dachte nur, es würde dir guttun. Das war alles.
PHILIP: Komm nicht zu spät zur Kirche.
SHEILA: Ich gehe heute nicht.
PHILIP: Nein?
SHEILA: Heute ist der dritte Sonntag nach Trinitatis. Da gehe ich nie.
PHILIP: Aha. *(Er sieht sehr verblüfft aus.)*
SHEILA: Da kommt immer dieser Mensch aus Dodworth zum Predigen. Wir wissen ja, was das für einer ist.
PHILIP: Oh, verstehe. *(Er liest seine Zeitung. Plötzlich lacht er.)* Hör mal, das ist sehr lustig. Da steht ... ähm ... «Vierundzwanzig Prozent aller Befragten gaben zu, daß ...» Oh ... ach so.
SHEILA: Gaben was zu?
PHILIP: Gar nichts. Ich dachte, es wäre lustig, ist aber gar nicht lustig.
SHEILA: Ach so.
(Stille)
PHILIP: Keine Post heute morgen?
SHEILA: Leider nein.
PHILIP: Nichts? Überhaupt nichts?
SHEILA: Überhaupt nichts.
PHILIP: O je, da läßt jemand nach.
SHEILA: Was heißt denn das?
PHILIP: Ich erwarte sonntags keine Briefe, also bin ich auch nicht enttäuscht. Aber du anscheinend.
SHEILA: Ich hab keine Ahnung, was du meinst.
PHILIP: Ich meine, von den zwei Menschen, die dieses Haus bewohnen, bist du die einzige, die sonntags Post bekommt. Und wer kann schon von sich sagen, daß er sonntags Briefe kriegt? Ich

hab noch nie einen gekriegt – keinen einzigen. Ich bin richtig eifersüchtig.

SHEILA: Das war nur einmal.

PHILIP: Einmal ist einmal zuviel.

SHEILA: Ich habe es dir doch erzählt. Es war ein Irrtum –

PHILIP: Das hast du gesagt.

SHEILA: Von der Post.

PHILIP: Ah!

(Pause)

SHEILA: Wie schön, daß du wieder zu Hause bist.

PHILIP: Mmmmm.

SHEILA: Ich sehe dich in letzter Zeit so selten.

PHILIP: Och, findest du?

SHEILA: Immer mußt du irgendwohin.

PHILIP: Ich kann schließlich nicht die ganze Zeit zu Hause sein. Man soll's nicht übertreiben, hm?

SHEILA: Um Gottes willen nein. Um Gottes willen.

PHILIP: Na siehst du. Und du brauchst auch Zeit für dich selber.

SHEILA: Wofür?

PHILIP: Für andere Dinge.

SHEILA: O ja.

PHILIP: Guck dir die Coopers an. Die sind fast dreißig Jahre verheiratet. Ich kenne kein glücklicheres Paar. Es liegt garantiert daran, daß er neun Monate im Jahr in Rio de Janeiro ist.

SHEILA: Ich hoffe, du beabsichtigst nicht, seinem Beispiel zu folgen?

PHILIP: O nein. Ich habe überhaupt nichts für Südamerika übrig.

SHEILA: Und was ist mit dieser Europa-Geschichte? Diese Reise, die du geplant hast?

PHILIP: Ach die. Das schwebt immer noch.

SHEILA: Hoffentlich fällt sie nicht ins Wasser. Ich habe mich so darauf gefreut.

PHILIP: Du möchtest also immer noch fahren?

SHEILA: Selbstverständlich. Du nicht?

PHILIP: Ich habe mich inzwischen erkundigt. Wie das im Detail aussieht. Klingt ein bißchen öde.

SHEILA: Öde?

PHILIP: Also Ferien kann man das kaum nennen. Eher einen Sprint. Frankreich, Deutschland, Italien, Spanien, Schweiz, Holland, Dänemark und Schweden. Und das alles in zehn Tagen. Jede Nacht im Zug. Man rast nur von Bahnhof zu Bahnhof. Sehr anstrengend und nicht sehr amüsant.

SHEILA: Das klingt jetzt aber ganz anders als neulich.

PHILIP: Ist aber so.

SHEILA: Es wäre dir also lieber, wenn ich nicht mitkomme?

PHILIP: Das liegt ganz allein bei dir. Ich kann mir nur schwer vorstellen, daß du Spaß daran hast.

SHEILA: Nein?

PHILIP: Aber bitte, mach was du willst.

SHEILA: Also gut. Ich bleibe hier.

PHILIP: Wahrscheinlich hast du es hier viel lustiger. Und du bist mich ein paar Wochen los.

SHEILA: Zehn Tage.

PHILIP: Ja, so ungefähr.

(Pause)

SHEILA: Wirst du dich nicht einsam fühlen, so allein?

PHILIP: Also ich muß schon sagen, es ist doch merkwürdig, daß du am Wochenende Post kriegst.

SHEILA: Wieso?

PHILIP: Na ja, weißt du. Ich bin den größten Teil der Woche weg, und am Wochenende, wenn ich da bin, kriegst du diese Briefe. Also ich hätte das anders organisiert.

SHEILA: Ich glaube, das Thema hatten wir schon.

PHILIP: Das Spannende an einer Affäre ist doch gerade, daß man sie geheimhält.

SHEILA: Das gilt vielleicht für dich.

PHILIP: Ich rede rein theoretisch. Aber jetzt ist die Katze aus dem Sack – ich habe alles entdeckt. *(Pause)* Was machst du heute für einen Braten?

SHEILA: Schwein.

PHILIP: Wie hübsch. Hoffentlich mit 'ner schönen Kruste.

SHEILA: O ja – wie das Schwein, so die Kruste.

PHILIP: Was meinst du denn damit? – Ich glaube, ich nehm mir heute mal den Garten vor. Na, jedenfalls fang ich mal an. Erst mal das Gemüse. Hast du dir den Gemüsegarten in letzter Zeit mal angesehen?

SHEILA: Nein.

PHILIP: Absolut unglaublich. Ist erst ein paar Wochen her, und jetzt steht man schon wieder knietief in Brennesseln, Disteln, Kletten, das ganze Zeug. Und dann diese Kriechdinger – wie heißen die noch mal? Sehen aus wie Bohnen, die sich auf dem Boden langgemacht haben. Vielleicht haben sie das sogar, weil sie zwischen dem Unkraut nicht hochkommen. Es sind aber wohl doch keine Bohnen – dafür sehen sie viel zu gesund aus. Ich muß aufpassen, das letzte Mal hab ich den ganzen Rhabarber umgehackt. Weißt du noch? Alle Rhabarberstangen? Den gab's dann sogar als Kuchen zum Tee. Und dieses Buch nützt auch nicht sehr viel. Erstens kommt das, was ich anbaue, überhaupt nicht drin vor, und zweitens kann man es auf den Abbildungen sowieso nicht erkennen. Na ja, vielleicht sieht die Natur in Büchern ganz anders aus als in Natur. Uns fehlt einfach ein Mann für den Garten, weißt du. Auf die Dauer geht es nicht ohne. Vielleicht jemand aus dem Dorf. Jemand, der was davon versteht. Sag mal, dieser Typ von dir, der versteht nicht zufälligerweise was von Gärtnerei?

SHEILA: Nein.

PHILIP: Schade, wär doch ganz praktisch gewesen.

SHEILA: Tja, tut mir leid. *(Sie will weggehen, zögert aber.)* Ich fahre vielleicht bald für ein Wochenende nach Kent.

PHILIP: Wie bitte?

SHEILA: Ich fahre vielleicht bald für ein Wochenende nach Kent.

PHILIP: Wieso?

SHEILA: Kleiner Tapetenwechsel. Natalie hat mich eingeladen.

PHILIP: Natalie?

SHEILA: Meine Kusine.

PHILIP: Deine Kusine?

SHEILA: Richtig. Sie hat da ein Ferienhaus und hat mich zu einem verlängerten Wochenende eingeladen.

PHILIP: Ich habe gar nicht gewußt, daß du eine Kusine namens Natalie hast.

SHEILA: Nein, ich rede auch nicht viel von ihr. Sie ist schon sehr alt.

PHILIP: Na bitte. Dann fahr doch.

SHEILA: Du hast nichts dagegen?

PHILIP: Nicht die Bohne.

SHEILA *(ausdruckslos)*: Gut. Dann ist ja alles klar. *(Sie dreht sich um und will gehen.)*

PHILIP: Sheila...

SHEILA: Ja?

PHILIP *(schmeichelnd)*: Na komm...

SHEILA: Was denn?

PHILIP: Komm, wollen wir nicht damit aufhören? Du weißt Bescheid, ich weiß Bescheid, wir wissen alle beide Bescheid. Wozu also?

SHEILA: Wozu was?

PHILIP: Warum machst du das? Was willst du damit beweisen?

SHEILA: Ich kann dir leider nicht ganz folgen.

PHILIP *(wird wütend)*: Um Himmels willen, Sheila, was willst du denn mit diesem Quatsch erreichen? Na? Du kannst doch niemandem was vormachen. Mir schon gar nicht. Und das weißt du auch. Warum hörst du also nicht endlich auf damit?

SHEILA: Womit?

PHILIP: Das weißt du selbst am besten. Dieses unsägliche Getue. Jedes Wochenende. Ich komme mir so vor, als hätte ich es mit einer Schwachsinnigen zu tun. Kommt er heute? Hat er geschrieben? Hat er angerufen? Also, ich hab das jetzt lange genug mitgemacht. Und mir steht es bis hier, hast du kapiert? Es reicht. Ich glaube, das Beste wäre, du läßt dich mal gründlich untersuchen. Du bist... *(Er macht eine Geste: plemplem.)*

SHEILA *(nach einer Pause)*: Bist du fertig?

PHILIP: Ja.

SHEILA: Also, so was ist mir in meinem ganzen Leben noch nicht passiert. Noch nie. Was ist bloß in dich gefahren? Ich glaube, das Beste wäre, du gehst in den Garten und reagierst dich beim Umgraben ab.

PHILIP: Nein. Mir ist heute überhaupt nicht nach umgraben. Ich werde hacken.

SHEILA: Wenn man dir dabei zusieht, merkt man sowieso keinen Unterschied. Ich geh mich jetzt anziehen.

(Philip geht in den Garten. Greg kommt zögernd von rechts auf die Terrasse. Er bleibt stehen, als er Sheila sieht. Er hat seine Tasche in der Hand und einen Regenmantel über dem Arm.)

GREG *(nach einer Pause)*: Hallo.

SHEILA *(erschrocken)*: Oh. Oh – hallo.

GREG: Hallo.

SHEILA: Sind Sie – ähm …

GREG: Wie bitte?

SHEILA: Möchten Sie hier jemanden besuchen?

GREG: Ja.

SHEILA: Meinen Mann?

GREG: Nicht … unbedingt …

SHEILA: Mich?

GREG: Auch.

SHEILA: Oh. Na dann.

GREG: Ich hatte geklingelt.

SHEILA: Die geht nicht. *(Sie lächelt.)* Treten Sie doch näher.

GREG: Vielen Dank. *(Er kommt nach vorn.)*

SHEILA: Nehmen Sie doch Platz.

GREG: Danke. Was für ein wunderschöner Garten. *(Er setzt sich auf einen Stuhl.)*

SHEILA: Ja. Wir … wir finden ihn auch sehr schön …

GREG: Ich hatte keine Ahnung, wie schön es hier ist. Wunderschön.

SHEILA: Ja, es ist schön, nicht?

GREG: Nein, dieser Rittersporn! Der ist ja riesig. Wie haben Sie Ihren Rittersporn bloß so hoch gekriegt?

SHEILA: Ach, na ja … mit ein bißchen Übung. Und natürlich der grüne Daumen meines Mannes.

GREG: Sehen aus wie Stockrosen.

SHEILA: Meinen Sie wirklich Rittersporn?

GREG: Na, dieses Grünzeug da.

SHEILA: Ach, das sind Lupinen.

GREG: Sehen aber trotzdem ganz stabil aus.

SHEILA: Vielen Dank. *(Pause. Sie lächelt etwas unsicher.)*

GREG: Hier ist doch The Willows, nicht?

SHEILA: Ja.

GREG: Lower Pendon?

SHEILA: O ja.

GREG: Buckinghamshire?

SHEILA: Ja, genau.

GREG: Wie schön. Ich hatte plötzlich das peinliche Gefühl, ich hätte mich in der Adresse geirrt.

SHEILA: The Willows.

GREG: Genau.

(Pause)

SHEILA: Und gefallen Ihnen unsere Bäume?

GREG: Ja, sie sind kolossal.

SHEILA: Sie haben so etwas Majestätisches, nicht?

GREG: So was Königliches.

SHEILA: Sie vermitteln so etwas von – Dauerhaftigkeit.

GREG: Wenn ein Baum einmal steht, dann steht er.

SHEILA: Genau. *(Pause)* Wir kennen uns doch nicht, oder?

GREG: Soviel ich weiß nicht.

SHEILA: Nein.

GREG: Es kommt einem aber fast so vor, als würden wir uns kennen, nicht?

SHEILA *(lacht)*: Ja, ja, das stimmt.

(Pause)

GREG: Tja, ich weiß ja, wer Sie sind. Ich bin Gregory.

SHEILA: Ach ja?

GREG: Greg.

SHEILA: Sheila. Wie nett, Sie kennenzulernen.

GREG: Wie nett, Sie kennenzulernen.

SHEILA: Und von wo kommen Sie?

GREG: Von London.

SHEILA: Mit dem Auto?

GREG: Nein, mit dem Zug. Ich habe den frühen genommen. Mit Absicht.

SHEILA: Mit Absicht. *(Ein plötzlicher Gedanke)* Wollen Sie vielleicht ein Glas Wasser trinken, ja?

GREG: Nein, warum?

SHEILA: Es fiel mir nur so ein. Das tun viele Leute hier.

GREG: Ach ja. Das ist aber doch kein Kurort, oder?

SHEILA: Was?

GREG: Das hier.

SHEILA: O nein. Ich glaube nicht. Vielleicht früher, aber jetzt bestimmt nicht mehr. Ich muß allerdings gestehen, Geschichte ist meine schwache Seite.

GREG: Oh.

SHEILA: Sie haben den weiten Weg aber hoffentlich nicht umsonst gemacht, oder?

GREG: Wieso?

SHEILA: Na, das Wasser. Sie haben doch nicht angenommen, Sie könnten hier kuren, oder?

GREG: Nein.

SHEILA: Oh.

(Pause. Greg wirkt sehr verkrampft; sie auch.)

GREG: Ich bin anscheinend der erste.

SHEILA: Der erste?

GREG: Ja.

SHEILA: Ach, es kommen noch mehr?

GREG: Nein, nur sie. Aber sie weiß nicht, daß ich komme.

SHEILA: Nein?

GREG: Nein. Sie bringt mich garantiert um, wenn sie mich hier sieht.

SHEILA: Oh.

GREG: Ich hoffe, Sie sind nicht böse, daß ich hier einfach so reinplatze?

SHEILA: Nein, überhaupt nicht.

GREG: Es ist nämlich so, ich habe denselben Zug genommen wie sie. Das dachte ich wenigstens. Sie hat allerdings nicht gewußt, daß ich drinsitze. Sie hat angenommen, ich wäre immer noch bei – zu Hause. War ich aber nicht. Ich war im Zug. In ihrem Zug. Aber als ich aussteige und sie überraschen will, da ist sie nicht drin. Sie hat ihn wohl verpaßt. Also bin ich einfach hergekommen.

SHEILA: Oh, ich verstehe.

GREG: Und ohne Ginny ist...

SHEILA: Hmmm?

GREG: Ohne Ginny ist...

SHEILA: Tut mir leid. Aber Sherry ist da, wenn Sie möchten.

GREG: Im Moment nicht, vielen Dank.

SHEILA: Bestimmt nicht?

GREG: Nein. Aber vielen Dank.

(Pause)

SHEILA: Heute ist es zum erstenmal in diesem Sommer richtig heiß.

GREG: Könnte man sagen. *(Er starrt sie an.)* Unglaublich.

SHEILA: Wie bitte?

GREG: Ganz unglaublich. *(Er lächelt sie an und schüttelt den Kopf.)*

SHEILA: Ich kann Ihnen leider... nicht ganz folgen.

GREG: Ich hoffe, Sie sind nicht böse – das sollte ein Kompliment sein.

SHEILA: Oh, vielen Dank.

GREG: Es ist nämlich so – Sie werden mir ins Gesicht springen, Sie werden mir ganz bestimmt ins Gesicht springen, wenn ich das sage –, ich habe Sie mir älter vorgestellt.

SHEILA: Älter?

GREG: Ja, viel älter. Ich weiß, es ist blöd, aber ich habe Sie mir so als weißhaarige, kleine alte Dame vorgestellt.

SHEILA *(lacht etwas angestrengt)*: Wie sind Sie denn auf die Idee gekommen?

GREG: Na ja – man stellt sich doch immer vor, daß alle anderen auch so eine haben wie man selbst.

SHEILA: Eine was?

GREG: Eine Mutter.

SHEILA: Oh – ja, ja. Entschuldigen Sie, ich schalte manchmal so langsam.

GREG: Das macht doch nichts. Das liegt bestimmt an mir. Ich bin immer so nervös bei fremden Leuten. Nicht nur bei Ihnen. Bei allen. Sogar bei Busschaffnern. Also, manchmal passiert mir das morgens, wenn ich in einen Bus steige – ich weiß nicht, ob Ihnen das auch so geht –, aber ich sitze dann da, und der Schaffner geht durch den Bus und kommt langsam immer näher, und ich denke mir, heute morgen kriegst du bestimmt kein Wort raus. Keine Silbe. Er wird wieder fragen: Wohin soll es denn gehen? Und ich mach den Mund auf und – huuuuhhh – ich mach den Mund auf und nichts kommt raus. Immer, wenn es mir so geht, dann hilft nur eins – ich muß üben – ich sage dann vor mich hin... einmal zwei zehn ... Einmal hab ich das getan, ich habe alles richtig geprobt, sogar das «Guten Morgen» für meine Wirtin ... und dann saß ich im Bus und habe zwanzig Zigaretten verlangt. Danach konnte ich den ganzen Tag keinen Piep mehr rauskriegen.

SHEILA *(nur wenig amüsiert)*: Ah – ja. Ich fahre allerdings meistens mit dem Auto.

GREG: Ah ja.

SHEILA: Ja. Das Problem habe ich also nicht. Ich weiß aber noch, wie ich einmal vor der ganzen Schule was aufsagen mußte und schrecklich aufgeregt war. Ich war natürlich noch sehr jung. Ich glaube, es war ein Wettbewerb im Kurs für Gedächtnistraining und freie Rede. Aber mein Kopf war total leer. Ich mußte alles ablesen.

GREG: Och, so 'n Pech.

SHEILA: Tja. Aber dann hab ich Glück gehabt und den Preis doch gewonnen. Der einzige Preis, den ich je gewonnen habe – Gedächtnistraining und freie Rede.

GREG: Was gab es als Preis?

SHEILA: Das habe ich vergessen.

(Pause)

GREG: Ich weiß gar nicht, wo sie bleibt. Sie müßte inzwischen längst da sein.

SHEILA: O je.

GREG: Also, ich kann es Ihnen eigentlich auch jetzt schon sagen – wissen Sie, es ist so –, ich habe nämlich Ginny heute morgen gefragt, wissen Sie.

SHEILA: Ach ja?

GREG: Wir wollen heiraten.

SHEILA: Tatsächlich?

GREG: Ja.

SHEILA: Herzlichen Glückwunsch.

GREG: Sie sind nicht böse?

SHEILA: Ich?

GREG: Ja.

SHEILA: Warum sollte ich?

GREG: Man kann nie wissen, nicht?

SHEILA: Vermutlich nicht.

GREG: Und glauben Sie – nach dem, was Sie von mir wissen –, na ja, viel ist das ja nicht – daß es gutgehen wird?

SHEILA: Was?

GREG: Wenn wir heiraten?

SHEILA: Doch, warum nicht? Sie sehen ganz gesund aus. Und wenn Sie – wenn Sie sich lieben.

GREG: O ja.

SHEILA: Dann spricht doch nichts dagegen. Genau weiß ich es natürlich auch nicht.

GREG: Aber fast. *(Er lächelt beruhigend. Pause)* Ich hab gewußt, wir würden uns gut verstehen. Ich habe es ihr gesagt. Sie meinte allerdings, Sie würden einen Schreikrampf kriegen, wenn Sie mich sehen.

SHEILA: Wieso das denn?

GREG: Oh, sie hat mir eine unglaubliche Beschreibung von Ihnen gegeben. Das können Sie sich gar nicht vorstellen. Sie hat behauptet, wenn jemand unerwartet zum Mittagessen auftaucht, dann drehen Sie durch.

SHEILA: Das hat sie gesagt?

GREG: Ja.

SHEILA: Ist doch nicht wahr! Ginny?

GREG: Ja. Sie kennt Sie wirklich nicht!

SHEILA: Überhaupt nicht.

GREG: Vielleicht wollte sie ganz einfach nicht, daß ich herkomme. Das wäre eine Möglichkeit. Daran hatte ich gar nicht gedacht.

SHEILA: Woran?

GREG: Sie wissen – unbewußte Eifersucht.

SHEILA: Oh?

GREG: Liegt meistens daran, daß man nicht lange genug die Brust gekriegt hat.

SHEILA: Oh.

GREG: Die Flasche ist eben doch nur ein halber Ersatz, nicht?

SHEILA: Ah ja.

GREG: Das hab ich gelesen. Das geht natürlich nicht gegen Sie.

SHEILA: Natürlich nicht. Wie war das – Sie sind zum Mittagessen gekommen?

GREG: Sehr freundlich. Vielen Dank.

SHEILA: Gern geschehen. Ich glaube, ich sollte – ich sollte dann mal anfangen –, ich muß Sie jetzt ein paar Minuten allein lassen. Ich habe keine Ahnung, wo mein Mann steckt –

GREG: Kann ich mich irgendwie nützlich machen?

SHEILA: Nützlich machen? Ich weiß nicht –

GREG: Ich hab doch noch soviel Zeit, mich mit ihm zu unterhalten, nicht? Und ich bin Spitze – beim Kartoffelschälen.

SHEILA: Ja dann, sehr gerne. Wenn Sie schon mal da sind. Kommen Sie rein. Ich mache uns 'ne Tasse Kaffee.

GREG: Kann ich meine Tasche da stehenlassen?

SHEILA: Tasche? Ja natürlich. Regen ist für die nächsten Tage ja nicht angesagt.

GREG: Keine Angst. Ich habe nicht vor, die ganze Woche zu bleiben. Ich fühle mich nur irgendwie unsicher, wenn ich sie nicht dabei habe. Man weiß nie, wie sich die Dinge entwickeln, nicht?

SHEILA: Wie wahr.

GREG: Und mit Ihrem Mann kann ich mich ja unterhalten, wenn er fertig ist.

SHEILA: Ja, das sollten Sie tun. Er kann Ihnen bestimmt eher weiterhelfen als ich. Aber jetzt muß ich wirklich mit dem Mittagessen anfangen.

GREG: Sagen Sie mal, ist er eigentlich anspruchsvoll?

SHEILA: Anspruchsvoll?

GREG: Oder nimmt er's wie's kommt?

SHEILA: Tja, also – Hauptsache, er weiß, was er ißt.

GREG: Na wunderbar.

SHEILA: Einfache Hausmannskost – das mag Philip.

GREG: Hä?

SHEILA: Das einzige, was er überhaupt nicht mag, sind Gurken.

GREG: Gurken?

SHEILA: Ja, komisch, nicht? Für mich gibt's nichts Schöneres als Gurken.

(Philip kommt. Er hat im Garten gearbeitet. Er hat die Ärmel aufgerollt und hat Stiefel an. Er schwitzt und ist verärgert. Er bleibt stehen, als er sieht, wie sich Greg und Sheila so vertraulich unterhalten. Er starrt sie an.)

GREG: Also, das hatte ich eigentlich nicht gemeint.

SHEILA: Nein?
GREG: Nein – ich meinte die Geschichte mit ihr und mir.
SHEILA: Mit ihr und Ihnen?
GREG: Ja.
(Philip räuspert sich.)
SHEILA: Oh – suchst du was, Liebling?
PHILIP: Ich kann die Hacke nicht finden.
SHEILA: Wie ärgerlich.
PHILIP *(starrt Greg an)*: Ja.
SHEILA: Ach, Philip – das ist Gregory. Und das ist mein Mann.
GREG: Guten Tag.
(Die beiden geben sich die Hand.)
PHILIP: Guten Tag.
GREG: Ich habe grade Ihren Garten bewundert.
PHILIP: Ah ja?
GREG: Sie haben da aber 'ne Menge Arbeit reingesteckt.
PHILIP: Ja.
GREG: Hat sich auch gelohnt. Sehr beeindruckend.
PHILIP: Freut mich, daß es Ihnen gefällt.
GREG: Und keine einzige Gurke was? *(Er lacht.)*
PHILIP: Meine Frau haben Sie schon kennengelernt, ja?
SHEILA: Aber ja.
GREG: Ja. Wir haben uns ganz wunderbar unterhalten.
PHILIP: Wie schön.
SHEILA: Vielleicht möchtet ihr beide jetzt miteinander reden?
GREG: Also –
PHILIP: Worüber?
SHEILA: Ich glaube, Gregory möchte dich etwas fragen.
PHILIP: Ach ja?
SHEILA: Ich glaube.
PHILIP: Und was?
SHEILA: Das mußt du ihn schon fragen. Ich geh dann lieber.
PHILIP: Warum?
SHEILA: Na ja, ich glaube, es ist eine persönliche Angelegenheit.
PHILIP: Ach ja?
GREG: Sozusagen.
PHILIP: Oh. Wir kennen uns doch nicht, oder?

GREG: Nein.
PHILIP: Hm. Wollen Sie sich nicht setzen, Mr. –?
GREG: Poynter. *(Er setzt sich.)*
SHEILA: Ich komme gleich mit dem Kaffee.
PHILIP: Moment, Moment. *(Er zieht Sheila beiseite.)* Wer ist das?
SHEILA: Das solltest du ihn fragen. Er wollte zu dir.
PHILIP: Ich habe ihn noch nie gesehen. Was will er denn?
SHEILA: Irgendwas Persönliches. Du hast doch gehört, was er gesagt hat.
PHILIP: Und was?
SHEILA: Frag ihn doch. *(Zu beiden)* Dann laß ich euch beide mal allein.
(Sheila geht ins Haus. Stille. Philip geht unsicher auf und ab und betrachtet Greg gelegentlich von der Seite. Greg steht auf, als ob er etwas sagen wollte.)
PHILIP: Setzen Sie sich doch, Mr. –
GREG *(setzt sich)*: Vielen Dank.
PHILIP: Meine Frau hat mir gesagt, daß Sie mit mir sprechen wollten.
GREG: Das stimmt.
PHILIP: Ah.
GREG: Sie haben sich da richtig reingekniet, was?
PHILIP: Hä?
GREG: In die Gartenarbeit.
PHILIP: Ach so. Ja. Ein ständiger Kampf.
GREG: Der Mensch gegen die Natur.
PHILIP: Genau.
GREG: Ich würde Ihnen ja gern helfen, aber ich würde dabei bestimmt sämtliche Blumen ausreißen.
PHILIP: Dann lieber nicht – das besorge ich nämlich schon selber.
(Sie lachen. Pause)
Ist es – ähm – ist es was Wichtiges?
GREG: Eigentlich ja.
PHILIP: Ah. *(Pause)* Und von wo kommen Sie?
GREG: Aus London.
PHILIP: Ach?
(Pause)

GREG: Irgendwie ist das alles ein bißchen peinlich.
PHILIP: Oh?
GREG: Ich habe einfach den Sprung ins kalte Wasser gewagt. Ich meine, heute früh, als ich aufgewacht bin, da habe ich plötzlich beschlossen, herzukommen und mit Ihnen zu sprechen – und – da bin ich.
PHILIP: Ah ja.
GREG: Ja.
PHILIP: Ja. Die Zugverbindungen sind gar nicht so schlecht.
GREG: Die Sache ist nur – ich weiß nicht, wieviel Sie wissen.
PHILIP: Gar nichts.
GREG: Oh.
PHILIP: Leider habe ich Ihren Namen vergessen.
GREG: Gregory.
PHILIP: Ah ja.
GREG: Sie hat Ihnen also gar nichts gesagt?
PHILIP: Wem? Worüber?
GREG: Ihnen – über uns.
PHILIP: Über uns beide?
GREG: Nein, über sie und mich.
PHILIP: Über Sie und sie?
GREG: Ja.
(Pause. Philip ist verwirrt.)
PHILIP: Sie und sie? *(Es dämmert ihm.)* Sie meinen – sie und Sie?
GREG: Über uns.
(Pause. Philip sieht Greg an.)
PHILIP *(langsam)*: Verstehe.
GREG: Hat sie ...?
PHILIP: O ja, allerdings hat sie. O ja, ja. Sie hat mir von Ihnen erzählt. Sie hat es mir erzählt. Machen Sie sich also deswegen keine Gedanken.
GREG: Oh. Wunderbar. Das macht ja alles ein bißchen leichter.
PHILIP: Macht was leichter?
GREG: Das, weswegen ich Sie sprechen wollte.
PHILIP: Doch, sie hat es mir erzählt. Und dann die Briefe.
GREG: Die Briefe?

PHILIP: Ja. Und da haben Sie sich gedacht, Sie kommen heute mal vorbei und sprechen mit mir, ja?

GREG: Ja.

PHILIP: Wie nett. Sie haben doch hoffentlich nichts Dramatisches erwartet? Ich habe nämlich nicht die Absicht, mich auf eine Schlägerei einzulassen. Und ich werde auch nicht ins Haus gehen und mich erschießen. Das wären wohl die zwei populärsten Reaktionen, nicht?

GREG: Sie wissen, weswegen ich hier bin, ja?

PHILIP: Sie können es getrost mir überlassen, das herauszufinden.

GREG: Das brauchen Sie nicht.

PHILIP: Möchte ich aber.

GREG: Oh. *(Pause)* Wissen Sie, ich war mir nicht ganz sicher, ob ich heute herkommen sollte oder nicht. Ich habe mir überlegt: habe ich wohl den Mut, ihn zu fragen?

PHILIP: Och, Sie machen das ganz gut.

GREG: Vielen Dank.

PHILIP: Ich könnte mir vorstellen, daß Sie so was schon mal gemacht haben?

GREG: Nein. Ganz bestimmt nicht. Die Schwierigkeit ist bloß – sie weiß nicht, daß ich Sie fragen will.

PHILIP: Ach nein?

GREG: Nein. Aber dann habe ich mir überlegt, was habe ich schon zu verlieren?

PHILIP: Nicht sehr viel wahrscheinlich.

GREG: Genau. Ich habe mir gedacht, mein Gott, den Kopf wird er mir schon nicht abreißen. Also, da bin ich. Wenn Sie irgendwelche Fragen haben, schießen Sie los.

PHILIP: Tja. Wie sehen also Ihre nächsten Pläne aus?

GREG: Tja, also –

PHILIP: Sie haben doch nichts dagegen, daß ich Sie das frage?

GREG: Nein. Also – wir haben uns noch gar nicht festgelegt. Wir wollen nichts überstürzen. Andererseits habe ich was gegen lange Verlobungen. Also, wenn es Ihnen paßt, würden wir gern irgendwann nach Weihnachten heiraten, hatte ich gedacht.

PHILIP: Heiraten?

GREG: Ja.

PHILIP *(nach einer langen Pause)*: Einen gewissen Humor kann man Ihnen nicht absprechen, Mr. –?

GREG: Ja, Gott sei Dank. Ich glaube, den braucht man in jeder Ehe.

PHILIP: Das stimmt allerdings. Das stimmt.

GREG: Im Moment verdiene ich bei einer Versicherungsgesellschaft 520 Pfund im Monat – brutto, und man hat mir zu verstehen gegeben, daß ich ganz ausgezeichnete Beförderungschancen habe – in fünfzehn Jahren. Davor war ich Schuhverkäufer, Gärtnergehilfe im Hyde Park – da bin ich aber rausgeflogen –, Aushilfsbriefträger und ein paar Tage Gepäckträger in Victoria Station.

PHILIP: 520 Pfund, ja?

GREG: Genau.

PHILIP: Na ja, ein gutes Frühstück können Sie ihr damit bestimmt vorsetzen. Und das ist sehr wichtig.

GREG *(lächelt)*: Ich werde mich bemühen, daß es ab und zu auch mal für ein Mittagessen reicht. Müßte doch drin sein.

PHILIP: Da hab ich meine Zweifel. Nicht mit 520 im Monat, brutto.

GREG: Ich weiß nicht.

PHILIP: Aber ich. Ich habe sie nämlich bis jetzt durchgefüttert.

GREG: Andere Leute schaffen das auch.

PHILIP: Ah, aber die haben es auch nicht mit ihr zu tun. Sie ist einmalig.

GREG *(zärtlich)*: Ja, das ist sie allerdings.

PHILIP: Ich hab's mir mal genau ausgerechnet. Sie kostet mich an fixen Kosten 1000 Pfund im Monat, ohne Extras. Also, ich an Ihrer Stelle würde mich ein bißchen mit Ihrer Beförderung beeilen. Machen Sie sich gleich morgen früh an Ihren Chef ran. Erzählen Sie ihm, daß sich aufgrund unvorhergesehener Umstände Ihre Lebenshaltungskosten über Nacht verdreifacht haben.

GREG: Verstehe. *(Er grübelt.)* Ich merke, Sie sind über meine finanzielle Situation nicht sehr begeistert. Und Sie glauben, ich kann ihr nicht das Leben bieten, an das sie bisher gewöhnt war – und so weiter und so weiter?

PHILIP: Also, das kann niemand. Sie gewöhnt sich nämlich jedes Jahr an ein bißchen mehr.

GREG: Also, mir ist bis jetzt überhaupt nicht aufgefallen, daß sie über ihre Verhältnisse lebt. Na ja, und bis ich eine Gehaltserhöhung bekomme – das kann lange dauern.

PHILIP: Wie lange sind Sie schon bei Ihrer Firma?

GREG: Drei Wochen.

PHILIP: Dann ist es wahrscheinlich ein bißchen verfrüht, mit einer Gehaltsforderung anzukommen. Tja, da stellt sich ein kleines Problem, würde ich sagen. Schade, daß Sie kein Gärtner sind.

GREG: Sie wollen mich also aus rein finanziellen Gründen abweisen, ja?

PHILIP: Ich nicht. Aber sie wahrscheinlich, könnte ich mir denken.

GREG: Sie weiß, was ich verdiene. Und sie ist bereit, sich darauf einzulassen.

PHILIP: Ach ja?

GREG: Ja.

(Pause)

PHILIP *(plötzlich)*: Also bitte, dann machen Sie weiter.

GREG: Heißt das, Sie sind einverstanden?

PHILIP: Mir bleibt kaum was anderes übrig.

GREG: Wir können heiraten?

PHILIP: Nein, das kommt überhaupt nicht in Frage.

GREG: Hä?

PHILIP: Also, ich habe den Eindruck, ich muß mal ein oder zwei Dinge klarstellen, mein Lieber. Von mir aus können Sie mit ihr gehen wann und wohin Sie wollen. Meinen Segen haben Sie. Meine einzigen Bedingungen sind die: erstens, ich bin nicht bereit, Ihre Beziehung zu finanzieren, und zweitens, eine Heirat kommt absolut nicht in Frage.

GREG: Aber –?

PHILIP: Sie müssen verstehen, ein Mann in meiner Position kann sich einen derartigen Eklat nicht leisten.

GREG: Mit anderen Worten, es wäre Ihnen lieber, daß wir einfach zusammen leben als daß wir heiraten?

PHILIP: Bei weitem lieber.

GREG *(betrachtet ihn eingehend)*: Finden Sie Ihre Reaktion nicht auch ein bißchen exzentrisch?

PHILIP: Wieso?

GREG: Also, ich schon. Was soll dieses Gerede von Eklat?

PHILIP: Also, hören Sie –

GREG: Was ist denn verkehrt daran zu heiraten? Ich habe ja in letzter Zeit die seltsamsten Sachen gelesen, aber –

PHILIP: Es kommt ganz darauf an, wen man heiratet, finden Sie nicht?

GREG: Für Sie bin ich also eine totale Null, ja?

PHILIP: Überhaupt nicht.

GREG: Oh, doch. Ich weiß genau, was in Ihrem Kopf vorgeht.

PHILIP: Also, ich finde mich unter diesen Umständen sehr vernünftig.

GREG: Das finden Sie, ja? Also, dann hören Sie mir mal einen Moment zu. Wissen Sie eigentlich, daß ich Ihnen einen Gefallen tue? Nein, das wissen Sie bestimmt nicht. Dann will ich es Ihnen erklären. Erstens bin ich nämlich nicht der erste. Das ist allerdings nichts Besonderes.

PHILIP: Nein?

GREG: Heutzutage nicht, Verehrtester. Sie sind nicht mehr auf dem laufenden. Wissen Sie eigentlich, mit wem sie sich vor mir herumgetrieben hat?

PHILIP: Vor Ihnen?

GREG: Mit irgendeinem Typ, der alt genug war, um ihr Vater zu sein – so ist das.

PHILIP: Wie bitte?

GREG: Ja, das habe ich mir gedacht, daß Sie das umhaut. Ein geiler alter Tattergreis, ungefähr dreißig Jahre älter als sie, den seine Ehe anödet und der dafür jetzt ihr Leben kaputtmachen will. Aber zufälligerweise liebe ich sie und werde nicht zusehen, wie das passiert.

PHILIP: Dreißig Jahre älter?

GREG: Mindestens.

PHILIP: Ein bemerkenswerter alter Herr.

GREG: Sie glauben mir nicht?

PHILIP: Es klingt etwas –

GREG: Ich habe Beweise.

PHILIP: Wo?

GREG: In meiner Tasche.

PHILIP: Was denn?

GREG: Das werd ich Ihnen zeigen.

PHILIP: Einen Moment. Wollten Sie vorhin andeuten, es hat noch andere Männer gegeben?

GREG: Ich habe nur meine Schlüsse gezogen – sie erzählt ja nicht viel.

PHILIP: Wie viele?

GREG: Na ja – das normale Quantum.

PHILIP: Und was ist das normale Quantum?

GREG: Na ja, ich weiß nicht – circa vier bis fünf.

PHILIP: Mein Gott! *(Pause)* Vier bis fünf?

GREG: Mindestens.

PHILIP: Männer?

GREG: Vermutlich.

PHILIP: Ich –

GREG: Darüber sollten Sie mal nachdenken.

(Das tut Philip.)

PHILIP: So, so, so, Mr. –

GREG: Poynter.

PHILIP: Man lernt nie aus. Ja, ja, so ist es.

(Sheila kommt mit Sherrygläsern auf einem Tablett aus dem Haus.)

SHEILA: Ich hoffe, ich komme im richtigen Moment.

GREG: Oh, hallo.

SHEILA: Ich habe mir gedacht, vielleicht trinken wir lieber einen Sherry.

GREG: Wie schön.

SHEILA: Es ist wirklich wunderbar hier draußen, nicht? *(Sie reicht Philip ein Glas.)* Einen Sherry, Liebling? Greg?

GREG: Vielen Dank. Sehr freundlich. *(Er nimmt das Glas.)*

SHEILA: Bitte. Also dann – zum Wohl.

GREG: Zum Wohl.

(Sie sitzen und trinken. Stille)

SHEILA: Na, Jungs, habt ihr ein bißchen geklönt?

GREG: Ja, wir – wir haben den einen oder anderen Punkt zur Sprache gebracht.

SHEILA: Hoffentlich zur gegenseitigen Zufriedenheit. Ich wußte nicht genau, ob ihr fertig seid oder nicht. Ich habe rausgeguckt, und da sah es so aus, als wärt ihr fertig.

GREG: Hoffentlich haben Sie sich nicht ausgesperrt gefühlt?

SHEILA: Nein, ich habe inzwischen das Gemüse geschnibbelt. Ich hatte gedacht, wir essen hier draußen gemütlich zu Mittag, nur wir drei.

(Philip schnaubt.)

SHEILA: Ist was, Liebling? Er ist doch nicht zu süß? *(Philip knallt sein Glas hin.)* Philip!

PHILIP *(funkelt sie wütend an)*: Ich konnte die Hacke nicht finden!

SHEILA: Ich weiß, Liebling. Das hast du schon gesagt.

PHILIP: Ich glaube, du hast sie als letzte benutzt.

SHEILA: Aber nein, Liebling.

(Philip geht aufgeregt hin und her.)

PHILIP: Bist du dir eigentlich darüber im klaren, daß ich meinen ganzen Vormittag sinnlos verplempert habe? Ich hätte genausogut hier sitzen bleiben und meine Zeitung lesen können oder eine Runde Golf spielen, was ich eigentlich vorhatte. Hätte ich's bloß gemacht. Statt dessen habe ich den ganzen Vormittag damit zugebracht, nach etwas zu suchen, das nicht da stand, wo es hingehörte.

SHEILA: Das tut mir aber leid.

PHILIP: Das sollte es auch.

SHEILA: Und wieso mir?

PHILIP: Du hast sie zuletzt benutzt.

SHEILA: Habe ich nicht, Liebling. Du irrst dich.

PHILIP *(brüllt)*: Hast du doch. Ich erinnere mich genau.

SHEILA *(schrill)*: Nein.

GREG *(müde)*: Vielleicht ist sie im Schuppen.

(Stille. Philip steht hilflos da und sieht wütend von einem zum anderen. Er geht zum Tisch und fegt mit einer heftigen Bewegung die Zeitung zu Boden.)

PHILIP *(wild)*: Hab ich mich nicht klar genug ausgedrückt? Sie ist nicht zu finden. Sie ist weg, verschwundibus – hat sich in Luft aufgelöst. *(Er nimmt Gregs Tasche.)*

SHEILA: Was machst du da?

PHILIP *(schreit)*: Ich suche die Hacke!

SHEILA *(eisig)*: Da drin wird sie kaum sein, oder?

PHILIP: Was du nicht sagst!

(Philip geht schnell in den Garten. Pause)

SHEILA: Was ist denn in ihn gefahren?

GREG: Keine Ahnung!

SHEILA: Sie haben sich doch nicht gestritten?

GREG: Nicht direkt. Es war eher so 'ne Art – lebhafte Unterhaltung.

SHEILA: Ah ja. So was mag er. Besonders beim Frühstück oder im Kino. Ich glaube, wir sind seit Jahren nicht mehr im Kino gewesen, ohne mittendrin eine lebhafte Unterhaltung anzufangen.

GREG: Er hat – manchmal sehr ausgefallene Einfälle, nicht?

SHEILA: Ah ja?

GREG: Ist Ihnen das noch nicht aufgefallen?

SHEILA: Wahrscheinlich habe ich mich inzwischen dran gewöhnt.

GREG: Zum Beispiel seine Ansichten über die Ehe.

SHEILA: Ach?

GREG: Er glaubt offensichtlich nicht daran.

SHEILA: Nein. Das ist mir auch schon aufgefallen. Ich dachte bloß, es läge an mir.

GREG: Nein, grundsätzlich. Er glaubt nicht an die Ehe, bei niemand.

SHEILA: Da bin ich ja erleichtert. Ich hatte es immer auf mich bezogen.

GREG: Es könnte allerdings auch daran liegen, daß er mich einfach nicht mag.

SHEILA: Och, bestimmt nicht. Im übrigen sollten Sie nicht so viel darauf geben, was er sagt –

GREG: Ich glaube, ich bin ein bißchen grob geworden.

SHEILA: Soll ich versuchen, ein gutes Wort für Sie einzulegen?

GREG: Das wäre vielleicht nicht schlecht. Würden Sie das tun?

SHEILA: Es macht ihn vermutlich noch wütender. Trotzdem, ich werde es versuchen. Soll ich irgendwas Besonders erwähnen?

GREG: Na ja, es ist bloß so, daß ich von dem Geschäft überhaupt nichts verstehe.

SHEILA: Geschäft? Oh, ich verstehe. Also – haben Sie vielleicht irgendwelche besonderen Qualifikationen? Sie wollen vermutlich nicht, daß ich Sie wegen Ihrer Steno- oder Schreibmaschinenkenntnisse empfehle?

GREG: Eigentlich nicht.

SHEILA: Also, ich glaube, wenn ich sage, Sie verfügen über hervorragende Führungsqualitäten, haben einen starken Charakter, sind bescheiden und sympathisch und besitzen dazu noch einen Kopf für Zahlen – das könnte eine ganze Menge ausbügeln.

GREG: Glauben Sie das wirklich?

SHEILA: Dann verschwinden Sie mal lieber. *(Sie zeigt zum Haus.)* Und ich sage Ihnen dann, was ich erreicht habe.

GREG: Gut. Wissen Sie auch, worauf Sie sich da einlassen?

SHEILA: Ich mach so schnell ich kann. Vorausgesetzt, ich finde ihn überhaupt. Also geradeaus und dann links. Ach, und stellen Sie bitte in der Küche den Herd etwas kleiner, wenn Sie drin sind?

(Greg geht ins Haus.)

(Sheila ruft.) Philip! Philip!

(Sheila geht ein paar Schritte in den Garten. Ginny tritt auf. Sie sieht sich um, sieht niemanden und geht vorsichtig zum Haus. Sheila kommt zurück.)

Oh –

GINNY: Oh – *(Sie bleibt verwirrt stehen.)*

SHEILA: Sind Sie –

GINNY: Ist das hier The Willows, ja?

SHEILA: Ja. Lower Pendon. *(Pause)* Buckinghamshire.

Vorhang

Zweiter Akt

Erste Szene

Dasselbe Bild. Einen Augenblick später. Pause

SHEILA: Und gefallen Ihnen unsere Bäume?
GINNY: Wunderschön, ja.
SHEILA: Sie haben so etwas Majestätisches, nicht?
GINNY: Ja.
SHEILA: Sie vermitteln so etwas von Dauerhaftigkeit. Ich meine – wenn ein Baum einmal steht, dann steht er, nicht?
GINNY: Ja. Das ist wohl so. *(Pause)*
SHEILA: Eigentlich habe ich grade meinen Mann gesucht. Haben Sie hier zufällig jemanden gesehen?
GINNY: Nein.
SHEILA: Vielleicht hat er sich im Schuppen versteckt. Das tut er manchmal, wenn er sich geärgert hat.
GINNY: Warum hat er sich geärgert?
SHEILA: Keine Ahnung. Deswegen suche ich ihn ja.
GINNY: Oh.
SHEILA: Suchen Sie auch jemanden?
GINNY: Verzeihen Sie – Ginny Whittaker.
SHEILA: Sheila Carter. Guten Tag.
(Sie geben sich die Hand.)
GINNY: Guten Tag.
SHEILA: Ginny! Sie sind Ginny!
GINNY: Sie wissen, wer ich bin?
SHEILA: O ja.
GINNY: Hat er was erzählt?
SHEILA: Gerade eben. Ich weiß alles.
GINNY: Aha. Ja dann –
SHEILA *(zieht Ginny auf die Terrasse)*: Ich bin so froh, daß Sie gekommen sind. Er hat sich schon solche Sorgen gemacht.
GINNY: Ach ja?

SHEILA: Ja, sehr.

GINNY: Es scheint Ihnen ja gar nichts auszumachen?

(Sie setzen sich an den Tisch.)

SHEILA: Sie sind genauso, wie ich Sie mir vorgestellt habe.

GINNY: Wirklich?

SHEILA: Genau wie er Sie beschrieben hat. Darf ich Ihnen ganz offen was sagen? Ich glaube, Sie werden ein entzückendes Paar abgeben. Sherry?

GINNY: Nein, danke.

SHEILA: Hoffentlich geht alles gut.

GINNY: Geht alles gut?

SHEILA: Wenn Sie verheiratet sind.

GINNY: Verheiratet?

SHEILA: Wir haben uns grade eben darüber unterhalten: ganz egal, wie gut man jemanden zu kennen glaubt, die Ehe ist immer ein Glücksspiel. Finden Sie nicht? Ach, ich hätte doch besser nichts sagen sollen. Ich glaube, er wollte Ihnen das alles selbst erzählen. Sie bleiben doch zum Mittagessen, ja?

GINNY: Tja –

SHEILA: Wie schön. *(Sie steht auf und geht zum Haus.)*

GINNY: Meinen Sie, ich könnte kurz mit Ihrem Mann sprechen?

SHEILA: Mit meinem Mann?

GINNY: Ja – geschäftlich.

SHEILA *(verblüfft)*: Geschäftlich?

GINNY: Ja.

SHEILA: Whittaker. Sie sind Miss Whittaker? Sie arbeiten bei meinem Mann?

GINNY: Ja, früher – das müssen Sie doch wissen.

SHEILA: Na so was! Natürlich weiß ich das. Wie dumm von mir. Entschuldigen Sie. Es ist bloß so, nach allem, was mein Mann mir von Ihnen erzählt hat, hatte ich den Eindruck, Sie wären viel älter.

GINNY: Ach ja?

SHEILA: Ja. Ich könnte schwören, er hat gesagt, Sie stünden kurz vor der Pensionierung. Deswegen habe ich auch nicht gewußt, daß Sie Ginny heißen. Er hat Sie immer «die alte Miss Whittaker» genannt. *(Mit einem Lachen)* Wahrscheinlich hatte er Angst, ich wäre sonst eifersüchtig.

GINNY: Wahrscheinlich.

SHEILA: Er ist so rücksichtsvoll. Mal sehen, ob ich ihn irgendwie hochscheuchen kann. Vielleicht, wenn er hört, daß Sie hier sind –?

GINNY: Ja, das wird ihn hochscheuchen.

SHEILA *(ruft)*: Philip! Philip!

PHILIP *(entfernt)*: Was denn?

SHEILA *(ruft)*: Miss Whittaker ist da. Sie möchte dich sprechen.

PHILIP *(entfernt)*: Wer?

SHEILA *(ruft)*: Miss Whittaker.

(Man hört aus der Ferne, wie Gartengeräte krachend hinfallen.)

Er kommt.

(Philip erscheint hinter der Gartenpforte.)

Guck mal, wer hier ist.

PHILIP: Ah, Miss Whittaker! *(Er stützt sich auf den Türpfosten.)*

SHEILA: Endlich haben wir uns kennengelernt. Ihr beide habt bestimmt viel zu besprechen. Ich verschwinde dann lieber. Ich weiß genau, wann ich störe. *(Sie lächelt.)*

GINNY: Vielen Dank.

SHEILA *(vertraulich zu Ginny)*: Hoffentlich geht alles gut.

(Sheila geht ins Haus. Philip geht zu Ginny.)

PHILIP *(leise)*: Was machst du hier?

GINNY: Ich dachte, deine Frau ist in der Kirche. *(Sie nimmt Zigaretten und Feuerzeug aus ihrer Handtasche.)*

PHILIP: Nicht am dritten Sonntag nach Trinitatis.

GINNY: Hmmm?

PHILIP: Mr. Dodsworth –

GINNY: Wie bitte?

PHILIP: Nichts. Sie ist nicht in der Kirche.

GINNY: Hast du es ihr gesagt?

PHILIP: Was gesagt?

GINNY: Das mit uns?

PHILIP: Ich hab überhaupt nichts gesagt.

GINNY: Sie weiß es jedenfalls. Hat sie nicht mit dir darüber geredet?

PHILIP: Kein Wort. Nicht darüber. Nicht über uns.

GINNY: Eben hat sie gesagt, wir würden ein entzückendes Paar abgeben. Und sie scheint überhaupt nichts dagegen zu haben.

PHILIP: Na ja, im Augenblick gehen ihr andere Sachen durch den Kopf. Was machst du hier?

GINNY *(setzt sich in den Korbsessel)*: Ach, das ändert ja alles total.

PHILIP: Wieso?

GINNY: Weil sie jetzt Bescheid weiß.

PHILIP: Meinst du nicht eher – weil sie jetzt weg will?

GINNY: Weg will?

PHILIP: Ja. Irgendwohin nach Kent.

GINNY: Sie will dich verlassen? Woher weißt du das?

PHILIP: Sie hat es mir gesagt. Oder genauer, er hat es mir gesagt.

GINNY: Wer?

PHILIP: Der da in der Küche.

GINNY: Wer?

PHILIP: Keine Ahnung. So 'n junger Schnösel. Grade eben. Kreuzt hier plötzlich auf, pflanzt sich seelenruhig vor mir auf und fragt mich, ob er sie heiraten kann. Heiraten – meine Frau!

GINNY: Nein?!

PHILIP: Nach dem Motto: Sie verlieren keine Frau, Sie bekommen einen Schwager dazu.

GINNY: Und wie hast du reagiert?

PHILIP: Ich war so entgegenkommend wie möglich. Eine Scheidung habe ich natürlich abgelehnt.

GINNY: Das glaub ich dir aufs Wort.

PHILIP: Aber ich habe gesagt, von mir aus können sie gehen, wann und wohin sie wollen. Immerhin – für uns ist das ein Geschenk des Himmels, nicht?

GINNY: Wieso für uns?

PHILIP: Für wen denn sonst?

GINNY: Nein, Philip.

PHILIP: Nein?

GINNY *(Pause)*: Es gibt einen anderen.

PHILIP: Ich weiß.

GINNY: Woher?

PHILIP: Ich habe heute früh mit ihm telefoniert.

GINNY: Du hast was?

PHILIP: Keine Bange. Ist ja alles gutgegangen.

GINNY: Du Scheißkerl! *(Sie steht auf.)* Du Scheißkerl!

PHILIP: Reg dich doch nicht auf. Ich habe sofort aufgelegt, als er sich gemeldet hat.

GINNY: Du Scheißkerl. Weißt du, diesmal ist es ernst. Diesmal will ich heiraten.

PHILIP: Ach ja?

GINNY: Er hat mir einen Antrag gemacht.

PHILIP *(lacht)*: Diese Heiratsepidemie ist ja direkt ansteckend. Ich bin offensichtlich der einzige, der dagegen immun ist.

GINNY: Philip, wenn du mir das kaputtmachst, dann verzeihe ich dir das nie.

PHILIP *(setzt sich)*: Weiß er von mir?

GINNY: Ein bißchen.

PHILIP: Ist er eifersüchtig?

GINNY: Er ist auch nur ein Mensch.

PHILIP: Weiß er, wo du heute bist?

GINNY: Wieso?

PHILIP: Weiß er es oder nicht?

GINNY: Wenn du es unbedingt wissen willst, nein. Er nimmt an, ich besuche meine Eltern.

PHILIP: Deine was?

GINNY: Na ja, wäre doch möglich, oder?

PHILIP: Aber die sind doch in Australien. *(Er lacht.)* Du stellst dir immer selbst ein Bein, nicht? Eines Tages wirst du noch mal – Also, ich könnte nie so ein kompliziertes Leben führen wie du.

GINNY: Er wird es nie rauskriegen.

PHILIP: Und wenn es ihm jemand sagt?

GINNY: Das tut niemand.

(Philip geht zu Ginny und legt die Arme um sie.)

PHILIP: Du bist mir in letzter Zeit aus dem Weg gegangen, hab ich recht?

GINNY *(geht weg)*: Laß das.

PHILIP: Warum?

GINNY: Deine Frau. Die könnten uns vom Fenster aus sehen.

PHILIP: Die haben bestimmt noch viel mehr Angst, daß wir sie durch das Fenster sehen.

GINNY *(entschlossen)*: Philip – bitte versteh das. Es muß endgültig Schluß sein. Laß mich in Frieden.

PHILIP *(verletzt)*: Das habe ich getan.

GINNY: Eben nicht. Dauernd diese Blumen, Pralinen, Anrufe – das wird mir einfach zu viel, Philip. Verstehst du das nicht? *(Sie dreht sich um und sieht ihn an.)* Bitte, laß mich in Frieden.

PHILIP: Und deswegen hast du den ganzen weiten Weg gemacht – um mir das zu sagen?

GINNY: Ja. Deswegen.

PHILIP: Verstehe.

(Pause)

GINNY: Und ich möchte meine Briefe zurückhaben.

PHILIP: Aha. Das klingt schon viel überzeugender.

GINNY: Bitte – Philip –

PHILIP: Ich glaube, die sind da sehr gut aufgehoben, wo sie sind.

GINNY: Wo sind sie?

PHILIP: Sehr gut aufgehoben.

GINNY: Willst du sie mir geben oder nicht?

PHILIP: Ich weiß nicht. Ich hänge so an ihnen. Affektionswert.

GINNY *(geht zu ihm)*: Philip, bitte.

PHILIP: Weißt du, die zwei waren einfach schlauer als wir. Ich glaube, ich habe diese Dame unterschätzt. Guck uns beide an: Wir drücken uns in dunklen Ecken rum, treffen uns in obskuren Lokalen, erfinden die kompliziertesten Ausreden, telefonieren heimlich um zwei Uhr nachts. Und was machen die beiden – er schreibt ihr ganz offen hierher, und sie liest seine Briefe sogar am Frühstückstisch.

GINNY: Und du hast nichts dazu gesagt?

PHILIP: Ich habe es nicht für möglich gehalten. Ich konnte mir einfach nicht vorstellen, daß man eine heimliche Affäre so offen betreiben kann. Ich habe ihr sogar ein paarmal vorgeworfen, daß sie sich das Ganze bloß ausgedacht hätte.

GINNY: Warum sollte sie?

PHILIP: Um mich zu ärgern vielleicht?

GINNY: Oder um dich eifersüchtig zu machen? *(Sie setzt sich an den Tisch.)*

PHILIP: Ich hatte angenommen, sie – sie hätte irgendeinen Verdacht, daß ich mit jemand was habe, und daß sie deswegen – diesen Herrn erfunden hätte. *(Er lacht.)* Ich habe tatsächlich geglaubt, sie schreibt sich diese Briefe selber. Sie tat mir fast leid. Aber ich fand es auch komisch. Bis dann dieser Herr hier leibhaftig aufkreuzte.

GINNY: Verstehe.

PHILIP: Und er ist auch nicht erste. Es gab vor ihm noch fünf andere –

GINNY: Fünf?

PHILIP: Einschließlich eines mindestens siebzigjährigen Herrn. Das hat mein Selbstvertrauen doch etwas erschüttert. Na ja, von jetzt an kann sie meinetwegen machen, was sie will. *(Er setzt sich in den Korbsessel.)*

GINNY: Und du läßt sie gehen?

PHILIP: Was kann ich dagegen tun?

GINNY *(steht auf)*: Glaubst du nicht, wenn du da jetzt reingehst, jetzt sofort, und ihr von uns beiden erzählst, daß sie dann ihre Meinung sehr schnell ändert?

PHILIP: Ich wüßte nicht, warum.

GINNY: Wartet sie nicht sogar darauf? Darauf, daß du ihr die Wahrheit sagst?

PHILIP: Vielleicht hast du recht. Aber das setzt voraus, daß ich sie überhaupt zurückhaben will, nicht?

GINNY: Philip, sei doch ehrlich. Kannst du wirklich ohne sie leben? Guck dich doch mal an – du sitzt hier nach einem fabelhaften Frühstück, das sie für dich gemacht hat, sitzt in der Sonne und wartest auf dein Mittagessen, das du auch garantiert bekommst – und auf den Tee und auf das Abendessen. Und du weißt, daß sie dein Bett gemacht hat – was ich nie tue. Ich vermute, du kriegst sogar regelmäßig dein Glas heiße Milch. Und ein frisches Hemd jeden Morgen und saubere Socken. Alles liegt schon fein säuberlich da, wenn du aufstehst. Das alles tut Sheila für dich. Wahrscheinlich macht sie sogar die Wanne sauber, wenn du gebadet hast, oder?

PHILIP *(murmelt)*: Ab und zu.

GINNY: Dann sprich dich mit ihr aus. Bevor es zu spät ist.

PHILIP *(geht zu ihr)*: Vielleicht tu ich es.

GINNY: Das mußt du. Verstehst du nicht, Philip, ihr gehört zusammen – viel mehr als wir beide.

Philip: Weißt du was? Ich werde darüber nachdenken. *(Will gehen)*

Ginny: Wo willst du hin?

Philip: Die Hacke suchen. Kommst du mit?

Ginny: Philip, ich warne dich. Ich – ich gehe da jetzt rein und erzähl es ihr selber – alles.

Philip: Wenn du es schaffst, daß sie dir überhaupt zuhört – bitte. *(Ginny tut so, als wollte sie ins Haus gehen, bleibt aber abrupt stehen.)*
Nun geh schon, mach doch, geh. – Hacke!
(Er geht in den Garten und singt dabei: «...mit dem Hacke-Hacke-Beilchen ...»)

Ginny *(ruft hinter ihm her)*: Philip! Also gut! Wie du willst!
(Greg kommt aus dem Haus, hat eine Schürze umgebunden und trägt ein Tablett mit Tischtuch, Messern, Gabeln, Löffeln, vier kleinen Tellern, Salz und Pfeffer. Er steht plötzlich Ginny gegenüber.)

Greg: Ah! Endlich! *(Er küßt sie auf die Wange.)*
(Ginny erstarrt.)
Ich dachte schon, du hättest dich irgendwo verlaufen. Ich war vor dir hier.

Ginny: Greg –

Greg: Gefällt dir meine Schürze? Ich finde, sie steht mir prima. Sie gehört deiner Mutter.
(Im folgenden nimmt er die Sherrygläser vom Tisch und fängt an, den Tisch für das Mittagessen zu decken.)

Ginny: Meiner Mutter?

Greg: Wir haben heute morgen schon tüchtig geackert. *(Er schiebt sich an Ginny vorbei.)* Entschuldige.

Ginny: Wer ist wir?

Greg: Deine Eltern und ich.

Ginny: Wie bitte?

Greg *(schiebt Ginny beiseite)*: Entschuldige bitte – schon gut, schon gut, nun guck nicht so belämmert. Es ist ja nichts Schlimmes passiert. Ich habe den ganzen Vormittag nicht einmal Scheiße gesagt.

Ginny: Was machst du hier?

GREG: Wenn du nicht den Zug verpaßt hättest, wär alles wunderbar gelaufen. Und du hast doch den Zug verpaßt, oder?

GINNY: Großer, du bist ein Idiot. Ich habe dir gesagt, du solltest nicht herkommen.

GREG: Warum nicht? Wir sind ein Herz und eine Seele. Zumindest deine Mutter und ich. Sie will sogar bei deinem alten Herrn ein gutes Wort für mich einlegen. Vielleicht kann sie ihn überreden.

GINNY: Wozu?

GREG: Daß er einverstanden ist, daß wir heiraten.
(Ginny setzt sich auf einen Stuhl.)
Was ihn betrifft, hattest du übrigens völlig recht –

GINNY: Ach ja?

GREG: Na, und wie.

GINNY: Was hat er denn – gesagt?

GREG: Na ja, er ist schon ein bißchen exzentrisch. Er kriegte es einfach nicht auf die Reihe. Vielleicht lag es auch an mir, ich weiß nicht. Er fand den Einfall jedenfalls nicht gut. Vielleicht kannst du ja noch mal mit ihm reden. Versuch doch mal rauszukriegen, was mit ihm los ist.

GINNY: Ja, ja, das werde ich tun.

GREG: Schön.

GINNY: Aber nur unter der Bedingung, daß du nicht dabei bist, wenn ich mit ihm rede.

GREG: Ja, klar.

GINNY *(steht auf und geht zu ihm)*: Warum gehst du jetzt nicht ganz unauffällig weg? Nimmst den nächsten Zug zurück? Und ich versuche hier, was sich machen läßt.

GREG: Das geht nicht.

GINNY: Warum nicht?

GREG: Ich bin zum Mittagessen eingeladen. Deine Mutter hat darauf bestanden. Sie wäre sehr gekränkt.

GINNY: Aber wenn ich –

GREG: Nein, es geht nicht. Ich muß dableiben. Aber ich kann mich ja vorübergehend verdrücken, wenn du willst.

GINNY: Du mußt weg.

GREG: Ich kann nicht. Sieh das doch ein. So, und jetzt muß ich wieder in meine Küche. Ich bin mitten in einem komplizierten

Kochmanöver – Teigausrollen. Eine Tätigkeit, die einen sehr befriedigt. Kein Wunder, daß Köche ein ausgefülltes Leben haben. Kommst du mit? *(Er will ins Haus gehen.)*

GINNY: Greg?

GREG *(kommt zurück)*: Ja?

GINNY: Ich muß dir noch was sagen.

GREG: Schieß los, Kleine.

GINNY: Und wenn ich dir das gesagt habe, wirst du wahrscheinlich auf der Stelle gehen und mich nie wiedersehen wollen. Weißt du, du hattest recht mit deinem Mißtrauen –

GREG: Wovon redest du?

GINNY: Ich versuche, ehrlich zu sein. Ich weiß nur nicht, wie ich anfangen soll.

GREG: Also? Was hast du mir nicht erzählt? Betrifft es den Kerl, der angerufen hat? Ja?

GINNY: Ja, auch. Hach, wo fange ich bloß an? Also erstens, diese Frau in der Küche – Sheila –, die ist nicht meine Mutter.

GREG: Ist nicht deine –?

GINNY: Nein. Ich bin nicht ihre Tochter. Ich bin überhaupt nicht mit ihr verwandt. Und außerdem bin ich – o Gott –

GREG *(geht zu ihr)*: Na na na – ist ja schon gut.

GINNY *(in Tränen)*: Und das ist noch lange nicht alles –

GREG: Laß doch, laß doch, Kleine, ich versteh schon.

GINNY: Aber Greg –

GREG: Ich versteh schon. Komm, setz dich erst mal hin. *(Er drückt sie auf einen Stuhl.)* Sei ganz ruhig. Reg dich nicht auf. Du bist völlig überreizt. *(Er gibt ihr sein Taschentuch.)* Da. Nimm.

GINNY: Danke. *(Sie putzt sich die Nase.)*

GREG: Siehste! Schon besser?

GINNY: Ja.

GREG: Du hast dir das viel zu sehr zu Herzen genommen.

GINNY *(schwach)*: Meinst du?

GREG: Warst du deswegen dagegen, daß ich sie kennenlerne, ja? Du warst nur damit beschäftigt, diesen dunklen Punkt in deinem Leben zu verbergen. *(Er zieht den Korbsessel neben Ginny und setzt sich.)* Weil du Angst hattest, mir das zu beichten?

GINNY: Ja.

GREG: Also schön. Sie ist nicht deine richtige Mutter. Na und? Das weiß doch niemand, oder? Und selbst wenn, wird dich deswegen niemand schief ansehen. Ich ganz bestimmt nicht.

GINNY: Aber Greg –

GREG: Wieso denn auch? Ich liebe dich doch um deinetwillen und nicht dafür, wer deine Eltern sind.

GINNY: Wer meine –?

GREG: Na, komm, laß den Blödsinn. Wir leben nicht mehr im neunzehnten Jahrhundert. Keine Angst, ich laß dich deswegen nicht sitzen. Du hättest es mir nicht verschweigen sollen. Du hättest nur zu sagen brauchen: «Greg, ich bin ein uneheliches Kind», und dann hätte ich gesagt: «Na gut, okay.» Das wär's gewesen.

GINNY: Was?

GREG: Also sag es. Das muß raus.

GINNY: Was soll ich sagen?

GREG: Sag: «Ich bin ein uneheliches Kind» – los –

GINNY: Also Greg –

GREG: Ich bin ein uneheliches Kind. Sag es.

GINNY: Greg, ich –

GREG: Komm. Ich bin ein –

GINNY: Ich bin ein –

GREG: – uneheliches Kind.

GINNY: – uneheliches Kind.

GREG: Noch mal.

GINNY: Ich bin ein uneheliches Kind.

GREG: Gut, noch mal.

(Sheila kommt mit einer Schüssel mit Obst und vier Servietten aus dem Haus. Sie bleibt in der Tür stehen.)

GINNY: Ich bin ein uneheliches Kind.

GREG: Na bitte. Noch mal. Schrei es raus.

GINNY: ICH BIN EIN UNEHELICHES KIND!

GREG: Wunderbar.

SHEILA: Hallo.

GREG *(steht auf)*: Oh, hallo.

SHEILA: Streitet ihr euch?

GREG: Nein, nein. Nur ein bißchen Therapie.

SHEILA: Oh, wie hübsch. *(Sie stellt die Obstschüssel auf den Servierwagen.)* Genau das Richtige bei so einem Wetter.

GREG: Ja.

SHEILA *(legt die Servietten auf den Tisch)*: Kommen Sie jetzt den Teig fertigmachen?

GREG: Gerne. Ich knete ihn noch einmal durch. Kommst du mit, Ginny? Wir finden bestimmt auch für sie was zu tun, nicht?

SHEILA: Ja, bestimmt.

GREG: Na komm, Kleine.

GINNY *(steht auf, schwach)*: Ja.

SHEILA: Na, dann ab mit euch beiden. Ich deck inzwischen den Tisch. *(Sie fängt an, das Besteck hinzulegen.)*

GREG: Also. *(Er nimmt Ginnys Arm.)* Na komm, hier lang. Allmählich müßtest du dich hier auskennen.

(Greg und Ginny gehen ins Haus. Philip kommt zurück. Er bleibt stehen, als er Sheila sieht, räuspert sich und fängt an, seine Ärmel runterzurollen.)

SHEILA *(ohne sich umzudrehen)*: Na, Liebling? Warst du fleißig?

PHILIP: Ja.

SHEILA: Du hast bestimmt Hunger, das Essen ist gleich fertig.

PHILIP: Ah. *(Pause)* Sheila – ich glaube, wir müßten mal ein paar Dinge klarstellen.

SHEILA: Findest du?

PHILIP: Ich glaube ja.

SHEILA: Was für Dinge?

PHILIP: Also, ich wüßte gern etwas Näheres über deine Pläne.

SHEILA: Meine Pläne?

PHILIP: Ja. Deine nächsten Pläne.

SHEILA: Och, die sind nicht besonders spannend. Also, erst decke ich den Tisch fertig. Und dann geh ich wieder in die Küche und sehe nach, wie weit die beiden mit dem Teig sind.

PHILIP: Ich hatte es eigentlich nicht ganz so wörtlich gemeint. Und du brauchst darüber auch keine Witze zu machen.

SHEILA: Tja – das Mittagessen –, weiter habe ich noch gar nicht –

PHILIP: Sheila! Ich bitte dich. Jetzt ist nicht der Moment, vor unseren Problemen die Augen zu verschließen. Früher oder später müssen wir das ausdiskutieren –

SHEILA: Schrei nicht, Liebling, bitte schrei nicht. Man kann dich bis auf die Straße hören. Was müssen wir ausdiskutieren?

PHILIP: Deine Zukunft. Wie hast du dir dein weiteres Leben vorgestellt?

SHEILA: Wieso fragst du? Ach, geht es um eine Versicherung?

PHILIP *(schreit)*: Sheila! Bitte, bitte – hör einmal zu. Wenn ich dir eine Frage stelle, dann versuch bitte einmal, diese Frage zu beantworten, und nicht eine, die ich gar nicht gestellt habe. Ich rede nicht vom Mittagessen, ich rede nicht von Versicherungen. Ich rede von dir und diesem Schnösel in der Küche.

SHEILA: Schnösel?

PHILIP: Also meinetwegen der junge Mann, der mich so impertinent in meinem schönen Garten überfallen und mich gefragt hat, ob er meine Frau heiraten kann.

SHEILA: Deine Frau? Du meinst mich?

PHILIP: Ja.

SHEILA: Und du meinst Gregory?

PHILIP: Ja.

SHEILA: Und Gregory hat dich gefragt, ob er mich heiraten kann?

PHILIP: Nun tu nicht so, als ob du das nicht wüßtest.
(Pause)

SHEILA: Warst du heute morgen zum Frühschoppen?

PHILIP: Nein. Wieso?

SHEILA: Du klingst so, als hättest du schon gestern abend damit angefangen. Was ist bloß in dich gefahren? Wer von uns beiden hat sie denn nicht alle?

PHILIP: Du bestreitest es also?

SHEILA: Mir hat er jedenfalls nichts davon gesagt. Liebling, du hast das total mißverstanden. Ich habe keine Ahnung, wie du auf so was kommst. Aber ich kann dir zu deiner Beruhigung mitteilen, daß Gregory nicht die geringste Absicht hat, mich zu heiraten.

PHILIP: Bestimmt nicht?

SHEILA: Bestimmt nicht. Geht doch sowieso nicht. Er ist nämlich verlobt. Der arme Kerl, kein Wunder, daß er so durcheinander war. Was hast du bloß zu ihm gesagt?

PHILIP: Und die fünf anderen streitest du auch ab?

SHEILA: Was?

PHILIP: Und den Siebzigjährigen?

SHEILA: Wer soll denn das sein?

PHILIP: Dein Liebhaber.

SHEILA: Mit siebzig? Na, vielen Dank für das Kompliment.

PHILIP: Verstehe, verstehe. *(Er setzt sich. Pause)*

SHEILA: Weißt du was, ich glaube, du solltest dir deinen Hut aufsetzen, wenn du draußen in der Sonne arbeitest.

PHILIP: Es ist also alles nicht wahr?

SHEILA: Nein, Liebling.

PHILIP: Es gibt keinen anderen?

SHEILA: Aha! Das möchtest du wohl gern wissen, was?

PHILIP: Aber es ist nicht – Gregory?

SHEILA: Nein, Liebling. So, warum setzt du dich nicht ein bißchen hin und ruhst dich aus? Du siehst ganz verschwitzt und abgekämpft aus – du hast dich mal wieder total übernommen. Hast du dich wegen der Hacke so aufgeregt?

PHILIP: Was für eine Hacke?

SHEILA: Ist ja egal. Weißt du was, nach dem Mittagessen suchen wir sie alle zusammen. Was sagst du dazu? Und jetzt bleibst du da ganz ruhig sitzen und rührst dich nicht von der Stelle.

(Greg kommt mit einer Flasche Wein aus dem Haus.)

Oh, danke, Gregory, das ist sehr nett von Ihnen.

GREG: Mit dem Teig bin ich fertig. Ich habe ihn so plattgewalzt, wie es ging.

SHEILA *(nimmt das Tablett mit den Sherrygläsern und geht zum Haus)*: Oh, dann kann ich ja weitermachen. *(Zu Greg)* Und ärgern Sie bloß meinen Mann nicht wieder. *(Leise)* Ich glaube, er ist ein bißchen überreizt.

GREG: Oh, verstehe.

(Sheila geht ins Haus.)

(Greg etwas nervös) Na?

PHILIP: Na? *(Pause)* Ich habe grade noch mal über unser Gespräch vorhin nachgedacht –

GREG: Ah ja?

PHILIP: Ja. Ich glaube, wir waren vielleicht etwas – ich glaube, es hat vielleicht ein kleines Mißverständnis gegeben.

GREG: Ah ja? Das freut mich.

PHILIP: Mich auch. *(Er steht auf.)* Passen Sie auf, aus Gründen, die ich jetzt nicht erläutern kann – es sind da wirklich ein paar seltsame Faktoren zusammengekommen –, als Folge einer etwas merkwürdigen Unterhaltung, die ich davor gehabt hatte – bin ich irrtümlicherweise zu dem Schluß gekommen, daß Sie meine Frau heiraten wollten. So hatte ich das jedenfalls vorhin verstanden –

(Pause)

GREG: Sie haben gedacht, ich wollte Ihre Frau heiraten?

PHILIP: Ja. Ein dummes Mißverständnis.

(Pause)

GREG: Sie ist doch verheiratet, oder nicht?

PHILIP: Ja, eigentlich schon. *(Er geht unruhig hin und her.)* Ich weiß auch nicht, wie ich darauf gekommen bin.

GREG: Sehr seltsam.

PHILIP: Ja. *(Er zeigt auf Greg.)* Sie wollen sie also nicht...?

GREG: Was?

PHILIP: Sie heiraten?

GREG: Nein.

PHILIP: Na, schön. Damit wäre dieses Mißverständnis geklärt. In solchen Situationen sollte man sich lieber vergewissern, woran man ist.

GREG: Ja.

(Pause)

Wenn Sie mir die Bemerkung verzeihen, ich finde es sehr eigenartig, daß Sie so was gedacht haben.

PHILIP: Wahrscheinlich haben Sie recht.

GREG: Und Sie müssen mich doch auch für sehr eigenartig gehalten haben.

PHILIP: Da haben Sie auch nicht ganz unrecht.

GREG *(geht zu Philip)*: Wissen Sie, den Eindruck hatte ich während der ganzen Zeit. Ein peinliches Gefühl, nicht? Man weiß, daß der andere über einen denkt, ‹was für ein eigenartiger Mensch›, aber man weiß nicht, warum er das denkt. Das ist, als wenn man in einem neuen Anzug auf eine Party geht und nicht weiß, daß das Preisschild immer noch an der Hose hängt.

PHILIP: Ach ja? Das – ist mir noch nie passiert.

GREG: Dann können Sie von Glück sagen. Mir passiert so was an-

GREG: Ja, ja –

(Pause)

GINNY: Stimmt irgendwas nicht?

GREG: Nein. Nein.

(Ginny stellt zwei Gläser auf den Tisch.)

Dein Vater hat mir da gerade was erzählt.

(Philip sieht Greg verblüfft an. Pause)

GINNY: Was denn?

GREG: Er will mich jetzt anscheinend mit seiner Tante verheiraten –

PHILIP: Mit wem?

GREG: Mit Ihrer Tante –

PHILIP: Wer soll das gesagt haben?

GREG: Na Sie.

GINNY: Deine Tante!

(Ginny lacht ausgelassen. Philip bringt sie mit einer Geste zum Schweigen.)

PHILIP: Wie haben Sie mich eben genannt?

GINNY: O Gott, wie dumm von mir. Natürlich, ihr seid euch ja noch gar nicht richtig vorgestellt worden.

GREG: Aber selbstverständlich!

PHILIP *(gleichzeitig)*: Aber selbstverständlich! Was soll das?

GINNY: Daddy, das ist Gregory, von dem ich dir schon so viel erzählt habe. Gregory, darf ich dir meinen Vater vorstellen?

(Kleine Pause)

PHILIP *(herzlich, schüttelt Greg die Hand)*: Freut mich, mein Junge, freut mich. *(Er dreht sich zu Ginny um.)* Na bitte!

Vorhang

dauernd. Nicht das mit dem Anzug. Ich hatte nur einen, und der stammte von meinem Vater. Aber Sie wissen, was ich meine?

PHILIP: O ja, ja.

GREG: Es tut mir leid, daß Sie so was von mir gedacht haben.

PHILIP: Ach, schon vergessen.

GREG: Vielen Dank.

PHILIP: Da ist allerdings – da ist noch ein winziges Problem.

GREG: Ja?

PHILIP: Wenn Sie nicht meine Frau heiraten wollen, wen wollen Sie dann heiraten?

GREG: Na ja – Ihre Tochter.

PHILIP: Ah ja.

(Pause)

Meine Tochter. *(Er hält sich an einem Stuhl fest.)*

GREG: Genau.

PHILIP: Sie wollen meine Tochter heiraten, ja?

GREG: Wenn Sie nichts dagegen haben.

PHILIP: Tja, also, jetzt haben wir doch ein größeres Problem.

GREG: Ach ja?

PHILIP: Irgendwie ist das heute nicht Ihr Tag.

GREG: Oh?

PHILIP: Tut mir leid. Ich hätte eine Tante im heiratsfähigen Alter anzubieten. Sie ist allerdings schon seit Jahren im heiratsfähigen Alter, und deswegen vielleicht nicht ganz das, was Sie suchen. Wenn Ihre Lage allerdings ganz verzweifelt ist, dann ginge sie vielleicht doch noch. Und dann ist da noch Natalie, die Kusine meiner Frau, der würde wahrscheinlich eine kleine Aufmunterung ganz gut –

GREG: Nein. Ich bin eigentlich nur an Ihrer Tochter interessiert.

PHILIP: Dann haben Sie leider kein Glück –

GREG: Warum?

(Ginny kommt mit vier Gläsern aus dem Haus.)

GINNY: Hallo.

PHILIP: Oh, hallo Ginny.

GREG: Hallo.

GINNY *(nervös)*: Na, ihr beide seht so feierlich aus.

PHILIP: Nein, nein – *(Er sieht Greg an.)*

Zweite Szene

Dasselbe Bild. Etwa eine Stunde später. Alle vier sitzen um den Tisch und sind gerade mit dem Mittagessen fertig. Ginny raucht eine Zigarette, Greg eine Zigarre.

SHEILA: Alle satt?
GINNY: Vielen Dank.
GREG: Wunderbar.
PHILIP: Mehr als satt. *(Er zündet sich eine Zigarre an.)*
SHEILA: Schön. *(Sie steht auf.)* Einen Augenblick, ich hole den Kaffee.
GREG: Kann ich irgendwas helfen?
SHEILA: Nein, vielen Dank. Er ist schon fertig. Ich muß ihn nur holen.
(Sie geht ins Haus.)
GREG: Also ich muß schon sagen, kochen kann deine Mutter.
GINNY: Ja, das kann sie.
PHILIP: Sie ist eine wunderbare Ehefrau und Mutter.
GREG: Haben Sie schon immer auf dem Land gewohnt?
PHILIP: O ja. Seit Ginny – so groß war.
GINNY: Ja.
PHILIP: Man kann sagen, dieser Garten hat sie groß werden sehen, hab ich recht, Ginny?
GINNY: Ja.
PHILIP: Wissen Sie, manchmal an langen Sommerabenden sitzen Ginnys Mutter und ich hier draußen, sie mit ihrer Zigarre – ich meine, ich mit meiner Zigarre und sie mit ihrem Strickzeug –, und dann sehen wir sie vor uns, als ob es heute wäre – wie sie damals im Steingarten rumgetollt ist.
GREG: Wirklich?
PHILIP: Sie war ein süßes kleines Ding. Vielleicht ein bißchen mollig.
GREG: Ach ja?
PHILIP: O ja. Man könnte fast sagen, fett. Sie hatte eindeutig Übergewicht.
GINNY: Daddy –

PHILIP: Ihre Mutter und ich haben uns darüber große Sorgen gemacht. Sie war eine Tonne –

GREG: Das hätte ich nie gedacht.

GINNY: Daddy übertreibt mal wieder, wie gewöhnlich.

PHILIP: Erinnerst du dich noch an den Spitznamen, den wir dir gegeben haben, Ginny? Na, weißt du noch?

GINNY: Nein, Daddy, habe ich ganz vergessen.

GREG: Wie war der denn?

PHILIP *(krümmt sich vor Lachen)*: Jumbo!

GREG: Jumbo?

PHILIP: Jumbo-Ginny – ich fand das ganz lustig.

GREG: Jumbo-Ginny ist gut.

(Sie lachen. Ginny guckt finster.)

GINNY: Ich find's kindisch.

PHILIP: Du warst ja auch ein Kind, nicht?

GINNY: Aber jetzt nicht mehr.

PHILIP: Und Plattfüße hatte sie auch. Das weiß ich noch ganz genau. Riesige Plattfüße – sie ist hier rumgeplatscht wie ein Seehund –

GINNY: Bin ich nicht.

PHILIP: Das weißt du nur nicht mehr – du warst noch viel zu klein.

GREG: Jedenfalls hat sie sich sehr verändert.

PHILIP: O ja, ja. Das hat sie. Ich finde immer, man kann von Glück sagen, wenn man den Menschen, den man liebt, nicht als Kind gekannt hat. Ich frage mich, ob Sie Ginny wohl genauso gern hätten, Greg, wenn Sie sie damals gesehen hätten, das Gesicht voller Erdbeermarmelade oder mit der Zahnspange oder mit den Eiterpickeln überall...

GINNY: Daddy, bitte halt den Mund. Greg interessiert das überhaupt nicht.

PHILIP: Ich muß irgendwo noch ein paar Fotos haben, Greg. Ich zeige sie Ihnen, bevor Sie gehen. Sie werden sie bestimmt wahnsinnig komisch finden.

(Sheila kommt mit einem Kaffeetablett.)

SHEILA: So. *(Sie stellt das Tablett auf den Hocker.)* Also. Wer nimmt Milch? Ginny?

GINNY: Schwarz, bitte.

(Sheila schenkt im folgenden den Kaffee ein und verteilt die Tassen.)

SHEILA: Gut, daß wir hier draußen geblieben sind. Drinnen ist es so stickig. – Bitte. Greg?

GREG: Mit Milch, bitte. Ja, ich habe gerade gesagt, das hier ist der ideale Platz zum Großwerden.

SHEILA: Ja, das stimmt wohl.

GREG: Also, erstens die Luft –

SHEILA: O ja. Und dann der Boden.

GREG: Der Boden?

SHEILA: Gerade hier haben wir sehr fetten Boden.

GREG: Ich hatte eigentlich mehr daran gedacht, daß hier schön Platz zum Spielen ist.

SHEILA: Zum Spielen? Sprechen wir über Blumen oder über Kinder?

PHILIP: Schwarz.

GINNY: Blumen.

SHEILA: Schwarze Blumen? Also doch Blumen. Hab ich mir doch gleich gedacht.

GREG: Ach nee?

SHEILA: Wie bitte?

GREG: Ich dachte, wir reden über Kinder.

SHEILA: Ach ja? Wie sind wir denn auf das Thema gekommen?

PHILIP: Der Boden hier in der Gegend ist ideal für Blumenzwiebeln.

SHEILA: Ja, das stimmt. Dafür ist er berühmt.

GREG: Ach ja?

PHILIP: Und wie.

SHEILA: Bitte.

PHILIP: Danke, Liebling.

SHEILA: Ist es nicht unglaublich, daß wir so schönes Wetter haben?

GINNY: Ja. Und es ist sehr schade, daß Greg und ich schon so bald wieder weg müssen.

SHEILA: Ach, wirklich?

GREG: Müssen wir?

PHILIP: Was für ein Jammer.

SHEILA: Aber doch nicht unsretwegen? Wir haben heute überhaupt nichts anderes vor, nicht, Philip?

PHILIP: Moment – Moment. Waren wir nicht eingeladen?
SHEILA: Nein. Wo denn?
PHILIP: Ach, das hatte ich vergessen, dir zu sagen. Die Coopers. Sie haben angerufen und uns zum Tee eingeladen.
SHEILA: Für wann?
PHILIP: Gleich nach dem Mittagessen. Ich hatte vergessen, es dir zu sagen.
(Greg setzt sich in den Korbsessel.)
SHEILA: Ich dachte, die Coopers wären in Italien.
PHILIP: Sind gestern zurückgekommen.
SHEILA: Sie sind doch erst Mittwoch gefahren.
PHILIP: Devisenbewirtschaftung. Donnerstag abend waren ihre Lire alle.
SHEILA: So ein Pech.
PHILIP: Ja, nicht? Deswegen dachte ich, wir sollten rübergehen und sie trösten. *(Zu Greg und Ginny)* Die Coopers sind gute Freunde von uns.
SHEILA *(setzt sich an den Tisch)*: Sie hatten sich so darauf gefreut. *(Zu Greg und Ginny)* Tja, da müssen wir wohl leider hin. Tut mir so leid.
GREG: Das macht doch nichts.
SHEILA: Ich finde das unmöglich, euch so an die Luft zu setzen.
GINNY: Wir müssen doch sowieso gehen.
GREG: Warum?
GINNY: Wir müssen.
SHEILA: Was?
GREG: Wir müssen.
SHEILA: Ganz bestimmt?
GREG *(zu Ginny)*: Warum?
GINNY: Scht!
SHEILA *(zu Ginny)*: Wohnen Sie in London?
PHILIP *(schnell zu Greg)*: Greg?
GREG: Ja. Ich habe da so 'n kleines – Apartment.
SHEILA: Wie schön.
GREG: Na ja, eigentlich ist es ein Zimmer mit Waschgelegenheit.
SHEILA: Wie interessant. Und was ist – *(Sie wendet sich an Ginny.)*
GINNY *(unterbricht)*: Ich habe natürlich noch dieselbe Wohnung.

SHEILA: Ach ja?

GINNY: Ja.

SHEILA: Ja, natürlich. Ist sie hübsch?

GINNY: Oh – ach ja, ihr habt mich ja nie besucht, nicht?

SHEILA: Nein, natürlich haben wir nie –

PHILIP: Keiner von uns.

GINNY: Nein. Also, ihr müßt irgendwann mal vorbeikommen, ihr beide zusammen. Es wird ihnen gefallen, was meinst du, Greg?

GREG: Ja.

SHEILA: Ja, gerne.

GREG: Sie wollen doch bestimmt wissen, wie Ginny überhaupt lebt.

SHEILA: Ich möchte nicht aufdringlich sein.

GINNY: Aber wieso denn?

SHEILA: Ich komme ja nicht oft nach London. Philip natürlich öfter, aber mir geht der Verkehr und der Krach furchtbar auf die Nerven. Ich bin wohl eine richtige Landpomeranze.

GINNY: Ach, daran gewöhnt man sich doch.

SHEILA: Ich glaube, das hängt davon ab, wo man großgeworden ist, nicht?

GINNY: Ja.

SHEILA: Sind Sie denn in London geboren oder auf dem Land?

(Ginny verschluckt sich an ihrem Kaffee. Sie bekommt einen Hustenanfall und stürzt in Richtung Haus. Greg geht ihr nach.)

PHILIP: Langsam, langsam –

SHEILA: Alles in Ordnung?

(Sheila und Philip stehen auf.)

GREG: Ginny –

GINNY *(keucht)*: War bloß – der Kaffee – könnte ich – ein Glas Wasser –

SHEILA: Ja, natürlich. Ich geh schon.

GINNY: Nein, nein – ist schon besser. Ich geh selber.

(Ginny geht ins Haus.)

SHEILA: Ob ich nicht doch lieber mitgehe?

PHILIP: Ach, das ist gleich vorbei.

SHEILA: Armes Kind. Ich weiß, wie das ist.

GREG: Ja, ja, ich weiß, woran das liegt.

SHEILA: Ja, wenn man was in die Luftröhre...

GREG: Und Sie wissen, wieso –

SHEILA: Es ist wie ein Ventil, das sich nicht richtig öffnet.
(Philip setzt sich an den Tisch.)
Es klemmt – so. *(Sie zeigt es.)*

GREG: Ach ja? Das habe ich gar nicht gewußt.

SHEILA: Ich früher auch nicht. Möchte noch jemand Kaffee?

GREG: Nein, danke.

SHEILA: Armes Kind, hoffentlich geht's ihr gleich besser.

PHILIP / GREG *(zusammen)*: Ihr geht's gleich besser.

SHEILA: Sie ist wirklich sehr süß. Ich hab sie richtig gern, Philip.
(Greg fängt an zu lachen. Philip starrt ihn an, lacht dann auch.)
Was ist denn?

GREG: Das möchte ich auch hoffen.

PHILIP: Allerdings.
(Philip und Greg schütteln sich aus vor Lachen.)

SHEILA *(lacht unsicher)*: Ja. *(Sie setzt sich.)*

GREG: Vermissen Sie sie sehr?

SHEILA: Hmmm?

GREG: Ich meine – wäre es nicht schöner, wenn sie mehr in Ihrer Nähe wohnte als in London?

SHEILA: Das liegt doch wohl ganz bei ihr.

GREG: Sehr besorgt sind Sie deswegen ja nicht.

PHILIP: Nein, darüber machen wir uns keine Sorgen.

SHEILA: Worüber?

PHILIP: Darüber, daß manche Leute in der Stadt wohnen. Darüber machen wir uns doch keine Sorgen, nicht?

SHEILA: Nein, allerdings nicht.

GREG: Das ist eine sehr gesunde Einstellung. *(Er setzt sich in den Korbsessel.)* Es wäre auch sowieso überflüssig, nicht? In den meisten Fällen ist es doch so, daß die Eltern überängstlich sind, und die Kinder sich deswegen von ihnen zurückziehen.

SHEILA: Meinen Sie?

GREG: Das ist eine Tatsache.

PHILIP: Wie wahr.

SHEILA: Ja.
(Pause)

Spielen Sie Bridge?

GREG: Kein bißchen.

SHEILA: Wie schade. Wo wir doch jetzt zu viert sind – *(Pause)*

PHILIP: Wo wir grade von Zügen sprechen – *(Er steht auf.)* Ich glaube, da geht ein sehr günstiger – *(Er sieht auf seine Uhr.)* – in ungefähr einer Stunde. *(Er setzt sich wieder.)*

GREG: Oh?

PHILIP: Ja. Wenn ihr beide jetzt gemütlich zum Bahnhof bummelt, euch die Beine vertretet, die Sonne genießt, die gute Landluft atmet, euch noch im Dorf umseht – dann müßt ihr euch allmählich fertigmachen.

GREG: O ja.

SHEILA: Man geht nur fünf Minuten.

PHILIP: Ja, aber nicht, wenn man sich Zeit nimmt.

GREG: Ja, in dem Fall – *(Er trinkt schnell seinen Kaffee und steht auf.)*

SHEILA *(hält ihn auf)*: Sie brauchen sich wirklich nicht so zu beeilen.

GREG *(geht zu seiner Tasche)*: Ich glaube, wir marschieren lieber los.

SHEILA: Wie Sie wollen. Das Wetter ist ja wirklich sehr schön.

GREG: Ich hoffe, ich sehe Sie bald wieder?

PHILIP: Sicher. Sicher.

SHEILA: Das hoffe ich auch.

GREG: Falls nicht, und falls Sie sich ihretwegen doch Sorgen machen sollten – ich werde auf sie aufpassen. Damit sie nicht in Schwierigkeiten kommt.

SHEILA: Schwierigkeiten? Gab es denn schon mal Schwierigkeiten?

GREG: Ja, gewissermaßen.

SHEILA: Was denn für welche?

GREG: Hat sie es Ihnen nicht erzählt?

SHEILA: Kein Wort.

GREG: Oh. Dann weiß ich nicht, ob ich darüber sprechen sollte –

PHILIP: Nein, das sollten Sie lieber nicht.

SHEILA *(steht auf)*: Nun sei nicht gemein. Ich möchte es gern wissen. Was war es denn? *(Vertraulich)* Irgendwas – Schlimmes? *(Sie setzt sich an den Tisch.)*

GREG: Ja, schon.

SHEILA *(gespannt)*: Was denn?

GREG: Na ja – eigenartige Bekanntschaften – und so.

SHEILA: Eigenartige Bekanntschaften?

GREG: Ja.

SHEILA: Na? Weiter, weiter. Sie können doch jetzt nicht aufhören.

GREG: Ich weiß nicht, ob es ihr recht wäre, wenn ich es Ihnen erzähle.

SHEILA: Keine Angst, ich hab für alles Verständnis.

GREG: Sie hat mich ja nicht in die letzten Details eingeweiht, aber es sieht so aus, als ob sie sich mit einem älteren Mann eingelassen hat.

SHEILA: Ach ja?

GREG: An sich ist das ja nicht weiter schlimm. Aber es sieht so aus, als hätte er nur mit ihr rumgespielt.

SHEILA: Mit ihr rumgespielt?

GREG: Er ist verheiratet und so. Na ja, sie war vernünftig genug, Schluß zu machen.

SHEILA: Da hatte sie recht.

PHILIP: Ich – ähm –

SHEILA: Ja, Liebling?

PHILIP: Ach, nichts.

SHEILA: Das arme Kind. Hast du das gehört, Philip? Das arme Mädchen.

PHILIP: Ja. Ich wollte grade sagen, daß man das wahrscheinlich von zwei Seiten sehen kann.

SHEILA: Von seiner Seite der nackte Egoismus, würde ich sagen.

PHILIP: Also, ich weiß nicht.

SHEILA: Aber ich.

PHILIP: Woher willst du das wissen?

SHEILA: Ist doch ganz klar. Überleg doch mal, was hatte er ihr denn zu bieten?

PHILIP: Das kommt darauf an, was für ein Mann er war.

SHEILA: Was spielt denn das für eine Rolle?

PHILIP: Es könnte sich doch zum Beispiel um einen wirklich bemerkenswerten Mann gehandelt haben.

SHEILA: Wenn er so bemerkenswert gewesen wäre, hätte er wohl kaum hinter dem Rücken seiner Frau ein Verhältnis angefangen, nicht?

PHILIP: Es sei denn, er hätte eine bemerkenswert langweilige Frau.

SHEILA: Wenn sie das war, dann lag es höchstwahrscheinlich an ihm. Als er sie geheiratet hat, war er vermutlich ganz glücklich mit ihr.

PHILIP: Und die Enttäuschung kam dann später. Erst hat sie so getan, als wäre sie was, was sie nicht ist, und dann entpuppt sie sich als was völlig anderes.

SHEILA: Vermutlich ist es ihr mit ihm genauso gegangen.

PHILIP: Das könnte sein.

SHEILA: Sie hat sich aber nicht davongeschlichen und hinter seinem Rücken ein Verhältnis angefangen, hm?

PHILIP: Woher soll ich das wissen? Das mußt du mir schon verraten. Ich weiß es nicht.

SHEILA: Ich weiß es auch nicht. Ich stelle nur Vermutungen an, genau wie du.

PHILIP: Wer sagt dir, daß ich Vermutungen anstelle?

SHEILA: Tust du das nicht?

PHILIP: Doch, doch. Tue ich – aber –, also, alles hat zwei Seiten, mehr habe ich nicht gesagt. Und ich habe, glaube ich, bewiesen, daß ich recht habe.

SHEILA: Quatsch. Du hast überhaupt nichts bewiesen. Ist doch ganz klar, was das für ein Mann war.

PHILIP: Überhaupt nicht.

SHEILA: Irgendso ein abgeschlaffter Geschäftsmann, der mit einem jungen Mädchen rummacht, weil er sich zu Tode langweilt.

PHILIP: Ganz bestimmt hat er sich zu Tode gelangweilt.

SHEILA: Und als er dann mit ihr fertig war, hat er sie wie einen ausgelatschten Schuh weggeschmissen.

PHILIP: Und du könntest dir nicht vorstellen, daß sie ihn vielleicht verführt haben könnte?

SHEILA: Ach was.

GREG: Kommt mir nicht sehr wahrscheinlich vor.

SHEILA: Allerdings nicht.

PHILIP: Ihr wißt doch gar nicht, wie es gewesen ist.

SHEILA: Du vielleicht?

PHILIP: Nein. Ja. Nein. *(Er steht auf.)* Aber wenn ich darüber nachdenke, kann ich mir genau vorstellen, wie es gewesen ist. Sie wackelt im Büro rum in einem Rock, der viel zu eng ist und viel kürzer als die Röcke von allen anderen Mädchen – gleichzeitig spröde und verlockend –, na ja, da weiß man doch Bescheid. Man merkt immer, wenn ein Mädchen auf was aus ist. Und sie hat es ja auch gekriegt. Nehme ich jedenfalls an. *(Er geht zum Haus, stotternd.)* Entschuldigt mich einen Moment. Ich hol mir bloß ein Glas Wasser – einen Moment. *(Er geht ins Haus.)*

SHEILA *(steht auf und sieht ihm nach)*: Also ehrlich! So was Unmögliches habe ich in meinem ganzen Leben noch nicht gehört. Entschuldigen Sie. Was müssen Sie jetzt nur von ihm denken.

GREG: Ich finde es besorgniserregend.

SHEILA: So habe ich ihn seit Ewigkeiten nicht mehr erlebt. Er war ja fast persönlich betroffen.

GREG: Sie sind mir hoffentlich nicht böse, wenn ich das sage – immerhin ist er ja Ihr Mann –, aber er kommt mir irgendwie nicht ganz normal vor.

SHEILA: Ist Ihnen das auch aufgefallen?

GREG: Es ist nicht zu übersehen.

SHEILA: Sie haben ja so recht. Ich dachte, es würde nur mir auffallen. Alle anderen scheinen ihn für völlig normal zu halten.

GREG: Unfaßbar.

SHEILA: Glauben Sie, es ist krankhaft?

GREG: Könnte sein.

SHEILA: Als der Arzt das letzte Mal hier war, habe ich in der Richtung eine Andeutung gemacht.

GREG: Und was hat er gesagt?

SHEILA: Ich glaube, er hat es nicht ganz richtig verstanden. Er ist fast taub.

GREG: Hm. Und wie er da eben über Ginny geredet hat. Also ganz ehrlich gesagt, sie scheint ihn einen Dreck zu interessieren. Es ist doch so: Bloß wegen einer kleinen Entgleisung in der Vergangenheit versucht er sich jetzt, von ihr zu distanzieren. Aber letzten Endes ist sie genauso seine Tochter wie Ihre – vielleicht sogar noch mehr seine. *(Er setzt sich auf die Bank.)*

SHEILA: Meine Tochter?

GREG: So sehe ich das jedenfalls.

SHEILA: Sie ist nicht meine Tochter.

GREG: Also – wie er das, was ihr passiert ist, so einfach wegwischt und dann den Mann auch noch in Schutz nimmt.

SHEILA: Sie ist nicht meine Tochter.

GREG: Das grenzt schon an Verantwortungslosigkeit der übelsten Art.

SHEILA: Sie ist nicht meine Tochter.

GREG: Hm?

SHEILA: Ich weiß nicht, wie Sie auf die Idee kommen.

(Greg seufzt.)

Sie haben einen Witz gemacht?

(Greg schüttelt den Kopf.)

Doch, ganz bestimmt. Meine Tochter. Das haben Sie doch nicht im Ernst gedacht, oder? Nein, das können Sie nicht gedacht haben.

(Greg läßt den Kopf in die Hände sinken.)

(Lacht nervös) Sie machen sich über mich lustig?

GREG *(sieht hoch)*: Sie ist nicht Ihre Tochter?

SHEILA: Ganz bestimmt nicht.

GREG: Sie wollen dabei bleiben, ja?

SHEILA: Sie ist nicht mal mit mir verwandt.

GREG *(steht auf und geht zu ihr)*: Sie können sich nicht vorstellen, wie traurig es mich macht, wenn ich Sie so reden höre.

SHEILA: Und was denken Sie, wie es mir geht – mit so 'nem Riesenbaby.

GREG: Ich finde, es wird höchste Zeit, daß Sie versuchen, mit sich ins reine zu kommen.

SHEILA: Ich kann Ihnen leider nicht ganz folgen.

GREG: Warum verdrängen Sie das? Warum? Warum? Warum wollen Sie etwas, das vor über zwanzig Jahren passiert ist, immer weiter ignorieren? Wozu?

SHEILA: Jetzt komme ich überhaupt nicht mehr mit.

GREG: Da reden wir über das Verhalten Ihres Mannes – dabei ist Ihr eigenes doppelt so schlimm.

SHEILA: Wie bitte?

GREG *(erregt sich immer mehr)*: Stellen Sie sich mal vor, was in einem Mädchen vorgeht, wenn es in einer solchen Atmosphäre aufwächst? Kein Wunder, daß sie sich fast ihr ganzes Leben verpfuscht hätte. Bei einem Vater, der ein moralischer Krüppel ist, und einer Mutter, die sich weigert, überhaupt ihre Existenz zu akzeptieren.

SHEILA: Ach, das arme Mädchen.

GREG: Ja, das arme Mädchen.

SHEILA: Das habe ich gar nicht gewußt. Wie furchtbar.

GREG: Dann sehen Sie es jetzt ein?

SHEILA: Natürlich tue ich das. Dann ist es wirklich kein Wunder.

GREG: Allerdings nicht.

SHEILA: Es ist unverantwortlich, nicht? Solche Leute dürften überhaupt keine Kinder haben, finden Sie nicht?

GREG: Die sind dem einfach nicht gewachsen, so ist das.

SHEILA: Das ist allerdings wahr –

GREG: Sie merken, worauf ich hinauswill?

SHEILA: O ja. O ja. O ja.

GREG: Gut.

SHEILA: Trotzdem bin ich nicht ihre Mutter. Das möchte ich doch bitte klarstellen. *(Pause)*

GREG *(holt tief Luft)*: Also, zum erstenmal in meinem Leben versuche ich eine Sache richtig zu machen. Das muß einfach gesagt werden. Zufälligerweise habe ich Ginny so gern, daß ich vier Pfund fünfzig für eine ermäßigte Tagesrückfahrkarte ausgegeben habe, um ihre Eltern kennenzulernen. Das will bei mir was heißen. Vier Pfund fünfzig – mein Gott! Und was kriege ich dafür? Ein Pärchen, das so mit seinen eigenen Problemen beschäftigt ist, daß es ihnen total wurscht ist, ob ich komme oder nicht. Kein Wunder, daß Ginny versucht hat, mich von dieser Fahrt abzuhalten. Wenn ich solche Eltern hätte wie Sie beide, würde ich freiwillig in ein Waisenhaus eintreten.

SHEILA: Wissen Sie, Sie sind wirklich total verrückt.

GREG: Bin ich nicht. Vier Pfund fünfzig – so was Bescheuertes.

SHEILA: Niemand hat Sie aufgefordert herzukommen.

GREG: Das stimmt.

SHEILA: Keinen von euch beiden, soviel ich weiß. Ihr seid hier unangemeldet reingeplatzt –

GREG: Reingeplatzt? Bitte, ich bin schon weg – *(Er geht schnell zu seiner Tasche.)*

SHEILA: Und ein Mittagessen haben Sie auch noch umsonst gekriegt. Ich weiß nicht, weswegen Sie sich beklagen.

GREG: Ein Mittagessen umsonst? *(Er kommt zurück.)* Oh, entschuldigen Sie vielmals. Habe ich noch nicht bezahlt? Das hatte ich aber vor. Einen Moment, Sie kriegen sofort Ihr Geld.

SHEILA: Ach, seien Sie nicht albern.

GREG: Ich bestehe darauf. *(Er stellt seine Tasche auf den Hocker.)* Und wo ich schon mal dabei bin, zahle ich gleich für uns beide.

SHEILA: Was machen Sie denn da?

GREG *(kramt)*: Ich suche meine Brieftasche.

SHEILA: Also bitte!

GREG *(sucht weiter)*: Was bin ich Ihnen schuldig? Sind zwanzig Pfund für uns beide genug? Mehr kann ich mir nicht leisten.

SHEILA: Ich habe keine Ahnung, was in Sie gefahren ist.

GREG *(holt einen Toilettenbeutel und Pantoffeln aus der Tasche)*: Da, halten Sie das mal, bitte.

SHEILA *(nimmt die Sachen automatisch)*: Ich habe doch bloß gemeint, wenn es Ihnen so leid tut, daß Sie die teure Fahrkarte gekauft haben, warum sind Sie dann überhaupt hergekommen?

GREG: Sie muß hier irgendwo sein.

SHEILA: Sie können auch einen Scheck schicken, wenn Sie unbedingt möchten.

GREG: Nein. Da ist sie ja. *(Er holt die Brieftasche heraus.)* Also zwanzig Pfund, ja? Ähm – *(Er merkt, daß die Brieftasche leer ist und sucht in seiner Hosentasche.)* Mehr als dreizehn fünfzig kann ich Ihnen leider nicht anbieten.

SHEILA: Ich weigere mich, das Geld zu nehmen.

GREG *(knallt das Geld auf den Tisch)*: Da. Dreizehn Pfund fünfzig. Den Rest schicke ich Ihnen mit der Post. Und – eine Quittung brauche ich nicht… *(Er steckt Toilettenbeutel, Jacke und Regenmantel in die Tasche.)*

SHEILA: Vielen Dank.

GREG *(heiter)*: Damit wäre alles erledigt, ja? Denke ich jedenfalls. So, jetzt suche ich nur noch Ginny, und dann geht's ab. *(Er geht zum Haus.)*

SHEILA: Ich – was ist mit Ihren Pantoffeln?
GREG: Das sind nicht meine. Sie können sie behalten.
SHEILA: Wem gehören sie denn?
GREG: Das fragen Sie lieber Ginny.
SHEILA: Gehören sie ihr?
GREG: Sie waren in ihrer Wohnung.
SHEILA: Und was soll ich damit?
GREG: Keine Ahnung. Geben Sie sie doch Ihrem Mann oder sonst jemand.
SHEILA: Vielen Dank, aber er hat schon genauso ein –
GREG: Ich gehe dann. *(Er geht ins Haus.)*
SHEILA: – hat schon – genauso ein – *(Sie kreischt.)* Moment!
(Greg kommt zurück, nachdem er seine Tasche drinnen abgestellt hat.)
GREG: Ja?
SHEILA *(erholt sich wieder)*: Ich habe mir grade diese Pantoffeln angeguckt.
GREG: Und was ist damit?
SHEILA: Gar nichts. Es ist bloß ungefähr dieselbe Größe wie die von meinem Mann. Vielleicht freut er sich doch darüber.
GREG: Schön. Ja, ja, tut er bestimmt – behalten Sie sie.
(Philip und Ginny kommen. Ginny trägt Gregs Tasche und ihre Mäntel.)
PHILIP: Nun geht's ihr endlich wieder besser.
GINNY: Ich mußte in einer Tour husten.
SHEILA: Geht's wieder?
GINNY: Ja, vielen Dank.
SHEILA: Muß ja unangenehm für Sie gewesen sein. *(Sie versteckt die Pantoffeln in einem Blumenkübel.)* An Ihrer Stelle würde ich mich noch einen Moment ausruhen und in die Sonne setzen, solange sie noch scheint. *(Sie nimmt das Tablett.)* Ich muß das nur eben verdauen – ich meine, eben verschwinden. Und dann können wir uns alle zusammen noch ein bißchen unterhalten.
PHILIP: Wunderbar.
(Sheila geht ins Haus. Ginny und Philip werfen sich einen schnellen Blick zu. Ginny geht zu Greg.)
GINNY: Komm, Großer – es wird Zeit, daß wir gehen.

GREG: Wir haben es doch gar nicht eilig.

PHILIP: Bleib doch noch, Ginny-Kind –

GINNY: Wir gehen.

PHILIP: Greg und ich hatten noch gar keine Gelegenheit, uns richtig zu unterhalten.

GINNY: Und das ist auch sehr gut so.

PHILIP: So redet man aber nicht mit seinem Vater, Ginny.

GINNY: Hach, du bist ein – Wiedersehen. Komm, Greg. *(Sie will gehen.)*

PHILIP: Na na na. Erlaube mal, Ginny. Wenn ich das richtig verstanden habe, wollt ihr beide heiraten, nicht wahr?

GREG: Aha, der Groschen ist gefallen.

GINNY: Nett, daß du das endlich kapiert hast.

PHILIP: Greg – darf ich Sie um einen kleinen Gefallen bitten, bevor Sie gehen?

GINNY: Nein!

PHILIP: Nun geh nicht gleich in die Luft, bevor ich überhaupt was gesagt habe.

GREG: Nur einen Moment, Kleine.

PHILIP *(bescheiden)*: Vielen Dank, Greg. Setzen Sie sich doch.

GREG *(setzt sich)*: Danke.

PHILIP: Es ist – Sie könnten mir persönlich einen Gefallen tun, Greg. Sie dürfen natürlich ohne weiteres nein sagen, wenn es eine zu große Bitte ist. Wie gesagt, es liegt ganz allein bei Ihnen. Es geht um folgendes: Ich hatte vor, Ginny in ein paar Wochen mit etwas zu überraschen. Wissen Sie, ich hatte ihrer Mutter versprochen, daß ich Ginny – bevor sie endgültig – bevor sie uns endgültig verläßt – ein wirklich großes Geschenk mache, damit sie uns ihr Leben lang nicht vergißt.

GINNY: Ein Geschenk?

GREG: Was für eins?

PHILIP: In ungefähr einem Monat muß ich auf eine längere Geschäftsreise – eine Art Inspektionstour all unserer europäischen Niederlassungen. Es dauert ungefähr sechs Wochen – Frankreich, Deutschland, Italien, Spanien, Schweiz, Holland, Dänemark und Schweden.

GINNY: Wie toll. Ich wünsche dir viel Vergnügen.

Philip *(legt den Arm um sie)*: Ich würde dich gern mitnehmen.
Ginny: Wie bitte?!
Philip: Ich möchte, daß du mitkommst.
Ginny: Was?
Philip: Was meinen Sie, Greg?
Greg: Ähm –
Ginny: Nein! Nein!
Greg: Sechs Wochen?
Philip: Ist doch gar nicht lange, nicht?
Greg: In sechs Wochen kann eine Menge passieren.
Ginny: Das kannst du laut sagen. *(Sie weicht vor Philip zurück.)*
Philip: Ich weiß, es ist sehr viel verlangt, Greg. Sie hätten wirklich jeden Grund, nein zu sagen. Aber wenn ihr beide ja sagt, dann haben Sie nicht nur Ginny etwas Gutes getan – Sie können auch sicher sein, daß Sie einen Vater sehr glücklich gemacht haben.
Greg: Hm.
Philip: Ist das zu viel verlangt? *(Er lächelt.)* Hm?
Greg: Ich verstehe, was Sie meinen. *(Er überlegt einen Moment.)* Okay.
Ginny: Greg!
Philip *(tief bewegt – legt die Hand auf Gregs Schulter)*: Ich danke Ihnen. Und Sie sind auch ganz sicher? Ich könnte die Reise jederzeit rückgängig machen, wenn Sie –
Greg: Nein – nein –, natürlich nicht.
Ginny: Greg, laß dich nicht darauf ein. Du spinnst wohl. Sag nein. Bitte!
Greg: Ich weiß nicht – ich meine –, es ist doch bloß dein Vater –
Ginny *(zu Philip)*: Wenn du glaubst, daß du mit der Masche durchkommst –
Philip: Sie wird Ihnen auch schreiben. Ganz bestimmt, hab ich recht, Ginny?
Ginny: Philip!
Philip: Sie ist eine sehr gute Briefschreiberin. Sie schreibt mir immer, wenn sie nicht hier ist, stimmt's nicht, Ginny?
Ginny *(erstarrt)*: Ich –
Philip: Hinreißende Briefe. Ich habe sie noch alle irgendwo. Ich geb sie Ihnen mal zu lesen, wenn wir beide ungestört sind.

GINNY: Du –

PHILIP *(heiter)*: So, habt ihr alles – Mäntel, Taschen? Fein. Dann solltet ihr euch jetzt lieber auf den Weg machen – ihr wollt doch nicht noch mal den Zug verpassen.

GREG: Nein – also – ja.

GINNY: Philip –

PHILIP: Kommt gut nach Hause.

GREG: Wir haben uns noch nicht von Ihrer Frau verabschiedet –

PHILIP: Och, machen Sie sich deswegen keine Gedanken. Ich werde ihr sagen, daß ihr es eilig hattet. *(Er schiebt sie zum Gartentor.)* Hoffentlich sehen wir uns bald wieder.

GREG: Ja, bestimmt. Also dann, ciao.

PHILIP: Wiedersehen. Na komm, Ginny, Kopf hoch. Es werden ganz wunderschöne Ferien für dich. Das verspreche ich dir. Du wirst jede Minute genießen. Ciao!

(Beinahe wäre es ihm gelungen, die beiden loszuwerden, da taucht plötzlich aus dem Garten Sheila auf und stellt sich den beiden in den Weg.)

SHEILA: Was genießen?

PHILIP: Oh – *(Er faßt sich.)* Gerade der richtige Moment, um ihnen noch auf Wiedersehen zu sagen.

SHEILA: Ach ja?

PHILIP: Ja. Also dann auf Wiedersehen.

GREG *(etwas verwirrt)*: Auf Wiedersehen.

SHEILA: Was wird Ginny genießen?

GREG: Eine Europareise.

SHEILA: Ach ja. Entzückend.

GREG: Das scheint sie aber nicht zu finden.

PHILIP: Ihr verpaßt noch euren Zug, ihr müßt –

SHEILA: Nicht? Aber warum denn nicht? Wenn ich so eine Chance gehabt hätte, als ich so jung war wie Sie – ich hätte keine Sekunde gezögert.

PHILIP: Es ist ja alles abgemacht. So, jetzt müßt ihr beide aber laufen – Wiedersehen.

SHEILA: Und wie fahren Sie? Allein?

GINNY: Ähm – nein... nein. Das steht noch nicht endgültig fest.

GREG: Sie fahren zusammen.

PHILIP: Wenn man so will.
SHEILA: Zusammen?
GREG: Ihr Mann möchte Ginny mit auf seine Geschäftsreise nehmen.
PHILIP: Ich –
SHEILA: Entzückend.
PHILIP: Du darfst das nicht miß – ähm – rein geschäftlich natürlich –
SHEILA: Natürlich.
PHILIP: Sonst nichts.
SHEILA: Dein Einfall, ja?
PHILIP: Ja – nein – ja. Wenn man so – also, ciao – ich – ähm –
SHEILA: Ich verstehe.
PHILIP: Ja.
(Kleine Pause)
Ihr müßt jetzt aber wirklich rennen – augenblicklich –, wenn ihr euren Zug – noch erwischen wollt –
GINNY *(nervös)*: Ich glaube, aus der Reise wird sowieso nichts.
SHEILA: Und warum nicht?
GINNY: Ich bin einfach nicht so scharf darauf.
SHEILA: Aber wieso denn nicht? Wo wolltest du denn hin?
PHILIP: Steht noch nicht fest.
GREG: Frankreich, Deutschland, Italien, Spanien, Schweiz, Holland, Dänemark und Schweden.
SHEILA: Und darauf ist sie nicht scharf?
GINNY: Nein.
SHEILA: Und was halten Sie davon, Greg?
GREG: Also, das muß Ginny selbst wissen – wenn sie fahren will –
SHEILA: Aber sie muß unbedingt.
GREG: Es bedeutet bloß, daß wir unsere Hochzeit aufschieben müssen.
SHEILA: Warum?
GREG: Na ja, wenn sie weg ist –
SHEILA: Wann willst du denn fahren?
PHILIP: In einem Momat – wenn überhaupt.
SHEILA: Dann habt ihr doch Zeit genug zum Heiraten. Ein Monat? Das ist ja noch lange hin.
GREG: Ich glaube, ganz so war das nicht gedacht –

SHEILA: Aber es bietet sich doch an. *(Süß)* Findest du nicht, Philip?
PHILIP: Hä?
SHEILA: Daß die beiden so bald wie möglich heiraten.
PHILIP: Oh – ja, ja.
SHEILA: Also Greg, an Ihrer Stelle würde ich das ausnutzen, solange er noch in dieser Stimmung ist. Solche Flitterwochen kriegen Sie nicht so schnell wieder geboten.
GREG: Oh.
PHILIP: Hä?
SHEILA: Hab ich nicht recht, Daddy?
PHILIP: Ja.
GREG: Oh, das ist natürlich ganz was anderes. Ich dachte, wir müßten warten, bis sie zurückkommt?
PHILIP: Nein, nein, nein. Das war – nur so ein Gedanke. Aus irgendeinem Grund hatte ich den Eindruck – ich weiß nicht, wieso –, daß die beiden noch ein bißchen warten wollten.
SHEILA: Das wollen die beiden bestimmt nicht, oder?
GINNY: Nein. Das war – Daddys Idee, nicht unsere.
SHEILA: Ach – der dumme Daddy!
GINNY: Ja – der dumme Daddy!
(Sie lachen, Philip ein bißchen zu herzlich.)
PHILIP: Der dumme alte Daddy –
GREG: Dann können wir also?
SHEILA: Na, Philip?
PHILIP: Was? Oh – ja, ja.
GINNY: Vielen Dank – Daddy. *(Sie küßt ihn auf die Wange.)*
PHILIP: Nichts zu danken.
GREG: Danke. *(Sie geben sich die Hand.)*
GINNY *(hält Sheila die Hand hin)*: Vielen, vielen Dank – Mummy.
SHEILA: Aber wieso denn, Kleine – wieso denn? Und paß in Zukunft besser auf dich auf, ja? *(Sie lächelt.)* Jetzt müßt ihr aber wirklich laufen, wenn ihr den Zug noch kriegen wollt.
GINNY: Ja.
SHEILA: Und paßt auf, daß ihr nichts vergeßt, ja? Wer weiß, wann wir uns wiedersehen.
GREG: Ich – ähm – ich organisiere dann alles für die Hochzeit. Ich muß bestimmt noch mal herkommen, um alles zu besprechen.

PHILIP: Ich glaube kaum, daß das nötig sein wird.
GREG: Ich weiß doch nicht, wer das alles bezahlt, darum geht's.
PHILIP: Na, Sie doch.
GREG: Oh.
GINNY: Ciao, Daddy. Und kümmer dich um Mummy, ja?
PHILIP: Was denn sonst. Und du vergißt den Vatertag nicht, ja?
GREG: Wiedersehen. *(Er gibt Sheila die Hand.)* Vielen Dank für alles.
SHEILA: Es war mir wirklich ein Vergnügen, Greg.
GREG: Es war schön, Sie kennengelernt zu haben.
GINNY: Ciao.
(Greg und Ginny gehen ab. Sheila und Philip sehen ihnen nach und winken.)
SHEILA: Ciao.
PHILIP: Wiedersehen.
(Pause)
SHEILA: Sie passen natürlich überhaupt nicht zusammen. Die Ehe wird bestimmt eine Katastrophe, aber sicher sehr lustig, solange sie dauert.
PHILIP: Ich nehme an, du hast die Geschichte in etwa erraten?
SHEILA: In etwa – ja. Und jetzt brauchen wir wohl nicht mehr zu den Coopers zu gehen?
PHILIP: Nein. *(Er geht durch das Gartentor.)*
SHEILA: Nein. *(Sie fängt an, Teller und Gläser auf das Tablett zu stellen.)* Wir trinken dann hier draußen Tee. Ach, eins muß ich dir noch sagen: Ich bin sehr froh, daß wir keine Tochter haben. Die würde uns schrecklich auf die Nerven gehen, findest du nicht?
PHILIP: Ja, da hast du recht. Das würde sie. *(Er sieht die Pantoffeln in dem Blumenkübel, nimmt sie heraus und kommt durch das Tor zurück.)* Sheila! Sheila! Was machen die denn hier?
SHEILA: Keine Ahnung, Liebling. Du solltest wirklich besser auf deine Sachen aufpassen.
PHILIP: Meine Sachen? Die gehören mir nicht.
SHEILA: Aber natürlich gehören sie dir. Ich habe sie dir geschenkt.
PHILIP: Nein, tun sie nicht. Sie sehen zwar ähnlich aus – dasselbe Karomuster, dieselbe Form, dasselbe Material –
SHEILA: Also bitte – dann gehören sie dir.

PHILIP: Nein, tun sie nicht – das Futter ist anders.

SHEILA: Hm? *(Sie nimmt ihm die Pantoffeln weg.)*

PHILIP: Meins war rot.

(Sheila inspiziert das Futter.)

SHEILA: Das stimmt. O je.

PHILIP: Was?

SHEILA: Ich habe mir gerade überlegt, wie der arme Junge wohl mit allem zurechtkommt.

PHILIP: Mach dir darüber mal keine Gedanken. *(Er nimmt ihr die Pantoffeln ab.)* Wem gehören die nun?

SHEILA: Das möchtest du wohl gern wissen, was?

(Sheila lacht und geht ins Haus. Philip steht da und starrt wie vom Donner gerührt auf die Pantoffeln.)

Vorhang

Schlafzimmergäste

(Bedroom Farce)

Deutsch von
Nikolaus Hansen

Personen

Ernest
Delia

Nick
Jan

Malcolm
Kate

Trevor
Susannah

Das Stück spielt in drei Schlafzimmern.

Erster Akt: Samstag abend, 19 Uhr
Zweiter Akt: Etwas später

Erster Akt

Samstag abend, 19 Uhr.
Drei Schlafzimmer:
Erstens das Schlafzimmer von Ernest und Delia.
Großer viktorianischer Raum im ersten Stock, renovierungsbedürftig. An Mobiliar gibt es unter anderem ein Doppelbett, Nachttische, Toilettentisch – alles massive, einfache Familienstücke. Telefon am Bett. Zwei Türen – eine führt hinaus auf den Flur und zu den anderen Räumen des Hauses, die andere ins Badezimmer.
Zweitens das Schlafzimmer von Malcolm und Kate.
Es ist kleiner als das erste und wahrscheinlich in einem Reihenhaus. Es wird gerade renoviert und liegt im ersten Stock nach vorne zur Straße. Es ist sparsam möbliert. Ein nagelneues – ungemachtes – Bett bildet den Mittelpunkt. Ferner ein vereinzelter Sessel. Eine Wand ist frisch tapeziert, von den anderen ist die alte Tapete runtergerissen. In einer Ecke stehen ein paar ungeöffnete Pappkartons. Telefon am Bett. Eine Tür, die hinaus auf den Flur, zum Bad und in die anderen Räume des Hauses führt.
Drittens das Schlafzimmer von Nick und Jan.
Es ist schicker eingerichtet – Messingbett, ein paar ausgefallene antike Stücke. Teppiche. Telefon am Bett. Eine Tür führt ins Badezimmer und zu den anderen Räumen.
Die Handlung springt zwischen diesen drei Schauplätzen hin und her.
Nick liegt zu Beginn des Stücks bereits im Bett und macht ein selbstmitleidiges Gesicht.
Im Schlafzimmer von Malcolm und Kate ist niemand.
Delia sitzt in ihrem Schlafzimmer vor dem Toilettenspiegel. Sie will ausgehen. Sie ist in Unterwäsche und legt – mit größter Sorgfalt – letzte Hand an ihr Make-up.
Ernest stolziert ins Zimmer, summend. Er ist an die sechzig und hat etwas von einem Vogel. Er trägt einen dunklen Anzug. Er starrt Delia an. Sie werden sich offenkundig verspäten, aber Ernest hat gelernt, daß seine Ungeduld die Dinge nur weiter verzögert.

ERNEST: Brauchst du noch lange?

DELIA *(ohne sich umzudrehen)*: Nicht mehr lange.

ERNEST: Gut. Gut siehst du aus. *(Er läuft ungeduldig summend auf und ab.)* Das ist auf jeden Fall ein Feuchtigkeitsfleck, sag ich dir.

DELIA: Hm?

ERNEST: Ein Feuchtigkeitsfleck. Hundertprozentig. Es muß irgendwo reinlecken. Ich bin grade nebenan aufs Bett gestiegen und hab die Decke abgetastet. Die Diagnose lautet: sehr, sehr feucht.

DELIA: Wie furchtbar.

ERNEST: Ja. Was mich nur in meinem Verdacht bestätigt, daß diese Burschen, die sechs Monate auf unserem Dach rumgekrabbelt sind, keine Ahnung von ihrem Job hatten. *(Er lehnt sich rückwärts aus dem Fenster.)*

DELIA: Was machst du da?

ERNEST: Ich will sehen, ob ich die reparierte Stelle finde. Da muß es irgendwo reinlecken.

DELIA: Du fällst gleich aus dem Fenster.

ERNEST: Nein. Nichts zu sehen. Die Dachrinne ist davor ... Ach herrje. Da muß aber dringend mal was dran getan werden. Das Ding hängt an einer Seite völlig frei. Ach herrje.

DELIA: Liebling, du bist mir im Licht.

ERNEST: Ein riesiges Stück Dachrinne, hängt nur noch an einer einzigen Schraube. *(Sein Kopf kommt zurück ins Zimmer.)* Ist mir noch nie aufgefallen.

DELIA: Oh, hab ich dir das eigentlich erzählt? Heute nachmittag hat Susannah angerufen.

ERNEST *(nachdenklich)*: Ah ja. Hat er?

DELIA: Nein, nicht er. Susannah.

ERNEST: Wer?

DELIA: Susannah.

ERNEST: Ah. Susannah. Reizend. Sehr beunruhigend, die Dachrinne, muß ich dir sagen. Ein kleiner bis mittelschwerer Regenguß, und wir haben einen Wasserfall im Eßzimmer.

DELIA: Sie klang sehr aufgeregt.

ERNEST: Ah ja.

DELIA: Zwischen ihr und Trevor sieht's gar nicht gut aus.

ERNEST: Ah. Es ist zwanzig nach, falls es dich interessiert.
DELIA: Schon gut, schon gut.
ERNEST: Wir haben für acht bestellt.
DELIA: Sie werden uns den Tisch freihalten.
ERNEST: Vielleicht auch nicht.
DELIA: Selbstverständlich.
ERNEST: Man weiß nie. Heutzutage.
DELIA: Sie werden uns den Tisch freihalten. Wir sind Stammgäste. Wir kommen jedes Jahr.
ERNEST: Na ja. Dein Hochzeitstag.
DELIA: Und deiner.
ERNEST: Stimmt, stimmt. Ich glaube, ich hätte die Schuhe doch noch mal überbürsten sollen.
DELIA: Na, dann mach's doch.
ERNEST: Nein, nicht so wichtig. Merkt sowieso keiner.
DELIA: Ich hab das Gefühl, zwischen Susannah und Trevor kommt es bald zum großen Knall.
ERNEST: Ah.
DELIA: Er war immer ein schwieriger Junge. Manchmal denke ich, wenn du dich mehr um ihn gekümmert hättest –
ERNEST: Ich, mich nicht gekümmert?
DELIA: Natürlich nicht. Du hast mit ihm kaum ein Wort gewechselt, als er klein war.
ERNEST: Ich meine mich zu erinnern, stundenlang mit ihm geplaudert zu haben.
DELIA: Tja, geplaudert. Ich rede von ernsthaften Gesprächen. Gesprächen über wichtige Dinge. Ein Vater sollte sich mit seinem Sohn unterhalten. Über wirklich tiefgreifende Dinge.
ERNEST: Da bleibt den ärmsten Vätern aber nicht viel Gesprächsstoff, meinst du nicht?
DELIA: Und genau das ist so typisch, wenn ich das mal sagen darf. Nein. Geben wir's doch zu. Wir waren keine guten Eltern. Du hast überhaupt nichts gemacht, und ich habe versucht, dafür einen Ausgleich zu schaffen, und darum ist er heute so, wie er ist. Ich meine, wenn er eine ausgeglichene Kindheit gehabt hätte, hätte er nicht so total den Sinn für Proportionen verloren und Susannah geheiratet. Ich meine, bei den wenigen Gelegenheiten,

wo man die beiden zusammen sieht, habe ich manchmal das Gefühl, daß sie – schrecklich, so was zu sagen – für Trevor nicht robust genug ist. Er braucht eine eher phlegmatische Frau. Dies andere Mädchen zum Beispiel, diese Jan, die wäre ideal gewesen. Erinnerst du dich an sie?

ERNEST: Jan? Jan? Jan?

DELIA: Hübsches kleines Ding. Herrlich normal. Sie war mal zum Tee hier, weißt du noch? Du hast dich sehr gut mit ihr verstanden.

ERNEST: O ja. Sie war reizend, wenn ich mich recht erinnere. Sie hat sich sehr für meine Briefmarken interessiert. Was ist aus ihr geworden?

DELIA: Oh, sie hat geheiratet – jemand anderen, soweit ich weiß. Sie schreibt mir noch manchmal.

ERNEST: Ich muß dir sagen, sie wäre mir lieber gewesen als Susannah. Bin mit ihr leider nie so richtig warm geworden.

DELIA: Tja, sie ist ein schrecklich kompliziertes Mädchen, scheint mir. Hat sich nie wirklich entschieden. Was sie will. Weißt du, ich finde, eine Frau muß sich früher oder später einfach entscheiden, was sie will. Man sieht's ja an so Leuten wie Carolyn – du weißt schon, die Carolyn von Mrs. Brightman –, die sieht sich an und sagt, stimmt, ich bin 'ne Trantüte und ich werd immer eine Trantüte sein, aber dann kann wenigstens jeder sie als Trantüte akzeptieren. Das macht alles soviel einfacher.

ERNEST: Ich finde, er hätte die andere heiraten sollen.

DELIA: Jan? Ich glaube, die wollte nicht so richtig.

ERNEST: Sie war einfach rundum reizend.

DELIA: Tja, wir werden uns wohl bis auf weiteres mit Susannah als Schwiegertochter abfinden müssen. Wir sollten also das Beste draus machen – ich glaube, ich hab die Wimpern total schief angeklebt – wir sollten das Beste draus machen.

ERNEST: Wie man sich bettet, so liegt man.

DELIA: Genau. Und da scheint mir eins der Probleme zu liegen.

ERNEST: Hä?

DELIA: B-E-T-T.

ERNEST: B-E-T-T? Bett?

DELIA: Mehr sag ich nicht.

ERNEST: Ach herrje. Woher weißt du das?

DELIA: Man muß zwischen den Zeilen lesen können, Lieber. Ich hab mich ein bißchen in ihrem Haus umgesehen. So ein Schlafzimmer spricht manchmal Bände.

ERNEST: Tatsächlich? Ach herrje. *(Er sieht sich um.)*

DELIA: Wenn man weiß, worauf man achten muß. Also, soll ich jetzt das anziehen, was ich bei den Reynolds anhatte, oder das gestreifte, das du nicht ausstehen kannst?

ERNEST: Ich würde das von den Reynolds anziehen.

DELIA: Es gibt auch noch das kleine Graue.

ERNEST: Oh.

DELIA: Oder das Blaue.

ERNEST: Ah.

DELIA: Halt, das ist nicht gebügelt. Du entscheidest, Lieber. Streifen oder das andere.

ERNEST: Äh...

DELIA: Oder das Graue.

ERNEST: Äh...

DELIA: Gut, ich hab mich entschieden, ich ziehe das andere an. Gut. Paß mal auf, im Schrank in Trevors altem Zimmer liegt im obersten Bord eine kleine schwarze Handtasche. Kannst du mir die holen?

(Delia geht ins Badezimmer.)

ERNEST: Also, kleine schwarze Handtasche, gut. *(Sieht sich um)* Ich finde überhaupt nicht, daß dieses Schlafzimmer Bände spricht. Es leckt bloß irgendwo durchs Dach.

(Während er aus dem Zimmer geht, Lichtwechsel auf das Schlafzimmer von Nick und Jan.)

(Jan kommt im Mantel ins Zimmer. Kaum daß Nick, der im Bett liegt, sie sieht, fängt er an zu stöhnen.)

JAN: Alles in Ordnung?

(Nick stöhnt.)

Tut's sehr weh?

NICK: Erstaunlicherweise ja.

JAN: Hast du's bequem?

NICK: Kann man nicht sagen.

JAN: Soll ich dir was in den Rücken stopfen?

NICK: Nein, nein. Ich will bloß – aaah!

JAN: Willst du vielleicht ein bißchen lesen?

NICK: Wie soll ich denn lesen? Ich kann überhaupt nichts machen.

JAN: Na ja, jedenfalls liegt hier dein Buch.

NICK: Es ist zum wahnsinnig werden. Zum wahnsinnig werden, ausgerechnet jetzt. Ausgerechnet diesen Monat. Ich beug mich runter und zieh meine Socken an – und zack. Total ungerecht. Immer ich. Ich bin wirklich der Letzte, der ins Bett gehört.

JAN: Ja...

NICK: Ich bin nun mal ein aktiver Mensch. Stimmt's? Ich muß in Bewegung sein. Ich muß in Bewegung bleiben. Ich werd verrückt, wenn ich hier rumliegen muß. Ich dreh durch, ich schwör's dir. Ich sterbe vor Langeweile, und dabei lieg ich erst seit heute morgen hier. Wie lange, hat der Knabe gesagt?

JAN: Na ja, ein paar Tage.

NICK: Und was das heißt, weiß man ja. Ich lieg hier noch zu Weihnachten rum.

JAN: Sei nicht albern.

NICK: Der Arzt hatte doch keine Ahnung. Pech gehabt, mein Lieber – 'n Fläschchen Pillen, und weg ist er.

JAN: Die sind zur Entspannung.

NICK: Ihre einzige Wirkung besteht darin, daß ich alles doppelt sehe. Warum ausgerechnet ich? Ich hab so viel zu – aah –, so viel zu tun. Hast du im Büro wegen der Sitzung angerufen?

JAN: Ja, sie ist abgesagt.

NICK: Und hast du das Telegramm nach Glasgow geschickt?

JAN: Ja, und ich habe bei Shelgrove angerufen und Bescheid gesagt, daß du nicht kommst. Und ich hab nach Amerika gefaxt, daß sie dich unter unserer Nummer erreichen können, wenn es dringend ist. Okay?

NICK: Gut.

JAN: Ich weiß gar nicht, warum du dir eine Sekretärin leistest. Ich bin bald zurück.

NICK: Wohin gehst du?

JAN: Hab ich dir doch gesagt. Die Einweihungsparty bei Malcolm und Kate.

NICK: Heute abend?

JAN: Wir sind beide eingeladen. Ich hab angerufen und ihnen erzählt, was passiert ist. Ich hab gesagt, daß ich bloß für ein paar Minuten vorbeikomme.

NICK: Und was ist mit mir?

JAN: Bin gleich wieder da.

NICK: Du willst doch nicht ernsthaft zu Malcolm und Kate gehen?

JAN: Ich hab doch gesagt, daß ich hingehe.

NICK: Wie? Und da rumsitzen und dir den ganzen Abend das junge Glück ansehen?

JAN: Es sind noch 'ne Menge andere Leute da.

NICK: Also wird kein Mensch dich vermissen.

JAN: Ich hab gesagt, daß ich komme.

NICK: Dann ruf doch an.

JAN: Nein, ich will hin.

NICK: Warum?

JAN: Na ja.

NICK: Was willst du denn da?

JAN: Na ja. Wenn du's unbedingt wissen willst – es ist bloß –, na ja. Bloß. Susannah kommt auch.

NICK: Susannah.

JAN: Ja. Ich möchte sie gern sehen. Und heute abend ist eine gute Gelegenheit, und ich hab gedacht, daß ich...

NICK: Und Trevor.

JAN: Ja. Kann sein.

NICK: Höchstwahrscheinlich, würde ich sagen. Immerhin sind sie verheiratet. Es sei denn, ihn hat es genauso erwischt wie mich.

JAN: Jedenfalls, darum will ich hin.

NICK: Und wenn du wählen müßtest zwischen Trevor und mir, würdest du dich für Trevor entscheiden.

JAN: Nein.

NICK: Doch.

JAN: Quatsch.

NICK: Doch.

JAN: Ich hab bloß gehört, na ja, daß die beiden furchtbare Probleme haben. Ich meine, Susannah, diese blöde Kuh, die hat doch keine blasse Ahnung. Die kapiert nichts von Trevor. Ich weiß, Trevor ist manchmal unmöglich, aber ich glaube, ich kenne ihn besser als irgend jemand sonst...

NICK: O ja, ja.

JAN: Ich glaube, wenn ich mit den beiden rede, bevor sie irgendwas machen, was ihnen hinterher leid tut...

NICK: Zum Beispiel, daß sie ihn erschießt.

JAN: Sei nicht albern.

NICK: Du weißt doch genau, er ist ein wahnsinnig egoistischer, wahnsinnig verwöhnter, selbstmitleidiger, egozentrischer...

JAN: Ich weiß, ich weiß.

NICK: Also.

JAN: Bloß zehn Minuten. Ich schwör's dir. Da ist dein Buch. *(Sie geht zur Tür.)*

NICK: He!

JAN: Hm?

NICK: Du gibst mir also immer noch den Vorzug?

JAN: Ich glaub schon. Im großen und ganzen.
(Sie gibt ihm einen Kuß.)

NICK *(windet sich)*: Oh.

JAN: Was ist?

NICK: Ah.

JAN: Was?

NICK: Das Scheißbett ist voller Krümel.

JAN: Krümel?

NICK: Von den Keksen. Ich hab doch gesagt, ich will keine Kekse.

JAN *(zieht die Decke weg und versucht, die Krümel unter ihm vom Laken zu wischen)*: Okay, Moment, Moment.

NICK: Vorsicht! Vorsicht! VORSICHT!

JAN: Schon gut, schon gut, SCHON GUT! Meine Güte, wie halten die das bloß aus? Wie halten Krankenschwestern das bloß aus? Die reinsten Engel. Ich würde garantiert durchdrehen und sämtliche Patienten erdrosseln.

NICK: Aaah!

JAN: Nick, könntest du freundlicherweise mal kurz stilliegen.

NICK: Ah!

JAN: Na bitte. Besser so?

NICK: Aah!

JAN: Und hör mit dem Gejammer auf. So schlimm ist es auch wieder nicht.

NICK: Ha!

JAN: Es ist nicht die Bandscheibe. Nichts ist gebrochen. Es ist bloß ein kleiner, winziger Muskel.

NICK: Es ist kein kleiner, winziger Muskel. Es ist der Hauptbewegungsmuskel, der mitten im Rückenmark verläuft...

JAN *(gleichzeitig)*: Wie du meinst. Ganz entsetzlich. Wie tut er mir leid, mein Kleiner. Bin gleich wieder da. Bis dann.

NICK: Vielen Dank für dein Mitgefühl.

JAN: Tja, ich bin leider nur mit einem begrenzten Vorrat an Mitgefühl auf die Welt gekommen, damit mußt du dich abfinden. Du hast den letzten Rest verbraucht. Mach's gut.

NICK: Schönen Gruß an Trevor.

JAN: O Gott. *(Sie geht.)*

NICK *(stützt sich auf einen Ellbogen und ruft ihr nach)*: Sag ihm, daß ich krank im Bett liege und er freie Bahn hat – aaah! Himmel, Arsch und Zwirn. Immer ich. Immer ich.

(Lichtwechsel auf das Schlafzimmer von Malcolm und Kate. Malcolm kommt herein, einen von Kates Schuhen in der Hand. Er sucht nach einem Platz, wo er ihn verstecken kann. Er stopft ihn unter Decken und Laken am Fußende des ungemachten Betts. Malcolm setzt sich mit unschuldigem Gesicht in den Sessel.)

KATE *(im Off, kommt dann herein)*: Malcolm! Malcolm... Ich weiß, daß du hier oben bist, Malcolm. Komm schon, Malcolm, wo hast du ihn gelassen?

MALCOLM: Wen?

KATE: Meinen anderen Schuh. Wo hast du ihn gelassen?

MALCOLM: Keine Ahnung.

KATE: Ach Mann... *(sieht die Kartons)* Was ist denn das?

MALCOLM: Ah-ha.

KATE: Wo kommen die Dinger her?

MALCOLM: Hab ich heute mitgebracht.

KATE: Hab ich gar nicht mitgekriegt.

MALCOLM: Du kriegst eben auch nicht alles mit.

KATE: Und was ist da drin?

MALCOLM: Eine kleine Überraschung. Nichts Großartiges. Ein kleines Einzugsgeschenk von mir für dich.

KATE: Was ist es denn?

MALCOLM: Wart's ab, wart's ab. Wenn alle weg sind.

KATE: Was ist es denn? Ein Bügelbrett?

MALCOLM: Ein Bügelbrett...

KATE: Wo hast du meinen Schuh gelassen?

MALCOLM: Schuh? Was für 'n Schuh?

KATE *(gibt es auf)*: Oh...

MALCOLM: Das wird 'ne gute Party heute abend, das spür ich.

KATE: Na, hoffentlich. Muß dir was beichten.

MALCOLM: Was?

KATE: Das Brett, das du in der Küche angebracht hast.

MALCOLM: Ja.

KATE: Es ist wieder von der Wand gefallen.

MALCOLM: Schon wieder –

KATE: Und dabei war ich so vorsichtig.

MALCOLM: Ich hab dir doch gesagt, daß es nicht für schwere Sachen ist.

KATE: Ich hab bloß die Marmelade draufgestellt. Ich bin extra nicht so nah dran gegangen, falls es runterfällt. Puh, mir ist furchtbar heiß. Hab ich noch Zeit für ein Bad?

MALCOLM: Wenn du dich beeilst.

KATE: Also, das ganze Essen kommt auf den großen Tisch. Die Anrichte hab ich für die Getränke freigeräumt. Und ihre Mäntel können die Leute hier oben aufs Bett legen – oh, ich hab das Bett gar nicht gemacht. Wo ist er denn bloß?

MALCOLM: Wer?

KATE: Das weißt du ganz genau. Mein blöder Schuh.

(Malcolm pfeift vor sich hin und zieht seine Stiefel aus.)

(Fängt an, das Bett zu machen) Ziehst du heute dein schönes Hemd an?

MALCOLM: Welches?

KATE: Das schöne.

MALCOLM: Mach ich.

KATE: Das steht dir gut.

MALCOLM: Ja, das wird eine ganz tolle Party. Wer kommt denn alles?

KATE: Ach – alle –, ich hab sie alle eingeladen. Bloß Nick, der kann nicht kommen.

MALCOLM: Nick?
KATE: Ja, er hat einen kaputten Rücken, der Arme.
MALCOLM: Ah.
KATE: Jan hat angerufen. Es ist heute früh passiert. Sie kommt aber trotzdem.
MALCOLM: Gut. Gut. *(Er zieht seinen Pullover aus.)*
KATE: Und wer kommt sonst noch. Ken und Margaret natürlich. Und John und Dorothy und Wilfrid und Gareth und Gwen und Mike und Dave und Carole und Dick und Lottie. Gordon und Marge natürlich, und – äh – Susannah und Trevor...
MALCOLM: Trevor?
KATE: Ja.
MALCOLM: Und Susannah?
KATE: Ja.
MALCOLM: O je, o je.
KATE: Na ja, ich mußte. Wir waren schon zweimal bei ihnen eingeladen.
MALCOLM: Verstehe. Na ja, was soll man machen.
KATE: Na ja.
MALCOLM: Was soll man machen. Wo ist es denn?
KATE: Was?
MALCOLM: Das Hemd.
KATE: Oh, es hängt im Bad. Ich hab es gewaschen.
MALCOLM: Gut.
KATE: Kannst du mir das Wasser einlassen?
MALCOLM: Gut.
(Malcolm geht hinaus.)
(Kate entdeckt ihren Schuh im Bett.)
KATE: Also wirklich.
(Sie begutachtet das Geschenk.
Sie bemerkt Malcolms Stiefel.
Sie nimmt sie und stopft sie in einen der Kopfkissenbezüge.)
(Malcolm kommt zurück.)
Sehr witzig.
MALCOLM: Hä?
KATE: Mein Schuh. Sehr witzig.
MALCOLM: Ah.

KATE: Und ich will heute nacht keine Fremdkörper mehr in meinem Bett haben, wenn ich bitten darf.

MALCOLM: Fremdkörper?

KATE: Du weißt genau, was ich meine. Haarbürsten und meine Flaschen und Töpfe – du weißt genau, was ich meine.

MALCOLM: Das war ich nicht.

KATE: Du und deine Witze. Läuft mein Wasser ein?

MALCOLM: Ja. Jetzt hör mal, du sagst, daß Jan kommt und Susannah und Trevor?

KATE: Ja.

MALCOLM: Na, wunderbar. Falls sich Trevor und Susannah nicht in die Haare kriegen, kriegen sich Jan und Susannah in die Haare...

KATE: Hoffentlich nicht.

MALCOLM: Wenn irgend jemand Streit anfängt, fliegen sie alle raus, das schwör ich dir. Das wird eine richtig gute Party, und ich laß so was nicht zu. *(Er hat sein Hemd angezogen.)*

KATE: Ist es eingelaufen?

MALCOLM: Ich weiß nicht, ist es eingelaufen?

KATE: Es sieht aus, als wär's eingelaufen. Oder du wirst dick. *(Sie geht hinaus.)*

MALCOLM: Dick? Freches Stück. *(Ruft)* He, Scheusal. Scheusal.

KATE *(aus dem Off)*: Was?

MALCOLM: Wo hast du meine Schuhe gelassen?

KATE *(aus dem Off)*: Ahhhh.

MALCOLM: Wo hast du sie gelassen? Wo hat sie sie bloß gelassen? *(Er bemerkt ihre Schuhe. Er versteckt sie im Bett.)*

KATE *(aus dem Off)*: Uuuuh!

MALCOLM: Was?

KATE *(kommt zurück, schon halb ausgezogen)*: Hast du die Bürste in die Badewanne gelegt?

MALCOLM: Bürste? Welche Bürste?

KATE: Du, das darfst du wirklich nicht machen. Das ist furchtbar unhygienisch. Ehrlich... *(Sie geht hinaus.)*

(Malcolm lacht.)

(Lichtwechsel auf das Schlafzimmer von Ernest und Delia.

Delia kommt herein – sie ist fertig zum Gehen. Sie sieht sich suchend um.)

DELIA *(rufend)*: Ernest! Ernest!

ERNEST *(aus dem Off)*: Komme.

DELIA: Wo bleibst du denn?

ERNEST *(klopft sich den Staub ab, während er hereinkommt)*: Bist du fertig, können wir los?

DELIA: Wo hast du denn gesteckt?

ERNEST: Hab nur 'nen kurzen Blick auf den Dachboden geworfen. Ob man irgendwas sehen kann. Irgendwo muß Wasser reinkommen.

DELIA: Du siehst aus wie ein Schwein.

ERNEST: Ach, macht nichts. Fällt sowieso keinem auf.

DELIA: Mir fällt es auf. Und bitte gib heute abend nicht wieder zuviel Trinkgeld.

ERNEST: Zuviel Trinkgeld?

DELIA: Wie letztes Jahr. Das mögen die Kellner nicht.

ERNEST: Kann mich nicht erinnern, daß sie protestiert haben.

DELIA: Ich hab irgendwo gelesen, daß zuviel Trinkgeld genauso peinlich ist wie zuwenig. Vielleicht sogar schlimmer.

ERNEST: Der Bursche vom letzten Jahr hat es ganz gerne genommen.

DELIA: Der Spanier.

ERNEST: War der Spanier? Hat übers ganze Gesicht gegrinst.

DELIA: Offensichtlich kennst du die Spanier nicht. Das war ein Ausdruck höhnischer Verachtung. Furchtbar peinlich. Also, gehen wir. *(Sie geht.)*

ERNEST *(folgt ihr)*: Ich dachte übrigens, er ist Italiener.

(Lichtwechsel auf Nicks Schlafzimmer.

Nick liegt im Bett und hat offensichtlich gelesen. Er hat das Buch auf der Daunendecke abgestützt, weil es ihm zu schwer wurde. Jetzt stopft er die Decke rund um sich herum ein wenig fest, und dabei rutscht das Buch vom Bett.)

NICK: O nein, nein, nein...

(Lichtwechsel auf das Schlafzimmer von Malcolm und Kate.

Das Zimmer ist leer. Aus dem Off ein Schrei von Kate. Sie rennt, nur in ein Handtuch gehüllt, ins Zimmer und wird verfolgt von

Malcolm, der inzwischen wieder ohne Hemd ist und eine Spraydose mit Rasierschaum schwenkt.)

KATE: Bitte, Malcolm, hör auf, ehrlich, hör auf.

MALCOLM: Du hast angefangen.

KATE: Ich hab überhaupt nicht angefangen.

MALCOLM: Du hast mich naßgespritzt.

KATE: Okay, tut mir leid.

MALCOLM: Tut es dir wirklich leid?

KATE: Ja, ich sag doch, es tut mir leid.

MALCOLM: Sehr leid?

KATE: Ja, sehr, sehr leid. Und jetzt laß mich in Ruhe, bitte, Malcolm, ich muß mich anziehen.

MALCOLM: Na gut. Und wenn du mich noch mal naßspritzt, gibt's Ärger.

KATE: Ich zieh mich im Badezimmer an, ich trau dir nicht. *(Sie nimmt ein paar Kleidungsstücke und die Spraydose.)*

MALCOLM: Wo hast du meine Schuhe versteckt? *(Er sucht unter dem Bett.*

Kate sprüht ihm Rasierschaum auf den Rücken. Dann rennt sie kreischend weg.)

Na gut, Scheusal, du hast es nicht anders gewollt, Scheusal.

KATE *(von draußen)*: Ich hab abgeschlossen. Du kommst nicht rein.

MALCOLM: Ich hab Zeit, Scheusal, ich kann warten. Ich krieg dich schon. Ich krieg dich.

(Es klingelt an der Tür.)

Da kommen die ersten.

KATE *(aus dem Off)*: Was?

MALCOLM: Die ersten sind da. Es hat geklingelt. *(Er hat sich den Rasierschaum abgewischt und das Hemd übergezogen.)*

KATE: Unsinn, das kann nicht sein.

MALCOLM *(zieht irgendwelche anderen Schuhe an)*: Woll'n wir wetten? Es hat geklingelt.

KATE *(aus dem Off)*: Ehrlich? Na gut, dann mach auf.

MALCOLM: Mach ich.

KATE: Ich glaub dir kein Wort, Malcolm Newton.

(Malcolm geht ab und nach unten.)

(aus dem Off) Ich glaub dir kein Wort. *(Sie kommt herein, immer*

noch in das Handtuch gehüllt und in der Hand die Spraydose.) Wo hast du dich versteckt? Malcolm? Malcolm? Ich seh dich, Malcolm. Malcolm, ich glaub dir kein Wort…

(Stimmen von der Treppe.)

Oh, mein Gott.

(Sie rennt zur Tür. Es ist zu spät. Sie sieht sich um, auf der verzweifelten Suche nach einem Versteck. Da sie keine andere Wahl hat, wirft sie die Decke zurück und verschwindet im Bett.)

Uuh!

(Sie fischt ihre Schuhe aus dem Bett, hält sie hoch, stopft sie wieder unter die Decke.)

(Trevor kommt herein.)

MALCOLM *(aus dem Off)*: Schmeiß den Mantel einfach aufs Bett, Trevor. Ich hol dir was zu trinken.

TREVOR: Gut, danke. *(Sieht Kate)* Ah.

KATE: Hallo, Trevor.

TREVOR: Oh, hallo, du.

KATE: Hallo.

TREVOR: Bist du krank?

KATE: Nein.

TREVOR: Ah.

KATE: Ich zieh mich bloß gerade um.

TREVOR: Ah. Äh – Malcolm hat gesagt, ich soll meinen Mantel aufs Bett legen. Hast du was dagegen?

KATE: Kein Problem.

TREVOR: Wird dir das nicht zu heiß?

KATE: Hä?

TREVOR: Ich meine, unter all den Mänteln. Könnte doch im Laufe des Abends ein bißchen heiß werden.

KATE: Ach, nein. Ich bleib doch nicht hier. Ich… ruh mich bloß ein bißchen aus.

MALCOLM: Ah, dann ist ja gut.

KATE: Wie geht's dir?

TREVOR: Bestens.

KATE: Gut. Und Susannah?

TREVOR: Ganz gut, glaub ich.

KATE: Ist sie unten?

TREVOR: Ich hab sie nirgends gesehen.
KATE: Ah. Ihr seid also nicht zusammen gekommen?
TREVOR: Nein. Wir sind getrennt unterwegs.
KATE: Oh. Tja...
TREVOR: Ja. *(Er lacht etwas verbittert.)*
(Malcolm kommt herein, trägt zwei volle Gläser.)
MALCOLM: Kommst du runter, Trevor, oder wollen wir hier schon mal... *(bemerkt Kate)* Oh.
KATE: Hallo.
MALCOLM: Was machst du denn da?
KATE: Nichts.
MALCOLM: Oh. Na denn. *(Reicht Trevor ein Glas)* Hier, bitte.
TREVOR: Danke.
MALCOLM: Also dann, Prost.
TREVOR: Prost.
MALCOLM *(zu Kate)*: Geht's dir gut?
KATE: Bestens.
MALCOLM: Na, wie findest du unser Haus, Trevor? Unsere neue kleine Lustgrotte. Was sagst du? Nicht schlecht, was? Nicht schlecht. Ganz nett.
TREVOR: Ja.
MALCOLM: Und dabei gibt es noch 'ne Menge zu tun. 'ne Menge. Das Zimmer hier ist zum Beispiel noch längst nicht fertig eingerichtet. Na ja, das kriegen wir schon hin. Alles eine Frage der Zeit. Aber nicht schlecht, was?
TREVOR: Nein.
MALCOLM: Und wie geht's dir, und – äh –, wenn man fragen darf – wie geht es im Moment zwischen dir und Susannah?
(Trevor lacht.)
Ah, alles klar. Ich hab nichts gesagt. Gar nichts.
TREVOR: Wir versuchen immer noch – irgendwie –, 'ne Lösung zu finden. Du weißt schon.
MALCOLM: Gut.
KATE: Gut.
MALCOLM: Gut.
TREVOR: Ich weiß nicht, ob wir's packen, aber immerhin versuchen wir's. Wißt ihr...

MALCOLM: Ja – na ja...

TREVOR: Allerdings ist das wahnsinnig anstrengend. Wenn du dich erst mal verpflichtet hast – auf eine Verpflichtung –, so wie Susannah und ich uns verpflichtet haben, bist du plötzlich in der Situation, daß du nur noch gibst – und – uneigennützig – immer nur abgibst... bis zur völligen Selbstaufgabe, versteht ihr?

MALCOLM: Ja, ja.

KATE: Ja.

TREVOR: Du hast das Gefühl – runtergedrückt zu werden...

MALCOLM: Ja.

TREVOR: Als würde sich etwas auf dich herabsenken... ein riesiges... *(Er weiß nicht weiter.)*

KATE: Ja.

MALCOLM: Ja.

KATE: Ja.

(Eine lange Pause.)

(Malcolm und Kate warten, daß Trevor weiterspricht.)

TREVOR *(endlich)*: Ein gigantisches Gewicht. O Gott.

(Schweigen)

KATE *(ganz ruhig)*: Malcolm, kannst du mir bitte meine Sachen aus dem Bad holen?

MALCOLM: Deine was?

KATE: Meine Sachen.

MALCOLM: Deine –? Ah, verstehe. Du meinst... Hast du da drunter nichts an?

KATE *(peinlich berührt)*: Nein.

MALCOLM *(lacht)*: Hast du das mitgekriegt, Trevor?

TREVOR: Hä?

MALCOLM: Sie hat da drunter nichts an.

TREVOR: Nein, nein.

MALCOLM: Eijeijei! Bleib, wo du bist, ich...

(Es klingelt an der Tür.)

Ah, die nächsten sind da. Kleinen Moment.

(Malcolm rennt raus.)

KATE *(ruft verzweifelt hinter ihm her)*: Kannst du bitte meine Sachen holen, ehe du... Trevor, ich muß dich gleich bitten, dich einen Moment... Trevor!

TREVOR: Schuldigung, Kay. Ich war mit meinen Gedanken woanders. Schuldigung, Kay, aber sag mal –

KATE: Kate, ja.

TREVOR: Ich hab mich gerade gefragt, was das alles eigentlich wirklich soll. Du und ich. Nimm dich und mich. Wir werden als unschuldige Kinder in diese Welt gesetzt. Wir beginnen unser Leben als unschuldige Kinder.

KATE: Ja, kann man so sagen.

TREVOR: Hast du dich je genauer mit Kindern beschäftigt?

KATE: O ja. Ich liebe Kinder.

TREVOR: Ich nämlich schon. Du mußt dich irgendwann mal genauer mit ihnen befassen.

KATE: Muß ich.

TREVOR: Wirklich genau. Und dann sieh dich an. Du wirst angewidert sein davon, was aus dir geworden ist, Kay. Und jetzt – jetzt kommt der eigentliche Test. Versuch mal, dir drei – bloß drei, mehr verlang ich gar nicht –, drei gute Gründe zu überlegen, warum du dich nicht hier und jetzt da drüben aus dem Fenster stürzen sollst.

KATE: Ich hab nichts an.

TREVOR: Drei gute Gründe, okay?

KATE: Ja.

TREVOR: Klar, worauf ich hinaus will?

KATE: Ja, ich versteh, was du meinst.

TREVOR: Wirklich?

KATE: Ja. Ich bin zwar nicht deiner Meinung, aber ich verstehe, was du meinst.

TREVOR: Entweder denkst du die Dinge nicht richtig zu Ende, Kay, oder du bist einfach ein glücklicher Mensch. Im Zweifel für die Angeklagte.

(Malcolm kommt herein, einen Haufen Mäntel über dem Arm. Er bringt auch Kates Sachen mit.)

MALCOLM: Ganzer Schwung Leute. Mike, Dave, Graham und Anna, Gareth und Gwen, Bob und Terry … ach, Trevor.

TREVOR: Hm?

MALCOLM: Du, Susannah ist inzwischen auch da.

TREVOR: Oh.

MALCOLM: Also, für heute abend gilt folgende Regel: Kein Streit mit der eigenen Frau. Mit allen anderen Frauen, meinetwegen, aber nicht mit der eigenen, klar?

TREVOR: Das mußt du ihr sagen – nicht mir.

MALCOLM: Also, Trevor, ein falsches Wort, und du fliegst raus.

TREVOR: Ich tu, was ich kann, Malcolm, ich tu, was ich kann. *(Er geht hinaus.)*

MALCOLM: Ich muß sagen, Susannah ist offensichtlich in Hochform. Ich mach ihr die Tür auf, und sie bricht in Tränen aus und rennt ins Badezimmer. Also, mach zu... Beeil dich und komm runter. Es sind bald alle da.

KATE: Mach ich. Sind das meine Sachen?

MALCOLM: Ach ja – hier – *(Er wirft sie ihr zu.)*

KATE: Endlich. *(Dankbar greift sie nach den Sachen.)*

(Malcolm macht die Tür auf, um nach unten zu gehen.)

MALCOLM *(ruft)*: John... Brian... Dave. An dem Ding bitte nichts aufhängen. Es ist für so schwere Sachen nicht konstruiert. Bringt die Mäntel nach oben. Legt sie aufs Bett.

KATE: Oh... *(Sie kriecht unter die Bettdecke und fängt an, sich anzuziehen.)*

(Lichtwechsel auf Nick.)

NICK *(völlig verzweifelt)*: Aaah – aaaaah!

(Er stützt sich auf die Ellenbogen und sieht sich suchend nach seinem Buch um.)

(Nick unter Schmerzen) Ah!

(Nick rollt sich auf den Bauch. Dabei rutscht er seitwärts aus dem Bett und landet mit einem Plumps auf allen vieren auf dem Boden. Wieder stöhnt er auf. Umständlich kriecht er zum Fußende, um sein Buch zu holen. Als er dort ist.)

Ah-ha. Hab ich dich.

(Er versucht, zurück ins Bett zu krabbeln. Er schafft es nicht. Er zieht die Daunendecke zu sich herunter.)

O nein. Jan! Hilf mir. Hilf mir.

(Er liegt hilflos am Boden.)

Immer ich. Warum immer ich?

(Lichtwechsel auf das Schlafzimmer von Malcolm und Kate. Malcolm kommt mit weiteren Mänteln und wirft sie aufs Bett.)

Malcolm *(ruft hinter sich)*: Immer den Gang runter, Joan. Die blaue Tür.

(Als er sich umdreht und wieder hinausgehen will, begegnet ihm Susannah in der Tür.)

Legst du deinen Mantel einfach aufs Bett, Susannah? Einfach da aufs Bett.

Susannah: Ich hatte keine Ahnung, daß so viele Leute kommen.

Malcolm: Das ist 'ne Party, Schatz, was erwartest du?

Susannah: Ja.

(Malcolm geht hinaus.)

(Atmet tief durch) Ich habe Vertrauen in mich. Ich habe Selbstvertrauen. Ich bin nicht unattraktiv. Ich bin attraktiv. Die Leute finden mich immer noch attraktiv. Ich habe keine Angst vor Menschen. Menschen sind keine Bedrohung. Es gibt nichts, wovor ich Angst haben muß.

(Während dieses Monologs steckt Kate ihren Kopf unter der Decke heraus. Sie starrt Susannah entgeistert an. Susannah bemerkt sie. Sie zuckt nervös zurück.)

Kate: Hallo. Tut mir leid. Ich wollte dich nicht erschrecken.

Susannah: Ich hab bloß mal schnell meine – Übungen – gemacht. Das mach ich immer, wenn ich irgendwo allein bin. Oder das Gefühl habe, allein zu sein. Sie helfen mir.

Kate: Ach ja.

Susannah: Ich nehme an, Trevor ist schon da.

Kate: Ja, ja.

Susannah: Er hat mir noch nicht mal guten Tag gesagt, will ich mal feststellen. Wahrscheinlich hat er Besseres zu tun.

Kate: Na ja...

Susannah: Ich hab gesehen, daß diese Frau da ist.

Kate: Wen meinst du?

Susannah: Was weiß ich, wie sie heißt. Jan.

Kate: Ah, Jan. Ja. Der arme Nick liegt im Bett. Krank.

Susannah: Oh. Tatsächlich? Wie schön für sie.

Kate: Entschuldige mich. Ich muß dringend runter. Mich um die Gäste kümmern.

Susannah: Kate.

Kate: Ja.

SUSANNAH: Einen Moment noch.
KATE: Ja.
SUSANNAH: Ich muß dich was fragen. Malcolm und du, habt ihr noch ... wie geht es dir mit Malcolm?
KATE: Oh, sehr gut.
SUSANNAH: Ehrlich?
KATE: Ja.
SUSANNAH: Du kannst ganz offen sein, wirklich.
KATE: Ja. Na ja. Wir haben ganz gut Spaß miteinander. Du weißt schon.
(Es klingelt an der Tür.)
Oh, da kommt ...
SUSANNAH: Ich weiß nicht, wie weit du's mitgekriegt hast, aber zwischen mir und Trevor läuft alles schief.
KATE: Ja, ich hab so was munkeln hören.
SUSANNAH: Inzwischen hat wohl jeder was munkeln hören. Wir sind beide nicht sehr gut im – so tun als ob. Findest du es immer noch aufregend?
KATE: Was?
SUSANNAH: Meine Güte, ich fand Trevor früher immer so aufregend. Wie war der Mann aufregend. Weißt du, wie es sich anfühlt, wenn man so richtig angetörnt ist?
KATE: Ja, ja, ich glaube schon.
SUSANNAH: Wenn wir nicht wirklich körperlich im Bett gelegen haben ... wenn wir nicht, du weißt schon, zusammen geschlafen haben ... hab ich mich leer gefühlt – total unausgefüllt.
KATE: Ja, manchmal ist es ganz schön, find ich auch ...
SUSANNAH: Und jetzt. Wie eine Wüste. Wir fassen uns kaum noch an, weißt du.
KATE: Oh.
SUSANNAH: Ich glaube, er findet mich abstoßend.
KATE: Ach, bestimmt nicht.
SUSANNAH: Manchmal spür ich es. Plötzlich löst sich meine gesamte Identität in Nichts auf. Manchmal wache ich morgens auf und frage mich, wer bin ich. Wer bin ich? Und ich hab keine Ahnung. Ich mach mich völlig verrückt. *(Sie beugt sich vertraulich hinüber zu Kate.)* Neulich hab ich auf der Straße ein Mädchen gesehen –

ungefähr mein Alter –, ein bißchen jünger. Weißt du was, ich fand sie erregend. Hab mich angezogen gefühlt von ihr.

KATE: Oh.

SUSANNAH: Ist das nicht furchtbar?

KATE: Ja.

SUSANNAH: Das Gefühl an sich ist nicht furchtbar. Und das Gefühl an sich ist auch nicht falsch, glaube ich, aber es bedeutet, daß ich all die Dinge, die ich bisher dachte, über mich zu wissen, gar nicht mehr sicher weiß.

KATE *(ist vorsichtig zurückgewichen)*: Ja, ja.

SUSANNAH: Ich finde, du bist wunderbar unkompliziert, Kate.

KATE: Ja, wahrscheinlich hast du recht. Du, ich muß jetzt wirklich dringend runter. Willst du...?

SUSANNAH: Darf ich mich einfach einen Moment hinlegen?

KATE: O ja, natürlich, klar doch. Schmeiß die Mäntel einfach runter.

SUSANNAH: Danke. Ich bin gleich wieder da. Tut mir leid, ich bin zu nichts zu gebrauchen.

KATE: Nein, nein, nein. Stimmt doch gar nicht. Bis gleich.

SUSANNAH: Ja.

(Kate geht hinaus. Susannah räumt ein paar Mäntel von der einen Betthälfte und läßt sich mit großer Geste rückwärts in die Kissen fallen. Sie stößt sich den Kopf. Sie entdeckt die Stiefel im Kopfkissenbezug. Sie macht ein irritiertes Gesicht. Sie legt sich wieder zurück.)

(Lichtwechsel auf Nick.)

NICK *(in derselben Position wie vorher)*: Hilf mir...

(Lichtwechsel auf das Schlafzimmer von Delia und Ernest. Delia und Ernest kommen von ihrem Abendessen zurück.)

ERNEST: Meine Güte, der Laden ist vielleicht runtergekommen.

DELIA: Das kannst du laut sagen. Ein fürchterliches Essen.

ERNEST: Und auch noch dreimal so teuer.

DELIA: Ja. Du hattest völlig recht, absichtlich zu wenig Trinkgeld zu geben.

ERNEST: Ich hab nicht absichtlich zu wenig Trinkgeld gegeben. Ich hatte bloß nicht genug Geld dabei.

DELIA: Dieser Spanier sah noch trostloser aus als letztes Jahr.

ERNEST: Geschieht ihm recht. Reinste Wegelagerei.
DELIA: Und der Spargel war aus der Dose.
ERNEST: Aber nicht übel.
DELIA: Nein, war ganz gut, aber aus der Dose.
ERNEST: O ja, garantiert aus der Dose.
DELIA: Bin mir mit meinem Kleid noch nie im Leben so unpassend angezogen vorgekommen. Keiner von den jungen Männern hatte einen Schlips um. Und die Mädchen alle in ihren weiten Schlabberhosen.
ERNEST: Also, mich haben sie nicht gestört.
DELIA: Was ich richtig widerlich finde, sind diese Etiketten, die sie auf dem Hintern und überall aufgenäht haben. Also ehrlich, man kann doch nicht ernsthaft lesen wollen, was die Leute auf dem Hintern stehen haben. Und das eine Mädchen hatte sogar Risse in der Hose.
ERNEST: Das geht wirklich zu weit, muß ich sagen.
DELIA: Ich hab in dem Alter besonders drauf geachtet, daß man meine Etiketten nicht sehen kann. Ich hätte mich zu Tode geniert, wenn irgendwo ein Etikett rausgeguckt hätte.
ERNEST: Wir haben gelegentlich mal ein Etikett sehen lassen, glaube ich. Innen am Jackett. Die anderen Jungs sollten ruhig wissen, zu welchem Schneider man ging. Na, dann wollen wir uns mal wieder ums Dach kümmern.
DELIA: Ich weiß ja nicht, wie es dir geht, aber ich bin noch ziemlich hungrig.
ERNEST: Ehrlich. Ja, ich auch, ein bißchen.
DELIA: Unten sind noch Sardinen.
ERNEST: Sardinen. Klingt verlockend.
DELIA: Auf Toast?
ERNEST: Warum nicht? Wenn schon, dann das volle Menü.
DELIA: Weißt du was?
ERNEST: Na?
DELIA: Wir machen mal so richtig was Unmögliches...
ERNEST: Na?
DELIA: Wir essen im Bett.
ERNEST: Im Bett?
DELIA: Sardinen auf Toast im Bett, weißt du noch?

ERNEST: Ach herrje, natürlich. Du hast vielleicht ein Gedächtnis. Sardinen auf Toast im Bett, ja.

DELIA: Ich war schwanger mit Trevor.

ERNEST: Genau. Aber das waren doch dicke Bohnen.

DELIA: Nein, doch nicht dicke Bohnen. Sardinen.

ERNEST: Ja, du hast recht, Sardinen. Gut, und diesmal wird's noch besser. Ich mach die Dinger warm, und du hüllst dich schon mal in dein Nachtgewand.

DELIA: Oh, wunderbar.

ERNEST: Na dann, los...

DELIA: Wie herrlich.

ERNEST: Ab mit dir.

(Delia geht ins Badezimmer. Ernest holt seinen Schlafanzug unter dem Kopfkissen hervor und geht in die andere Richtung ab.)

(Lichtwechsel auf das Schlafzimmer von Malcolm und Kate. Susannah liegt noch immer auf dem Bett. Kate führt Trevor ins Zimmer.)

KATE: Sie ist hier, Trevor, sie hat sich ein bißchen hingelegt. Hier, Susannah. Hab dir jemand mitgebracht.

(Kate geht hinaus.
Trevor geht zum Fenster.
Susannah rührt sich nicht.)

TREVOR: Müde?

SUSANNAH: Nein.

TREVOR: Wenn du müde bist, wärst du besser zu Hause geblieben.

SUSANNAH: Wenn ich auf dich höre, komm ich überhaupt nicht mehr aus dem Haus. Das wär dir doch sowieso am liebsten, stimmt's? *(Pause)* Du mußt nicht hier oben bei mir sitzen. Ich bin das Alleinsein gewöhnt. Und da unten sind doch bestimmt jede Menge Leute, mit denen du dich viel lieber unterhalten würdest.

TREVOR: Ich bin raufgekommen, um zu sehen, wie es dir geht.

SUSANNAH: Du bist raufgekommen, weil Kate gesagt hat, du sollst raufgehen. Du wärst den ganzen Abend nicht mal in meine Nähe gekommen, wenn es sich hätte vermeiden lassen.

TREVOR: He, jetzt reg dich nicht auf. Warum regst du dich so auf?

SUSANNAH: Weil ich allen Grund hab, mich aufzuregen.

TREVOR: Jetzt komm mal wieder runter.

(Pause)

SUSANNAH: Du mußt grade reden.

TREVOR: Was?

SUSANNAH: Wenn dich vorhin jemand gesehen hätte...

TREVOR: Wie –

SUSANNAH: Du fährst, und mich läßt du laufen.

TREVOR: Ich dachte, du kommst nicht mit.

SUSANNAH: Du wußtest genau, daß ich mitkomme.

TREVOR: Ich dachte, du wolltest zu Hause bleiben.

SUSANNAH: Du wußtest ganz genau, daß ich mitkomme.

TREVOR: Und warum hast du dich dann im Schlafzimmer eingeschlossen?

SUSANNAH: Weil ich nicht wollte, daß du reinkommst.

TREVOR: Warum nicht? Damit ich nicht sehe, wie du dich umziehst? Meine Güte. Mann sieht seiner Frau beim Umziehen zu. Ich weiß zwar nicht, was du vor mir verstecken willst, aber es muß was Sensationelles sein.

SUSANNAH: Du bist wirklich fies. Fies und brutal.

TREVOR: Du weckst in mir die brutalen Seiten. Bis wir uns begegnet sind, war ich Pazifist.

SUSANNAH: Hätte ich bloß auf diesen Typen gehört.

TREVOR: Welchen Typen?

SUSANNAH: Den, bei dem wir kurz vor unserer Hochzeit waren. Den Handleser.

TREVOR: Was, auf den?

SUSANNAH: Er hat gesagt, daß du ein potentieller Gewalttäter bist. Er hatte völlig recht. Du hast all meine Sachen kaputtgemacht. Alles, was ich von zu Hause hatte. All meine Porzellantiere.

TREVOR: Ich hab dir gesagt, daß es mir leid tut, daß ich dir neue kauf.

SUSANNAH: Ich will keine neuen. Ich will die, die du zerschmissen hast.

TREVOR: Ich hab sie nicht mit Absicht kaputtgemacht.

SUSANNAH: Und warum bist du dann mit einem Stuhl auf sie losgegangen, wenn du sie nicht kaputtmachen wolltest?

TREVOR: Weiß nicht. Ich hatte einfach Lust, mit einem Stuhl um mich zu schlagen. Ist doch nicht verboten, mit 'm Stuhl um sich zu schlagen, oder? War schließlich mein Stuhl.

SUSANNAH: Potentiell gewalttätig. Hat er gesagt. Der Typ.

TREVOR: Das war der letzte Idiot.

SUSANNAH: Nein, war er nicht. Meine Mutter ist immer zu ihm gegangen.

TREVOR: Mir hat er erzählt, ich bin ein handwerkliches Naturtalent. Dabei kann ich nicht mal den Stecker an der Staubsaugerschnur auswechseln. *(Legt sich aufs Bett)* Na ja, immerhin, das einzig Gute an dieser Party ist...

SUSANNAH: Was?

TREVOR: Immerhin liegen wir zusammen auf einem Bett.

SUSANNAH *(hält ihm eine Faust unter die Nase)*: Du mieser...

TREVOR: Na, wer ist hier gewalttätig?

SUSANNAH *(deckt ihn mit Schlägen ein)*: Du mußt auch alles kaputtmachen. Alles. Alles.

TREVOR *(lacht, während er vor ihren Schlägen in Deckung geht)*: Was machst du hier?

SUSANNAH *(wütend)*: Oh, ich könnte – oh – oh – oh.

TREVOR: Au! Hör jetzt auf. Hör auf.

(Schließlich stößt er sie weg, und sie rutscht vom Bett auf den Boden.)

SUSANNAH: Au! Du brutaler Schläger.

TREVOR: Hör jetzt auf. Bevor es dir leid tut.

SUSANNAH *(steht auf)*: Mir tut nichts leid. Nichts tut mir leid.

(Sie packt die Nachttischlampe.)

TREVOR: Stell das Ding hin. Stell das Ding wieder hin. Die gehört nicht dir.

SUSANNAH: Verschwinde, hau ab, verschwinde.

(Trevor kommt auf sie zu.

Sie droht ihm mit der Lampe. Er packt sie beim Handgelenk. Er verliert das Gleichgewicht. In wüstem Kampf ineinander verkrallt landen sie gemeinsam auf dem Bett. Der Kampf ist jetzt blutiger Ernst, sie rollen auf den Boden, klammern sich aneinander fest, ziehen sich an den Haaren.)

(Malcolm kommt herein.)

MALCOLM: Also. Wer hat hier noch Lust auf Käsegebäck... *(sieht die beiden)* O nein. Los, auseinander. Auseinander. Ihr macht doch die Lampe kaputt. *(Stellt den Teller mit dem Gebäck auf den Boden)* Los jetzt. Trevor! Susannah! Los, auseinander. *(Er versucht, sie zu trennen.)*

(Kate erscheint in der Tür.)

KATE: Unten fällt der Putz von der Decke. Was ist hier los?

MALCOLM: Komm, faß mal mit an. Faß mal mit an hier. Du ziehst sie. Ich zieh ihn. Zieh, Mädchen, zieh.

KATE: Ich zieh ja.

(Trevor und Susannah werden getrennt. Sie stehen keuchend da und starren einander an. Kate hält Susannah fest. Malcolm hält Trevor fest.)

MALCOLM: Jetzt beruhigt euch. Verstanden? Regt euch ab, alle beide. Beruhigt euch. So ist gut.

(Kate läßt Susannah los.)

So, und jetzt wird ganz tief durchgeatmet, alle beide.

(Mit neu erwachter Energie geht Susannah plötzlich mit der Nachttischlampe auf Trevor los.)

KATE: Hör auf, hör auf damit, Susannah...

MALCOLM: Hör sofort auf damit.

TREVOR: Au.

(Susannah läuft hinaus.)

Klar – alles klar. *(Befreit sich aus Malcolms Umklammerung)* Alles klar.

(Trevor rennt hinter Susannah her.)

(Krachende Geräusche von unten.)

KATE: Malcolm, du mußt was unternehmen, bitte.

MALCOLM: Genau. Ich schnapp ihn mir höchstpersönlich und werfe ihn kopfüber vom Dach.

(Malcolm geht hinaus.)

KATE *(folgt ihm besorgt zur Tür und sieht ihm nach)*: O Malcolm, fang du nicht auch noch an. Du mußt hier die Ruhe bewahren, Malcolm. Fang du nicht auch an. *(Nimmt den Teller mit dem Gebäck vom Boden auf)* Malcolm... Malcolm... *(Sie hüpft aufgeregt auf und nieder.)*

(Malcolm kommt zurück, schleppt Trevor herein.)

MALCOLM *(stößt Trevor ins Zimmer)*: So, du holst dir jetzt deinen

Mantel. Verstanden? Nimm deinen Mantel. Und dann raus. Ohne wenn und aber, Freundchen. Komm mit, Kate.
(Malcolm geht hinaus.)

KATE: Komme schon. *(Legt ein Stück Gebäck in die eine Ecke des Bettes)* Ich laß dir mal eins hier.
(Kate geht hinaus.)
(Trevor sitzt auf dem Bett und versucht, wieder zu Atem zu kommen. Er betastet seinen Kopf.)

TREVOR: Uuuuh.
(Jan kommt herein. Sie streift ihn mit einem flüchtigen Blick. Sie sucht ihren Mantel, hebt dabei die anderen Mäntel vom Boden auf.)

JAN: Ich hoffe, daß du dich gründlich schämst. Du und Susannah. *(Pause)* Meine Güte, wenn ich mir vorstelle, daß ich dich fast geheiratet hätte. Hab ich ein Glück gehabt.

TREVOR *(murmelnd)*: Diesmal hat sie angefangen. Sie hat angefangen.

JAN: Ich dachte, daß du vielleicht erwachsen wirst, nachdem ich dich verlassen hab. Aber offensichtlich bist du kindischer denn je. Klar, solange ich da war und mich um dich gekümmert und dir all die Entscheidungen abgenommen habe, die du nicht treffen konntest, gab's für dich natürlich keine Chance…

TREVOR: O Gott, mein Kopf.

JAN: Wann wirst du bloß erwachsen, Trevor?
(Malcolm kommt herein.)

MALCOLM: Bitte entschuldigt. *(Greift sich ein paar Mäntel)* Gordons Mantel. Marges Mantel, Mikes Mantel und Daves Mantel. Gwens Mantel. *(Zu Trevor)* Ich hab gesagt, du sollst verschwinden.
(Malcolm geht.)

JAN: Und?

TREVOR: Bloß weil ich eine unglückliche Ehe führe, bin ich noch lange kein Idiot. Ich tu meines Bestes. Immer.

JAN: Wie bei mir.

TREVOR: Besonders bei dir hab ich getan, was ich konnte. Hab mich wahnsinnig ins Zeug gelegt, damit die Sache läuft.

JAN: Ich glaube, du wußtest meistens gar nicht, ob ich da bin oder nicht.

TREVOR: Natürlich wußte ich das.

JAN: Warum ich dich ja auch verlassen hab. Und das hat dich offensichtlich auch nicht weiter gestört.

TREVOR: Wie meinst du das? Ich war am Boden zerstört. Wovon redest du. Ich hab dich gebraucht.

JAN: Ja. Das hab ich daran gemerkt, wie du mir hinterhergelaufen bist.

TREVOR: Ich dachte, du würdest zurückkommen.

JAN: Nein, danke.

TREVOR: Macht ja nichts. Sonst geht's dir gut?

JAN: Bestens.

TREVOR: Wer kann das schon von sich behaupten.

(Malcolm kommt herein.)

MALCOLM: Entschuldigt mich. Johns Mantel. Kens Mantel. Margarets Mantel. Dorothys Mantel. *(Zu Trevor)* Das ist meine letzte Warnung. *(Er geht hinaus.)*

JAN: Siehst du? Und du kannst nirgendwo hin.

TREVOR: Ich mach immer alles kaputt.

JAN: Stimmt.

TREVOR: Hat Susannah gesagt. Daß ich alles kaputtmache. Sie hat recht. Sogar dich habe ich kaputtgemacht.

JAN: Nein, das hast du nicht.

TREVOR: Ich hab dich kaputtgemacht. So kaputt, daß du in deiner Verzweiflung losziehst und den erstbesten Mann heiratest, der dir über den Weg läuft.

JAN: Das ist nicht sehr nett gegenüber Nick.

TREVOR: Nein, na ja...

JAN: Ich liebe Nick nun mal.

TREVOR: Wie du mich geliebt hast?

JAN: Nein, nicht wie ich dich geliebt habe. Wie ich Nick liebe. Ganz anders. Gott sei Dank. Nick fühle ich mich einigermaßen gewachsen. Ich glaube, dir hätte ich mich nie gewachsen gefühlt.

(Malcolm kommt herein.)

MALCOLM: Bobs Mantel. Terrys Mantel... Annas Mantel. Grahams Mantel. *(Wendet sich, bleich vor Wut, an Trevor)* Du hast die Party geschmissen. Das ist dir hoffentlich klar.

TREVOR: Ich?

MALCOLM: Du und deine wunderbare Frau. Ihr habt da unten fünfzig Leuten den Abend verdorben.

TREVOR: Tja, tut mir wirklich leid.

MALCOLM: Kann sich keiner was für kaufen, daß dir das jetzt leid tut, mein Lieber.

JAN: Malcolm, hör auf.

MALCOLM: Er und seine beknackte Schreckschraube. Sitzt da unten mitten im Wohnzimmer und heult sich die Augen aus dem Kopf. Wenn ich könnte, würde ich euch beide ins Irrenhaus bringen... Alle sind nach Hause gegangen, alle, wie sie da waren...

JAN: Malcolm.

MALCOLM: Tut mir leid, Jan. Alle sind sie gegangen. Ich hoffe, du bist zufrieden.

(Malcolm knallt hinter sich die Tür ins Schloß.)

TREVOR: Vielleicht hätte ich mich gebessert, wenn du bei mir geblieben wärst. Ich meine, Jan, mit dir wäre ich... Weißt du, Susannah läßt mich nicht an sich ran. Sie ist unfähig, etwas zu geben. Sie kann nicht geben.

JAN: Vielleicht, weil du nichts verdienst.

TREVOR: Oh, was meinst du damit?

JAN: Damit meine ich, daß jemand, wenn er bereit ist, etwas zu geben, sich erst mal vergewissert, daß der Mensch, dem er etwas gibt, nicht bei der nächsten Gelegenheit die Beherrschung verliert und es ihm wieder an den Kopf schmeißt. Du mußt lernen, die Menschen anständig zu behandeln. Bitte schön. Ende der Standpauke. Ich geh jetzt nach Hause.

TREVOR: Dich habe ich anständig behandelt.

JAN: Nein, das hast du nicht.

TREVOR: Die ganze Zeit nicht?

JAN: Nein.

TREVOR: Die ganze Zeit kein bißchen?

JAN: Eigentlich nicht.

TREVOR: Nein?

JAN: Nein.

(Er küßt sie. Sie erwidert den Kuß.)

(Kate kommt herein.)

KATE: Oh. Laß, Susannah, ich bring ihn runter. Ich bring ihn dir.

(Susannah kommt herein.)

SUSANNAH: Schon gut.

(Nach einem flüchtigen Blick auf Trevor und Jan nimmt sie ihren Mantel und zieht ihn sich über.)

TREVOR: Äh –

JAN: Susannah...

(Susannah geht hinaus.)

O Gott.

KATE: O je.

JAN: Sag mal, Trevor, willst du ihr nicht nachlaufen, und zwar schnell... Nein, blöde Frage. Tja, jetzt ist es also passiert. Tut mir leid, Kate. Ich muß dich mit dem Schlamassel allein lassen. Ich muß dringend nach Hause zu Nick.

KATE: Schon gut.

JAN: Gute Nacht allerseits.

KATE: Nacht. Malcolm ist unten und verabschiedet die anderen.

JAN: Gut.

(Sie geht.)

KATE: O je. *(Sie sieht Trevor an.)* O je. *(Sie geht ans Fenster.)* O je, o je. Susannah nimmt den Wagen. Hoffentlich kommt sie heil nach Hause.

TREVOR: Ich weiß nicht, wo ich bleiben soll.

KATE: Wie meinst du das?

TREVOR: Ich kann nicht nach Hause.

KATE: Warum nicht?

TREVOR: Wie kann ich jetzt nach Hause...?

(Eine Pause)

KATE: Wir haben hinten das kleine Gästezimmer. Ist zwar noch nicht richtig eingerichtet, aber wir haben ein Feldbett.

TREVOR: Du bist ein echter Freund, Kay.

KATE: Kate, ja.

TREVOR: Tut mir leid, wegen eurer Party.

KATE: Na ja – kommen wir wenigstens früh ins Bett. Ich geh und mach dir das Bett. Sieh mal, hier. Malcolms Überraschung für mich. Hier drin. Die Überraschung von Malcolm.

TREVOR: Oh.

KATE: Keine Ahnung, was es ist.

(Malcolm kommt herein.)

MALCOLM: So, das hätten wir. Party zu Ende. Alle weg. *(Sieht Trevor)* Oh. Du bist immer noch da. Na – denn. Ich hab dich gewarnt...

KATE: Malcolm...

MALCOLM: Ist das dein Mantel?

KATE: Malcolm...

MALCOLM: Hä?

KATE: Ich hab ihm gesagt, daß er bleiben kann.

MALCOLM: Bleiben?

KATE: Bloß über Nacht.

MALCOLM: Wer? Trevor? Du machst Witze. Ab nach Hause.

KATE: Er weiß nicht, wo er hin soll, Malcolm. Er muß bleiben.

MALCOLM: Er hat ein Zuhause, wenn ich nicht irre. Da soll er hingehen.

KATE: Da kann er nicht hin.

MALCOLM: Ich weiß bloß, daß er hier nicht bleibt...

KATE: Tut mir leid, Malcolm, aber er wird bleiben.

MALCOLM: Nicht unter meinem Dach. Nicht, nachdem er sich heute abend so benommen hat.

KATE: Tut mir leid, aber er bleibt.

MALCOLM: Tut mir leid, aber er bleibt nicht.

KATE: Paß mal auf, wir brauchen uns gar nicht weiter zu streiten.

MALCOLM: Nein. Völlig richtig. Raus...

KATE: Nein, tut mir leid.

MALCOLM: Doch, tut mir auch leid. Tut mir sehr leid. Er übernachtet nicht in diesem Haus, und damit basta.

KATE: Oh, doch. Er übernachtet in diesem Haus. Und damit ebenfalls basta!

(Pause)

MALCOLM: Na schön. Schön.

KATE: Wo willst du hin?

MALCOLM: Eins sag ich dir. Wenn er hier übernachtet, dann übernachte ich hier auf keinen Fall.

KATE: Malcolm, bitte.

MALCOLM: Und mehr, mein Schatz, gibt's dazu nicht zu sagen. Ich bleibe nicht, wenn er hier übernachtet, also entscheide dich. *(Malcolm geht hinaus.)*

KATE: Oh.

(Eine Tür fällt krachend ins Schloß.)

Oh.

TREVOR: Tut mir leid.

KATE: Oh.

TREVOR: Wo ist er hin?

KATE *(bissig)*: Keine Ahnung, wo er hin ist, blöder Idiot.

TREVOR: Oh. Tja.

KATE: Er kommt schon wieder. Ich mach dir dein Bett.

TREVOR: Danke. Äh – Kay.

KATE *(schreit):* Kate. Ich heiße Kate.

TREVOR: Oh. Natürlich. Tut mir leid.

KATE: Also. Bettzeug.

TREVOR: Weißt du. Ich muß meine Sachen geregelt kriegen, bevor ich schlafen gehe.

KATE: Wie meinst du das?

TREVOR: Na ja, die Sache mit Jan und Nick, du weißt schon.

KATE: Jan und Nick?

TREVOR: Na ja, es war meine Schuld, und – irgendwann erfährt Nick davon und – er wird sauer – und dann läßt er es vielleicht an Jan aus – und das will ich nicht.

KATE: Wer soll Nick was davon erzählen?

TREVOR: Na, Susannah zum Beispiel.

KATE: Oh. Macht sie so was?

TREVOR: Könnte schon sein.

KATE: Oh. Willst du heute nacht noch da hin?

TREVOR: Wär wohl das beste.

KATE: Du kannst doch anrufen.

TREVOR: Ausgeschlossen. Das müssen wir von Mann zu Mann regeln. Hilft nichts.

KATE: Vergiß nicht deinen Mantel. *(Sie hilft ihm hinein.)*

TREVOR: Du brauchst nicht zu warten. Ich komm schon irgendwie rein.

KATE: O ja, ich geb dir einen Schlüssel – ach, nein, wir haben noch keinen Ersatzschlüssel machen lassen. Ich hab nur noch den von Malcolm.

TREVOR: Oh. Na ja, wird bestimmt nicht spät.

KATE: Gut, dann warte ich.

TREVOR: Du bist wirklich wunderbar, Kate. Danke.

KATE: Schon gut. Der Mantel ist dir reichlich groß, findest du nicht?

TREVOR: Ich glaube, das ist gar nicht meiner.

KATE: Oh. Aber es ist der einzige, der noch da ist. Nimm ihn lieber.

TREVOR: Ja. Gut. Bis später. *(Er geht.)*

KATE: Tschüs. *(Sie sitzt auf dem Bett und macht ein besorgtes Gesicht.)*

(Lichtwechsel auf das Schlafzimmer von Ernest und Delia. Delia sitzt im Morgenmantel vor dem Toilettenspiegel und entfernt ihr Make-up. Ernest kommt mit zwei Tellern herein.)

ERNEST: Essen fassen.

DELIA: Moment noch.

ERNEST: Es wird kalt.

DELIA: Ich muß mich nur eben fertig abschminken.

ERNEST: Das kannst du doch hinterher machen.

DELIA: Mit der Schminke im Gesicht geh ich nicht ins Bett, Lieber. Im Kino sieht das vielleicht ganz hübsch aus, aber da muß auch keiner die Wäscherei selbst bezahlen.

ERNEST: Na, gut. Ich hab sowieso schlechte Nachrichten.

DELIA: Schlechte Nachrichten?

ERNEST: Von Sardinen weit und breit keine Spur. Mußte auf Sprotten ausweichen.

DELIA: Sprotten? Oh.

ERNEST: Magst du keine Sprotten?

DELIA: Na ja, Sardinen sind mir lieber.

ERNEST: Fast dasselbe. Fisch ist Fisch.

DELIA: Ja.

ERNEST: Sie waren in der Vorratskammer. Darum bin ich davon ausgegangen, daß du sie magst.

DELIA: Ich mag nicht unbedingt alles, was ich kaufe. Die waren nur als Vorrat gedacht. Für Notfälle.

ERNEST: Ah, die altbewährte eiserne Ration, was?

DELIA: Ich hab von allem ein bißchen eingekauft. Ich glaube, es gibt sogar Rotkohl in Dosen, und den hab ich weiß Gott nicht vor zu essen.

ERNEST: Na, gut, dann eß ich es eben allein, einverstanden?

DELIA: Nein, nein, laß mir ein bißchen übrig.

ERNEST: Na, gut. *(Er schlüpft ins Bett.)* Aaah. Wir haben die Heizdecke nicht eingeschaltet, was?

DELIA: Nein, hab ich vergessen.

ERNEST: Ah. Puh. Rein mit euch. *(Er hievt seine Beine ins Bett.)* Ah, das ist herrlich. Schöner kann man den Tag gar nicht beschließen. Man lauscht dem Regen, der durch unser Dach plätschert...

DELIA: Es regnet doch gar nicht.

ERNEST: Ich meine es metaphorisch. Die Dinger sind nicht übel. Weißt du, vielleicht werde ich auf meine alten Tage noch Sprottenfan.

DELIA: Ich ruf morgen früh Susannah an und erkundige mich, wie es den beiden geht.

ERNEST: Gute Idee. Weißt du, ich glaube, wir brauchen hier dringend eine Wärmflasche.

DELIA: Ah ja.

ERNEST: Wenn ich die normale Durchschnittstemperatur deiner Füße bedenke.

DELIA: Kann ich doch nichts für. Die meisten Frauen haben kalte Füße. Hat mit dem Kreislauf zu tun.

ERNEST: Das kann ich nicht beurteilen. Meine Erfahrungen sind begrenzt.

DELIA: Das glaub ich gerne.

ERNEST: Ja, ich finde, diese Sprotten sind bemerkenswert.

DELIA: Na, wunderbar. Achtung, ich komme.

ERNEST: Alle Mann in Deckung – kalte Füße.

DELIA: Liebling, die Bettdecke hängt im Fisch.

ERNEST: Oh, tut mir leid.

DELIA: Jetzt riecht hier alles die ganze Nacht nach Fisch. Ich glaube, das war eine wahnsinnig kluge Idee.

ERNEST: Mein Gott. Man lebt nur einmal. Was soll's.

DELIA: Na ja, ist ja auf deiner Seite. Du mußt es ertragen.

(Sie ißt.)

O ja, sie schmecken ganz gut, finde ich. Nicht so gut wie die Sardinen, aber immerhin.

ERNEST: Ich bin ziemlich begeistert.

DELIA: Wenigstens sind wir mal früh im Bett.

ERNEST: Ja.

DELIA: Morgen ist Sonntag, da können wir ausschlafen.

ERNEST: Und später einen Spaziergang machen, wenn du Lust hast.

DELIA: Gute Idee.

ERNEST: Sofern es nicht regnet.

DELIA: Klar.

ERNEST: Dann krabbeln wir nämlich beide mit Eimern in der Hand auf dem Dachboden rum.

DELIA: Gott bewahre.

(Lichtwechsel auf das Schlafzimmer von Nick und Jan.

Nick liegt noch immer auf dem Fußboden. Jan kommt nach Hause.)

JAN: Nick. Nick...

NICK: Aaaah.

JAN *(entdeckt ihn)*: Liebster, was machst du?

NICK: Was meinst du, was ich mache? Ich lieg hier seit Stunden.

JAN: Oh, Schatz. Wie bist du da hingekommen?

NICK: Mir ist das Buch runtergefallen.

JAN *(sucht nach einem Weg, ihn wieder ins Bett zu kriegen)*: Also, laß mich mal – wie soll ich dich... kann ich...

NICK: Nein, nein. Nicht so. Am besten, ich zieh mich an dir hoch.

JAN: Gut.

NICK: Hältst du das Gewicht aus?

JAN: Moment. Ja, so.

NICK: Ups – genau – bleib ruhig stehen. Bleib stehen...

JAN: Ich tu, was ich kann. Ich tu, was ich kann.

NICK: Bleib ganz ruhig stehen.

JAN: Du bist ganz schön schwer.

NICK: Gut. Gleich geschafft.

JAN: Oh –

NICK: Was?

JAN: Du stehst auf meinem Fuß.

NICK: Alles klar.
JAN: Bitte, geh von meinem Fuß runter.
NICK: Mach ich ja. Moment.
JAN: Lieber Gott, mein Fuß.
NICK: Alles klar. Moment, Moment.
(Jan verliert das Gleichgewicht. Sie fallen zusammen aufs Bett. Nick liegt quer über Jan, die sich unter ihm kaum rühren kann.) Aaaaah. Aaaah. Aaaah.
JAN: Aaaah.
NICK: Aaaah.
JAN: Mein Gott, tut das weh.
NICK: Aaaah.
JAN: Kannst du bitte von mir runtergehen, Liebster?
NICK: Ich kann mich nicht rühren. Nie wieder.
JAN: Versuch doch bitte, dich ein Stück zu bewegen. Ich sitze hier fest.
NICK: Tut mir leid. Wenn ich könnte, würde ich ja, aber mein Körper ist unfähig, sich zu rühren.
JAN: Kannst du nicht wenigstens von meinem Brustkorb runter? Du bist so schwer.
NICK: Ich bin nicht schwer. Für meine Größe hab ich genau das Idealgewicht.
JAN: Na, das ist immer noch schwer genug. *(Versucht, sich unter ihm herauszuwinden)* Warte, ich versuche… uff. *(Sie hält inne.)*
NICK: War es ein netter Abend?
JAN: Nein.
NICK: Hab ich mir gedacht. Geschieht dir ganz recht, wenn du schon hingehst.
JAN: Danke. Und, nächster Versuch. *(Sie versucht erneut, sich unter ihm herauszuwinden)* Puh. Puh – huuh – hup… du meine Güte. Da brauch ich die ganze Nacht. Kannst du nicht wenigstens ein Stück zur Seite rollen?
NICK: Ha – ha –
JAN: Gut, könntest du dann vielleicht so höflich sein und dein Gewicht auf die Ellenbogen verlagern?
NICK: Nein. Damit entsteht ein unmittelbarer Druck auf alle Muskeln entlang der…

JAN: Schon gut. Tut mir leid. O je. *(Sie lacht.)* Wir werden für immer so liegenbleiben. In ein paar Jahren wird man uns in dieser Lage finden. Alle werden falsche Schlüsse ziehen, weil niemand das Besondere an der Situation begreift. Wir zusammen im Bett.

NICK: Kein Grund für Gemeinheiten.

JAN: Entschuldigung.

NICK: Ich hab in letzter Zeit sehr hart gearbeitet.

JAN: Ja, du hast recht, tut mir leid.

NICK: Und jetzt ist mein Rücken schuld, daß wir vielleicht jemanden zu Hilfe rufen müssen, der dich rettet. Versuch's noch mal.

JAN: Humpff – oh – ich bin so schwach.

NICK: Wem sagst du das?

JAN: Nick.

NICK: Hm?

JAN: Da du mir grade mal zuhörst…

NICK: Hm?

JAN: Ich muß dir was sagen.

NICK: Ich komm nicht drumrum, es mir anzuhören.

JAN: Gut. Ich erzähl es dir, weil ich es dir a) erzählen will, und weil ich b) das Gefühl habe, daß dich sonst demnächst eine gewisse Jemand anrufen und es dir erzählen wird.

NICK: Wer?

JAN: Susannah.

NICK: Susannah?

JAN: Also, ich hatte ganz einfach – oder auch nicht ganz einfach – ein langes Gespräch mit Trevor.

NICK: Ah-ha…

JAN: Das damit endete, daß Trevor mich küßte.

NICK: Verstehe.

JAN: Und, um ganz ehrlich zu sein, daß ich Trevor küßte.

NICK: Du hast ihn bloß geküßt?

JAN: Ja. Sonst war nichts.

NICK: Oh, na ja. Hoffentlich hat's dir Spaß gemacht.

JAN: Ja, danke.

NICK: Gut. Ich hoffe, du erwartest nicht von mir, daß ich jetzt vor Wut an die Decke gehe.

JAN: Nein. Kein bißchen. Kein bißchen. *(Sie windet sich endlich ganz unter ihm heraus.)* Geschafft. Und jetzt packen wir dich unter die Decke. *(Ohne viel Aufhebens)* Los jetzt.

NICK: Vorsicht. Vorsicht.

JAN: Los jetzt, das tut nicht weh.

NICK: Jetzt laß das bloß nicht an mir aus, nur weil ich...

JAN: Ich laß es an niemandem aus.

NICK: Du behauptest doch, daß du ihn bloß geküßt hast. Wenn du willst, daß ich dir dafür eine verpasse, mußt du warten, bis es mir wieder besser geht.

JAN: Ich will gar nichts, vielen Dank.

NICK: Du hast ihn bloß geküßt.

JAN: Ja, kann man so sagen. Mit all den anderen Männern auf der Party bin ich ins Bett gegangen, aber Trevor hab ich bloß geküßt.

NICK: Na, dann ist ja alles gut. Ich hatte drei oder vier Frauen hier, während du weg warst. Daher die Rückenschmerzen.

JAN *(wenig belustigt)*: Selber schuld.

NICK: Danke.

JAN: Zufrieden?

NICK: Danke.

JAN *(hämmert wütend und frustriert auf die Bettkante ein)*: Aaarrrggh!

NICK: Hast du was gesagt?

JAN: Ich geh jetzt Haare waschen.

NICK: Haare waschen?

JAN: Ja.

NICK: Es ist halb eins.

JAN: Na und?

NICK *(gelinde amüsiert, während sie hinausgeht)*: Mannomann, omann, omann...

(Lichtwechsel auf das Schlafzimmer von Malcolm und Kate. Kate kommt herein. Sie sitzt mit unglücklichem Gesicht herum. Malcolm kommt zurück.)

MALCOLM: Hallo.

KATE: Oh, Malcolm.

MALCOLM: Hab 'n bißchen heftig reagiert.

KATE: Ja, stimmt. Versteh ich. *(Pause)* Es sind Berge von Essen übriggeblieben.

MALCOLM: Macht doch nichts. *(Pause)* Ich hab bloß unten im Auto gesessen, sonst nichts.

KATE: Ich bin froh, daß du raufgekommen bist.

MALCOLM: Na ja. Tja. Als ich gesehen hab, daß du Trevor rausschmeißt, bin ich wiedergekommen.

KATE: Oh. Also...

MALCOLM: Was?

KATE: Er kommt wieder.

MALCOLM: Kommt wieder? Hierher?

KATE: Ja, er ist bloß kurz mal zu Jan und Nick.

MALCOLM: Jan und Nick?

KATE: Ja.

MALCOLM: Hat er noch nicht genug angerichtet?

KATE: Na ja, er wollte ein paar Sachen klären.

MALCOLM: Und du hast ihm gesagt, er kann wieder herkommen?

KATE: Ja.

MALCOLM: Na, und wie will er reinkommen?

KATE: Ich hab gesagt, daß ich so lange aufbleibe.

MALCOLM: Du hast sie nicht alle, das ist dir hoffentlich klar.

KATE: Vielleicht.

MALCOLM: Na, dann kriegen wir heute nacht ja nicht mehr viel Schlaf. Oder?

KATE: Weiß nicht.

MALCOLM *(krempelt sich die Ärmel auf)*: Wenn das so ist...

KATE: Was machst du?

MALCOLM *(zerrt diverse Pappkartons herbei)*: Ich fang jetzt damit an. Wenn du nicht ins Bett kommst, kann ich sowieso nicht schlafen, und da kann ich auch was Sinnvolles machen.

KATE: Was ist das?

MALCOLM: Überraschung. Wirst schon sehen. Ich hol mal eben die Werkzeugkiste. Dauert bloß 'ne Viertelstunde. Ich bau's dir zusammen.

KATE: Oh, wunderbar...

(Lichtwechsel auf das Schlafzimmer von Ernest und Delia.)

DELIA: Ich hab das Gefühl, als würde ich auf einem Fischdampfer übernachten. Das ganze Zimmer stinkt nach Fisch.

ERNEST: Wir gewöhnen uns dran.

DELIA: Das bezweifle ich.

ERNEST: Soll ich das Licht ausmachen?

DELIA: Augenblick noch.

ERNEST: Soll ich dir ein bißchen was vorlesen?

DELIA: Wenn du Lust hast. Ich schlaf sowieso gleich ein, wenn du anfängst. Ich hab dich gewarnt.

ERNEST: Ach, also.

DELIA: So wie du vorliest, kann man nur einschlafen.

ERNEST: Wahrscheinlich hast du recht. Ich les dir ein bißchen was hieraus vor, ja?

DELIA: Was ist das?

ERNEST: Tom Browns Schulzeit

DELIA: Ich glaub, das hast du schon mal vorgelesen.

ERNEST: O ja, stimmt. Aber das kann man immer noch mal lesen. Wundervolles Stück Literatur. Also: «Tom war nach dem Pausenzeichen noch ein paar Minuten im Klassenzimmer aufgehalten worden, und das erste, was er sah, als er auf den Schulhof kam, war der kleine Kreis von Jungen, die Williams zujubelten, der Arthur am Kragen gepackt hatte. ‹Da, du kleine Petze›, sagte er und versetzte Arthur mit der freien Hand einen Schlag auf den Kopf. ‹Wie kommst du auf die Idee zu behaupten –› – ‹Hallo!› sagte Tom und drängte sich in den Kreis...»

DELIA: Ich kapier gar nichts.

ERNEST: Ist doch sonnenklar.

DELIA: Mir nicht. Wer sind all die Leute?

ERNEST: Na ja, der Nachteil ist, daß wir auf Seite 256 einsteigen. Aber ich werd den Teufel tun und wieder ganz von vorne anfangen, bloß damit du einschlafen kannst. Soll ich weiterlesen?

DELIA: Wenn du willst.

ERNEST: Ich frage dich. Mir ist es egal.

DELIA: Ja, los, lies meinetwegen weiter. Aber nicht zu laut.

ERNEST: «‹Hallo!› sagte Tom und drängte sich in den Kreis. ‹Finger weg, Williams; du sollst ihn nicht anrühren.› – ‹Wer will mich daran hindern?› sagte der Bösewicht und hob von neuem die Hand...»

(Es klingelt an der Tür.)

Ach herrje.

DELIA: War das die Tür?
ERNEST: Klang so.
DELIA: Es ist zwanzig vor eins. Sieh nach, wer da ist.
ERNEST: Ja, mach ich.
DELIA: Sieh aus dem Fenster.
ERNEST: Mach ich.

(Er steigt aus dem Bett.)

(Lichtwechsel, so daß jetzt gleichzeitig auch das Schlafzimmer von Nick und Jan zu sehen ist. Als Jan, das Haar in ein Handtuch gewickelt, wieder ins Zimmer kommt, klingelt es an der Tür.)

JAN: Was war das?
NICK: Haustür.
JAN: Komisch.
NICK: Sieh nach.
JAN *(geht ans Fenster)*: Mach ich.
ERNEST: Sieht verdammt nach Susannah aus.
DELIA: Um Himmels willen…
JAN *(mit gedämpfter Stimme)*: Ich glaube, das ist Trevor.
NICK: O nein. Warum immer ich? Immer ich!

(Während Ernest und Jan sich auf den Weg machen, ihre jeweiligen Haustüren zu öffnen, erfaßt das Licht nun auch noch Malcolm, der gerade anfängt, den Bausatz seiner Schlafzimmer-Überraschung auszupacken. Großes Geklapper und Geklirre von Werkzeug.)

(Kate sitzt auf dem Bett und sieht ihm zu.)

Vorhang

Zweiter Akt

Licht in allen drei Räumen.
Der Boden im Schlafzimmer von Malcolm und Kate ist übersät mit Werkzeug aus Malcolms Werkzeugkiste und mit Einwickelpapier von dem Toilettentisch-Selbstbausatz, dessen Einzelteile ebenfalls im Zimmer verstreut liegen. Malcolm hockt auf dem Boden und hat vor sich die Bauanleitung ausgebreitet.
Kate sitzt auf dem Bett und sieht ihm zu.
Nick liegt wie immer im Bett.
Delia liegt im Bett.

KATE: Das wird bestimmt schön, wenn alles fertig zusammengebaut ist.

MALCOLM: Erst mal muß ich aus diesem Plan schlau werden. *(Er studiert den Plan.)*

(Ernest kommt zurück zu Delia.)

ERNEST: Sie ist – äh – nur mal schnell unten im Bad.

DELIA: Ich werd wohl aufstehen müssen.

ERNEST: Ja, das heißt, du mußt nicht unbedingt runter gehen – es ist ziemlich kalt. Ich hab gesagt, sie soll raufkommen, wenn sie fertig ist. Dann könnt ihr reden.

DELIA: Will sie mit mir reden?

ERNEST: Sieht ganz so aus. Ich wüßte nicht, mit wem sie sonst reden wollen könnte.

DELIA: Nein.

ERNEST: Sie macht einen völlig – aufgelösten Eindruck. Das kann eine lange Nacht werden. Soll ich uns einen Kakao machen?

DELIA: Ja. Und ich werd mal was unternehmen, damit ich halbwegs erträglich aussehe.

(Delia geht ins Badezimmer. Ernest geht wieder nach unten.)

(Licht aus bei Ernest und Delia.)

(Jan, immer noch ein Handtuch um den Kopf, kommt mit Trevor herein.)

JAN: Liebster, es ist Trevor.

NICK *(nicht gerade begeistert)*: Ach du meine Güte.
TREVOR: Hallo, Nick.
JAN: Schicker Mantel. Neu?
TREVOR: Äh – ja.
JAN: Nicht übel.
NICK: Hast du da noch jemanden mit drin oder bist du allein?
TREVOR: Was?
JAN: Gib schon her.
TREVOR: Danke.
NICK: Was können wir für dich tun?
JAN: Setz dich, Trevor.
TREVOR: Danke.
NICK: Nachts, um zehn vor eins.
TREVOR: Tja – *(Er sieht hinüber zu Jan.)* Tja –
JAN: Soll ich lieber gehen?
TREVOR: Tja –
JAN: Schon gut, ich mach uns Tee. Und dann muß ich mir die Haare föhnen.
TREVOR: Gut. Danke.
(Jan geht hinaus.)
(Trevor sitzt grübelnd da.)
(Nick wartet ab.)
MALCOLM: Sieht aus, als brauch ich den Imbus.
KATE: Wen?
MALCOLM: Den Imbus-Schlüssel. Ist im Wagen. Ich hol ihn. Bin gleich wieder da.
(Malcolm geht hinaus.)
(Licht aus im Schlafzimmer von Malcolm und Kate.)
TREVOR: Also, Nick...
NICK: Na?
TREVOR: Heute nacht ist was passiert, was du wissen solltest.
NICK: Na?
TREVOR: Jan und ich – wir haben uns auf dieser Party getroffen, und wir... und Susannah kam rein... und wir standen da zusammen, und so weiter und so weiter und... es ist gar nichts gewesen... rein gar nichts... aber mir war wichtig, daß du es als erster erfährst.

NICK: Danke.

TREVOR: Weißt du, keine Ahnung, ob du was davon gehört hast, aber ich hab gerade diese Phase hinter mir... diese ganze... ich und Susannah, und... na ja.

NICK: Kein Problem, versteh ich gut.

TREVOR: Wirklich?

NICK: Ja, ja. Klar. Also bis bald dann.

TREVOR: Ja.

NICK: Ich würde dich ja zur Tür bringen, aber ich hab mir den Rücken verrenkt. Kann unmöglich aufstehen. Tut höllisch weh.

TREVOR: Ja, ja. Macht nichts. *(Er bleibt sitzen.)*

(Lichtwechsel auf das Schlafzimmer von Ernest und Delia. Delia kommt im Morgenmantel aus dem Badezimmer, als Ernest das Zimmer betritt.)

DELIA: Und wo ist sie?

ERNEST: Immer noch unten im Bad.

DELIA: Was macht sie denn da?

ERNEST: Weiß auch nicht genau. Als ich eben auf dem Weg in die Küche an der Badezimmertür vorbeigekommen bin, hab ich gedacht, ich höre Stimmen.

DELIA: Stimmen?

ERNEST: Sie scheint sich mit jemandem zu unterhalten. Oder sie führt Selbstgespräche.

DELIA: Hoffen wir, daß es Selbstgespräche sind. Oder sie benutzt unser Badezimmer für irgendwelche konspirativen Zusammenkünfte.

ERNEST: Man weiß nie. Sie ist sowieso ein sehr eigenartiges Mädchen. Ich hoffe, sie braucht nicht mehr allzu lange. Ich möcht so gern ins Bett.

DELIA: Du gehst jetzt erst mal da unten auf Wache, Lieber. Und bringst sie rauf, wenn sie fertig ist – was immer sie da treibt.

ERNEST: Na gut. Aber es ist furchtbar kalt da unten. Der Ofen ist nämlich ausgegangen.

DELIA: Auch das noch.

(Ernest geht hinaus. Delia legt sich ins Bett und blättert in einer Zeitschrift.)

(Lichtwechsel auf Nick und Jan.

Jan kommt mit zwei Bechern Tee ins Zimmer.)

JAN: Seid ihr fertig mit eurer Besprechung?

NICK: Ich weiß nicht, ob er fertig ist. Ich bin fertig.

JAN *(reicht Nick seinen Tee)*: Hier. *(Geht zu Trevor)* Trevor – Trevor ... er ist eingeschlafen.

NICK: Er ist was?

JAN: Psst.

NICK: Wie, psst? Er kann hier nicht schlafen. Weck ihn. Wach auf! *(Trevor grunzt.)*

JAN: Laß ihn doch ein paar Minuten in Ruhe.

NICK: Der Kerl ist wirklich das Letzte, findest du nicht? Warum geht er zum Schlafen nicht nach Hause? Wie andere Leute auch.

JAN: Weil Susannah ihn vielleicht nicht reinläßt. Also, ich geh jetzt mal eben und föhn mir die Haare. Wenn ich fertig bin, weck ich ihn und schmeiß ihn raus.

NICK: Wirklich das Letzte.

JAN: Willst du lieber, daß ich ihn jetzt gleich wecke? Dann fängt er bloß wieder an, mit dir zu reden.

NICK: Schon gut, schon gut. Laß ihn, laß ihn ...

JAN: Er sieht so friedlich aus.

NICK: Haha.

(Jan fängt an, Trevors Tee zu trinken, und geht ins Badezimmer.)
(Lichtwechsel auf das Schlafzimmer von Kate und Malcolm. Malcolm kommt zurück.)

MALCOLM: So, das hätten wir. Gut. Ich geh mit dem Zeug raus auf den Flur.

KATE: Kannst du's nicht hier drinnen machen?

MALCOLM: Das ist schließlich 'ne Überraschung. Außerdem hab ich da draußen mehr Platz.

KATE: Ja, das stimmt.

MALCOLM *(studiert die Bauanleitung)*: Also, womit fangen wir an? «Holzplatte A bildet die Rückwand des Kommodenteils – Abbildung 1» ... Holzplatte A? Ah – ja, genau – also ...

KATE: Sehr merkwürdig, die Susannah. Ein sehr merkwürdiger Mensch.

MALCOLM: Da hast du recht ... Querträger B. Wo ist das Ding?

KATE: Sie hat mir was ganz Komisches erzählt.

MALCOLM: B? B? B? Sag bloß, die haben mir Querträger B nicht mitgeliefert.

KATE: Sie hat gesagt, daß sie sich von irgendwelchen Mädchen auf der Straße angezogen fühlt.

MALCOLM: Wer hat das gesagt?

KATE: Susannah.

MALCOLM: Wußte gar nicht, daß sie so eine ist.

KATE: Ich glaub nicht, daß sie wirklich so eine ist.

MALCOLM: Da sieh mal einer an. Aha, Querträger B.

KATE: Nein, ich glaub nicht, daß sie so ist. Das würde man ihr anmerken, wenn sie so wäre.

MALCOLM: Na ja, normal ist das doch wohl nicht? Für eine Frau? Daß sie sich von den Mädchen auf der Straße angemacht fühlt?

KATE: Nein, aber – na ja –

MALCOLM: Oder ist das bei dir etwa auch so?

KATE: Nein, aber...

MALCOLM: Will ich auch hoffen.

KATE: Nein.

MALCOLM: Dir doch nicht. Du bist eine stinknormale Frau.

KATE: Klingt nicht besonders aufregend, finde ich.

MALCOLM: Ist mir gerade recht. Sperriegel C für die zweite Schublade.

KATE: Und du findest mich nicht zu normal?

MALCOLM: Wie, zu normal?

KATE: Na ja... dir kommt so das eine oder andere unter die Augen. Und dann denkst du, na ja – vielleicht verpaß ich ein paar schöne Dinge im Leben.

MALCOLM: Wie meinst du das?

KATE: Na ja...

MALCOLM: Du bist doch glücklich, oder nicht?

KATE: Schon. Ich dachte bloß, daß ich vielleicht – daß ich ein bißchen aufregender sein könnte. Vielleicht.

MALCOLM: Du bist schon ganz in Ordnung.

KATE: Aber findest du mich ein klitzekleines bißchen aufregend, Malcolm?

MALCOLM: Klar doch. Bin total verrückt nach dir... Wo zum Teufel ist Sperriegel C?

KATE: Nein. Mal im Ernst.
MALCOLM: Worauf willst du hinaus?
KATE: Na ja, ich hab mir diese Hefte bei dir angesehen.
MALCOLM: Hefte? Was für Hefte?
KATE: Die du in der Kommode unter den Socken versteckt hast.
MALCOLM: Ah. Die hast du also gefunden.
KATE: Da kann ich wirklich nichts für. Ich muß schließlich jeden Tag an deine Sockenschublade. Ich meine, es stört mich nicht weiter...
MALCOLM: Hat mir ein Kollege gegeben. Hab sie mir nicht mal angesehen.
KATE: Ich aber.
MALCOLM: Oh.
KATE: Nein, ich denk ja bloß, daß ich vielleicht ein bißchen aufregender sein könnte. Für dich. Ich find die Vorstellung schrecklich, daß du dich langweilst.
MALCOLM: Ich langweile mich nicht. Ich such bloß Riegel C.
KATE: Aber du sagst mir doch, wenn du dich mit mir langweilst?
MALCOLM: Ja, natürlich, natürlich.
KATE: Und ich verspreche, daß ich's dir sage.
MALCOLM: Was?
KATE: Wenn ich mich mit dir langweile.
MALCOLM: Aber du langweilst dich doch nicht mit mir?
KATE: Nein. Nein. Meistens nicht.
MALCOLM: Wie, du meinst – wenn wir – im Bett? Hier?
KATE: Meistens nicht...
MALCOLM: Na, da bin ich aber beruhigt.
KATE: Höchstens ein- oder zweimal.
MALCOLM: Gelangweilt?
KATE: Nein, nicht gelangweilt. Bloß, daß ich dann an was anderes denke.
MALCOLM: Du meinst an andere Männer.
KATE: Nein. An harmlose Alltäglichkeiten, zum Beispiel, ob wir einen Teppich in den Flur legen oder lieber die Dielen abziehen sollen. Solche Sachen. Die mit uns zu tun haben. Gewissermaßen.
MALCOLM: Du meinst mit anderen Worten, daß du, während ich – dir mein Letztes gebe – daliegst und an Dielenbretter denkst?

KATE: Ganz selten mal.

MALCOLM: Verdammt noch mal. *(Er packt ein paar von den Bauteilen.)* Ich geh raus auf den Flur.

KATE: Hab ich dich verletzt?

MALCOLM: Nein. Kein bißchen. Ich geh bloß raus auf den Flur.

(Malcolm geht wütend hinaus.)

KATE: Ich will dich doch bloß nicht langweilen.

(Lichtwechsel auf das Schlafzimmer von Ernest und Delia. Delia im Bett, Susannah kommt auf Zehenspitzen herein.)

SUSANNAH: Hallo.

DELIA: Susannah. Komm rein, Liebes, wie geht's dir? Je später der Abend...

SUSANNAH: Ja.

DELIA: Wir – wir wollten gerade ins Bett gehen. Ich glaube, Ernest macht uns einen Kakao.

SUSANNAH: Oh.

DELIA: Wir trinken oft Kakao. Manchmal auch heiße Milch, aber normalerweise Kakao.

SUSANNAH: Oh.

(Pause)

DELIA: Und? Was ist los?

SUSANNAH: Es –

DELIA: Hm?

SUSANNAH: Es ist bloß –

DELIA: Hm?

SUSANNAH: Was soll ich bloß machen, Delia?

DELIA: Geht es um dich und Trevor?

SUSANNAH: Er hat die Achtung vor mir verloren.

DELIA: Nein, bestimmt nicht. Wie kommst du darauf?

SUSANNAH: Wenn er da ganz bewußt eine andere Frau verführt. Wo er weiß...

DELIA: Trevor?

SUSANNAH: Wo er weiß, daß ich jeden Moment reinkomme und sie entdecke.

DELIA: Eine andere Frau?

SUSANNAH: Ja.

DELIA: Wer war sie?

SUSANNAH: Ach, diese Frau. Jan...
DELIA: Jan? Doch nicht die Jan?
SUSANNAH: Kennst du sie?
DELIA: O ja, ja.
SUSANNAH: Er hat sie also mit hergebracht, ja?
DELIA: O ja, mehrmals. Natürlich – natürlich nicht, seit ihr verheiratet seid. Das ist Jahre und Jahre und Jahre her. Er – er hat keine andere Frau auch nur angesehen. Seit – seit er völlig in eurer Ehe aufgeht. Das haben sein Vater und ich ihm schon als kleines Kind eingebleut – Loyalität. Loyalität uns gegenüber. Loyalität denen gegenüber, die er gern hat. Und vor allem Loyalität der Frau gegenüber, die er einmal heiratet.
SUSANNAH: Er verachtet mich.
DELIA: Ach, Unsinn.
SUSANNAH: Weißt du, was es heißt, wenn man nicht beachtet wird?
DELIA: Ja, schon. Und ob ich das weiß. Das wissen wir doch alle. Jedem passiert es irgendwann, daß er nicht beachtet wird. Ernest beachtet mich oft überhaupt nicht. Ich muß ihm alles dreimal sagen, ehe er einen Finger rührt.
SUSANNAH: Ich meine nicht bloß die geistige Ebene.
DELIA: Ah. Ah, verstehe. *(Sie klopft auf das Bett.)* Es geht um das ewige uralte Problem.
SUSANNAH: Zum Teil.
DELIA: Ach herrje. Tja. Meine Mutter hat immer gesagt, Delia, hat sie gesagt, wenn der Sex sein häßliches Haupt erhebt, dann schließe die Augen, damit dir der weitere Anblick erspart bleibt. *(Ernest kommt mit einem Tablett herein.)*
ERNEST: Zweimal Kakao, die Herrschaften.
DELIA: Ah, wunderbar.
ERNEST *(reicht Susannah eine Tasse)*: Susannah.
SUSANNAH: Danke schön.
(Ernest gibt Delia eine Tasse und setzt sich hin.)
ERNEST: Na, welches Thema ist denn gerade an der Reihe?
DELIA: Keins. Keins, das dich was angeht, Lieber.
ERNEST: Oh. Darum geht's also? Na denn, viel Spaß.
SUSANNAH: Wir haben über körperliche Beziehungen gesprochen.
ERNEST: Ah, tatsächlich? Sehr schön.

SUSANNAH: Delia hat gemeint, darin liegen möglicherweise die Ursachen für alle unsere Probleme.

ERNEST: Hat sie das gesagt?

DELIA: Ich hab gesagt – ja, so ungefähr.

ERNEST: Haben wir irgendwelche Probleme gehabt? Ist mir gar nicht aufgefallen. Ich hatte nie eins, glaube ich. Vielleicht hab ich jetzt eins, aber daß ich damals eins gehabt haben soll, daran kann ich mich nicht erinnern. *(Er lacht.)*

DELIA: Lieber, was hältst du davon, wenn du dich für einen Moment ins Badezimmer verziehst?

ERNEST: Ins Badezimmer?

DELIA: Nur für einen Moment.

ERNEST: Ah, verstehe.

SUSANNAH: Du mußt nicht rausgehen.

DELIA: Doch, ich glaube, er muß. Mir wär's lieber.

ERNEST: Gut. Ich – ich bin im Badezimmer, falls mich jemand sucht.

(Ernest geht ins Badezimmer.)

DELIA: Entschuldigung. Ich kann schwer über so was reden, wenn Ernest dabei ist.

SUSANNAH: Empfindest du das nicht – als Belastung zwischen euch?

DELIA: Nein, nein. Wir reden einfach nicht über so was. Wir haben nie über so was geredet. Ich glaube sowieso, daß viel zuviel darüber geredet wird. Ich meine, ich glaube, die Leute wären viel glücklicher, wenn man sie einfach in Ruhe machen ließe.

SUSANNAH: Aber wenn sie Probleme haben – Komplexe …

DELIA: Klar, wenn du Probleme hast, gehst du zum Arzt. Redest mit ihm. Die reden zu gerne über so was. Meiner jedenfalls. Sein Interesse an dem Thema ist schon fast makaber. Für einen Mann in seinem Alter.

SUSANNAH: Ich meine eher seelische Probleme. Die Auswirkungen darauf haben, wie man mit allem anderen umgeht. Ich meine, ich hab körperliche Angst vor Trevor. Er ist sehr heftig, sehr leidenschaftlich, und ich – ich glaube, ich kann so nicht sein.

DELIA: O je. Das ist schwierig. So war Ernest natürlich nie. Ich war hauptsächlich damit beschäftigt, dafür zu sorgen, daß er mich überhaupt wahrnimmt.

SUSANNAH: Kannst du mir darüber mehr erzählen?
DELIA: Worüber?
SUSANNAH: Über – diese Seite eurer Beziehung. Zwischen dir und deinem Mann.
DELIA: Vergiß deinen Kakao nicht.
SUSANNAH: Nein, danke, ich –
DELIA: Magst du ihn nicht?
SUSANNAH: Nein, ich –
DELIA: Möchtest du was anderes?
SUSANNAH: Nein, das ist –
DELIA: Tee? Du kriegst eine Tasse Tee. Ich mach dir 'ne Tasse Tee.
SUSANNAH: Nein, das ist –
DELIA: Es gibt nichts Besseres als Tee. *(Steht auf)* Ja, da liegt ein echtes Problem für dich. Ich weiß noch nicht genau, was wir dagegen unternehmen. Warte, ich bin gleich wieder da.

(Delia geht hinaus.)

(Lichtwechsel auf das Schlafzimmer von Nick und Jan. Nick im Bett. Trevor schläft noch. Jan kommt aus dem Badezimmer, um ihre Bürste zu holen.)

NICK: Er fängt an zu schnarchen.
JAN: Ich weck ihn gleich.
NICK: Bitte, ja...

(Lichtwechsel auf das Schlafzimmer von Malcolm und Kate. Kate sitzt immer noch auf dem Bett. Malcolm kommt herein, um ein weiteres Bauteil zu holen.)

MALCOLM: Warum gehst du nicht ins Bett?
KATE: Ist schon gut.
MALCOLM *(wühlt in seinem Werkzeugkasten herum)*: Also, ich werd versuchen, in Zukunft weniger langweilig zu sein.
KATE: So hab ich das nicht gemeint.
MALCOLM: Morgen abend setz ich mir einen witzigen Hut auf, wenn ich ins Bett komme.
KATE: Himmel. Was hab ich da bloß angerichtet.
MALCOLM: Weiß ich doch nicht. Und diese blöde Anleitung taugt auch nichts. *(Äußerst gereizt)* Ein-Zoll-Gewinde, wo sind die Dinger?
KATE: Ein Zoll was?

MALCOLM: Vergiß es. Das hat mir noch nie jemand gesagt, daß ich langweilig bin. Und ich hab einige hinter mir, das kann ich dir sagen.

KATE: Ja, ich weiß, du hast es mir erzählt.

MALCOLM: Die haben sich nicht gelangweilt. Keine von denen hat sich gelangweilt. Keine einzige Frau, die je mit mir im Bett war, hat sich über Langeweile beschwert. Die hatten andere Sachen im Kopf. An deiner Stelle würde ich mich mal fragen, ob vielleicht mit dir was nicht stimmt.

KATE: Genau das frag ich mich.

MALCOLM: Dazu hast du auch allen Grund. Weiß Gott allen Grund. *(Er geht zur Tür, dreht sich um und holt zu einem letzten Schlag aus.)* Frag doch Doreen Foster, ob sie sich bei mir gelangweilt hat. Die kann dir was erzählen...

(Er geht hinaus.)

(Lichtwechsel auf das Schlafzimmer von Ernest und Delia. Susannah steht allein im Zimmer.)

SUSANNAH: Ich habe Vertrauen in mich. Ich habe Selbstvertrauen. Ich bin nicht unattraktiv. Ich bin attraktiv. Die Leute finden mich immer noch attraktiv.

(Während dieses Monologs kommt Ernest aus dem Badezimmer. Er sieht sie und versucht, auf Zehenspitzen zum Nachttisch zu schleichen, um sein Buch zu holen, ohne sie zu stören.)

Ich habe keine Angst vor Menschen. Menschen sind keine Bedrohung. Es gibt nichts, wov – *(Sie sieht Ernest.)*

ERNEST *(verlegen)*: Ich – hol nur ein Buch. Mach ruhig weiter. *(Er geht zur Tür.)* Tom Browns Schulzeit. Sagenhaft gut. Kennst du's? Mach weiter.

(Er geht. Susannah verläßt langsam das Zimmer durch die andere Tür.)

(Lichtwechsel auf das Schlafzimmer von Nick und Jan. Trevor schreckt aus dem Schlaf hoch.)

TREVOR: Nein, Nick, es geht darum...

NICK: Hä, was?

TREVOR: Was? Tut mir leid, bin ich...

NICK: Du hast mich ganz schön erschreckt.

TREVOR: War ich eingeschlafen?

NICK: Ja.

TREVOR: Tut mir leid.

NICK: Schon gut.

TREVOR: Ich glaub nicht, daß ich geschlafen habe, ich hab... Nick, Nick, du bist doch mein Freund. Klar, ich weiß, die Sache mit Jan und so – sie hat mal mir gehört, jetzt gehört sie dir und du bist der glücklichste Mensch von der Welt, aber – ich glaub, ich kenne dich. Und ich vertraue dir.

NICK: Danke.

TREVOR: Und ich würde gern mehr über dich wissen.

NICK: Ah.

TREVOR: Und ich möchte, ehrlich gesagt, auch, daß du mehr über mich weißt. *(Er springt auf.)* Ich weiß was, ich hab 'ne tolle Idee. Wir machen einen Spaziergang. Jetzt. Warum nicht? Kommst du mit?

NICK: Ich kann nicht mitkommen, Trevor. Hab ich dir doch gesagt. Mein Rücken ist im Eimer. Die Schmerzen bringen mich um.

TREVOR: Oh. Dann erzähl mir was von Jan.

NICK: Jan?

TREVOR: Jan, wie sie heute ist. Also, als du sie kennengelernt hast, als sie von mir zu dir kam, war sie da sehr kaputt?

NICK: Nein.

TREVOR: Hab ich sie wirklich so furchtbar kaputtgemacht?

NICK: Nein, ich glaube, als wir uns kennenlernten, hatte sie dich längst völlig vergessen.

TREVOR: Aber du verstehst, worauf ich hinaus will?

NICK: Nein.

TREVOR: Wenn ich Jan kaputtgemacht habe, vielleicht mache ich dann Susannah genauso kaputt. Vielleicht bin ich ganz einfach ein Menschen-Kaputtmacher.

NICK: Das kann gut sein.

TREVOR: Du meinst, das könnte sein.

NICK: Nein. Paß mal auf, Trevor, ich will deine zerstörerischen Fähigkeiten in keiner Weise bezweifeln, aber es ist doch so, Jan ist eine vollkommen gewöhnliche, normale – halbwegs normale – Frau – einigermaßen ausgeglichen –, die sich, nach meiner Erfahrung, allenfalls von einer Atombombe kaputtmachen ließe – während Susannah, soweit ich das nach unserer kurzen Bekanntschaft beurteilen kann, bereits als Wrack auf die Welt gekommen ist, heute noch ein Wrack ist und wohl auch als Wrack enden wird.

TREVOR *(verarbeitet das Gesagte)*: Du meinst, das ist ein fester Bestandteil von Susannahs Charakter?

NICK: Ja.

TREVOR: Und hat mit mir nichts zu tun?

NICK: Nein. Ich glaube zwar nicht, daß du ihr besonders gut getan hast, aber...

TREVOR: Das ist eine interessante Theorie.

NICK: Bloß so ein Gedanke. Ich meine, du mußt gewußt haben, worauf du dich einläßt, als du Susannah geheiratet hast.

TREVOR: Ich dachte, sie würde mich verstehen.

NICK: Aha, ja. Die meisten Frauen machen den Eindruck, als würden sie einen verstehen. Und dann stellt man fest, daß die meisten von ihnen keinen Schimmer haben, wovon man redet.

TREVOR: Ist dir das mit Jan auch so gegangen?

NICK: Das Beste an Jan finde ich, daß sie manchmal amüsant ist, daß sie ungeheuer effizient sein kann, wenn sie will – sehr klug, und das Schlimmste ist, daß sie auch furchtbar egozentrisch, unberechenbar, launisch und unzuverlässig sein kann. Aber alles in allem hätte ich es schlechter treffen können.

TREVOR: Ich fand immer, daß sie ein sehr sanfter Mensch ist.

NICK: Ehrlich? Na ja...

TREVOR: Komisch, nicht? Wie ein und derselbe Mensch für den einen etwas völlig anderes sein kann als für den anderen? *(Er legt sich auf dem Rücken zu Nick aufs Bett. Nachdenklich)* Ich erinnere mich noch, eines Tages...

NICK: Scheiße, was machst du da?

TREVOR: Ich erinnere mich noch an diesen traumhaften Tag, als Jan und ich zusammen rausgefahren sind...

NICK: Paß mal auf, Trevor, kannst du bitte mit den Schuhen von der Daunendecke gehen?

TREVOR *(verändert beiläufig die Lage seiner Füße)*: Schuldigung. Wir sind ans Meer gefahren. Es war einer von diesen unglaublichen Tagen...

NICK: Paß mal auf, Trevor –

(Jan kommt, ihr Haar bürstend, ins Zimmer.)

JAN: Oh, das sieht ja gemütlich aus. Was habt ihr beide denn vor?

NICK: Paß mal auf, Jan, kannst du ihm nicht mal sagen, er soll seine Füße von meiner Daunendecke nehmen.

JAN: Trevor! Schuhe runter, bitte.

NICK: Nicht bloß die Schuhe. Er soll ganz hier runter. Wieso liegt er überhaupt auf meinem Bett?

JAN: Er tut dir doch nichts.

NICK: Er tut mir 'ne ganze Menge. Das ist mein Bett. Ich mag es nun mal nicht, wenn sich überall auf meinem Bett Leute rumräkeln.

TREVOR *(steht auf)*: Schuldigung. Schuldigung, konnt ich ja nicht wissen.

NICK: Niemand in diesem Haus scheint zu wissen oder zur Kenntnis zu nehmen, daß ich in ausgesprochen schlechter körperlicher Verfassung bin. Ich leide unter fürchterlichen Schmerzen. Und die werden nicht besser, wenn sich auch noch lauter Leute auf dem Bett rumräkeln.

JAN: Komm, Trevor. Du kannst mir beim Abwaschen helfen.

TREVOR: Mach ich. Tut mir leid, Nick, mein Alter. Tut mir leid.

JAN: Wir überlassen ihn sich selbst.

NICK: Und kann mich bitte jemand dran erinnern, daß ich morgen früh Arthur Hewitson zu Hause anrufen muß.

JAN: Mach ich, mach ich.

NICK *(ruft ihnen hinterher)*: Und macht mir keine Geschichten da in der Küche. Habt ihr verstanden? Habt ihr – aaaah. *(Er legt sich zurück.)*

(Lichtwechsel auf das Schlafzimmer von Malcolm und Kate.
Kate liegt auf dem Bett und zuckt unter dem Lärm von Hammerschlägen, die aus dem Flur herüberdröhnen.
Lautes Krachen.)

MALCOLM *(draußen)*: Himmel, Arsch und Zwirn.

KATE: Malcolm.

MALCOLM: Arsch und Zwirn.

KATE: Malcolm, komm doch ins Bett. Laß das Ding bis morgen, Liebling.

(Malcolm kommt, zwei gebrochene Holzstücke in den Händen, ins Zimmer.)

MALCOLM: Sieh dir das an. Mittendurch gebrochen. War einen Zentimeter zu lang vorgeschnitten. Ich versuch, es trotzdem einzusetzen, und was passiert – es bricht mittendurch. Schrott. Alles Schrott. Ich schreib den Leuten einen Brief, darauf kannst du Gift nehmen.

KATE: Du bist todmüde... es ist fast drei.

MALCOLM: Ich bin nicht müde.

KATE: Laß es gut sein.

MALCOLM: O nein, ich mach das jetzt fertig.

KATE: Na gut, kann ich dir irgendwie helfen?

MALCOLM: Nein, kannst du nicht. Das ist 'ne Überraschung. Jetzt mach schon, geh ins Bett. Und schlaf.

(Er geht hinaus.)

(Kate kriecht enttäuscht ins Bett. Wie in Trance und ohne zu merken, was sie tut, räumt sie eine Haarbürste, drei Schminktöpfe und ein paar Dosen Haarspray aus dem Bett. Sie legt sich hin. Mit neuer wütender Energie setzt draußen auf dem Flur das Gehämmer wieder ein.)

(Lichtwechsel auf das Schlafzimmer von Ernest und Delia. Susannah und Delia kommen herein. Susannah hat eine Tasse Tee in der Hand, Delia einen Teller mit einem Stück Kuchen.)

DELIA *(plaudert munter, als sie hereinkommen)*: ...nein, unsere hatten hier an den Seiten elastische Einsätze. Es gab furchtbare Probleme, wenn die Dinger zu eng wurden... oh, er ist noch im Badezimmer. Gut. Also, jetzt müssen wir dir irgendwo ein Lager bereiten. Und da gibt es nur eine begrenzte Auswahl an Möglichkeiten. Ich glaube, du schläfst am besten mit bei mir, wenn es dich nicht stört. Ernest kann ins Gästezimmer. Das macht ihm gar nichts.

SUSANNAH: Bestimmt nicht...?

DELIA: Kein Problem. Und du bist sicher, daß du keinen Hunger hast?

SUSANNAH: Ja.

DELIA: Um diese Zeit packt mich immer der Heißhunger. *(Sie beißt von dem Kuchen ab.)* Also, merk dir, drei einfache Regeln. Gib ihm anständig zu essen. Sorg dafür, daß er morgens frische Sachen anzuziehen hat. Und, das ist das Wichtigste, erzähl ihm nichts, was du nicht mußt. Ein paar Geheimnisse haben noch niemandem geschadet. Dann frißt er dir aus der Hand – schmeckt köstlich, für nicht selbstgebacken –, so, jetzt suchen wir dir ein Nachthemd. Tut mir leid, wenn es am Anfang ein bißchen nach Sprotten riecht, wenn du ins Bett kommst. Aber du wirst sehen, man gewöhnt sich dran. *(Hält ein Nachthemd hoch)* Na, wie wär's hiermit?

SUSANNAH: Danke.

DELIA: Ist nicht mehr das neueste ... Gut, was noch?

(Ernest kommt aus dem Badezimmer.)

ERNEST: So. Jetzt reicht's. Mir ist wurscht, worüber ihr redet, ich sitz keine Sekunde länger da im Badezimmer rum. Ich hab Tom Browns Schulzeit durch, und sonst gibt's da drin nichts zu lesen, und ich geh jetzt ins Bett.

DELIA: Ja, wir haben beschlossen, du kriegst das Gästezimmer.

ERNEST: Das was?

DELIA: Das Gästezimmer. Trevors altes Zimmer. Da schläfst du.

ERNEST: Was, du meinst das Zimmer mit dem Wasserfleck an der Decke. Nur über meine Leiche.

DELIA: Jetzt stell dich nicht so an. Es hat seit Tagen nicht geregnet. Susannah bleibt heute nacht hier, und sie schläft bei mir.

ERNEST: Hier?

DELIA: Ja.

ERNEST: In meinem Bett.

DELIA: Nur für die eine Nacht. Ich helf dir, drüben das Bett machen. Ah, und wahrscheinlich brauchst du eine Wärmflasche. Du kümmerst dich um die Wärmflasche. Das Badezimmer ist da drüben, Susannah. Nimm dir, was du brauchst.

(Susannah geht hinaus.
Delia geht hinaus.)

ERNEST *(folgt ihr)*: Ich glaube, so eine Nacht wie heute hab ich im Leben noch nicht erlebt.

(Während er hinausgeht –)

(Lichtwechsel auf das Schlafzimmer von Nick und Jan.
Trevor, ein Geschirrtuch in der Hand, kommt herein, um Nicks Tasse zu holen.
Jan taucht in der Tür auf.

Trevor deutet auf Nick.)

JAN *(gedämpft)*: Schläft er?

TREVOR *(gedämpft)*: Ja.

JAN: Gut. Er war den ganzen Tag die reinste Pest.

TREVOR: Ehrlich?

JAN: Er kann es nicht ausstehen, wenn er im Bett bleiben muß. Das ist für ihn das Schlimmste. Er kriegt so schlechte Laune, das kann man sich gar nicht vorstellen. Damit muß ich mich jetzt schon seit Tagen rumschlagen.

TREVOR: Oh.

JAN: Das mußt du dir mal vorstellen, und das den ganzen Tag. Freu dich, daß du bloß Susannah hast. Schlimmer als er im Moment kann sie gar nicht sein.

NICK: Ich schlaf nicht. Ich hab alles gehört.

JAN: Gut.

NICK: Geht er endlich nach Hause?

JAN: Nein, er schläft hier.

NICK: Wer hat das gesagt?

JAN: Ich. Was dagegen? Er schläft auf dem Sofa. Komm, Trevor.

TREVOR: Oh. Kann ich Kate noch mal eben anrufen? Sie wartet nämlich auf mich.

JAN: Ach, die sind inzwischen längst im Bett.

TREVOR: Nein, sie hat gesagt, daß sie wartet, bis ich komme. Ich ruf sie nur kurz an.

JAN: Wie du willst. Ich hol dir die Nummer, ich muß sie irgendwo haben.

NICK: Paß auf, daß er das Gespräch bezahlt.

JAN: Gar nicht drum kümmern. *(Geht zur Tür)* Die sind bestimmt längst im Bett.

TREVOR *(folgt ihr hinaus)*: Mir ist lieber, ich ruf sie kurz an.

(Lichtwechsel auf das Schlafzimmer von Malcolm und Kate.)

(Gehämmer vom Flur.)

MALCOLM *(von draußen)*: Rein mit dir, du Mistkerl, rein mit dir, los. *(Gehämmer)* Rein mit dir … *(Gehämmer, und schließlich ein lautes Krachen)*

(Malcolm stolpert herein, wütend und zerzaust.)

KATE: Hast du's geschafft?

MALCOLM: Kannst du mal bitte mit anfassen?

KATE *(springt aus dem Bett und folgt ihm hinaus)*: Sofort. Ich bin so gespannt.

(Malcolm und Kate tragen den Toilettentisch herein – ein windschiefes Mißgebilde. Sie stellen den Tisch ab. Kate macht einen Schritt zurück.)

Oh. Ja... ja, doch...

MALCOLM: Na ja, noch nicht – ganz perfekt, aber...

KATE: Sehr hübsch. Die Schubladen gefallen mir. *(Sie zieht eine heraus. Sie klemmt.)*

MALCOLM: Moment, Moment, nicht mit Gewalt. *(Er zieht an der Schublade – ohne Erfolg. Er zerrt. Er kämpft mit aller Kraft und versetzt der Schublade schließlich einen kräftigen Schlag mit der flachen Hand. Sie läßt sich öffnen.)* Ich werd sie morgen früh noch ein bißchen gängig machen.

KATE: Wirklich sehr schön.

MALCOLM: Nicht übel.

KATE: Ich hab nur ein bißchen Angst, daß die Sachen hinten runterkullern.

MALCOLM: Hinten runterkullern?

KATE: Weil es ein bißchen schief steht.

MALCOLM: Na ja, da fehlt noch der letzte Feinschliff. Die Füße werden noch nachgearbeitet.

KATE: Ah, verstehe. Schön. Sehr schön geworden.

MALCOLM: Die meisten Teile von denen haben nicht gepaßt. Die Hälfte mußte ich improvisieren.

KATE: Das darf aber nicht sein, oder?... Kommst du jetzt mit ins Bett?

MALCOLM *(schielt auf sein Meisterwerk)*: Ja, ja. Sekunde noch.

KATE: Es ist sehr spät.

MALCOLM: Geh schon. Ich komm gleich.

KATE *(steigt ins Bett)*: Mach schnell.

MALCOLM: Ja. Ich muß nur noch an der einen Seite die Füße ein bißchen abschleifen. Das ist 'ne Sache von – dauert nicht lange. *(Er kippt den Toilettentisch auf die Seite.)* Moment.

KATE: Was machst du jetzt?

MALCOLM: Geht ganz schnell.

(Das Telefon klingelt.)

Mist, wer kann das sein?

(Kate nimmt den Hörer auf.)

(Licht auf das Schlafzimmer von Nick und Jan, wo man Trevor am anderen Ende der Leitung sieht.)

KATE: Hallo?

TREVOR: Hallo. Kate?

KATE: Ja.

TREVOR: Hier ist Trevor.

KATE: Ah. Hallo, Trevor. *(Zu Malcolm, gedämpft, während sie mit der Hand die Sprechmuschel abdeckt.)* Es ist Trevor. *(Ins Telefon)* Wo bist du, Trevor?

TREVOR: Du, ich hoffe, es ist in Ordnung, aber ich bleib heute hier bei Nick und Jan.

KATE: Oh, verstehe. Ich hab dir das Bett gemacht.

TREVOR: Ja, tja, trotzdem, vielen Dank, Kate. Wollte bloß Bescheid sagen, daß du nicht länger zu warten brauchst.

KATE: Nein, gut, ich geh ins Bett. Ich geh ins Bett. Danke, daß du angerufen hast, Trevor.

TREVOR: Ja dann. Gute Nacht also, Kate.

KATE: Gute Nacht, Trevor.

(Trevor legt auf und verläßt das Zimmer.)

(Legt den Hörer auf) Er kommt doch nicht mehr.

MALCOLM: Gut. So, dann wollen wir uns das hier mal vornehmen.

(Er nimmt einen Packen Sandpapier aus der Werkzeugkiste und prüft die einzelnen Bögen.)

(Lichtwechsel auf das Schlafzimmer von Delia und Ernest.
Delia kommt herein, gefolgt von Ernest.
Sie nimmt sein Kopfkissen vom Bett und gibt es ihm.)

DELIA: So, jetzt hast du's wunderbar gemütlich da drüben. Ich weiß gar nicht, worüber du dich beschwerst.

ERNEST: Morgen früh hab ich wahrscheinlich Sumpffieber.

DELIA: Quatsch.

ERNEST: Auf deine Verantwortung. Mehr hab ich dazu nicht zu sagen... *(Ernest geht hinaus.)*

(Gleichzeitig kommt Susannah im Nachthemd aus dem Badezimmer.)

DELIA: Oh, das steht dir.

SUSANNAH: Danke.

DELIA: Viel besser als mir. Macht's dir was aus, auf der Seite zu schlafen?

SUSANNAH: Nein, nein.

DELIA: Wir schlafen sonntags gerne ein bißchen länger, du brauchst also nicht zu irgendeiner bestimmten Zeit aufzustehen. Normalerweise macht Ernest mir sogar eine Tasse Tee, vielleicht haben wir ja Glück. Gut, hast du alles, was du brauchst?

SUSANNAH *(steigt ins Bett)*: Herrlich.

DELIA *(steigt auch ins Bett)*: Und wenn ich dich irgendwann mit dem Ellenbogen stoßen sollte – Ernest beschwert sich oft darüber –, mußt du mich einfach ein bißchen wegschieben. Keine Angst, davon wach ich nicht auf.

SUSANNAH: Gut.

DELIA: Also. Licht aus.

(Sie machen ihre Nachttischlampen aus.)

Schlaf schön.

SUSANNAH: Gute Nacht.

DELIA: Träum süß.

(Lichtwechsel auf das Schlafzimmer von Nick und Jan.
Jan kommt im Nachthemd herein.)

JAN: So, Trevor wäre versorgt. Macht sich ganz gut als Bett, das Sofa.

NICK: Na, wunderbar. Jetzt kannst du ja vielleicht mir ein bißchen von deiner Fürsorge zuteil werden lassen.

JAN: Ein Glas Wasser. *(Sie gibt es ihm.)*

NICK: Wozu?

JAN: Zwei hiervon. *(Sie gibt ihm zwei Tabletten.)*

NICK: Das ist völlig...

JAN: Komm. Komm, bitte. Ich will ins Bett.

NICK: Oh.

(Er schluckt die Tabletten.
Jan steigt ins Bett.)

Schlafen wir bei Licht?

JAN: Moment noch. Ich muß nachdenken.

NICK: Kannst du nicht im Dunkeln nachdenken? Hast du nicht

gesagt, ich brauch Ruhe? Das war hier heute wie auf dem Hauptbahnhof.

JAN: Sekunde.

NICK *(nach einem kurzen Zögern)*: Ich frag mich, was du bloß an diesem Mann gefunden hast.

JAN: An Trevor?

NICK: Ja. Das spricht nicht gerade für mich. Wenn – wenn er deine erste Wahl war, dann bin ich bloß zweite Wahl.

JAN: Gegensätze ziehen sich an. Sei still, ich muß nachdenken.

NICK: War er...

JAN: Hm?

NICK: War er – du weißt schon. Gut?

JAN: Gut?

NICK: Im Bett.

JAN: Warum wollen Männer das bloß immer wissen? Ehrlich, was um alles in der Welt soll ich darauf antworten?

NICK: Die Wahrheit.

JAN: Wenn ich sage, ja, er war traumhaft, dann muffst du rum, stimmt's? Und wenn ich sage, nein, er war schrecklich, liegst du die ganze Nacht mit einem blasierten Grinsen neben mir.

NICK: Gar nicht.

JAN *(nach einer Pause)*: Gut, soviel erzähl ich dir. Er findet, er ist sagenhaft.

(Nick lacht.)

Zufrieden?

NICK: Danke. Danke.

JAN: Oh, sieh ihn dir an. Sieh ihn dir bloß an. Warum hab ich nicht die Klappe gehalten?

(Jan macht das Licht aus.)

(Lichtwechsel auf das Schlafzimmer von Ernest und Delia. Delia und Susannah liegen schlafend im Bett. Susannah gibt eigenartige Stöhnlaute von sich. Sie fängt an, um sich zu schlagen. Delia wacht auf. Mit erschrockenem Gesicht. Susannahs Klagelaute werden lauter. Sie fängt an, Delia zu kratzen und zu würgen.

Delia wehrt sich.)

DELIA: Mein Gott. Mein Gott. Susannah. Susannah.

(Delia macht das Licht an.)

SUSANNAH *(sitzt kerzengerade und hellwach im Bett)*: Wa-wa-

DELIA: Schon gut, Liebes. Alles ist gut. Nur ein böser Traum.

(Ernest kommt herein.)

ERNEST: Ist was passiert? Ich hab Schreie gehört.

DELIA: Susannah hat bloß ein bißchen geträumt. Sonst ist alles in Ordnung, Lieber. Nichts Schlimmes.

ERNEST: Oh. Die Ärmste. Nur damit du's weißt, von meiner Bettdecke steigen vor lauter Feuchtigkeit Nebelschwaden auf. Ich dachte, vielleicht interessiert dich das. Gute Nacht.

(Ernest geht hinaus.)

DELIA: Wieder besser, Liebes?

SUSANNAH *(die sich längst wieder hingelegt hat und schon wieder halb eingeschlafen ist)*: Hm.

DELIA: Gute Nacht.

(Delia macht das Licht aus.
Nach einer Weile fängt Susannah wieder an.)

SUSANNAH: Nein – nein – nein... nein – nein – nein... nein – nein – bitte – nein – nein...

DELIA: O je.

(Lichtwechsel auf das Schlafzimmer von Malcolm und Kate.
Kate ist völlig unter ihrer Bettdecke vergraben und nicht zu sehen.
Malcolm liegt auf dem Fußboden – er ist beim Schmirgeln eingeschlafen.)

(Lichtwechsel auf das Schlafzimmer von Jan und Nick.)

NICK *(unruhig, kann nicht einschlafen)*: Uuuuuh – au... *(leise)* Jan? Jan? Schläfst du? Jan?... uuh – au. *(Laut)* Aaah.

JAN *(wacht auf)*: Was?

NICK: Tut mir leid. Hab ich dich geweckt? Es tut mörderisch weh

JAN: Versuch zu schlafen, Liebster.

NICK: Aussichtslos, fürchte ich.

JAN: Versuch es...

(Jan dreht sich auf die Seite.
Nick liegt da und jammert leise vor sich hin.)

(Lichtwechsel auf das Schlafzimmer von Ernest und Delia.
Susannah hat sich beruhigt.

Delia schläft entspannt.
Plötzlich sitzt Susannah kerzengerade mit weit aufgerissenen Augen im Bett.)

SUSANNAH: Uuuuuuaaaah! Trevor...

DELIA *(schreckt hoch)*: Was? Was?

SUSANNAH *(wühlt sich aus dem Bett)*: Ich muß Trevor anrufen.

DELIA: Doch nicht jetzt, Liebes. Es ist erst Viertel vor sieben.

SUSANNAH: Bitte, bitte, ich will Trevor anrufen.

DELIA: Wie du willst, da ist das Telefon. Bleib hier, sonst weckst du Ernest. Und wenn du Ernest vor seiner Zeit weckst, wird er furchtbar grantig. Da, bitte.

SUSANNAH: Ich ruf nur schnell zu Hause an. *(Sie wählt.)*

DELIA: Es ist viel zu früh, um irgendwo anzurufen. Viel zu früh...

SUSANNAH: Es klingelt.

DELIA: Und Trevor haßt es, wenn er so früh geweckt wird. Nie hab ich ihn rechtzeitig für die Schule aus dem Bett gekriegt. Er ist noch schlimmer als Ernest.

SUSANNAH: Es geht keiner ran.

DELIA: Er ist noch nicht ansprechbar. Versuch es später noch mal. Jetzt leg dich wieder schlafen...

SUSANNAH: Nein, nein, er würde es hören. Ich weiß, daß er es hören würde. Ich hatte einen schrecklichen Traum... Ich versuch mal, ob er noch bei Malcolm ist.

DELIA: Nein. Das geht jetzt wirklich zu weit. Das ist einfach unmöglich. Um diese nachtschlafende Zeit irgendwelche Leute anrufen. Das kommt nicht in Frage.

SUSANNAH: Aber ich sterbe vor Angst um ihn. Verstehst du das nicht? Ist dir das egal?

DELIA *(beruhigt sie)*: Nein, nein, schon gut, schon gut.

SUSANNAH *(kramt in der Handtasche nach ihrem Adreßbuch)*: Malcolm und Kate...

DELIA: Du machst dich schrecklich unbeliebt...

SUSANNAH *(wählt)*: Ich frag Kate, ob sie weiß, wo er abgeblieben ist. Vielleicht ist er ja auch noch da.

DELIA: Ich hoffe bloß, daß du dich zu Hause nicht auch so benimmst. Das macht kein Mann mit, wenn du die ganze Nacht rumtobst wie hier.

(Licht auf das Schlafzimmer von Malcolm und Kate.
Das Telefon klingelt.
Malcolm schläft weiter.
Kates Kopf kommt zum Vorschein.)

KATE: Uuuu – aaah – oh... *(meldet sich)* Ho. Wä issa.

SUSANNAH: Kate?

KATE: Jä.

SUSANNAH: Hier ist Susannah.

KATE: Oh. Ho.

SUSANNAH: Ich hoffe, ich hab dich nicht geweckt.

KATE: Ho. Ho.

SUSANNAH: Ist Trevor bei euch?

KATE: Nein... ist er nicht. Er ist zu Jan gegangen. Nacht auch. *(Sie legt auf und fällt zurück in die Kissen.)*

(Licht aus im Schlafzimmer von Malcolm und Kate.)

SUSANNAH *(wie vom Donner gerührt)*: Er ist bei Jan.

DELIA: Was?

SUSANNAH *(sackt in sich zusammen)*: Ich hab's gewußt. Ich hab gewußt, daß er bei ihr ist. Er ist bei Jan.

DELIA: Jetzt hör mal, Susannah.

SUSANNAH: Ich hab geträumt, daß er bei Jan ist.

DELIA: Jetzt komm schon, reiß dich zusammen.

SUSANNAH: Er ist zu ihr zurück. Ich wußte, daß er zu Jan zurückgehen würde.

(Sie wirft sich hysterisch schluchzend aufs Bett.)

DELIA: Hör mal, Susannah. Susannah. Ich hau dir gleich eine runter. Susannah.

(Ernest kommt wütend herein.)

ERNEST: Sagt mal, was zum Teufel treibt ihr hier eigentlich? Ein Gerumse und Geboller und Geheule. Als wenn man neben einem Mädchenpensionat schläft.

DELIA: Ernest, Lieber...

ERNEST: Das ist wirklich furchtbar. Wirklich furchtbar. Gerade war ich eingeschlafen, trotz aller Störungen.

DELIA: Ernest, wir haben eine Krise.

ERNEST: Ich weiß, daß wir 'ne Krise haben. Und wenn ich jetzt nicht schlafen kann, haben wir bald noch 'ne viel größere Krise.

DELIA: Ernest, bitte. Ruhig, Lieber. Ruhig. Bitte...

ERNEST: Was?

DELIA: Tu mir einen Gefallen. Tust du mir einen Gefallen, bitte? Dann können wir alle in Ruhe schlafen.

ERNEST: Was immer du willst.

DELIA: Gut. Geh bitte ans Telefon. Und ruf bei Jan Wie-heißt-sie-noch an und sag, du willst Trevor sprechen. Und dann gibst du ihn mir.

ERNEST: Warum soll ich Jan anrufen?

DELIA: Weil Trevor bei ihr zu sein scheint.

ERNEST: So früh am Morgen?

DELIA: Genau, so früh am Morgen.

ERNEST: Ach herrje. Du willst doch nicht etwa sagen...

DELIA: Sieht ganz so aus.

ERNEST: Ach herrje. Na gut, aber ich warne dich. Ich hab jetzt keine Lust auf faule Späße. Also, gib mal die Nummer.

DELIA: Susannah.

SUSANNAH: Hm?

DELIA: Jans Nummer? *(Hält Susannahs Adreßbuch hoch)* Ist sie hier drin?

SUSANNAH *(nickt wortlos)*: Hm.

DELIA: Unter welchem Buchstaben? Wie heißt ihr Mann mit Nachnamen?

SUSANNAH: Davies.

DELIA: Davies. *(Gibt Ernest das Buch)* Such mal Davies raus, Lieber, unter D.

ERNEST *(sucht)*: Davies? Davies? Davies? Nick und Jan Davies. Sind sie das?

DELIA: Das sind sie.

ERNEST: 26 – hm – hm – 74 – *(wählt)* 2 – 6 –

DELIA: Sag, du willst Trevor sprechen.

ERNEST: Mach ich.

(Licht auf das Schlafzimmer von Nick und Jan.
Das Telefon klingelt.)

NICK *(wacht auf und will sich aufsetzen)*: Aaaah. *(Er legt sich wieder zurück.)*

JAN *(im Halbschlaf)*: Telefon.

NICK: Dann geh doch ran, Schatz. Komm her und geh ran. Ich kann nicht.

JAN *(stolpert aus dem Bett)*: Ich auch nicht.

NICK: Ach du Scheiße, das ist wahrscheinlich Amerika. Licht an.

JAN: Was?

NICK: Licht an.

JAN: Ja, ja. *(Sie macht Licht.)*

NICK: Block, schnell. Block und Bleistift. Mach schon, Schatz. Schnell, bitte, sonst legen die auf.

JAN: Block und Bleistift.

NICK: Jan, bitte, beeil dich ein bißchen.

JAN: Ich beeile mich ja schon.
(Sie geht ans Telefon.)
Hallo? 26...

ERNEST: Hallo. Ist da Jan?

JAN: Ja, Sekunde bitte. Ich geb Ihnen meinen Mann.

ERNEST: Ich will Ihren Mann nicht, junge Frau. Ich will meinen Sohn sprechen.

JAN: Ihren Sohn?

ERNEST: Ich weiß, daß er bei Ihnen ist. Machen Sie schon.

JAN: Oh, entschuldigen Sie. Ich dachte, Sie wären Amerika. Sekunde... *(zu Nick)* Das ist nicht Amerika. Das ist dein Vater.

NICK: Mein Vater? Ach herrje. *(Nimmt den Hörer)* Hallo, Dad.

ERNEST: Hallo, wer ist da?

NICK: Hier ist Nick, Dad. Wie geht's dir? Seit wann bist du zurück?

ERNEST: Zurück?

NICK: Ich dachte, du bist in Rom.

ERNEST: Rom?

NICK: Wer ist da?

ERNEST: Das ist nicht Trevor.

DELIA: Mit wem sprichst du?

ERNEST: Keinen blassen Schimmer. Irgendein Kerl, der meint, ich bin in Rom.

NICK: Moment, haben Sie Trevor gesagt?

ERNEST: Ja. Trevor. Ist da Trevor? Da ist irgend jemand in der Leitung...

DELIA: Oh, laß mich mal ran.

ERNEST: Scheiß Post. Wirklich das Allerletzte.

DELIA *(zuckersüß)*: Hallo, mit wem spreche ich?

NICK: Gnädige Frau, Sie haben hier einen Mann mit furchtbaren Rückenschmerzen am Apparat. Aber sagen Sie doch mal: Mit wem habe ich denn das Vergnügen?

DELIA: Es tut mir schrecklich leid, daß ich Sie störe. Hier ist die Mutter von Trevor.

NICK: Und Sie wollen Trevor sprechen?

DELIA: Wenn es nicht zuviel Umstände macht. Ich danke Ihnen sehr.

NICK *(gibt Jan den Hörer)*: Trevors Mutter. Liegt in der Familie.

JAN: Delia?

DELIA *(zu Ernest)*: So, das hätten wir.

JAN: Hallo, Delia. Hier ist Jan. Du willst Trevor sprechen?

DELIA: Ja, ist er bei euch, Jan?

JAN: Ja, er schläft auf dem Sofa. Ich hol ihn. *(Jan geht hinaus.)*

DELIA: Danke, Jan. Ein reizendes Mädchen. Ihr Mann hört sich ziemlich brummig an.

ERNEST: Wundert mich nicht.

DELIA: Also. Susannah, sie ist offensichtlich bei ihrem Mann, also kein Grund zur Aufregung. Sie holt gerade Trevor. Er schläft auf dem Sofa.

(Trevor taumelt ins Zimmer. Er hat in Hemd, Hose und Socken geschlafen.)

NICK: Kannst du nicht das Telefon drüben benutzen?

TREVOR: Schuldige die Störung.

JAN *(ist mitten im Satz, als sie hereinkommt)*: Nein, Trevor, ich hab doch gesagt, du kannst ruhig hier telefonieren, Trevor.

TREVOR *(meldet sich)*: Hallo.

JAN: Trev – *(entschuldigend zu Nick)* Tut mir leid.

TREVOR: Hallo.

DELIA: Trevor?

TREVOR: Hallo, Mom.

DELIA: Susannah ist hier bei mir, Trevor. Sie will dich sprechen.

TREVOR: Oh. Na gut.

DELIA *(hält ihr den Hörer hin)*: Susannah.

SUSANNAH: Danke. Hallo – Trevor?

DELIA: Ernest. *(Sie winkt ihn hinaus.)*
(Ernest geht zurück in sein Zimmer.)

TREVOR: Hallo, Suse.

SUSANNAH: Ich dachte, ich ruf dich einfach an.

TREVOR: Ja.

SUSANNAH: Ich wollte dir sagen... es tut mir leid. Wegen gestern abend...

TREVOR: Nein. War meine Schuld. Tut mir leid.

SUSANNAH: Tja.

TREVOR: Ja, tja.

SUSANNAH: Ja. Trevor, ich finde, wir sollten es noch mal versuchen.

DELIA *(gerührt)*: Aaah.

TREVOR: Ja. Ja. Okay.

SUSANNAH: Bist du allein?

TREVOR: Eigentlich nicht.

SUSANNAH: Ist sie bei dir?

TREVOR: Ja. Ja.

SUSANNAH: Willst du immer noch was von ihr?

TREVOR: Nein. Nein.

NICK: Geht das noch lange so weiter?

TREVOR: Nick ist auch hier, Suse. Er liegt im Bett. *(Zu Nick)* Kannst du Susannah mal kurz Guten Tag sagen, damit sie mir glaubt, daß du hier bist?

NICK: Um diese Zeit sag ich niemandem Guten Tag.

ERNEST: Danke. Hast du gehört, Susannah?

SUSANNAH: Ja.

TREVOR: Gut. Ich schlafe auf dem Sofa.

SUSANNAH: Oh.

TREVOR: Wo schläfst du?

SUSANNAH: Bei deiner Mutter.

TREVOR: Oh.

SUSANNAH: Du, ich kann in zehn Minuten zu Hause sein. Ich hab den Wagen hier.

TREVOR: Gut. Okay. Das kann ich auch schaffen.

SUSANNAH: Machen wir's so?

TREVOR: Ja. Toll.

SUSANNAH: Gut. Also bis gleich.

TREVOR: Ja. Gut. Tschüs.

SUSANNAH: Tschüs.

TREVOR: Tschüs.

(Sie legen beide auf.)

DELIA: Na, alles geregelt?

SUSANNAH *(läuft ins Badezimmer)*: Ich muß mich anziehen. Entschuldige.

DELIA: Anziehen?

TREVOR *(zu Nick)*: Vielen, vielen Dank. Vielen Dank.

NICK: Willst du sonst noch jemanden anrufen, wo du gerade dabei bist?

TREVOR: Nein, nein. Das war's, danke. Ich geh dann jetzt nach Hause. Zieh mich nur schnell an. Danke, Jan.

JAN: Schon gut, Trevor.

(Trevor geht hinaus.)

NICK: Ich sorge dafür, daß meine Firma den Mann vor Gericht bringt. Das wirft meinen Heilungsprozeß um mindestens einen Monat zurück.

JAN: Versuch doch mal, ein bißchen weniger muffig zu sein. *(Sie küßt ihn.)*

NICK: Au.

JAN: Entschuldigung, Entschuldigung. Gehen wir wieder schlafen.

(Sie steigt ins Bett.)

(Susannah kommt aus dem Badezimmer und zwängt sich in ihre Kleider.)

SUSANNAH: Trevor hat gesagt, er geht nach Hause. Darum geh ich auch nach Hause. Danke für alles.

DELIA: Schon gut. Willst du eine Haarbürste, bevor du gehst?

SUSANNAH: Haarbürste? Ah, ach so.

DELIA: Du mußt ein bißchen auf dein Äußeres achten. Trevor zuliebe.

SUSANNAH: Mach ich.

(Sie setzt sich und bürstet ihr Haar.)

(Bei Nick und Jan kommt Trevor ins Schlafzimmer zurück.)

TREVOR: Also dann. Also dann...

NICK: O nein...

TREVOR: Ich geh jetzt.

JAN: Gut, Trevor. Tschüs.
TREVOR: Also dann …
JAN: Ja.
TREVOR: Ob ich wohl noch mal kurz telefonieren darf?
JAN: Telefonieren?
TREVOR: Geht das? Der Apparat drüben geht irgendwie nicht.
JAN: Nein, da muß man erst umschalten.
TREVOR: Umschalten?
JAN: Egal. Nimm den hier.
TREVOR: Bestimmt?
NICK *(brüllt)*: Jetzt nimm das Telefon! Mach schon!
TREVOR: Danke. Geht ganz schnell.
JAN: Ich mach das Licht an.
TREVOR: Nein, es geht schon. Ich seh genug. Ich seh genug.

(Trevor geht zum Telefontischchen.
Er tastet sich vor. Geklirr.)

NICK: Aaah! Aaaah!
TREVOR: Schuldigung.
JAN: Was –?

(Sie macht das Licht an.
Trevor hat Nicks Wasserglas vom Nachttisch aufs Bett gestoßen.)

NICK: Du Vollidiot.
TREVOR: Schuldigung, Schuldigung, Schuldigung.
JAN *(steigt aus dem Bett und geht hinaus)*: Macht nichts, macht nichts. Moment, Moment.
TREVOR: Tut mir leid. *(Er wählt.)* Ich würd an deiner Stelle aufstehen und das Laken ein bißchen rüberziehen.
NICK *(brüllt)*: Ich kann nicht aufstehen! Wie oft soll ich dir das noch sagen, ich kann nicht aufstehen! Du Idiot.
TREVOR: Tut mir leid.

(Bei Delia im Schlafzimmer klingelt das Telefon.)

DELIA *(nimmt den Hörer ab)*: Hallo.
TREVOR: Hallo, Mom. Trevor noch mal.
DELIA: Trevor. Oh – du willst Susannah sprechen. Sie ist gerade weg. Warte, ich versuch mal, ob ich sie noch erwische … *(Läuft zur Tür und ruft)* Susannah! Susannah!
SUSANNAH *(von weitem)*: Ja.

DELIA: Telefon. *(Delia läuft zurück an den Apparat.)* Sie kommt sofort, Trevor. Hast sie gerade noch erwischt.

(Jan kommt herein und fängt an, Nick abzutrocknen. Sie zieht ihm die Schlafanzugjacke aus und zerrt das Laken unter ihm ein Stück zur Seite, damit er nicht mehr auf der feuchten Stelle liegt. Derweil kommt Ernest in Delias Schlafzimmer gestürmt.)

ERNEST: Ja, doch, ja, doch, ich komm ja schon. Wer ist es denn?

DELIA: Nein, Lieber, nicht für dich. Für Susannah.

ERNEST: O mein Gott.

(Susannah stürmt an Ernest vorbei.)

SUSANNAH: Entschuldigung.

DELIA: Noch mal Trevor für dich, Liebes.

SUSANNAH *(nimmt den Hörer)*: Hallo, Trevor. Ich wollte gerade gehen.

TREVOR: Paß mal auf, Suse. Ich hab mir gerade überlegt. Ich glaube, es ist besser, wenn ich erst mal meine Sachen regel.

SUSANNAH: Wie meinst du das?

TREVOR: Na ja, ich hab mir überlegt – Malcolm und Kate. Ich meine, wir haben ihnen gestern abend die Party versaut.

SUSANNAH: Ja, ich weiß.

TREVOR: Gut. Wir sind gute Freunde. Ich will nicht, daß sie denken – na ja –, daß es mir nicht leid tut. Ich glaube, ich muß noch mal eben bei ihnen vorbei.

SUSANNAH: Ein bißchen früh, findest du nicht?

TREVOR: Ach was, Malcolm ist Frühaufsteher. Das macht ihm nichts, keine Angst. Also, wie wär's, wenn wir uns da treffen? Dann können wir zusammen nach Hause.

SUSANNAH: Gut. Bei Malcolm und Kate.

TREVOR: Okay. Bis gleich.

SUSANNAH: Gut. Tschüs.

(Sie legen auf.)

Danke. Wiedersehen. Wiedersehen, Ernest.

ERNEST: Wiedersehen.

(Susannah eilt hinaus.

Ernest setzt sich aufs Bett.)

TREVOR: Tja. Bis dann.

JAN: Ja.

TREVOR: Tschüs, Nick. Tschüs.

(Trevor geht hinaus.)

JAN: So. Geht's dir jetzt besser?

(Nick gibt einen leisen Seufzer von sich.
Licht aus bei Nick und Jan.)

ERNEST: Ich kann mir nicht helfen. Ich bin der festen Überzeugung, daß dieses Mädchen total verrückt ist. Nicht bloß verrückt, sondern gemeingefährlich verrückt.

DELIA: Nein, im Grunde nicht. Sie ist sehr niedlich. Total, total, total durch den Wind – aber sehr niedlich.

ERNEST: Ist es erlaubt, daß ich jetzt wieder in mein eigenes Bett komme?

DELIA: Ja, fühl dich wie zu Hause.

ERNEST: Du erwartest keinen Besuch mehr?

DELIA: Nicht daß ich wüßte.

(Sie gehen ins Bett.)

ERNEST: Das kann ich dir sagen, wenn ich erst mal drin bin, kriegt mich hier keiner wieder raus.

DELIA: Solange du nicht willst.

ERNEST: Und noch was sag ich dir. Wenn du Tee ans Bett willst...

DELIA: Na?

ERNEST: ... mußt du mich mit 'nem Eimer Wasser wecken.

(Lichtwechsel auf das Schlafzimmer von Nick und Jan.
Nick stöhnt.)

JAN: Was hast du?

NICK *(erregt)*: Jan – versprich mir eins. Laß ihn nicht wieder rein. Bitte laß ihn nicht wieder rein. Laß den Mann hier nie wieder rein.

JAN *(besorgt)*: Gut, Liebster, gut. Ich laß ihn... *(Sie streicht ihm über die Stirn.)*

NICK: Bitte, versprich es mir.

JAN *(besänftigend)*: Ja, ja.

(Lichtwechsel auf das Schlafzimmer von Malcolm und Kate.
Kate unter der Bettdecke.
Malcolm schläft immer noch auf dem Boden.
Es klingelt an der Tür.
Es klingelt noch mal.)

KATE: Hmmmm...
MALCOLM *(wacht auf)*: Uh. Uuuuh.
KATE: Malcolm.
MALCOLM: Uuuuh.
KATE *(taucht unter der Decke auf)*: Malcolm? Was machst du?
MALCOLM: Ich muß eingeschlafen sein.
KATE: Hat es geklingelt?
MALCOLM: Geklingelt?
(Wieder die Türklingel)
KATE: Die Haustür.
MALCOLM: Gut, ich geh... *(Er versucht aufzustehen.)* Aaah... Ich hab einen Krampf. Krampf – Krampf – Krampf.
KATE: Schon gut. Laß... *(Sie steigt, immer noch im Morgenmantel, aus dem Bett.)* Ich mach schon. Geh ein bißchen auf und ab.
MALCOLM: Geh ein bißchen auf und ab.
(Kate geht nach unten.
Malcolm kommt mühsam auf die Beine.
Sein Kopf hängt zu einer Seite. Er scheint ihn nicht gerade halten zu können. Der Arm, auf dem er gelegen hat, hängt schlaff herunter. Sein eines Bein scheint unter ihm wegzuknicken.
Kate tritt behutsam ins Zimmer.)
KATE: Malcolm.
MALCOLM: Hä?
KATE: Malcolm, Trevor ist da.
MALCOLM: Wer?
KATE: Trevor.
MALCOLM: Trevor.
(Trevor kommt herein.)
TREVOR: Hallo, Malcolm, mein Alter. Ah, du bist schon angezogen. Ein Glück, daß ich dich nicht geweckt habe.
MALCOLM *(verwirrt)*: Was machst du hier?
TREVOR: Malcolm – Kate, paßt mal auf. Also, paßt mal auf –
MALCOLM: Was will der hier?
TREVOR: Ich wollte mich entschuldigen.
MALCOLM: Was machst du hier?
TREVOR: Ich sehe ein, gestern abend... absolut unmöglich. Ich... tut mir leid. Suse und ich, wir waren furchtbar, na ja, wißt ihr –

MALCOLM: Ah.
KATE: Danke, Trevor.
TREVOR: Ja, denn.
MALCOLM: Ja. Dann also tschüs.
TREVOR: Ja.

(Pause)

KATE *(geht zur Tür)*: Tja...
TREVOR: Äh – habt ihr was dagegen, wenn ich noch ein paar Minuten bleibe? Wißt ihr, ich hab mit Susannah verabredet, daß wir uns hier treffen.
MALCOLM: Hier?
TREVOR: Ja.
MALCOLM: Ah.
KATE: Malcolm, magst du ein Bad nehmen?
MALCOLM: Ein Bad?
KATE: Zur Entspannung. Du bist sehr verspannt.
MALCOLM: Gut. Ja. Gut.
KATE: Ich laß dir die Badewanne ein.
MALCOLM: Nein. Das mach ich schon selbst. Das mach ich selbst. Du behältst ihn im Auge.
KATE: Na, gut.

(Malcolm humpelt mit schiefem Kopf hinaus.)

Tja...

TREVOR: Es tut uns wirklich wahnsinnig leid, Kate. Wir werden beide versuchen, es...
KATE: Ja...
TREVOR: Wenn irgend möglich.
KATE: Ja.

(Peinliches Schweigen)

Sieh mal, was Malcolm heute nacht gebaut hat. *(Sie deutet auf das Meisterstück.)*

TREVOR: O ha.
KATE: Ein Bausatz. War gar nicht so einfach. Muß noch geschliffen werden.
TREVOR: Ja.
KATE: Siehst du, es geht auf der einen Seite ein bißchen runter.
TREVOR: Ah ja.

KATE: Und die Schubladen klemmen ein bißchen. Aber die will er noch gängig machen.

(Sie nehmen das Möbelstück in Augenschein.)

TREVOR: Vielleicht steht es – schon gerade, wenn man ein bißchen so macht... so.

(Er packt die Deckplatte und versucht, sie auf der einen Seite ein bißchen anzuheben. Die Deckplatte löst sich und das ganze Möbel fällt in sich zusammen.)

Ah.

KATE *(entsetzt)*: O nein. O nein.

MALCOLM *(von draußen)*: Was ist los?

KATE: Nichts, Liebling, gar nichts. Genieß dein Bad. O Trevor, was hast du da gemacht.

TREVOR: Schuldigung.

(Es klingelt an der Tür.)

Vielleicht kann ich es euch wieder zusammenbauen. Sieht nicht so aus, als...

KATE: Nein, du rührst das nicht an, Trevor. Du rührst hier nichts an. Ich werd ihm einfach sagen, daß es – plötzlich zusammengebrochen ist. Bleib, wo du bist.

(Sie geht hinaus.

Trevor inspiziert die Trümmer.

Kate kommt mit Susannah zurück.)

Sie ist da.

SUSANNAH *(schüchtern)*: Hallo.

TREVOR: Hallo.

KATE *(merkt, daß sie stört)*: Ich seh mal nach Malcolm.

(Kate geht hinaus.)

TREVOR: Weißt du, Suse... vielleicht geht es schief, aber... ich werd mir Mühe geben, ehrlich. Ich werd mir wirklich Mühe geben.

SUSANNAH: Tja. Ich auch. Mehr können wir nicht machen.

TREVOR: Weißt du, ich glaube, wenn wir einfach –

SUSANNAH: Miteinander reden –

TREVOR: Ja –

SUSANNAH: Ja. *(Sie setzt sich aufs Bett.)*

TREVOR *(setzt sich neben sie)*: Tja, jetzt sitzen wir wieder zusammen auf dem Bett.

Susannah *(verlegen)*: Ja. Immerhin ein Anfang.

Trevor: Ja. Ich geb mir Mühe, daß ich nicht zu viel von dir verlange. Ich glaube, ich hab viel zuviel von dir verlangt.

Susannah: Tja. Vielleicht ein bißchen.

Trevor: Meine Schuld.

Susannah: Nein, meine Schuld.

(Er streicht ihr unbeholfen übers Haar.
Sie klammert sich an ihn.)

Trevor: Ist dir kalt? Du zitterst ja.

Susannah: Ein bißchen. Müde, wahrscheinlich...

Trevor *(hüllt sie in die Bettdecke)*: Ja, das sind wir wohl beide. War 'ne anstrengende Nacht.

Susannah: Ja. *(Sie streift ihre Schuhe von den Füßen und schmiegt sich an ihn.)* Nicht hier.

Trevor: Nur ganz kurz. Er ist in der Badewanne.

Susannah *(zufrieden)*: Hm. Köstlich. *(Sie schiebt ihre Füße unter die Bettdecke.)* Au.

Trevor: Was?

Susannah: Irgendwas im Bett. *(Sie zieht einen Kochtopf unter der Decke hervor.)* Was soll denn das hier?

Trevor: Keine Ahnung.

Susannah: Die haben alles mögliche in ihrem Bett. Im Kopfkissenbezug hab ich schon Stiefel gefunden.

Trevor *(wissend)*: Na ja. Weißt du, Menschen sind zu sonderbaren Dingen fähig. Manche Menschen...

Susannah: Ja.

(Trevor kuschelt sich an sie.
Sie hält seinen Kopf in den Armen.)

Ich hab nachgedacht. Wir müssen was mit unserem Haus machen. Ich glaube, das ist wichtig. Erst mal sorge ich dafür, daß es bei uns schön häuslich wird. Ich – darum hab ich mich bisher nicht richtig gekümmert. Wenn es nämlich schön gemütlich ist... dann kommst du auch viel lieber nach Hause. Und ich werde anfangen zu kochen. Richtig kochen... und ich sorg dafür, daß du morgens frische Sachen hast und... na ja. Du weißt schon... Trevor? Trevor...?

(Trevor ist eingeschlafen.)

(Zu sich selbst) Oh… Ich habe Vertrauen in mich. Ich habe Selbstvertrauen. Ich bin nicht unattraktiv. Ich bin attraktiv. Die Leute finden mich immer noch attraktiv…
(Währenddessen wird langsam das Licht eingezogen.)

Vorhang

Ganz unter uns
(Just Between Ourselves)

Deutsch von
Ursula Grützmacher-Tabori

Personen

Dennis
Vera
Neil
Marjorie
Pam

Erster Akt
Erste Szene: Februar, Samstag morgen
Zweite Szene: Mai, Samstag nachmittag

Zweiter Akt
Erste Szene: Oktober, Samstag abend
Zweite Szene: Januar, Samstag vormittag

Erster Akt

Erste Szene

Februar. Eine Garage, die an ein Einfamilienhaus mittlerer Preislage angebaut ist, das Dennis und Vera gehört. Der Zuschauer blickt vom Haus aus durch die Seitenwand in die Garage, deren Schwenktor (am weitesten vom Zuschauer entfernt) die ganze Zeit über geschlossen bleibt. Entlang einer Wand der Garage steht eine Werkbank, zugemüllt mit Werkzeug etc. Die ganze Garage ist voll mit dem üblichen Garagenkram, Kartons, zusammengerollte Seile, Gartenstühle etc. Quer mittendrin steht verlassen ein populärer Kleinwagen, mindestens sieben Jahre alt. Über der Werkbank ein schmutziges Fenster, das auf einen kleinen, teilweise gepflasterten «Sitzbereich» geht. Auf der anderen Seite der Garage kommt man durch eine Tür, die nach außen aufgeht, über einen kleinen Hof mit Mülltonnen zur Hintertür des Hauses. Außerdem führt ein gepflasterter Weg (dem Zuschauer am nächsten) um die Garage herum zum «Sitzbereich». Durch eine Pforte (schmiedeeisern oder sonstwie verschnörkelt) kommt man vom «Sitzbereich» zur Vorderseite des Hauses und der Garage.
Dennis, Mitte Vierzig, arbeitet an seiner Werkbank. Er hantiert mit einem Schraubenzieher an einem elektrischen Wasserkessel herum, während er vor sich hin murmelt. Kurz darauf kommt Vera, seine Frau, ein paar Jahre jünger als er, aus der Hintertür des Hauses, gefolgt von Neil, Ende Dreißig, der gut angezogen ist, im Gegensatz zu Dennis, der seine Wochenendklamotten trägt.

DENNIS *(betrachtet stirnrunzelnd den Kessel)*: Das kommt da rein... und dann kommt das... da durch zu dem... und dann müßte das mit dem anderen zusammen. Aber dann...

VERA *(klopft sachte an die Garagentür)*: Dennis... Dennis...

DENNIS *(voll konzentriert)*: Aber dann müßte das da... müßte mit dem zusammen... *(ruft)* Hallo... *(wieder mit dem Kessel beschäftigt)* ...außer wenn das die Erde ist. Dann wär's da.

VERA *(versucht vergeblich, die Tür zu öffnen)*: Dennis.

DENNIS: Komm rein. *(Wieder auf den Kessel konzentriert)* Andererseits, wenn das die Erde ist, welches ist dann Plus...?

VERA: Dennis-Schatz, kannst du mir bitte die Tür aufmachen? Sie klemmt schon wieder.

DENNIS: Moment, Moment, Moment. Plus... Erde... Minus.

VERA *(entschuldigend zu Neil)*: Sie klemmt immer.

NEIL: Ah.

DENNIS: Erde, Minus, Plus.

VERA: Mein Mann will sie reparieren, wenn er mal Zeit hat, aber... Dennis-Schatz.

DENNIS *(geht rückwärts zur Tür, die Augen auf den Kessel gerichtet)*: Genau. Aber wenn das die Erde ist, dann kommt das da rein... Moment... nicht da rein... genau. Zurücktreten.

VERA *(zu Neil)*: Zurücktreten.

(Dennis stemmt sich gegen die Tür. Sie fliegt auf.)

DENNIS: Eins kann ich dir sagen, der Typ, der den elektrischen Kessel erfunden hat... *(sieht Neil)* Ah. Tag.

NEIL: Guten Tag.

VERA: Dennis-Schatz, der Herr möchte sich gern den Wagen ansehen.

DENNIS: Den Wagen ansehen?

VERA: Mr. ... Entschuldigung, ich habe Ihren Namen vergessen.

NEIL: Andrews.

DENNIS: Freut mich, Mr. Andrews. Hereinspaziert, hereinspaziert.

NEIL: Vielen Dank.

VERA: Das ist mein Mann.

DENNIS: Entschuldigen Sie das Durcheinander. Hier ist mal ein Frühjahrsputz fällig. Erstaunlich, was sich so ansammelt.

NEIL: Ja, ja.

DENNIS: Erstaunlich. Wo kommt das bloß alles her? Gucken Sie sich das an. Wo kommt das bloß alles her?

NEIL: Ja, ja. Akkumuliert.

DENNIS: Akkumuliert. Das ist das richtige Wort, akkumuliert.

VERA: Was macht mein Kessel?

DENNIS: Er macht sich, er macht sich.

VERA: Er ist einfach nicht mehr heiß geworden. Deine Mutter kocht den Tee im Topf.

DENNIS: Also, ich sag dir mal was, mein Liebes, ich geb dir mal einen kleinen Tip, ja? Ein kleiner Tip, wenn du das nächste Mal einen elektrischen Kessel benutzt. Sie funktionieren viel besser, wenn du sie nicht immer auf den Boden wirfst.

VERA: Ich konnte nichts dafür. Ich hab ihn einfach mit dem Ellbogen erwischt.

DENNIS *(zu Neil, lachend)*: Mit dem Ellbogen erwischt.

(Neil lächelt.)

Wenn ich Ihnen sagen würde, Mr. Andrews, was meine Frau alles mit ihrem Ellbogen erwischt...

VERA *(schüchtern und verlegen)*: Laß doch.

DENNIS: Das würden Sie nicht glauben, Mr. Andrews, Tassen, Teller, Schüsseln, Radios...

NEIL: Wirklich?

DENNIS: Ganzes Tablett mit Gläsern...

VERA: Dennis...

DENNIS: Und das war bloß diesen Monat. Wenn Sie irgendwann mal was demoliert haben wollen, dann ist sie die richtige Frau. *(Er lacht.)*

(Neil lacht halbherzig mit. Vera eher nicht.)

Die Ellbogen arbeiten wie Kolben...

NEIL: Na ja, ich würde sagen, daß wir doch alle... gelegentlich.

DENNIS: Ja, sicher. *(Umarmt Vera)* Ich hab nur Spaß gemacht, Liebes, nur Spaß. Ich zieh sie immer auf, stimmt doch, Liebes? Äh? Ich bin gleich fertig mit dem Ding. Ich bring ihn dir rein.

VERA: Gut. Ich mache euch Tee, sobald der Topf kocht. Nehmen Sie Zucker, Mr. ...

NEIL: Nein, danke. Leider, ich darf nicht.

VERA: Also dann.

(Als Vera sich zum Gehen wendet, kommt Marjorie, eine Frau Mitte Sechzig, aus der Hintertür des Hauses.)

MARJORIE: Veralein, es riecht schrecklich nach Gas...

VERA: Ist gut, Mutter, ich komme. Entschuldigen Sie mich.

MARJORIE: Ich sage dir, der Herd funktioniert immer noch nicht richtig.

DENNIS: Kontrollier mal die Pilotflamme, Vee. Vielleicht ist sie ausgegangen.

MARJORIE: Er funktioniert nicht mehr, seit ich ihn neulich mal richtig geputzt habe.

VERA: Ist ja gut, Mutter, ist ja gut.

DENNIS: Vee kümmert sich drum, Mutter.

(Vera und Marjorie gehen zurück ins Haus.)

Meine Mutter, haben Sie meine Mutter kennengelernt?

NEIL: Ja, auf dem Weg durch die...

DENNIS: Sechsundsechzig.

NEIL: Was?

DENNIS: Sechsundsechzig Jahre alt.

NEIL: Wirklich?

DENNIS: Doch nicht schlecht, für sechsundsechzig.

NEIL: Nein, nein.

DENNIS: Es liegt an der Pilotflamme, wissen Sie. Die ist im Durchzug. Der Herd steht an der völlig falschen Stelle. Da hätte man ihn nie hinstellen dürfen. Ich werde ihn irgendwann umsetzen. Gut, also. Sie sind wegen dem Wagen da?

NEIL: Ja.

DENNIS: Also dann erzähle ich Ihnen mal ein bißchen was über ihn. Bißchen Geschichte. Erstens, es ist nicht mein Wagen. Er gehört meiner Frau. Aber bevor Sie jetzt sagen – ah-ah, Frau am Steuer –, sie hat immer gut aufgepaßt. Keinen einzigen Unfall gehabt, wo ist Holz? Na ja, ich meine, Sie sehen ja, kaum ein Kratzer. Wenn man das Alter bedenkt. Um ehrlich zu sein, ganz unter uns, sie fährt viel besser als ich – wenn sie sich richtig konzentriert. Ich meine, Sie sehen ja – wenn man bedenkt, daß er inzwischen, was – sieben – fast acht Jahre alt ist. Sehen Sie sich mal die Karosserie an.

NEIL: Ja, ja.

DENNIS: Ich hab ihn ihr vor vier Jahren gekauft. Da war er so gut wie neu – im Grunde. Drei Jahre alt und so gut wie neu.

NEIL: Macht einen guten Eindruck.

DENNIS: Er ist wirklich erstaunlich gut.

NEIL: Wahrscheinlich weil er viel drin...

DENNIS: Ah ja, genau. Das wollte ich gerade sagen, weil er immer drin gestanden hat.

NEIL: Sehr wichtig.

DENNIS: Unbedingt. Ein Auto sollte unbedingt in der Garage stehen. Also, um ehrlich zu sein, deshalb wollen wir ihn auch loswerden. Ich möchte meinen eigenen Wagen reinstellen. Ich weiß nicht, ob Sie ihn gesehen haben, als Sie gekommen sind, er steht draußen, auf der Straße.

NEIL: Ja, ich glaube, ich...

DENNIS: Das bekommt ihm gar nicht gut. Der Wagen braucht endlich eine Garage, dringend. Sie haben sicher eine Garage.

NEIL: Nein.

DENNIS: Ah. Also, man kann schon sagen, daß es bei diesem Wagen nicht unbedingt so wichtig ist, wie vielleicht bei anderen Wagen. Ich meine, der hier *(klatscht auf die Kühlerhaube)*, der ist wirklich sehr, sehr robust. Der wird nämlich gar nicht mehr hergestellt. Dieses spezielle Modell. Der hat einen viel zu hohen Rohstoff-Anteil. Der Bursche ist nicht rentabel in der Herstellung. Da steckt ein Batzen Rohstoffe drin. Mit den Ersatzteilen gibt es aber keine Schwierigkeiten. Die Ersatzteile werden noch hergestellt, nur eben der Wagen nicht mehr. Sie brauchen aber gar keine Ersatzteile. Wir haben nie ein Ersatzteil gebraucht, in den ganzen vier Jahren nicht. Nein, ich will Ihnen nämlich mal ein kleines Geheimnis verraten. Dieser Wagen ist die letzten sechs Monate kaum aus der Garage gekommen.

NEIL: Wirklich?

DENNIS: Kaum, wirklich. Ehrlich gesagt, ganz unter uns, meine Frau hat nämlich ein paar, wie soll ich sagen, gesundheitliche Probleme gehabt, und es ging nicht mehr so mit dem Autofahren.

NEIL: Oh, das tut mir aber...

DENNIS: Ach, es geht ihr jetzt besser. Es geht ihr jetzt viel besser. Aber sie fährt eben überhaupt nicht mehr. Sie sehen ja, da – da, der Tacho –, würde mich wundern, wenn er schon fünfzigtausend drauf hätte. *(Schaut hinein)* Sag ich doch. Fünfundfünfzigtausendzweihundertzweiundfünfzig... na ja, fünfundfünfzig, fünfzig, so um den Dreh.

NEIL: Erstaunlich.

DENNIS: Das ist doch nichts, bei so einem Wagen. Kaum eingefahren.

NEIL: Stimmt.

DENNIS: Sie können ihn sich ruhig genau ansehen. Nur keine Hemmungen.

NEIL: Danke.

(Neil geht planlos um den Wagen herum.)

DENNIS: Ich würde Sie ja mal fahren lassen, aber – das ist mir jetzt peinlich – das Garagentor, wissen Sie, es hat sich irgendwie verklemmt, ich krieg es nicht mehr auf. Na ja, das muß ich als nächstes reparieren.

NEIL: Hm. Na ja, es wäre schon wichtig, daß man...

DENNIS: Ja, klar, klar doch. Kein Mensch erwartet, daß Sie sich ohne Probefahrt entscheiden. Aber Sie können ihn sich ja schon mal ansehen. Ob er das ist, was Sie suchen.

NEIL: Hm, ja.

DENNIS: Hier. Wir können ja mal mit den wesentlichen Teilen anfangen. Sekunde. *(Er öffnet die Motorhaube.)* Hier, bitte.

NEIL: Hm, ja.

DENNIS: Nicht schlecht, was?

NEIL: Nein.

DENNIS: Und sparsam.

NEIL: Wirklich.

DENNIS: Läuft wie geschmiert.

NEIL: Ah.

DENNIS: Wissen Sie was, ich kann ihn mal anlassen. Dann können Sie hören, wie er klingt.

NEIL: Ja, also das wär...

DENNIS: Schlüssel steckt, glaube ich... ja, genau. *(Schlüpft auf den Fahrersitz)* Ich kann ihn nicht lange laufen lassen, ist ja klar, nicht in einem geschlossenen Raum, aber... bißchen Choke... so, und los geht's.

(Der Motor dreht ein paarmal, springt aber nicht an.)

Wahrscheinlich ein bißchen kalt.

(Der Motor springt wieder nicht an.)

Na los, komm schon, Süßer. Hat lange gestanden, wissen Sie.

(Er versucht es wieder. Der Motor springt nicht an.)

Na los. Na los, blöder Hund.

(Der Motor dreht und zündet.)

Na bitte. *(Steigt aus dem Auto und kommt zu Neil neben die Kühlerhaube)* Hören Sie sich das an. Schnurrt wie ein Kätzchen.

NEIL: Was haben Sie gesagt?

DENNIS *(brüllt über den Lärm)*: Das ist nur, weil die Motorhaube offen ist.

NEIL: Ja.

(Sie stehen da und schauen sich den laufenden Motor an. Nach einem Moment gibt es Fehlzündungen und er tuckert aus. Stille.)

DENNIS: Batterie wahrscheinlich zu schwach.

NEIL: Vermutlich.

DENNIS: Wenn der erst mal wieder ein bißchen gelaufen ist. Der muß einfach dringend richtig Strecke machen. Fahren Sie viel?

NEIL: Nein. Eigentlich überhaupt nicht.

DENNIS: Äh?

NEIL: Nein, irgendwie hab ich's nie gelernt. Meine Frau fährt.

DENNIS: Ah, dann ist der also für Ihre Frau?

NEIL: Ja, genau.

DENNIS: Ach so, aha. Eine Überraschung, ja?

NEIL: Könnte man sagen, ja.

DENNIS: Eine Überraschung. Das ist aber nett. Ahnt sie was davon? Weiß sie denn, wo Sie heute sind?

NEIL: Ja.

DENNIS: Ah.

NEIL: Sie ist mit.

DENNIS: Mit?

NEIL: Sie sitzt vorne, bei Ihnen im Wohnzimmer, unterhält sich mit Ihrer Mutter.

DENNIS: Ja, aber will sie ihn denn nicht ansehen? Wenn sie schon mit ist.

NEIL: Nein, ich glaube nicht.

DENNIS: Na ja, für eine Frau ist das natürlich der ideale Wagen. Nicht zu groß. Und er hat ein Radio. Das ist selbstverständlich inklusive. Ein gutes Radio.

(Dennis stellt es an. Es brummt. Er stellt es schnell wieder aus.)

Es kann natürlich nicht funktionieren, hier in der Garage. Und da, sehen Sie mal, in jeder Sonnenblende ein Spiegel.

NEIL: O ja.

DENNIS: Kleine Extras eben. Worauf Frauen so Wert legen.

NEIL: Sehr praktisch.

DENNIS: Kann man wohl sagen. Komisch, daß sie mit Ihnen herkommt und ihn dann gar nicht sehen will.

NEIL: Wir hatten es nicht weit.

DENNIS: Das überläßt sie lieber dem Experten, was?

NEIL: Oh, ich bin kein Experte. Nein, heute morgen sollte der Wagen eigentlich geliefert werden, von einem Mann.

DENNIS: Ah.

NEIL: Aber der hat mich in letzter Sekunde hängenlassen.

DENNIS: Sehen Sie, er hat auch Unterbodenschutz. Gucken Sie mal drunter, da.

NEIL *(bückt sich, um drunter zu sehen)*: Er hat seinen Wagen an jemand anders verkauft. Ganz spät gestern abend hat er mich angerufen. Ich wollte sie nicht enttäuschen. O ja, sehr schön.

DENNIS: Unterbodenschutz ist wichtig.

NEIL: Also mußte ich heute morgen ganz eilig rumtelefonieren. *(Er hat leichtes Aufstoßen.)* Entschuldigung.

DENNIS: Alles in Ordnung?

NEIL: O ja. Magendrücken, weiter nichts.

DENNIS: O je. Zuviel gefeiert, was?

NEIL: Nein, nein. Ich krieg das nur, wenn ich mich bücke. Nichts Ernstes.

DENNIS: Das ist komisch. Magendrücken, sind Sie sicher?

NEIL: Ich glaube schon.

DENNIS: Könnte auch was anderes sein.

NEIL: Glauben Sie?

DENNIS: Schon möglich. An Ihrer Stelle würde ich mal nachschauen lassen.

NEIL: Meinen Sie?

DENNIS: Kann nicht schaden. Ich meine, in neun von zehn Fällen ist es bloß Magendrücken, da haben Sie recht, aber der Magen ist ein merkwürdiges Gebilde.

NEIL: Ach ja?

DENNIS: Ja. Mit dem Magen kenne ich mich aus.

NEIL: Ah ja?

DENNIS: Vorbeugen ist besser als Heilen.

NEIL: Jedenfalls hat mich der Mann hängenlassen, wissen Sie, in letzter Sekunde. Also hab ich heute morgen noch mal in die Kleinanzeigen geschaut und, äh, da war Ihre Annonce. Dann hab ich mit Ihrer Frau telefoniert.

DENNIS: Ah ja, verstehe.

NEIL: Ich wollte sie nicht enttäuschen. Wissen Sie, zum Geburtstag.

DENNIS: Geburtstag? Dann hat Ihre Frau Geburtstag?

NEIL: Ja.

DENNIS: Heute?

NEIL: Ja.

DENNIS: Ach du lieber Himmel. Fische, was?

NEIL: Was?

DENNIS: Ihr Sternkreiszeichen. Fische.

NEIL: O ja.

DENNIS: Mensch, dann passen Sie mal gut auf sie auf.

NEIL: Wie meinen Sie das?

DENNIS: Die können sehr trübsinnig werden, die Fische. Sehr trübsinnige, grüblerische Menschen. Wenn man nicht ganz genau auf sie aufpaßt. Was für ein Sternzeichen sind Sie denn, nur so interessehalber.

NEIL: Äh, ja, Skorpion, glaube ich.

DENNIS *(mit einem Schrei)*: Skorpion.

NEIL: Ja.

DENNIS: Mit einem Fisch?

NEIL: Ja.

DENNIS: Menschenskind.

NEIL: Ist das schlecht?

DENNIS: Ideal, ideal. Füreinander geschaffen. Kann gar nicht besser sein.

NEIL: Oh, gut.

DENNIS: Sie sehen gar nicht aus wie ein Skorpion. Meine Mutter ist Skorpion. Sie ist ein typischer Skorpion. Sie hat nämlich den Knochenbau vom Skorpion. Aber Sie sehen überhaupt nicht aus wie ein Skorpion. Welcher Tag?

NEIL: 28. Oktober.

DENNIS *(mit einem weiteren lauten Schrei)*: 28. Oktober! Das gibt's doch nicht. Das gibt's doch nicht.

NEIL: Äh?

DENNIS: Nicht zu fassen. Das glauben Sie nicht. Sie sind genau am selben Tag geboren wie meine Mutter.

NEIL: Ach.

DENNIS: Genau derselbe Tag. Genau derselbe.

NEIL: Das ist Zufall.

DENNIS: Das ist Fügung. Ich schwör Ihnen, das ist Fügung. Das ist ganz ungewöhnlich.

NEIL: Ja, das ist wahr.

DENNIS: Aha, also Skorpion. Da muß ich mich aber vorsehen mit Ihnen.

NEIL: Wieso?

DENNIS: Na ja. Sehr stille Wasser, die Skorpione. Sehr tiefgründig, verschwiegen, hinterhältig und manchmal, das muß ich leider sagen, sogar intrigant.

NEIL: Hm, gut. Ich werde darauf achten.

DENNIS: Was für ein Zufall. Unglaublich. Aber meinetwegen müssen Sie sich keine Sorgen machen. Ich bin Stier.

NEIL: Oh, gut.

(Vera kommt mit zwei Tassen Tee aus der Küche.)

VERA: Dennis.

DENNIS: Ah ha. Das hört sich an wie Wassermann. Der Mundschenk bringt den Tee. *(Er stößt die Tür auf.)*

VERA: Hier ist der Tee.

DENNIS: Also, Vee, das glaubst du nicht, Vee, wir haben grade entdeckt, daß Mr. Andrews genau am selben Tag geboren ist wie Mutter. Ist das nicht erstaunlich?

VERA: Ach, so ein Zufall.

DENNIS: Auf den Tag. Beide Skorpion. Derselbe Tag.

VERA: Aber nicht dasselbe Jahr.

DENNIS: Dasselbe Jahr? Na klar, doch, doch. Genau dasselbe Jahr. Mr. Andrews wird an seinem nächsten Geburtstag siebenundsechzig, stimmt's, Mr. Andrews?

VERA: Nein, ich hab gesagt, nicht dasselbe...

DENNIS: Dasselbe Jahr. Was denn sonst? Dasselbe Jahr. *(Er umarmt sie.)*

VERA: Vorsicht. Ich laß sie gleich fallen.

DENNIS: Na, das wär ja nicht das erste Mal.

VERA: Dennis...

DENNIS: Wassermann. Das merkt man doch gleich. Typisch doofer, trotteliger Wassermann. Tja, kann man nichts machen, mein Liebes.

VERA: Zucker ist schon drin, Mr. Andrews.

NEIL: Ah, ja? Danke schön.

DENNIS: Hast du Mrs. Andrews auch was gegeben?

VERA: Ja, sie redet mit Mutter.

DENNIS: Was soll das denn, redet mit Mutter. Ich finde sie müßte eigentlich hier sein, bei mir und Mr. – sagen Sie mal, kann ich Sie nicht mit Vornamen anreden, dieses ganze Mr. hier und Mr. da.

NEIL: Neil.

DENNIS: Neil. Gut. Dennis. Das ist Vera. Vee mag sie lieber.

NEIL: Hallo.

DENNIS: Also, finden Sie nicht, daß wir – äh – Ihre Frau...

NEIL: Pam.

DENNIS: Pam – heißt Brians Frau nicht auch Pam?

VERA: Ja.

DENNIS: Hol Pam einfach her. Es ist doch schließlich ein Geschenk für sie. Ich meine, vorausgesetzt, daß Sie noch interessiert sind.

NEIL: Ja. Ich glaube nur, daß sie...

VERA: Oh, ist der Wagen für Ihre Frau?

NEIL: Ja.

VERA: Ah, ja. Er ist sehr gut. Ein netter kleiner Wagen. Ich habe kaum Ärger damit gehabt.

DENNIS: Kaum? Jetzt sei aber mal präzise, Vee, du hast gar keinen Ärger gehabt. Sei mal präzise.

VERA: Er ist einmal auf dem Ring liegengeblieben.

DENNIS: Benzin. Das lag am Benzin.

VERA: O ja.

DENNIS: Der Wagen hat doch keine schuld, wenn du nicht tankst. Der Wagen doch nicht. Wer hat schuld, wenn kein Benzin drin ist?

VERA: Ja, jetzt laß doch.

DENNIS: Wer hat schuld?

VERA: Dennis, jetzt laß doch.

DENNIS: Die kleine Vee hat schuld. Vee hat schuld, keiner sonst. Ich sage Ihnen, Neil, ich weiß ja nicht, ob Ihre Frau auch so ist, aber wenn Sie ihr einen Wagen schenken, müssen Sie aufpassen wie ein Luchs. Sie vergißt zu tanken. Sie vergißt, Kühlwasser nachzufüllen. Sie vergißt, den Reifendruck zu prüfen und das Öl... also, von Öl haben die noch nie was gehört, Öl kennen die nur im Salat. Was?

(Neil lacht. Ein gezwungenes Lachen)

Nur im Salat, was?

VERA: Soll ich Pam holen?

DENNIS: Ja, hol sie, Vee, hol sie. Sie soll ihn sich ansehen.

NEIL: Ich glaube, es ist ihr eigentlich ziemlich egal.

DENNIS: Das ist ihr doch nicht egal. Ist das ihr erster Wagen?

NEIL: Nein, sie hatte ganz früher mal einen, bevor wir geheiratet haben.

DENNIS: Na ja, beinahe ihr erster Wagen. Seit längerem ihr erster Wagen. Sie will doch sicher sehen, was sie kriegt. Mein Gott, wenn ich meinen ersten Wagen kriegen würde, wäre ich –

VERA: Ja, gut, ich hol sie. Trinken Sie Ihren Tee, Mr. – Neil.

NEIL: Danke schön.

VERA: Mutter hat sich an dem Topf verbrannt, Dennis.

DENNIS: Erste-Hilfe-Kasten, oberstes Regal über dem Boiler.

VERA: Ich weiß, hab ich schon gemacht. Sie sagt, die Salbe ist nicht die richtige.

(Vera geht ins Haus.)

DENNIS: Also, passen Sie auf. Wir müssen das genau vorbereiten. Wenn Pam zur Tür reinkommt, muß alles stimmen. Sie kommt rein, und was sieht sie? Sie sieht den Wagen... Stimmt was nicht?

NEIL: Doch, doch. Ich glaub nur, ich hab den Tee mit dem Zucker.

DENNIS: Was? *(Er nimmt einen Schluck von seinem.)* Da, nehmen Sie den. Da ist fast kein Zucker drin.

(Sie tauschen die Tassen, Dennis steht da und überdenkt den Ablauf der Aktion. Neil nimmt einen Schluck von Dennis' Tee und verzieht das Gesicht. Er stellt die Tasse ab.)

Sie kommt rein, sie sieht den Wagen und, wie wär's, wenn Sie sich hinters Steuer setzen, nein, auf den Beifahrersitz, genau, auf den Beifahrersitz, und sobald sie Sie sieht, sagen Sie zu ihr – Herzlichen Glückwunsch, Pam, mein Liebling, oder was Sie sonst immer sagen, Liebste, Schatz –, möchtest du den zum Geburtstag?

NEIL: Na ja, ich glaube, sie macht sich nicht viel aus...

DENNIS: Also, Neil, die Frau ist noch nicht geboren, die Romantik kalt läßt. Na los, Mann, wo bleibt Ihre Romantik?

NEIL: Macht es was, wenn ich den Tee stehen lasse?

DENNIS: Ist der auch zu süß?

NEIL: Sogar noch süßer.

DENNIS: Ist gut, ich trink beide. Ich trink beide.

(Vera kommt mit Pam aus dem Haus, einer Frau Mitte bis Ende Dreißig.)

VERA: Sie sind hier drin.

DENNIS: Da kommen sie. Da kommen sie. Schnell, in den Wagen, schnell, schnell, schnell.

(Ohne große Begeisterung steigt Neil in den Wagen. Dennis hält die Tür fest, bis Neil sitzt.)

VERA *(zerrt am Türgriff)*: Dennis. Dennis. Laß uns mal rein.

DENNIS: Sekunde. Sekunde noch. *(Stößt die Tür auf)*

VERA: Zurücktreten.

(Sie treten gerade noch rechtzeitig zurück.)

DENNIS: Hereinspaziert. Immer hereinspaziert.

(Er geht zur Seite, und Pam kommt herein, gefolgt von Vera. Pam sieht Neil im Wagen sitzen und schaut ihn an.)

NEIL: Hallo.

PAM: Hallo.

DENNIS *(gestikuliert heftig zu Neil)*: Weiter.

PAM: Was machst du da?

NEIL: Äh – ich guck mir nur den Wagen an.

PAM: Ah.

NEIL *(steigt wieder aus)*: Was meinst du?

PAM: Ich hab gesagt, das ist deine Sache.

NEIL: Ja, ich weiß, aber – ich meine, du wirst ihn schließlich fahren.

PAM: Wenn er fährt.

VERA: Och, er fährt. Jedenfalls ist er gefahren.

DENNIS: Fährt immer noch.

NEIL: Was meinst du?

PAM: Na ja.
NEIL: Ja?
DENNIS *(ihm wieder heftig zuflüsternd)*: Zeigen Sie ihr das Radio. Und die *(er gestikuliert)* die Spiegel.
(Pam öffnet und schließt lustlos eine Wagentür.)
NEIL *(gedämpft)*: Was meinst du?
PAM *(ebenso)*: Wieviel will er haben?
NEIL: Vierhundert.
PAM *(entfernt sich etwas von Dennis)*: Der ist nie vierhundert wert.
NEIL: Ich weiß nicht.
PAM: Nie im Leben ist der vierhundert wert. Biete ihm dreifünfzig.
NEIL: Ach, du weißt doch, ich kann nicht...
PAM: Dreifünfzig. Für dreifünfundsiebzig nimmst du ihn. Dann hat er uns immer noch übers Ohr gehauen.
NEIL: Ach, du weißt doch, ich kann so was nicht. Du kennst mich –
PAM: Ja, ich kenn dich. *(Zu Dennis)* Wie lange haben Sie ihn schon?
DENNIS: Dreieinha –
VERA: Vier Jahre.
DENNIS: Fast vier Jahre.
VERA: Er hat mich nie im Stich gelassen. Ein netter kleiner Wagen.
DENNIS *(kann sich nicht zurückhalten, springt vor)*: Da, sehen Sie. Da, der Spiegel.
PAM: Was Sie nicht sagen.
(Neil und Pam entfernen sich ein Stück.)
NEIL: Also, möchtest du ihn?
PAM: Mich darfst du nicht fragen, Lieber, es ist dein Geld.
NEIL: Nein, es ist unser Geld.
PAM: Deins. Du wolltest ein Auto. Ich hab nicht darum gebeten.
NEIL: Aber du hast doch gesagt, du willst eins. Du hast gesagt –
PAM: Nie hab ich das gesagt.
NEIL: Du hast gesagt –
PAM: Kein einziges Wort hab ich zu dem Thema gesagt. Kein Wort. Das ist ausschließlich deine Sache.
NEIL: Aber ich dachte, du... daß du ab und zu mal rauskommst.
PAM: Und wann soll ich ab und zu mal rauskommen?
NEIL: Aber ich dachte...
PAM: Und wo soll ich bitte hin?

NEIL: Aber ich dachte einfach nur, daß du...

PAM: Es ist dein Geld, Lieber. Wenn du ein Auto willst, kauf dir eins.

DENNIS: Oh, übrigens, das könnte auch von Interesse sein. Die Kfz-Steuer ist noch für die nächsten drei Monate bezahlt. Das habe ich vergessen zu erwähnen.

NEIL: Ja, also ich... ich glaube, wir lassen es erst mal, wenn es Ihnen nichts ausmacht.

DENNIS: Lassen?

NEIL: Vorläufig jedenfalls. Wissen Sie, es ist ein bißchen schwierig, das so schnell zu entscheiden. Wir müßten ja auch erst eine Probefahrt machen können. Wissen Sie.

DENNIS: Ah. Also, das Tor hab ich bis morgen repariert.

VERA: O ja, bitte. Es ist schon seit Monaten kaputt.

NEIL: Ein bißchen schwierig, das so spontan zu entscheiden. Es ist vielleicht auch etwas mehr, als wir ausgeben...

DENNIS: Na ja, ich hab vierhundert gesagt. Weil das ein anständiger Preis ist, aber ich würde auch etwas runtergehen. Dreifünfundsiebzig?

NEIL: Nein, im Augenblick...

DENNIS: Dreifünfundsechzig. Das ist jetzt so gut wie geschenkt. Dreifünfundsechzig.

NEIL: Nein. Vielleicht könnte ich ein andermal vorbeikommen.

DENNIS: Ja, das können Sie gerne machen. Aber ich muß Ihnen leider sagen, daß ich noch ein oder zwei andere Interessenten habe.

PAM: Ja, natürlich.

DENNIS: Na gut. Dann kommen Sie eben noch mal vorbei.

NEIL: Vielen Dank. *(Er stößt wieder auf.)* Verzeihung.

PAM: Laß das doch.

NEIL: Ich kann nichts dafür.

PAM: Nimm deine Tabletten.

NEIL: Die hab ich zu Hause.

PAM: Himmel.

VERA: Stimmt was nicht?

PAM: Was weiß ich.

NEIL: Nein, nein. Nur ein bißchen Magendrücken, das hab ich leider manchmal.

VERA: Ach ja? Möchten Sie ein Gelusil?

NEIL: Nein, nein, das ist...

VERA: Wir haben sonst auch noch irgendwo Magnesiummilch.

NEIL: Nein, vielen Dank. Ich hab meine Spezialtabletten.

VERA: Ah, verstehe.

DENNIS: An Ihrer Stelle würde ich mich mal untersuchen lassen.

VERA: Das kann unangenehm werden, Magenkrämpfe.

DENNIS: Wenn es Magenkrämpfe sind.

VERA: Ja, wenn es Magenkrämpfe sind.

NEIL: Ja, also dann vielen herzlichen Dank.

DENNIS: Keine Ursache. Sie sind jederzeit willkommen.

NEIL: Sie müssen ja auch mit Ihrem Kessel weitermachen.

DENNIS: Ja, ja.

VERA: Haben Sie's weit?

PAM: Nein, gar nicht.

NEIL: Easterly Road.

VERA: Ach, Easterly Road. Haben wir da nicht mal gleich um die Ecke gewohnt, Dennis?

DENNIS: Stimmt.

VERA: Wohnen Sie in einem von den neuen Häusern?

PAM: Nein, in einem von den alten.

NEIL: Auf der linken Seite, ganz am Ende.

VERA: O ja, ich weiß. Der kleine Häuserblock. Hat nicht Mrs. – äh – wie hieß sie noch –, hat die nicht auch da gewohnt, Dennis?

DENNIS: Ich hab gar nicht gewußt, daß die Häuser noch stehen.

PAM: Grade noch.

VERA: Wie hieß sie bloß noch, Dennis? Sie hat da mit ihrem Sohn gewohnt, der war vielleicht komisch. Wissen Sie, so merkwürdig.

DENNIS: Ich hab gedacht, die Häuser sollten abgerissen werden.

NEIL: Das will ich nicht hoffen.

DENNIS: Ich dachte, das hätte ich irgendwo gelesen.

VERA: Mrs. – äh...

DENNIS: Wegen Straßenverbreiterung.

NEIL: Davon haben wir noch nichts gehört.

PAM: Das ist ja auch kein Wunder.

VERA: Mrs. – äh...

DENNIS: Ja, Straßenverbreiterung. Ich bin ganz sicher, an dem Ende von der Easterly Road.

NEIL: Das hätte uns grade noch gefehlt.

PAM: Also, wir müssen dann.

VERA: Mrs. Mandelsham. So hat sie geheißen. Mrs. Mandelsham.

NEIL: Mrs. Mandelsham?

VERA: Kennen Sie sie?

PAM: Das ist meine Mutter.

NEIL: Pams Mutter. Sie wohnt jetzt bei uns.

VERA: Du meine Güte. Hast du das gehört, Dennis?

DENNIS: Ja, ja.

VERA: Dann müssen Sie Pamela Mandelsham sein.

PAM: War ich.

VERA: Das ist ja unglaublich. Wir haben Mrs. Mandelsham gut gekannt. Weißt du noch, Dennis? Die nette Frau mit dem Kuchen.

DENNIS: Ja, dem Kuchen.

VERA: Natürlich, Sie waren damals nicht da, als wir da waren.

PAM: Nein, ich hab woanders gearbeitet. Ich bin wiedergekommen, als ich Neil geheiratet habe.

VERA: Ihren Bruder kannten wir natürlich. Hieß er nicht Graham?

PAM: Adam.

VERA: Adam. Genau. Wie geht's ihm?

PAM: Er ist immer noch ein bißchen merkwürdig. Er hat geheiratet und ist nach Liverpool gezogen. Ich hab ihn seit Ewigkeiten nicht mehr gesehen. Hat jede Menge Kinder.

VERA: Na so was. Und Ihre Mutter? Wie geht's der? Noch immer gut beieinander?

PAM: Sehr gut.

NEIL: Ja.

PAM: Sie paßt auf unseren Kleinen auf.

NEIL: Es geht ihr gut. Es geht ihr ausgezeichnet.

VERA: Ja, also so was. Sie müssen unbedingt wiederkommen. Bringen Sie Ihre Mutter mit.

PAM: Ja, unbedingt.

VERA: Sie hat so herrlichen Kuchen gebacken, weißt du noch, Dennis? Sie hat immer versucht, mir Rezepte beizubringen. Ich würde sie zu gerne wiedersehen.

PAM: Ja.

DENNIS: Ja.

NEIL: Ja.

(Eine Pause)

PAM: Also. Wir müssen jetzt wirklich los. Darren braucht sein Abendessen.

VERA: O ja. Darf ich… *(Sie führt sie hinaus.)*

NEIL *(zu Dennis)*: Also, Wiedersehn. Noch mal vielen Dank.

DENNIS: Keine Ursache, Neil. Wie gesagt, kommen Sie jederzeit wieder. Wenn Sie sich den Burschen noch mal ansehen wollen – bloß keine Hemmungen. Sie sind immer willkommen.

NEIL: Danke.

DENNIS: Wiedersehn, Pam.

PAM: Wiedersehn.

DENNIS: Herzlichen Glückwunsch.

VERA: O ja, herzlichen Glückwunsch. Hat jemand Geburtstag?

DENNIS: Sie. Pam. Pam hat Geburtstag.

VERA: Oh, herzlichen Glückwunsch.

(Marjorie kommt aus dem Haus.)

MARJORIE: Um die Kartoffeln wirst du dich kümmern müssen, Vera.

VERA: Ach, Mutter. Mit den Kartoffeln hättest du doch warten können. Es ist noch viel zu früh.

MARJORIE: Mit diesem kleinen Messer, was du da hast, ist es eine einzige Quälerei.

VERA: Aber es ist noch ewig Zeit bis zum Abendessen.

DENNIS: Na komm, Mutter, halt dich da raus. Laß die Küchenfee zurück an den Herd.

MARJORIE: Wie du meinst. Aber wir essen jeden Tag später.

DENNIS: Wiedersehn.

NEIL: Wiedersehn.

(Sie gehen ins Haus, Dennis bleibt allein in der Garage.)

DENNIS: Also. Wo waren wir stehengeblieben? Der kleine hier kommt da hoch und mit dem zusammen. Und was war jetzt noch mal die Erde?

(Marjorie kommt aus dem Haus in die Garage.)

MARJORIE: Also gut. Gib mir die Tassen.

DENNIS: Bedien dich.
MARJORIE: Ich hoffe, daß ich sie tragen kann.
DENNIS: Sind deine Hände wieder so schlimm?
MARJORIE: Könnten besser sein.
DENNIS: O je. Muß am Wetter liegen.
MARJORIE: Nein, es liegt nicht am Wetter. Ich fürchte, es liegt am Alter, Dennis. So ist das leider, wenn man alt wird. Nach und nach hört alles auf zu funktionieren. Ich fürchte, das wirst du bald selber merken.
DENNIS *(ungerührt)*: Wahrscheinlich, Mutter, ja.
MARJORIE: Da hat jemand seinen Tee nicht getrunken.
DENNIS: Er wollte ohne Zucker.
MARJORIE: Das war Vera. Hast du den Wagen verkauft?
DENNIS: Nein.
MARJORIE: Nein, ich hab mich mit der Frau unterhalten. Die machte keinen sehr interessierten Eindruck. Ich glaube nicht, daß sie einen Wagen wollte. Er wollte einen. Das hab ich ihr auch gesagt. Ich hab gesagt, was wollen Sie denn mit einem Wagen. Die machen doch bloß Ärger.
DENNIS: Ach, das hast du gesagt?
MARJORIE: Na ja, ich meine, schau dir doch Vera an. Sie hat den Wagen seit Jahren. Sie fährt nie damit. Ich bezweifle, daß sie dieses Jahr ein einziges Mal damit gefahren ist.
DENNIS: Na ja, aber Vera... du weißt ja.
MARJORIE: Du mußt besser auf sie aufpassen, Dennis.
DENNIS: Wie meinst du das?
MARJORIE: Sie ist ein krankes Mädchen. Es geht ihr nicht gut, wenn du mich fragst.
DENNIS: Nein, es geht ihr jetzt besser, Mutter. Es geht ihr viel besser.
MARJORIE: Also, laß dir nichts vormachen, Dennis. Es geht ihr kein bißchen besser. So was wird nicht besser. Wenn es erst mal da oben sitzt, im Kopf, dann bleibt es da auch.
DENNIS: Ich finde, sie ist doch ganz in Ordnung.
MARJORIE: Ich hab irgendwie das Gefühl, sie hat das gleiche wie unsere Joan, Gott hab sie selig.
DENNIS: Ach, komm, Mutter, Tante Joan hatte einfach nicht alle Tassen im Schrank.

MARJORIE: Ja, ich weiß. Ich habe sie gepflegt. Und bei ihr hat es genauso angefangen wie bei Vera.

DENNIS: Der Arzt hat gesagt, es geht ihr besser.

MARJORIE: Ach ja? Na, dann.

DENNIS: Na ja, jedenfalls nicht schlechter. Und das ist schon wieder Monate her.

MARJORIE: Ich habe sie genau beobachtet, als sie den Kessel fallen gelassen hat. Weißt du, sie hat einfach losgeheult.

DENNIS: Das wundert mich nicht. Ich auch. Der war so gut wie neu. Nein, Mutter, wenn mit Vera irgendwas nicht stimmt, liegt das höchstens daran, daß sie immer im gleichen Trott ist. Sie muß mal wieder richtig lachen. Mal wieder richtig unbekümmert. Sie nimmt das Leben zu ernst. Das gilt übrigens für euch beide.

MARJORIE: Na ja, für dich mag das eine Lösung sein, Dennis, aber aus meiner Erfahrung kann ich dir sagen, für Vera ist es keine. Für mich leider auch nicht. Und für Tante Joan, Gott hab sie selig, war es auch keine. Ich weiß, Lachen ist angeblich die beste Medizin, aber es gibt ein paar Sachen, die man damit nicht heilen kann. Man kann nicht alles weglachen, Dennis.

DENNIS: Das weiß ich. Ich...

MARJORIE: Ich hab das jedenfalls nie gekonnt. Und dein Vater auch nicht. Manchmal würde ich mir wünschen, du wärst mehr wie dein Vater, Dennis, wirklich. Nicht in allem, aber in manchem. Du könntest dir ruhig ein Beispiel an ihm nehmen.

DENNIS: Wie meinst du das?

MARJORIE: Na ja, erst mal hat er nicht versucht, alles wegzulachen. Er hatte ein tiefes und wunderbares Verständnis für das Leiden. Manchmal vielleicht sogar ein zu tiefes. Ich glaube, am Ende hatte er das Leid der ganzen Menschheit auf sich versammelt.

DENNIS: Er war ein armes, altes Schwein, als er starb.

MARJORIE: Und noch was hat dein Vater immer gemacht. Er hat immer seine Garage aufgeräumt. Einen solchen Zustand hätte er nie ertragen. Wie findest du hier bloß noch irgendwas?

DENNIS: Ich finde, was ich brauche, Mutter, jetzt laß.

MARJORIE: Sieh dir doch bloß mal sein Werkzeug an, Dennis. Das

Werkzeug deines Vaters. Überall verstreut. Wenn er das sehen müßte, es würde ihm das Herz brechen. Warum machst du's nicht wie er? Bau dir ein anständiges Gestell und schraub es an die Wand. Er hatte zum Beispiel so Klemmen. Er hatte seine Meißel und Schraubenzieher und all seine Hämmer...

DENNIS: Ich weiß. Ich weiß.

MARJORIE: Und auf der Werkbank, da, in der Ecke, da hatte er all seine kleinen Dosen mit Schrauben und Nägeln und so. Und alle waren beschriftet. Wenn er einen kleinen Nagel oder eine Schraube brauchte, mußte er bloß danach greifen.

DENNIS: Ja, ich weiß, Mutter, ich hab's miterlebt.

MARJORIE: Ach, da fällt mir ein, ich hab doch mal so Dosen für dich gesammelt, Dennis. Wo meine Hustenbonbons drin waren. Was hast du mit denen gemacht?

DENNIS: Ich weiß nicht. Die sind irgendwo unter dem Zeug. Ich hab keine Zeit, Mutter, Sachen in Dosen zu tun. Wenn ich einen Nagel brauche, ist ein Nagel da. Ich hau ihn rein und fertig. Wenn ich keinen Nagel finde, nehme ich eine Schraube. Und wenn ich keine Schraube finde, ist es mir auch egal.

MARJORIE: Es würde ihm das Herz brechen, wenn er das sehen müßte. Erinnerst du dich, wie er immer hier in seiner Garage gearbeitet hat, bis spät in die Nacht? Und wie er immerzu gehämmert hat, kleine Sachen gebastelt? Immer wunderschön geschmirgelt. Erinnerst du dich noch an seinen Pfeifenständer?

DENNIS: Ja. Gigantisch. Ein Klassiker unter den Pfeifenständern. *(Wendet sich mit frischem Arbeitseifer dem Kessel zu)*

MARJORIE: Den hat er so liebevoll ausgesägt. Erinnerst du dich noch, Dennis? Mit der Laubsäge. Und die Buchstaben hat er auch mit der Laubsäge gemacht. Pfeifen. PFEIFEN stand oben drüber.

DENNIS *(murmelt)*: Falls er mal nicht wußte, wofür das Ding war.

MARJORIE: Es hat ihm solche Freude gemacht. Bis er nicht mehr sehen konnte. Dann hat er ja kaum noch zur Garage gefunden, der arme Kerl. An Laubsägen war gar nicht mehr zu denken. Ach, na ja, das ist das Alter, Dennis, das Alter.

DENNIS: Ja. Ja. Da hast du deinen Kessel.

MARJORIE: Der explodiert jetzt aber nicht.

DENNIS: Doch, ich hab ihn extra so präpariert.

MARJORIE: Mit Elektrosachen bist du nicht sehr geschickt. Die Nachttischlampe ist auch immer noch nicht in Ordnung.

DENNIS: Ich hab dir doch gesagt, das ist völlig harmlos. Kann sein, daß der Schalter nicht richtig funktioniert, aber das ist völlig harmlos.

MARJORIE: Der Schalter ist nicht das Problem. Das ganze Ding fällt dauernd aus der Flasche. Neulich nacht hatte ich eine brennende Glühbirne im Bett.

DENNIS: Ich schau sie mir noch mal an.

MARJORIE: Ich trau mich gar nicht, sie überhaupt anzumachen.

(Vera kommt aus dem Haus.)

VERA: Mutter, du hast den Topf ohne Wasser auf der Flamme stehenlassen.

MARJORIE: Nein, das war ich nicht, Vera. Das war ich nicht.

VERA: Du hast den Tee gemacht. Ich war gar nicht in der Küche.

MARJORIE: Mag ja sein, daß ich alt werde, Vera, aber ich bin nicht so vertrottelt, daß ich einen leeren Kochtopf wieder auf die Flamme stelle. So alt bin ich noch nicht, Vera.

DENNIS: Hört mal, Mädels.

VERA: Na ja, ist ja egal.

MARJORIE: Ich danke Gott, daß ich im Kopf noch vollkommen klar bin.

VERA: Was soll das heißen?

DENNIS: Tja, also, sobald du Anzeichen von Verwirrung zeigst, lasse ich dich abholen, Mutter, keine Angst.

MARJORIE: Nein, Dennis, laß die Witze, ich meine es ernst. Es ist ja leider wahr. Vera, kannst du mir das bitte abnehmen? Ich habe Angst, ich lasse es fallen.

(Sie gibt Vera den Kessel und beide Tassen.)

DENNIS: Also, Vee würde ich das lieber nicht geben.

MARJORIE: Geht's?

VERA: Ja, geht schon.

DENNIS: Das Ding muß ich garantiert gleich wieder reparieren.

VERA: Bitte, Dennis-Schatz, hör auf.

DENNIS: 'tschuldigung. 'tschuldigung...

MARJORIE: Jetzt mach dich nicht lustig, Dennis. Immer machst du dich lustig über das Mädchen. Kein Wunder, daß sie in so einem Zustand ist.

VERA: Ich bin in keinem Zustand, Mutter. Es geht mir bestens.

DENNIS: Es geht ihr bestens, Mutter, jetzt laß.

VERA: Bleibst du noch lange hier, Schatz?

DENNIS: Wieso?

VERA: Ach, einfach so. Ich hab im Wohnzimmer den Kamin angemacht. Es ist sehr gemütlich.

DENNIS: Prima. Gut.

VERA: Zu komisch, daß diese Frau Mrs. Mandelshams Tochter ist.

MARJORIE: Das war Mrs. Mandelshams Tochter?

VERA: Ja.

MARJORIE: Was du nicht sagst. Ja, stimmt. Sie hat Ähnlichkeit mit ihr.

VERA: Na ja, ein bißchen.

MARJORIE: Doch, wenn sie älter wird.

VERA *(geht zur Tür und stößt sie mit dem Knie auf)*: Jedenfalls ist ihr Bruder anscheinend, weißt du, der, von dem wir alle gedacht haben, daß er ein bißchen komisch ist, also – laß, Mutter, es geht schon – also, er ist nach Liverpool gezogen und – *(Eine Tasse kippt. Beim Versuch, sie aufzufangen, läßt sie alles fallen.)* Himmelherrgott, diese Tür.

DENNIS *(brüllt vor Lachen)*: Und wieder hat sie's geschafft. Ich wußte es doch.

(Vera steht da und schaut sich die Bescherung an. Den Tränen nahe, unfähig, mit der Situation fertig zu werden, rennt sie ins Haus.)

MARJORIE: Da hast du's, Dennis, was hab ich dir gesagt? Was hab ich dir gesagt?

DENNIS: Es geht ihr bestens, Mutter.

(Marjorie folgt Vera ins Haus.)

Mensch, Mensch, Mensch...

(Er fängt an, fröhlich vor sich hin zu pfeifen, und räumt seine Werkbank auf.)

Erster Akt

Zweite Szene

Ebenda. Es ist jetzt Mai, und die Sonne scheint. Neil baut einen kleinen Gartentisch im «Sitzbereich» neben der Garage auf. Kurz danach kommt Pam aus dem Haus, sie trägt ein Tablett mit Geschirr, Schnittchen etc.

NEIL: Geht's?
PAM: Ja, geht schon.
NEIL *(prüft die Stabilität des Tischs)*: Ich glaube, der hält.
PAM: Was ist mit Stühlen?
NEIL: Weiß nicht. Ich hab keine gefunden.
PAM: Heißt das, wir sollen alle stehen?
NEIL: Man findet hier einfach nichts. Sag mal, ist da Gurke drauf?
PAM: Mußt es ja nicht essen.
NEIL: Ausgerechnet Gurke.
PAM: Die sind mit Schinkenpaste. Nimm doch Paste.
NEIL: Ich finde, wir hätten Darren mitbringen sollen.
PAM: Um Gottes willen.
NEIL: Er hätte herrlich hier draußen spielen können. Und hier kann ihm auch nichts passieren.
PAM: Und ich hätte keine Sekunde Ruhe gehabt. Das Kind faßt wirklich alles an, was es nicht soll.
NEIL: Ich weiß nicht. Er ist –
PAM: Du weißt nicht. Das ist es ja. Du bist ja auch den ganzen Tag weg.
NEIL: Nein, ich meine –
PAM: Ich muß mich um ihn kümmern, falls du das vergessen hast. Den ganzen Tag. Jeden Tag.
(Neil steht dumm rum. Nach einem Moment)
NEIL: Wenn ich dir das Auto hätte kaufen dürfen, dann würdest du –
PAM: Und was soll ich damit anfangen? Darren in den Kofferraum packen und einfach losfahren?

NEIL: Nein. Deine Mutter kann auf ihn aufpassen, und du kannst mal einen Tag wegfahren.

PAM: Er wächst ihr langsam über den Kopf. Ich kann sie nicht mehr ständig einspannen. Ich weiß nicht, wer von den beiden auf wen aufpaßt.

NEIL: Dann eben abends. Du könntest zu deinen Kursen fahren.

PAM: Kurse?

NEIL: Ja.

PAM: Ach, das war doch von Anfang an 'ne Spinnerei, Neil. Für so was bin ich zu alt.

NEIL: Zu alt? Du bist erst...

PAM: Ich weiß, wie alt ich bin, vielen Dank. Da brauchst du mich nicht dran zu erinnern.

NEIL: Du hast doch aber gesagt, du möchtest diese Kurse machen.

PAM: Es gibt viel, was ich möchte, Neil. Aber es soll ja wohl nicht sein. Falls du verstehst, was...

NEIL: Wie meinst du das?

PAM: Du weißt schon.

NEIL: Nein, was?

PAM: Das weißt du ganz genau.

NEIL: Was?

PAM: Soll ich dir's auch noch schriftlich geben, Neil?

NEIL: Oh.

PAM: Ja. Genau.

NEIL: Na ja.

PAM: Das mein ich.

NEIL: Na ja, ich... *(Verlegen nimmt er ein Sandwich und steckt es sich in den Mund.)* Nicht, daß ich... na ja...

PAM: Da ist Gurke drauf.

NEIL: O Gott.

(Vera ist aus dem Haus gekommen.)

VERA: Das ist nett von dir, Pam. Mir wär das Tablett wahrscheinlich... oh, Stühle. Gibt's keine Stühle, Neil?

NEIL: Ich hab bloß den Tisch gefunden.

VERA: Oh. Dennis hat sie letztes Jahr weggeräumt. Dies Jahr waren sie noch gar nicht draußen. Hoffentlich machen wir keinen Fehler. Aber es ist ja sehr mild.

PAM: Es ist herrlich.

VERA: Dabei ist erst Mai.

NEIL: Ja.

VERA: Mutters Erkältung dürfte das eigentlich nichts ausmachen. Sie hat das Schlimmste überstanden. Neil, kannst du vielleicht so nett sein und Dennis bitten, daß er die Stühle sucht. Sie sind wahrscheinlich irgendwo da hinten. Aber außer ihm weiß niemand, wo.

NEIL: Gut. *(Stößt auf)* Verzeihung.

PAM: Neil.

NEIL: Schuldigung.

VERA: Er war eben noch im Wohnzimmer und hat ferngesehen. *(Neil geht rein.)*

PAM: Geht's deiner Schwiegermutter besser?

VERA: Schon. Das Schlimmste ist vorbei. Ich glaube, das ist so ein Bazillus, der die Runde macht. Sie ist mittags aufgestanden. Sie wollte auf keinen Fall die Geburtstagsfeier von Dennis verpassen, auf gar keinen Fall. Sie hängt sehr an Dennis.

PAM: Ja, das hab ich gemerkt.

VERA: Sie läßt nichts auf ihn kommen.

PAM: Neil ist genauso.

VERA: Ja, da hast du recht. Sie sind inzwischen ziemlich dicke Freunde.

PAM: Ja, richtig unzertrennlich. Fast jeden zweiten Abend. Ich seh mir nur noch mal eben den Wagen an, sagt er, und weg ist er.

VERA: Also, er stört überhaupt nicht. Ich seh die beiden fast nie. Sie igeln sich in der Garage ein. Da kommt Dennis wenigstens nicht auf dumme Gedanken.

PAM: Ja. *(Pause)* Ich hoffe, du nimmst es mir nicht übel, aber du siehst überhaupt nicht gut aus.

VERA: Wirklich? Oh…

PAM: Entschuldige, ich wollte nicht…

VERA: Nein, nein. Ich hab wahrscheinlich auch was von dem Bazillus erwischt.

PAM: Hm.

(Pause)

VERA: Ja. Dieser Bazillus. Der macht jetzt die Runde.

(Pause)

PAM: War das dein Vorschlag, daß der Wagen verkauft wird?

VERA: Äh – ja. Ich glaube. Es ist ja schließlich mein Wagen. Dennis hat ihn mir gekauft, aber er gehört mir.

PAM: Hast du ihn denn nie benutzt?

VERA: Nein, nicht oft. Ich – na ja, wenn wir irgendwo hingehen, dann geh ich mit Dennis. Ich fahre in seinem Wagen mit.

PAM: Aber du bist auch mal alleine unterwegs?

VERA: Eigentlich kaum.

PAM: Trotzdem, ich hätte gedacht, daß so ein Auto sehr nützlich ist. Einkaufen und so.

VERA: Ach, nein. Es geht schneller zu Fuß. Und dann das Parken. Mit dem Parken ist es inzwischen furchtbar schwierig. Schrecklich. *(Kleine Pause)* Außerdem, also, ich hab gemerkt, also Autofahren macht mir keinen Spaß. Ich hab mich immer so verkrampft, weißt du. Der ganze Verkehr und, äh, ich konnte irgendwie nicht... weißt du, ich fahr nämlich nicht sehr gut. Dennis hat immer gesagt, ich kann mich nicht konzentrieren. Er fand es immer furchtbar, mit mir zu fahren. Ich meine, er hat es sich nicht anmerken lassen. Er hat gelacht, aber ich wußte, daß er es wirklich furchtbar fand. Und irgendwie ist es dann immer schlimmer geworden. Da hab ich's schließlich aufgegeben. Ich glaube, ich bin der geborene Fußgänger. Hat Dennis gesagt. Zwei linke Hände, weißt du. *(Pause)* Gefällt dir der Wagen? Ich meine, vorausgesetzt ihr wollt ihn kaufen, gefällt er dir?

PAM: Ja. Ja, schon.

VERA: Na ja, warum dann nicht? Ich meine, wenn es am Preis liegt, da kann ich Dennis sicher... das geht bestimmt. Ist doch besser, als wenn er in der Garage rumsteht.

PAM: Ich glaube, ich könnte mir nicht mal das Benzin leisten.

VERA: Aber Neil doch wohl.

PAM: Ja, klar, Neil schon.

VERA: Also...

PAM: Aber wenn Neil ihn kauft, dann ist es ja nicht meiner. Dann wär's seiner.

VERA: Na ja, wenn du so willst. Theoretisch.

PAM: Glaub mir, es wär seiner. Wenn ich einen Wagen will, kaufe ich ihn mir selber.

VERA: Ich kann da wirklich keinen großen Unterschied sehen. Sag mal, warst du eigentlich berufstätig, bevor du geheiratet hast?

PAM: Ja. Erst war ich Sekretärin. Dann habe ich das Schreibbüro in der Firma geleitet.

VERA: Ah ja?

PAM: Ich hatte fünfundzwanzig Mädchen unter mir.

VERA: Fünfundzwanzig. Meine Güte.

PAM: Ich war die Jüngste, die den Job je hatte. Und dann kam Darren. Eigentlich wollte ich gleich nach der Geburt wieder arbeiten, aber irgendwie ist nichts draus geworden.

VERA: Hm, na ja, da sind dann eben andere Sachen dringender.

PAM: Ja.

VERA: Aber jetzt könntest du doch bestimmt wieder zurück. Wenigstens halbtags.

PAM: Wieder das Schreibbüro leiten? Ich weiß nicht, ob das das Richtige ist. Abgesehen davon, ob die mich überhaupt wieder nehmen.

VERA: Hm, ja. Und außerdem ist es bestimmt auch sehr anstrengend. Und je älter man wird, desto...

PAM: Ja.

VERA: Obwohl du ja nicht alt bist.

PAM: Nein.

VERA: Trotzdem.

PAM: Eigentlich würde ich am liebsten studieren.

VERA: Studieren? Du meinst an der Universität?

PAM: Und dann vielleicht unterrichten. Ich würde gern unterrichten.

VERA: Oh, das wär toll. Lehrerin wär toll. Kleine Kinder unterrichten.

PAM: Nein. Große.

VERA: Ach so. Also, ich hab bei Safeway gearbeitet. Das war eine richtig nette Mannschaft. Als ich da war. Richtig nett. Die treff ich aber kaum noch. Die meisten sind inzwischen verheiratet.

PAM: Du mußt dir einen Job suchen.

VERA: Ich? Du liebe Güte.

PAM: Tut dir gut.

VERA: In meinem Alter? Das meinst du doch nicht im Ernst. Dafür hab ich viel zuviel um die Ohren. Und ich hab keine Ausbildung. Man braucht heutzutage eine Ausbildung. Also irgendwann hab ich mal gedacht, es wäre schön, wenn ich mich um alte Leute kümmern könnte, aber dafür braucht man auch eine Ausbildung. Damit man's richtig macht. Sonst behandelt man sie falsch. Und das will ich natürlich nicht.

PAM: Du kannst doch machen, was du willst. Wenn du wirklich willst.

VERA: Ja, wahrscheinlich. Und du eigentlich auch.

PAM: Ja.

(Dennis kommt aus dem Haus, gefolgt von Neil.)

DENNIS: Hier bin ich. Hier bin ich. Wo brennt's denn?

VERA: Ach, da bist du ja.

DENNIS: Hier bin ich. Hier kommt Taurus, der Stier. *(Zu Pam)* Na?

PAM: Hallo.

DENNIS: Nein, nicht hallo. Herzlichen Glückwunsch. Herzlichen Glückwunsch, Dennis, heißt das.

PAM: Herzlichen Glückwunsch, Dennis.

DENNIS: Danke schön.

VERA: Wie wär's denn mit ein paar Stühlen, Mr. Taurus? Wir stehen uns hier die Beine in den Bauch.

DENNIS: Die sind in der Garage.

VERA: Und, kannst du sie bitte holen?

DENNIS: Mein Gott, so schwer sind die Dinger doch nicht. *(Zu Neil)* Gott-o-Gott.

VERA: Nun mach schon. Ein Glück, daß du nicht jeden Tag Geburtstag hast.

DENNIS: Na, na, na, jetzt paß auf, was du sagst. Halbzeit, und wir liegen 2:0 zurück. Vor dir steht ein gebrochener Mann.

VERA: Ach, immer bloß Sport, Sport, Sport.

DENNIS: Zwei zu null gegen uns.

NEIL: Wirklich?

VERA: Jeden Samstag, Laufen, Kicken, Schießen, Springen. Den ganzen Nachmittag.

DENNIS: Und du guckst Ringkämpfe.

VERA: Gar nicht. Diese riesigen Schwabbelmonster.

DENNIS *(springt wie ein Affe auf sie zu)*: Grrrr.

VERA: Ach, laß das, Dennis, laß das.

(Dennis geht lachend hinüber zur Garage.)

DENNIS: Faß doch mal eben mit an, Neil, du hast doch gut gefrühstückt.

NEIL: Mach ich.

VERA: Ich seh mal kurz nach Mutter, dann mach ich den Tee.

PAM: Brauchst du Hilfe?

VERA: Nein, nein. Du bleibst schön hier. Und wenn du Glück hast, kriegst du demnächst auch mal einen Stuhl.

DENNIS *(müht sich vergeblich mit der Garagentür ab)*: Hach, diese blöde Tür.

VERA *(geht an ihnen vorbei auf dem Weg zur Küche)*: Dann reparier sie doch endlich.

DENNIS: Mach ich ja, ich muß bloß mal Zeit haben.

VERA: Das Tor ist auch immer noch verklemmt. Der Mann von den Stadtwerken war neulich eingesperrt. Er mußte durchs Fenster klettern.

DENNIS: Das hat er davon. Warum geht er nicht zu anderen Leuten, wenn er unbedingt Zähler ablesen will. *(Er kriegt endlich die Tür auf.)* Ah, geschafft.

(Die Männer gehen in die Garage. Vera geht ins Haus. Während des Folgenden spaziert Pam durch die schmiedeeiserne Gartenpforte hinaus zur Vorderseite des Hauses.)

Ich freu mich riesig, daß du heute vorbeigekommen bist, Neil. Ich weiß das zu schätzen.

NEIL: Och, das ist...

DENNIS *(geht zur Rückwand der Garage und sucht)*: Mensch, wo hab ich die bloß letztes Jahr hingetan? Nein, das weiß ich wirklich zu schätzen. Und daß Pam auch gekommen ist. Geburtstage haben nun mal irgendwie was ganz Eigenes. Weißt du, andere Leute, wenn die in unser Alter kommen, die nehmen das dann nicht mehr so wichtig, aber für mich – schon als Kind – für mich war Geburtstag immer was Besonderes. *(Findet einen Stuhl)* Aha. Da haben wir ja schon mal einen – da, nimm doch mal. Wahrscheinlich liegt das daran, daß ich als Kind immer so wunderbare Geburtstage hatte. Wunderbar. Weißt du, mein Vater... Mein Vater hat mir immer was gebastelt. Nicht einfach gekauft. Er hat es selber gemacht. Er ist in die Garage gegangen, zwei oder drei Tage vor meinem Geburtstag – *(findet weitere Stühle)* da sind noch welche –, vor meinem Geburtstag, und ich durfte nicht mit. Ich hab ihn die ganze Zeit gehört, wie er gesägt und gehämmert hat, jeden Abend, wenn er zu Hause war und ich im Bett lag, und ich hab gedacht – was macht er dieses Jahr? Was krieg ich dieses Jahr von ihm? Und dann. Am Morgen kam er mit was, das hätte ich mir nie träumen lassen – einmal, da war's ein Karussell. Mit kleinen Holzpferden, die sich bewegten, rauf und runter. Alles bunt angemalt. Alles aus Holz. Saubere Arbeit. Gut, das reicht. Eins, zwei, drei, vier, fünf. Fünf Stühle, wir sind fünf. Du, bevor du gehst, wirf doch noch mal einen Blick auf euren Wagen. Du kriegst ihn für zweihundertfünfzig.

NEIL: Weißt du...

DENNIS: Es will ihn sonst keiner. Du kriegst ihn nicht billiger. Im Gegenteil, wenn du noch lange wartest, ist es ein Oldtimer, und der Preis geht hoch.

NEIL: Weißt du, ich würde ihn ja kaufen. Aber Pam. Ich glaub, daß sie nicht – also, aus irgendeinem Grund will sie nicht, daß ich ihn kaufe.

DENNIS: Wieso nicht? Du kannst ihn dir doch leisten.

NEIL: Ja, ich kann ihn mir leisten. Sie will einfach nicht, daß ich ihn kaufe. Sie will ihn kaufen.

DENNIS: Na, dann schenk ihr das Geld und laß sie das Ding kaufen. Wo ist der Unterschied?

NEIL: Nein, das ist nicht der Punkt. Sie ist da – irgendwie komisch. *(Er zuckt plötzlich zusammen.)* Ah...

DENNIS: Was ist los?

NEIL: Nichts. Tut bloß ein bißchen weh in der Schulter. Ich weiß auch nicht, woher das kommt.

DENNIS: Hm.

NEIL: Nein, ich hab das Gefühl, sie erträgt es nicht, von mir was anzunehmen. Kennst du das?

DENNIS: Du Glückspilz. Da sparst du Geld.

NEIL: Als ob sie irgendwas beweisen will. Ich weiß bloß nicht was. Daß sie auch ohne mich auskommt, irgend so was. Andererseits, manchmal ist sie... sie kann...

DENNIS: Was?
NEIL: Na ja, sehr sinnlich sein.
DENNIS: Wirklich?
NEIL: Nachts. Ich wach auf, und sie krallt sich an mir fest. Die Fingernägel so richtig tief reingegraben...
DENNIS: Wahrscheinlich tut dir davon die Schulter weh.
NEIL: Und kratzt – ich hab ein paar furchtbare Schrammen.
DENNIS: Na, so was. Sieht man ihr gar nicht an.
NEIL: Nein.
DENNIS: Und was machst du?
NEIL: Na ja, ich sag dann – laß das bitte, ich versuch zu schlafen. Ich meine, es ist immerhin vier Uhr früh, wenn das losgeht.
DENNIS: Du brauchst deinen Schlaf.
NEIL: Ja, weiß Gott. Ich brauch meine acht Stunden. Übrigens, ich glaube, was du da neulich erzählt hast – daß unser Haus abgerissen werden soll –, ich glaube, das stimmt. Unser Nachbar hat auch so was gehört.
DENNIS: Ach. *(Er grübelt einen Moment.)* Sag mal, Neil, ich wollte dich was fragen – wenn – wenn du das Haus eigentlich kaufen wolltest, dann mußt du doch ein bißchen was auf der hohen Kante haben.
NEIL: Na ja, ein bißchen schon.
DENNIS: War bloß so 'ne Frage. Rein interessehalber.
NEIL: Ja. Erbschaft. Ich hab es geerbt.
DENNIS: Ah ja. Wer ist denn gestorben?
NEIL: Hm. Mein Vater.
DENNIS: Ah. Und was ist jetzt damit?
NEIL: Na ja, es ist auf der Bank.
DENNIS: Aha. Weißt du. Also. Ich habe nämlich neulich grade was gehört. Ganz unter uns, ich weiß da jemand, der arbeitet für so eine Firma, renoviert Wohnungen, und der will sich jetzt selbständig machen. Und sucht ein kleines Startkapital.
NEIL: Ach, weißt du...
DENNIS: Nein, das ist ein guter Mann. Ich kenne ihn seit Jahren. Und er ist ziemlich gerissen. Er schuftet seit einer Ewigkeit für den Laden, und dann hat er endlich gemerkt, daß er allein besser zurechtkommt. Und du weißt, wie so was läuft – also, wenn der

weggeht, da kannst du wetten, daß er die besten Kunden mitnimmt. Aber er braucht eben ein Lager, Werkzeug, ein Auto. Das kostet alles. Jetzt kann man natürlich sagen, das ist ein riskantes Unternehmen, aber so, wie ich das einschätze, würde ich sagen, bombensicher.

NEIL: Also, ich weiß nicht. Ich bin nicht sehr...

DENNIS: Nein. Du hast recht. Ich sag ja bloß, wenn du, mal angenommen, du hast dreitausend Pfund übrig...

NEIL: Och, es ist schon ein bißchen mehr.

DENNIS: Mehr, um so besser. Aber nehmen wir nur mal an, dreitausend Pfund – also, du kannst deine dreitausend Pfund auf die Bank tragen, und dann kannst du dich hinsetzen und zusehen, wie deine Kröten sich dünnemachen, trotz Zinsen. Wenn du dann fünfundsechzig oder siebzig bist, ist dein Geld grade noch drei Pfund wert. Während in diesem Fall, mal langfristig betrachtet, ist sein Wachstum nämlich dein Wachstum. Sein Profit ist dein Profit. Und wenn es dann so weit ist, daß er dir deinen Anteil abkauft, bist du der lachende Gewinner.

NEIL: Ah ja, gehen würd's schon.

DENNIS: Du, ich will dich da nicht in irgendwas reinreden. Ehrlich. Es ist dein Geld, aber – weißt du was, ich seh mal zu, daß du den Mann kennenlernst. Dann kannst du ja selber entscheiden. Er heißt George Spooner, und wie gesagt, er ist ein guter Mann. Sieh ihn dir einfach mal an.

NEIL: Na gut.

DENNIS: Sieh ihn dir an. Ein erstklassiger Handwerker. Eins a. Hast du dir mal unser Wohnzimmer angesehen?

NEIL: Ja, ja, sehr schön.

DENNIS: Nicht das Eßzimmer. Das war jemand anders. Das Wohnzimmer, das hat er gemacht. Saubere Arbeit. Mußt bei Gelegenheit mal drauf achten, wie die Tapete sitzt.

NEIL: Mach ich.

DENNIS: Er nimmt seine Arbeit unglaublich ernst, das mag ich so an ihm. Gut, bist du soweit? Du nimmst die. Und ich nehm die.

NEIL: Gut.

(Sie gehen mit den Stühlen außenherum und treffen Pam, die von ihrem kleinen Spaziergang zurückkommt.)

PAM: Wurde aber auch Zeit.

DENNIS: Geduld. Geduld. Bei Frauen was ganz Seltenes. Das sieht aber gut aus. Kommt Mutter runter?

PAM: Vee holt sie grade.

DENNIS: Hätte mich auch sehr gewundert, wenn sie sich das entgehen läßt. *(Stellt einen Stuhl für Pam hin)* Signora.

PAM *(setzt sich)*: Vielen Dank.

DENNIS: Bitte sehr, Signor.

NEIL: Danke.

DENNIS: Ach, übrigens, solange wir unter uns sind, ich muß euch kurz was sagen... Äh, wie soll ich das ausdrücken? Vee ist ein bißchen – na ja, sie kümmert sich um Mutter und um mich und um alles mögliche –, ich glaube, sie ist ein bißchen – wie soll ich sagen – überspannt. Ein bißchen überspannt. Nichts Ernstes, aber wenn sie – na ja –, wenn sie irgendwas fallen läßt oder den Tee verschüttet oder sich auf den Arsch setzt – jedenfalls – äh – am besten tut ihr so, als ob ihr nichts merkt. Bloß nicht lachen.

PAM: Wieso lachen?

DENNIS: Ich weiß nicht. Nur falls ihr lachen müßt.

PAM: Ich muß nicht lachen. Wenn jemand hinfällt, lache ich nicht.

DENNIS: Ich mein ja bloß. Alles klar. Kein Problem. Ich sage ja nur, falls ihr lachen müßt.

PAM: Ich nicht.

DENNIS: Gut. Das hätten wir also. Und was ist mit dir, Neil?

NEIL: Ich muß nicht lachen.

DENNIS: Prima. Dann bleib nur noch ich.

PAM: Ja, nur noch du.

DENNIS: Gut. Also. Ja... denn.

(Marjorie kommt im Mantel aus dem Haus. Sie trägt eine Decke, eine Wärmflasche und ihre Handtasche.)

MARJORIE: Also ich weiß wirklich nicht, warum wir hier draußen essen, wirklich. Morgen liegen wir alle krank im Bett.

(Dennis springt auf, geht zu ihr und hilft ihr zum Tisch. Neil steht auf und bietet ihr seinen Stuhl an.)

DENNIS: Da ist sie ja. Willkommen im Reich der Lebenden.

MARJORIE: Morgen liegen wir alle mit Lungenentzündung im Bett.

DENNIS: Und übermorgen sind wir alle mausetot.

(Dennis reicht Marjorie an Neil weiter, der sie stützt. Dennis klappt einen Stuhl auf.)

MARJORIE: Wie ich dich kenne, wirst du noch bei meiner Beerdigung lachen. Den Kessel habe ich dir noch nicht verziehen. Explodiert mir direkt vor der Nase.

(Dennis lacht.)

DENNIS *(schaut sich um)*: Von wo kommt der Wind...

NEIL: Von da.

DENNIS: Stimmt.

(Dennis übernimmt Marjorie von Neil und führt sie um den Tisch. Er will ihr gerade auf einen Stuhl helfen. Er reicht Neil Marjories Handtasche, die bei der Aktion im Weg ist.)

PAM: Gar nicht wahr. Der Wind kommt von da. Da um die Ecke.

DENNIS: Stimmt.

(Er führt Marjorie weiter, zwingt dabei Pam aufzustehen. Dennis reicht Pam Marjories Decke, die im Weg ist. Er schleppt jetzt Marjorie um den Tisch wie eine ausgestopfte Puppe. Vera kommt mit der Teekanne heraus.)

VERA: Also dann. Setzt euch doch. *(Erkennt die Situation)* Nein, Dennis, setz sie hier rüber. Da ist sie nicht im Zug. Da ist sie nicht im Zug.

MARJORIE: Ich darf nicht im Zug sitzen, tut mir leid.

VERA: Du sitzt auch nicht im Zug, Mutter. Dennis bringt dich da rüber. Bring sie dahin, Dennis.

DENNIS: Ich bring sie ja dahin.

VERA: Ja, bring sie dahin... Also dann. Setz dich, Neil. Bedient euch.

NEIL: Danke.

(Dennis hat Marjorie etwas abseits vom Tisch plaziert, zwar ist sie noch für alle sichtbar, aber sie sitzt hinter der Ecke.)

VERA: Das Geburtstagskind kommt hierher.

DENNIS: Gut.

VERA: Ach, ist doch wirklich herrlich. Ich hätte nie gedacht, daß das schon geht.

NEIL *(dem man ansieht, daß er friert)*: Sehr mild.

(Marjorie hüstelt. Vera reagiert.)

VERA: Kannst du mir die Tassen reichen, Schatz?

DENNIS: Wird gemacht.

VERA *(beginnt Pam Tee einzugießen)*: Du trinkst ihn schwarz, Pam?

PAM: Bitte.

MARJORIE: Meinen bitte ganz schwach.

VERA: Ja, du kriegst einen ganz schwachen, Mutter. Moment.

DENNIS: Hm, die sieht aber gut aus, die Schinkenpaste. Von dir, Vee, oder von Mutter?

VERA *(reicht Pam ihre Tasse)*: Von mir. *(Sie bietet die Platte mit Gurkenschnittchen an.)* Nimm doch, Neil.

NEIL: Äh, danke. Ich halt mich lieber an die da.

(Vera stellt die Platte mit den Gurkenschnittchen überhastet ab. Neil verhindert mit einer schnellen Bewegung, daß ihm die Platte auf den Schoß rutscht. Vera bietet die Schnittchen mit Schinkenpaste an. Neil nimmt sich. Inzwischen bedient sich Dennis von den Gurkenschnittchen. Beide Männer nehmen sich kleine Teller und Servietten. Vera bietet Pam ein Schnittchen mit Schinkenpaste an. Pam nimmt sich. Vera setzt die Schnittchen ab und gibt Pam einen Teller und eine Serviette. Dann gießt Vera weiter Tee ein, jetzt in Neils Tasse. Während sie eingießt –)

MARJORIE *(plötzlich)*: Wo ist sein Kuchen?

VERA: Was?

MARJORIE: Wo ist der Kuchen für Dennis?

DENNIS: Ah – *(Er erhebt sich erwartungsvoll.)*

(Pam und Neil schauen ebenfalls mehr oder weniger erwartungsvoll.)

VERA: Wir haben dies Jahr doch keinen gebacken, Mutter.

MARJORIE: Dennis kriegt immer einen Kuchen.

VERA: Ja, aber du warst krank, Mutter, weißt du nicht mehr?

MARJORIE: Du hättest ihm einen Kuchen backen können, Vera.

(Vera gibt Neil seine Tasse.)

DENNIS *(artikuliert stimmlos zu Marjorie)*: Macht doch nichts, Mutter.

MARJORIE *(ebenso)*: Sie hätte dir einen Kuchen backen können.

(Vera bemerkt die stimmlose Unterhaltung. Dennis und Marjorie unterhalten sich weiter stumm und mit Gesten, bis Dennis Veras Blick bemerkt.)

VERA *(schenkt Dennis Tee ein)*: Du kennst doch meine Kuchen. Und die Glasur krieg ich auch nicht so hin wie du. Bei mir kleckert bloß alles runter. Wir hätten Mrs. Mandelsham fragen…

MARJORIE: Man muß doch niemand fragen, wie man einen Kuchen glasiert.

VERA: Also, ich kann das nicht.

PAM: Ich auch nicht.

DENNIS: Macht doch nichts, Mutter, macht doch nichts.

(Vera gibt Dennis seine Tasse. Sie bietet Dennis ein Gurkenschnittchen an. Er nimmt sich. Sie bietet Neil an, der ablehnt. Dann bietet sie Pam an.)

PAM: Und was ist mit deiner Mutter?

(Sie nimmt Vera die Platte aus der Hand und bietet die Schnittchen Marjorie an. Vera schenkt sich selbst Tee ein.)

MARJORIE *(bemerkt Pam nicht)*: Schon seit frühester Kindheit hat er immer seinen Kuchen gekriegt. Sogar als dein Vater starb, Dennis, ich habe dir trotzdem deinen Kuchen gebacken.

(Pam gibt auf, wedelt mit der Platte noch einmal heftig vor Marjorie herum und stellt sie wieder auf den Tisch.)

DENNIS: Ja, Mutter, und er war immer wunderbar. Wunderbar.

(Langes Schweigen. Vera greift nach der Heißwasserkanne. Sie erwischt mit ihrem Handgelenk den Zuckerlöffel, der Zucker spritzt in die Höhe. Vera versucht das zu ignorieren. Alle richten ihre Aufmerksamkeit auf anderes. Zittrig füllt Vera die Teekanne mit heißem Wasser auf. Die anderen können nicht anders und schauen fasziniert zu. Sie stellt die Heißwasserkanne wieder auf den Tisch, zufällig nahe bei Neil. Neil wechselt nervös die Beinhaltung. Nachdem sie alles ohne Malheur bewältigt hat, lächelt Vera in die Runde. Alle sehen woanders hin. Vera greift nach der letzten, leeren Tasse. Es klappert gefährlich, aber sie schafft es, sie vor sich auf den Tisch zu stellen. Sie gießt Milch in die Tasse. Sie fängt an, Tee einzugießen. Marjories Stimme unterbricht die Stille.)

MARJORIE: Weißt du noch, als du beim Militär warst? *(Vera zuckt beim Einschenken zusammen.)* Ich hab den Kuchen eingepackt und dir nach Übersee geschickt.

VERA: Also, es tut mir wirklich leid. *(Sie erhebt sich mit der Tasse, will sie hinüber zu Marjorie bringen.)*

MARJORIE: Ich finde, du hättest ihm doch wenigstens einen Kuchen backen können, Vera. Es war wirklich sehr gedankenlos von dir, daß du vergessen...

(Die Teetasse beginnt unkontrolliert in Veras Hand zu zittern.)

VERA *(mit zusammengebissenen Zähnen)*: Nimmt bitte jemand diese Tasse? Nimmt mir bitte jemand diese Tasse ab?

PAM *(nimmt ihr die Tasse ab)*: Ja. Ja, gib her.

(Pam bringt die Tasse zu Marjorie. Neil steht auf, nimmt ein paar Schnittchen, legt sie auf einen Teller und bringt ihn hinüber zu Marjorie.)

NEIL: Möchten Sie ein Schnittchen, Mrs. –

(Pam kommt zurück und setzt sich.)

MARJORIE: Ja, dann eß ich eben ein Schnittchen.

(Neil kommt zurück und setzt sich. Pause)

Da sie anscheinend keinen Kuchen gebacken hat.

VERA *(stößt die Tasse um)*: Oh.

(Tee ergießt sich über den Tisch, läuft durch die Ritzen der Holzplatte. Neil und Pam springen auf. Dennis, der noch sitzt, unterdrückt seine Heiterkeit.)

DENNIS: O Gott.

PAM: Schon gut. Ich mach schon. Bleib ganz ruhig sitzen, Vee, sonst ist gleich alles voll.

VERA: Tut mir leid, ich –

PAM: Nichts passiert.

NEIL: Darf ich?

PAM: Nein, bitte nicht.

NEIL: Aber wenn ich das nehme, kannst du...

PAM *(scharf)*: Bitte, Neil, überlaß das mir.

NEIL *(ärgerlich)*: Bitte. Bitte. Ich wollte bloß... Dann halt ich in Zukunft eben meinen Mund. *(Er nimmt ein Schnittchen und stopft es sich in den Mund.)* Oh.

DENNIS: Äh?

NEIL: Gurke.

VERA *(gepreßt)*: Wenn sie noch ein Wort von diesem verdammten Kuchen sagt...

PAM: Na, bitte. Schon alles weg.

VERA: Danke, Pam.

(Stille. Dennis verbeißt sich weiter das Lachen. Neil muß aufstoßen. Pam schaut ihn mißbilligend an. Dennis platzt heraus. Er steht auf und entfernt sich vom Tisch, erholt sich allmählich, wischt sich die Augen, steht da und schaut lächelnd in die unglückliche Runde.)

DENNIS: Also.

(Pause)

(Leise) Happy birthday to me.
Happy birthday to me.
Happy birthday, dear Dennis,
Happy birth–

(Er fängt Neils Blick auf. Neil deutet unmerklich auf Vera. Dennis schaut kurz zu Vera. Sein Gesang verebbt. Sie setzen sich.)

Vorhang

Zweiter Akt

Erste Szene

Ebenda. Oktober. In der Garage ist Licht, draußen ist es dunkel. Dennis hat entlang der Wände eine Kette mit bunten Glühbirnen gespannt. In einigen Fassungen fehlen die Birnen. Im Moment arbeitet er an einem Geburtstagsgeschenk für seine Mutter. Ein selbstgebauter Nähkasten. Er schleift gerade mit dem Schleifaufsatz einer elektrischen Bohrmaschine das Holz ab. Neil hockt auf der Werkbank, ein Glas Wein in der Hand, die Flasche in der Nähe. Das Glas von Dennis steht unberührt. Er ist auf seine Arbeit konzentriert und hört Neil überhaupt nicht zu, dessen Worte aber sowieso immer wieder vom Geräusch der Schleifmaschine übertönt werden.
Dennis schleift. Hört auf

NEIL: ... verstehst du, mein Problem – Pams Problem ist folgendes. Ich glaube, wir –
(Dennis fängt an zu schleifen, das Folgende ist nicht zu verstehen.)
– erwarten beide irgendwas vom anderen. Was der aber nicht geben kann –
(Dennis hört auf zu schleifen.)
– dem anderen. Verstehst du?
DENNIS: Mmh–hmm.
NEIL: Ich glaube, das ist von Natur aus so, meinst du nicht?
DENNIS: Hm.
NEIL: Es gibt immer zwei – hier, so – *(Er hält die Hände hoch, um es zu demonstrieren. Dennis fängt wieder an zu schleifen.)*
Das bin ich – das ist sie. Und die werden voneinander angezogen –
(Dennis hört wieder auf.)
– wie beim Magneten.
(Dennis fängt wieder an.)
Nur beim Menschen, im Gegensatz zum Magneten, das Problem bei Menschen ist –

(Dennis hört auf zu schleifen.)

– sie entmagnetisieren sich, nach einiger Zeit. Ehrlich, ich glaube, Pam und ich sind irgendwie am Ende. *(Er schaut, ob Dennis auf seine Worte reagiert.)*

(Dennis schleift. Neil wartet. Dennis hört auf.)

Ich hab gesagt, ich glaube, wir sind irgendwie am Ende. Pam und ich.

DENNIS: Ah.

NEIL: Ich weiß, das klingt schrecklich. Außerdem trinkt sie. Und ich bin schuld.

DENNIS: Nein, du doch nicht. *(Hält seine Arbeit hoch)* Ist das gerade?

NEIL: Ich glaub schon. Weißt du, Dennis, ich steh an einem Scheidepunkt in meinem Leben.

DENNIS: Wo hab ich die Wasserwaage gelassen?

NEIL: Plötzlich muß ich entscheiden. Ich muß die Entscheidungen treffen. Das ist nicht gerade meine Stärke. Ehrlich, mir fällt es furchtbar schwer, Entscheidungen zu treffen, und das genau ärgert Pam. Entscheide, sagt sie. Du entscheidest. Sie bewundert Stärke, Dennis. – Ich glaube, eigentlich bewundert sie dich.

DENNIS: Ach, wirklich? Wie nett.

NEIL: Frauen brauchen eine starke Schulter. Eine starke Schulter. Aber das habe ich nicht zu bieten.

(Dennis schleift wieder, Neil spricht eintönig weiter.)

Schwäche bei einem Mann. Das können Frauen einfach nicht ertragen. Nicht mal heute, trotz der ganzen Gleichberechtigung, sie erwarten immer noch von einem Mann, daß sie auf ihn bauen können, wenn's brenzlig wird. Und der Mann, der dann versagt, dem gnade Gott.

(Dennis hört auf zu schleifen.)

DENNIS: Stimmt. Stimmt.

NEIL: Na ja, dabei hab ich mir wirklich Mühe gegeben. Immerhin klammert sie sich nachts nicht mehr an mich. *(Pause)* Ich hab mir wirklich Mühe gegeben.

DENNIS: Ja.

NEIL: Ich meine, die Sache mit George Spooner. Das ist doch ein Anfang, findest du nicht? Das habe ich selbst entschieden. Ich hab mir gesagt, gut, wenn Dennis meint, der ist in Ordnung, dann ist er in Ordnung.

DENNIS: Der ist in Ordnung, George Spooner immer.

NEIL: Also. Ich hab sie nicht mal gefragt. Ich hab das einfach gemacht. Ich hab das Geld abgehoben, hab's ihm gegeben und hab gesagt, hier, bitte, George, da sind die fünftausendfünfhundert Pfund. Los geht's. Ruinieren Sie mich.

DENNIS: Du wirst es nicht bereuen.

NEIL: Ich weiß. Ich weiß. Er hat mir gefallen, dein George, hat mir gut gefallen.

DENNIS: Wenn du bei dem dein Geld verlierst, dann höchstens weil er vor lauter Schufterei tot umfällt.

NEIL: Das hab ich Pam auch gesagt.

DENNIS: Und was hat sie gesagt?

NEIL: Sie hat gesagt – sie hat gesagt, daß ich krank bin. Du bist total krank, hat sie gesagt.

DENNIS: Das wird sich zeigen.

NEIL: Genau. Das wird sich zeigen. Hab ich dir erzählt, daß sie trinkt? Ich merk es immer, wenn sie trinkt. Sie wird sehr – ausfallend.

DENNIS: Ach, na ja. Das gibt sich.

NEIL: Vera sieht besser aus.

DENNIS: O ja. Es geht ihr viel besser. Jeden Tag besser. Wenn sie und Mutter Frieden schließen würden, gäb's hier nur noch lachende Gesichter.

NEIL: Sind sie immer noch …?

DENNIS: Absolute Funkstille.

NEIL: Wirklich?

DENNIS: Das heißt, eigentlich redet Vera nicht mit Mutter. Mutter kommt zur einen Tür rein, Vera geht zur anderen Tür raus. Lächerlich. Seit Wochen geht das so. Ich sag, hört mal, Mädels, setzt euch doch einfach zusammen und lacht drüber. Es gibt schließlich nur ein Leben. Das ist alles, was ihr habt. Ein Leben. Lacht und genießt es, so lange ihr könnt. Übermorgen sind wir wahrscheinlich sowieso alle mausetot, also was soll's? Meinst du, die hören auf mich? Kein bißchen. *(Bewundert sein Werk)* Gar nicht schlecht. Wirklich, gar nicht schlecht.

NEIL: Ich hab übrigens deinen Rat befolgt. Ich war beim Arzt.

DENNIS: Ah ja?

NEIL: Ja.

DENNIS: Und?

NEIL: Er hat gesagt, ich bin kerngesund.

DENNIS: Oh, gut. Da bist du bestimmt erleichtert.

NEIL: Ich frage mich bloß, ob ich ihm glauben kann? Meint er wirklich, was er sagt, oder meint er, ich bin krank, aber so krank, daß er es mir nicht sagen kann.

DENNIS: Och, so was machen die glaube ich nicht.

NEIL: Doch. Das hab ich aus sicherer Quelle. Genau das machen sie.

DENNIS: Ach, weißt du, du mußt auch mal das Positive sehen.

NEIL: Ja, genau. Heute morgen kam die Mitteilung wegen unserem Haus.

DENNIS: Ah ja.

NEIL: Es wird jetzt definitiv abgerissen. Sie schätzen ungefähr in einem Jahr.

DENNIS: Na ja, die müssen euch ja was anderes anbieten.

NEIL: Ja, ja. Die bieten uns was anderes an. Wenn wir dann noch zusammen sind.

DENNIS: Also, was willst du denn. Schönes neues Haus. Ist doch nicht schlecht.

NEIL: Nein. Nein. Hast ja recht. *(Kleine Pause)* Weißt du, Den, manchmal würd ich am liebsten von 'ner Brücke springen.

DENNIS: Ach, komm. Jetzt sei doch mal ein bißchen fröhlich. Schließlich hast du Geburtstag.

NEIL: Wenn ich nicht zu dir kommen könnte und mit dir reden, ich glaube –

(Dennis nimmt einen Hammer und klopft ein loses Teil fest.)

– ich glaube, ich hätte längst Schluß gemacht –

(Dennis hört auf zu hämmern.)

– längst schon.

DENNIS: So, das hätten wir.

NEIL: Sehr gut.

DENNIS: So, jetzt kann sie mal sehen, wer hier der Tischler in der Familie ist. Ich werd's ihr schon zeigen.

NEIL: Ist das ein Geburtstagsgeschenk für deine Mutter?

DENNIS: Ja. Ein Nähkästchen.

NEIL: Übrigens, vielen Dank für die Krawatte. Gefällt mir gut.

DENNIS: Ah das freut mich. Eigentlich hat Mutter sie ausgesucht.

NEIL: Ah ja. Sehr schön. Sehr geschmackvoll.

DENNIS: Ja, Geschmack hat sie. Gut. Was jetzt? Ach ja, herzlichen Glückwunsch.

NEIL: Oh, vielen Dank.

DENNIS: Weißt du, ganz unter uns, ich hab noch eine kleine Überraschung für Mutter in der Mache. Das war schon immer Vaters Schönstes. Vater hatte an ihrem Geburtstag immer noch eine kleine Überraschung für sie in petto. Ich versuch, die Tradition fortzusetzen.

NEIL: Und das da gehört dazu?

DENNIS: Die Lichterkette. Ja. Damit es ein bißchen festlich wird. Die hab ich noch von einem Grillabend. Guck mal. *(Er knipst sie am Schalter neben der Tür aus. Nichts geschieht.)* Ah. Da stimmt was nicht. Mal sehen. Ja, klar, da fehlen ein paar Birnen. Leiter? Trittleiter...

NEIL: Und dann wissen wir natürlich auch nicht, was wir mit Darren machen sollen.

DENNIS: Wieso, wann?

NEIL: Wenn Pam und ich uns trennen.

DENNIS: Ach so. Was hast du eigentlich von ihr gekriegt?

NEIL: Was?

DENNIS: Zum Geburtstag. Was hast du von Pam gekriegt?

NEIL: Ach, ich glaube, sie hatte nicht richtig Zeit. Im Moment hat sie mit Darren alle Hände voll zu tun.

DENNIS: Da muß irgendwo eine quadratische Schachtel mit farbigen Birnen sein. Guck mal, ob du sie findest.

NEIL: Äh... *(Er fängt an zu suchen.)*

(Pam kommt aus dem Haus. Sie rüttelt am Griff der Garagentür.)

PAM: He, ihr zwei. Macht auf.

DENNIS: Moment mal. Moment. *(Zu Neil)* Schnell, schmeiß das Tuch rüber.

NEIL: Hä?

DENNIS: Das Ding zudecken, schnell.

PAM: Aufmachen.

DENNIS: Gut. Mach auf.

(Neil kämpft mit der Tür.)

Gegenstoßen. Ich muß sie mal reparieren. Und die andere auch, fällt mir dabei ein.

(Neil gelingt es, die Tür zu öffnen.)

PAM *(kommt herein)*: Was macht ihr da eigentlich, Herrgott noch mal?

DENNIS: O–oh, jetzt gibt's Ärger. Ah, da ist sie ja. Die Schachtel mit den Glühbirnen. *(Er stellt die Trittleiter auf, nimmt eine Birne aus der Schachtel und steigt hoch.)*

PAM: Was denkt ihr euch eigentlich dabei?

NEIL: Bei was?

PAM: Wir sitzen alle drüben wie bestellt und nicht abgeholt und warten auf euch. Was ist denn los?

DENNIS: Überraschung, Überraschung.

NEIL: Wir machen bloß was fertig.

PAM: Und was sollen wir solange machen? Ich meine, Vee und ich sitzen in der Küche, und Marjorie sitzt allein im Wohnzimmer, weil Vee nicht reingeht, wenn sie drin ist, und wir fühlen uns alle richtig sauwohl. Ich dachte, wir wollten Geburtstag feiern.

NEIL: Jetzt sieh mich doch nicht so an.

PAM: Ich seh dich aber an. Ich will, daß du rüberkommst und dich unterhältst.

NEIL: Ist ja gut, ist ja gut.

DENNIS: Kannst du mir bitte eine von den Birnen geben, aus der Schachtel?

NEIL *(tut es)*: Ich komm gleich rüber.

PAM: Nein, Neil, jetzt. Jetzt gleich.

DENNIS: Danke.

NEIL: Also, ich kann jetzt grade nicht, Pam, ich bin –

PAM: Es ist mir egal, was du bist, ich setz mich da nicht noch mal 'ne halbe Stunde hin.

NEIL: Also, jetzt hör aber auf, Pam, Herrgott noch mal. Hör auf, mir reicht's.

DENNIS: Und noch eine, bitte.

PAM: Also jetzt komm mir nicht so. Du weißt, was sonst passiert.

NEIL: Ich weiß. Ich weiß.

DENNIS: Birne, Birne, Birne.

PAM: Also bitte, vergiß das nicht. Du hast absolut kein Recht, dich jemals über irgendwas zu beschweren. Du hast mir die totale Verantwortung überlassen. Du hast jedes Recht verwirkt, überhaupt noch irgendwann irgendwas zu sagen.

NEIL: Was redest du da eigentlich?

DENNIS: Noch 'ne Birne, per favore.

PAM: Ich darf den ganzen Haushalt alleine machen. Ich darf dein Kind großziehen, und ich darf mich auch noch ganz allein um deine Mutter kümmern.

NEIL: Wie kannst du so was sagen.

PAM: Weil es stimmt, mein Lieber. Darum.

NEIL: Es stimmt nicht.

DENNIS: Kann mal bitte jemand die Leiter festhalten.

NEIL *(hält die Leiter mit einer Hand fest)*: Es stimmt einfach überhaupt nicht.

PAM: Natürlich stimmt es, verdammt noch mal.

NEIL: Spar dir dein Gefluche, Pam. Jedesmal, wenn du wütend wirst, fängst du an zu fluchen.

PAM: Ich mach gleich noch was ganz anderes, wenn du nicht sofort mit mir mitkommst, auf der Stelle.

(Während sie spricht, packt sie wütend die Streben der Leiter.)

DENNIS: He, Vorsicht, Vorsicht, ich fall gleich runter.

NEIL: He, laß das, Pam, er fällt sonst runter.

PAM: Geschieht ihm ganz recht. *(Sie rüttelt an der Leiter.)*

DENNIS: He. He. Kannst du damit mal aufhören?

NEIL: Pam, er fällt runter.

(Vera kommt aus dem Haus in die Garage.)

VERA: Dennis. Dennis.

DENNIS: Hier bin ich.

VERA: Dennis, würdest du bitte da runterkommen, und zwar sofort. Du gehst jetzt rüber ins Wohnzimmer und fragst deine Mutter, ob sie vielleicht freundlicherweise den Fernseher leiser stellen könnte.

DENNIS: Kannst du sie nicht selber fragen, Schatz, ich bin ein bißchen...

VERA: Ich hab sie gefragt. Zweimal hab ich sie gefragt. Sie hat überhaupt keine Notiz von mir genommen. Ich glaube, sie hat ihn sogar noch lauter gestellt. Ich muß dich ja wohl nicht daran erinnern, daß es nebenan ein kleines Baby gibt.

DENNIS: Ja, ist ja gut. Ist ja gut.

VERA: Das höchstwahrscheinlich schläft.

DENNIS: Könnte bitte mal jemand gehen und den Fernseher leiser stellen?

PAM: Ich geh schon.

VERA: Nein, ich will, daß Dennis geht. Es ist seine Mutter. Er soll sich mit ihr rumschlagen. Soll er mal sehen, wie sie ist.

DENNIS: Ich kann nicht gehen. Ich steh auf der Leiter.

PAM: Schon gut. Ich geh. *(Sie geht.)*

VERA *(ruhiger)*: Was machst du eigentlich, Dennis? Würdest du mir bitte sagen, was du da machst?

DENNIS: Ich bereite bloß eine kleine Überraschung vor. Wie jedesmal.

VERA: Überraschung?

DENNIS: Für Mutters Geburtstag, Schatz. Sie hat Geburtstag.

VERA: Mein Gott, erinner mich nicht daran. Siebenundsechzig. Ich seh doch nicht aus wie siebenundsechzig, Dennis? Alle waren ganz erstaunt, als sie gehört haben, daß ich siebenundsechzig bin.

DENNIS *(kommt von der Leiter herunter)*: Komm, Vee, Vee, ist ja gut. Beruhig dich, Liebes, beruhig dich.

VERA: Und der Schlachter hat gesagt – Was, Sie sind siebenundsechzig, Mrs. Crowthorne, das sieht man Ihnen aber wirklich nicht an.

DENNIS: Hör mal, Vee, sie hat Geburtstag. Nur einmal im Jahr. Jetzt geh. Geh zu ihr und schenk ihr ein kleines Lächeln. Mehr will sie doch gar nicht. Bloß ein Lächeln. Sag – Herzlichen Glückwunsch, Mutter, und gib ihr einen kleinen Schluck zu trinken.

VERA: Sie braucht keinen kleinen Schluck zu trinken, sie hat schon eine halbe Flasche intus.

DENNIS: Vera. Komm, Vera, mir zuliebe. Na los, Schatz, mir zuliebe.

VERA: O Gott, Dennis, du willst einfach nicht... du willst nicht...

DENNIS: Also was denn? Was will ich nicht?

VERA: Du willst nicht... sag mal, Neil, würde es dir was ausmachen?

NEIL: Hä?

VERA: Könntest du nicht mal kurz rausgehen?

NEIL: Ja, klar.

DENNIS: Er stört doch nicht. Er stört nicht.

VERA: Doch, er stört.

NEIL: Ich geh schon.

DENNIS: Danke, Neil. Danke.

(Neil geht zur Tür hinaus.)

Also, Vee. Was ist denn los?

VERA: Es ist bloß –

NEIL: Soll ich die Tür zumachen?

DENNIS: Vielen Dank, Neil.

(Neil schließt die Tür, überlegt, ob er ins Haus gehen soll oder nicht, und setzt sich schließlich auf eine Mülltonne.)

VERA: Es ist bloß – Ich glaube, ich brauch Hilfe, Dennis.

DENNIS: Wie meinst du das, Hilfe?

VERA: Von dir. Ich glaube, ich schaff das nicht mehr lange, wenn du mir nicht hilfst.

DENNIS: Helfen? Wie denn? Geht's um Mutter? Meinst du Mutter?

VERA: Auch. Nein, nicht bloß sie. Du bist irgendwie nie da, Dennis.

DENNIS: Was soll das heißen? Ich bin da. Ich bin genauso viel zu Hause wie andere Männer. Wahrscheinlich sogar mehr als andere Männer.

VERA: Ja, aber dann bist du bloß die ganze Zeit hier drin.

DENNIS: Nicht die ganze Zeit.

VERA: Die meiste Zeit.

DENNIS: Na ja, es gibt 'ne Menge zu tun. Fürs Haus. Ich meine, du kannst ja gerne mit herkommen. Keiner hindert dich, wenn du reden willst. Irgendwas besprechen.

VERA: Aber wir haben ein Zuhause, Dennis. Ich schufte den ganzen Tag, damit es da drüben gemütlich ist. Ich will nicht den Abend in einer Garage verbringen.

DENNIS: Ach, jetzt komm.

VERA: Ich meine, wozu mach ich denn... das alles? Ich meine, wozu? Ich brauche Hilfe, Dennis.

DENNIS: Ja, aber merkst du eigentlich nicht, Vee, daß du dich furchtbar unpräzise ausdrückst. Du sagst Hilfe, aber was für eine Art Hilfe meinst du?

VERA: Einfach Hilfe. Von dir.

DENNIS: Ja. Gut, also, paß mal auf. Warum setzt du dich nicht hin, wenn du ein bißchen Zeit hast, nimmst dir einen Zettel und machst einfach eine kleine Liste mit all den Sachen, bei denen ich dir helfen soll. Alles, was so anliegt, was ich machen oder reparieren soll, und dann können wir drüber reden, und dann sehen wir schon, wo ich helfen kann. Einverstanden?

(Vera antwortet nicht.)

Wie wär's damit, Vee? Gut? Wär das was?

(Vera geht zur Tür.)

Vee?

(Vera geht langsam hinaus und ins Haus.)

Vee, Vee.

(Neil streckt den Kopf zur Tür rein.)

NEIL: Sie ist rübergegangen.

DENNIS: Ach weißt du, Neil. In diesem Haus fehlt es nur an einem, die Leute müßten ein bißchen mehr Verständnis füreinander haben und ein bißchen mehr über sich lachen können. *(Er steigt wieder auf die Leiter.)* Das ist das ganze Geheimnis. Hört sich doch ganz einfach an, findest du nicht? Aber wenn ich denke, wie oft ich das schon gesagt habe und wie oft es... *(plötzlich, laut)* Halt die Leiter fest.

NEIL *(hechtet auf die Leiter zu und hält sie fest)*: 'tschuldigung.

DENNIS: Mensch, das war aber knapp. Noch 'ne Birne.

NEIL: Noch 'ne Birne.

DENNIS: Ähm, Neil, du müßtest mir beim Kuchen helfen.

NEIL: Beim Kuchen?

DENNIS: Also, das läuft so. Du müßtest in der Küche warten, wenn's dir nichts ausmacht. Ich hab den Kuchen für Mutter auf dem obersten Regal überm Kühlschrank versteckt. In einer großen braunen Dose. Also. Ich werde Mutter rufen. Und sobald sie durch die Küche ist, raus mit dem Kuchen und die Kerzen anzünden. Sie kommt hier rein – *(demonstriert)* siehst du, so – ich bin da versteckt, siehst du. Also, sobald sie durch die Tür ist, kriegst du dein Zeichen. Und zwar die Hupe, ein langer Ton. Klar? Im gleichen Augenblick tauche ich auf – Herzlichen Glückwunsch, Mutter – und enthülle das Geschenk. Inzwischen bist du mit dem Kuchen da, hinter ihr – wenn du willst, kannst du Happy Birthday, liebe Marjorie, singen oder so was –, und wenn du es schaffst, machst du noch von da aus die Lichterkette an, siehst du? Und im gleichen Augenblick kommen Pam und Vera auch aus ihrem Versteck. Und dann mußt du Mutters Gesicht sehen. Ein Gedicht. Wirklich sehenswert.

NEIL: Du magst deine Mutter sehr.

DENNIS: Ja, na ja, wahrscheinlich schon. Muß ich zugeben. Sie hat ihre Fehler, weißt du. Sie ist auch nicht besser als Vee. Manchmal ist sie ein bißchen hysterisch, aber meistens reicht ein Witz und die Sache ist vergessen. Ganz einfach.

(Pam kommt mit einem zerbrochenen Glas auf einer Kehrschaufel in die Garage.)

PAM: Wo sind denn eure Mülltonnen?

DENNIS: Um die Ecke, da. Gleich hinter dir.

PAM: Ah ja.

DENNIS: Totalschaden?

PAM: Eher harmlos. Bloß ein paar Gläser. Halb so schlimm. *(Zu Neil)* Hallo, Liebling.

NEIL: Geht's dir gut?

PAM: Prima, Liebling, prima.

NEIL: Schön.

PAM: Ich hab nämlich Hunger. Besteht irgendeine Aussicht, daß wir bald essen?

DENNIS: Ja, wir sind gleich fertig.

PAM: Was habt ihr gemacht?

DENNIS: Nichts. Siehst du dann. Was, Neil?

PAM: Solange du ihn nicht überredet hast, noch mehr Geld rauszurücken.

NEIL: Also, das war mein Geld.

PAM: Oh, absolut, absolut.

DENNIS: Höchstens, wenn er den Wagen doch noch kaufen will.

PAM: Den kann er sich jetzt sowieso nicht mehr leisten.

NEIL: Komm, Pam, bitte.

PAM: Ach, hau doch ab.

(Neil geht raus und ins Haus.)

DENNIS *(hinten in der Garage)*: Neil, reich doch mal… oh, ist er weg?

PAM: Fürchte ja.

DENNIS: Hm, na ja, vielleicht kannst du mal so nett sein, Pam. Ich will hier bloß ein bißchen Platz schaffen. Kannst du mir mal den Karton da geben?

PAM: Den da?

DENNIS: Danke.

PAM *(reicht ihm den Karton)*: Weißt du. Die zwei. Da mußt du dir wirklich was überlegen.

DENNIS: Welche zwei?

PAM: Deine Frau und deine Mutter.

DENNIS: Tja. Das klassische Problem. Da kann man nicht viel machen. Die vertragen sich schon wieder.

PAM: Die vertragen sich nicht wieder.

DENNIS: Na ja, im Moment grade nicht. Schon. Aber Streit gibt es eben immer mal. Du hast uns ja nie erlebt, wie wir normalerweise sind. Ich sag dir, früher gab es Zeiten, da sind wir drei – wir haben drüben zusammengesessen und haben gelacht und uns gegenseitig aufgezogen. Das kannst du dir gar nicht vorstellen.

PAM: Da hast du recht. *(Zeigt auf einen anderen Karton)* Den hier auch?

DENNIS: Ja, bitte, vielen Dank.

(Pam bückt sich, um den Karton hochzuheben. Ihr wird schwindlig. Leicht schwankend richtet sie sich auf.)

Alles in Ordnung?

PAM: Puh. Ja, danke. Meinst du, du wirst die Karre noch mal los?

DENNIS: Na ja, um ehrlich zu sein, irgendwie will ihn keiner. Und dann hab ich gedacht, vielleicht kommt Vee ja irgendwann auf die Idee, daß sie doch wieder fahren will. Ich meine, so wie sich das jetzt bei ihr entwickelt. Es geht ihr wirklich jeden Tag besser, so im großen und ganzen.

PAM: Was hatte sie eigentlich genau?

DENNIS: Ach. Weißt du, sie hatte ganz schreckliche Depressionen. Alles war verkehrt. Sie war sehr nervös, und sie ist zum Arzt gegangen, zum Psychiater, und der hat gesagt, sie muß vor allem alles viel leichter nehmen. Sie soll nicht immer alles so hastig machen. Und da ist sie dann ein paar Monate hingegangen, und irgendwann schien es ihr besser zu gehen, und dann hat sie's wieder gelassen. Ich meine, ich glaube, wir haben's schon kapiert, worum's geht... Vee braucht einfach ein Zuhause. Sie muß ihre Familie um sich haben.

PAM: Kann sein. Ach, Dennis.

DENNIS: Was ist?

PAM *(hält die Weinflasche hoch)*: Darf ich?

DENNIS: Bedien dich. Bedien dich.

PAM: Du bist wirklich unglaublich zäh. Ich hätte garantiert schon vor Jahren aufgegeben.

DENNIS: Was aufgegeben?

PAM: Gute Laune verbreiten zu wollen.

DENNIS: Ach, weißt du. Ein Lächeln kostet doch nichts.

PAM: Ja, das stimmt. Kannst du mir bitte mal gute Laune machen, Dennis?

DENNIS: Dir? Dir geht's doch gut.

PAM: Du wirst es nicht glauben. Nein.

DENNIS: Na gut. Du sagst mir dein Problem. Ich finde dir die Lösung.

PAM: Ich. Also. Ich. Diese endlosen Geburtstage, die wir ständig feiern, machen mir immer wieder bewußt, daß ich älter bin, als mir lieb ist.

DENNIS: Was soll das denn, bitte? Jetzt sag mir erst mal, was das heißen soll.

PAM: Ich bin alt, Dennis – alt, unbefriedigt, unattraktiv, frustriert, langweilig, ausgelaugt, unerotisch –, was du willst. Und es gibt absolut nichts, worauf ich mich freue. Reicht das fürs erste?

DENNIS: Also, erstens, du hast dein Kind. Was ist mit dem Kleinen?

PAM: Der ist bald weg. Wenn sie erst mal laufen können, sind sie eigentlich schon so gut wie weg.

DENNIS: Na ja, und du hast Neil.

PAM: Weiter.

DENNIS: Eh – Moment. Das kannst du nicht einfach sagen. Was ist mit Neil?

PAM: Ich freu mich einfach nicht mehr so auf Neil wie früher, Dennis.

DENNIS: Tatsächlich?

PAM: Ja, tatsächlich.

DENNIS: Tja dann. Weiß ich auch nicht.

PAM: Kennst du das, Dennis? Wenn man sich nicht begehrt fühlt?

DENNIS: Nein. Nein. Das kann ich nicht sagen.

PAM: Das hab ich ihm zu verdanken.

DENNIS: Wie, bitte? Wem? Wir reden doch immer noch über Neil, oder?

PAM: Er hat es geschafft, daß ich mich schäme. Warum muß ich mich schämen?

DENNIS: Kommt drauf an, was du angestellt hast. *(Er lacht.)*

PAM: Er war nicht mal so höflich, was mit einer anderen Frau anzufangen. Das könnte ich ja akzeptieren, grade noch. Aber einfach abgewiesen werden, als ob ich krank bin, ein Monster. Ich doch nicht, oder? Wenn, dann er.

DENNIS: Neil?

PAM: Irgendwas stimmt nicht mit ihm.

DENNIS: Gesundheitlich, meinst du.

PAM: Der Mann zerstört mich. Er zerstört mich systematisch. Ich war die Jüngste, die je das Schreibbüro geleitet hat. Ich hatte Aufstiegschancen. Das haben sie mir gesagt. Aufstiegschancen. Die hatten noch was mit mir vor. Das haben sie mir gesagt, als ich gegangen bin.

DENNIS: Tatsächlich?

PAM: Die hatten mich für was Größeres im Auge. Das haben sie gesagt.

DENNIS: Sehr gut. Du hast ihnen gefallen. Gut.

PAM: Findest du mich unerotisch, Dennis?

DENNIS: Ha, na ja. Vergiß nicht, daß ich verheiratet bin.

PAM: Aber du hast doch bestimmt noch Gefühle.

DENNIS: Wenn sich's vermeiden läßt, nicht. *(Er lacht.)* Nein, nein, du bist sehr attraktiv. Ich meine, ich bin absolut sicher, in einem anderen Leben, wenn's so was gibt, würde ich dich bestimmt sehr attraktiv finden. Ich möchte so weit gehen zu sagen, daß ich dich wahrscheinlich sogar reizvoll finden würde.

PAM: Und warum Neil nicht, verdammt noch mal?

DENNIS: Was?

PAM: Warum findet er mich nicht reizvoll, oder wie du das nennst.

DENNIS: Na ja, wahrscheinlich tut er's. Ich bin eigentlich ganz sicher, daß er's vielleicht tut. Aber weißt du, Pam, wenn man in unser Alter kommt, dann muß man langsamer treten. Das gilt für uns alle. Ich meine, vor zehn Jahren hab ich Sachen gemacht, die kann ich heute einfach nicht mehr. Ich konnte zweimal fünfundvierzig Minuten spielen. Fußball. Da die Straße runter. Das würde ich heute nicht mal mehr bringen, wenn es um mein Leben ginge. Das gleiche gilt für dich, das gleiche gilt für Neil. Man darf sich nichts vormachen.

PAM: Du meinst, es liegt am Alter?

DENNIS: Das ist wahrscheinlich das ganze Problem. *(Pause)* Ist dir damit irgendwie geholfen?

PAM: Nein, tut mir leid, Dennis, du machst deine Sache nicht sehr gut... ich bin immer noch schrecklich deprimiert.

DENNIS: Also, ich weiß nicht. Ich meine, was willst du? Soll ich mit den Ohren wackeln oder was?

PAM: O ja, bitte. Mit den Ohren wackeln.

DENNIS: Nein, jetzt mal im Ernst. Ehrlich, ich kann dir keine gute Laune machen, wenn du es nicht ernst meinst.

PAM: Vielleicht hätte ich bei dem Wagen ja sagen sollen.

DENNIS: Du, das Angebot gilt noch. Zweihundert Pfund.

PAM: Ich hab nicht mal zwei Pfund, Dennis. Ich hatte mal Geld, sogar 'ne ganze Menge. Gespart. Aber jetzt bin ich Hausfrau, und da gibt's kein Privateigentum. Und mein eigenes Geld ist damals für Vorhänge und Kissenbezüge und Klobürsten – *(Sie setzt sich hinter das Steuer des Wagens.)* Brrrm brrm.

DENNIS: Läuft gut.

PAM: Bitte die Sicherheitsgurte schließen. Mach ihn an, Dennis.

DENNIS: Hab keinen Schlüssel.

PAM: Mach ihn an, und wir hauen ab.

DENNIS: Nein, das Tor klemmt doch. Ich muß es endlich mal reparieren.

PAM: Los, Dennis, mach ihn an.

DENNIS: Das geht nicht. In der Garage. Wenn die Tür zu ist.

PAM: Brrm brrm.

DENNIS: Alles in Ordnung?

PAM: Brrm.

DENNIS: Pam. Pam.

PAM *(laut)*: BRRM.

DENNIS: Jetzt ist gut, Pam. Pam.

PAM: Brrm – oh. O Dennis.

DENNIS: Was ist los?

PAM: Ich glaub, mir wird schlecht.

DENNIS *(beunruhigt)*: Nicht so hastig. Nicht auf die Polster. Ich helf dir raus. Warte.

PAM: O Gott.

DENNIS *(kämpft mit ihr)*: Na los. Es geht schon. Los, komm.

(Er versucht sie rauszuziehen. Sie scheint sich überall verheddert zu haben, besonders Sicherheitsgurte und Lenkrad sind im Weg. Dennis zerrt an ihrem Pullover, ihr Arm rutscht aus dem Ärmel.)

Himmel, Arsch und Zwirn. Komm doch endlich, Pam.

(Marjorie kommt im Festkleid aus dem Haus.)

MARJORIE: Also du kannst machen, was du willst, Dennis, ich bleib da drin nicht länger sitzen. Ich will jetzt meine Überraschung. Dennis? *(Sie kommt in die Garage.)*

DENNIS: Ah, Mutter, kannst du mal eben mit anfassen?

MARJORIE: Also, Dennis, du ungezogener Junge.

DENNIS: Mutter, bitte.

MARJORIE: Laß mal, Dennis. Laß mal. Ich hab nichts gesehen. Keine Angst.

DENNIS: Mutter. *(Er müht sich weiter ab.)*

(Marjorie geht hinaus und schließt die Tür und steht Vera gegenüber.)

MARJORIE: Laß mal, Vera, da ist niemand drin.

VERA: Wieso? Dennis ist da drin.

MARJORIE: Nein, Vera, Dennis ist da nicht drin. Und ich glaube, es ist besser, wenn du nicht reingehst.

VERA: Los, laß mich durch. *(Sie schubst Marjorie zur Seite.)*

MARJORIE: Ich laß es nicht zu, daß man meinen Sohn zu Unrecht beschuldigt.

VERA: Ich hab gesagt, du sollst mich durchlassen.
(Sie öffnet die Tür und geht hinein.)

MARJORIE: Wie du willst. Auf deine Verantwortung.

VERA: Dennis, ich – *(sieht die beiden)* Oh, Verzeihung, ich...

DENNIS: Vee, kannst du mal eben mit anfassen?

MARJORIE: Ich hab dir gesagt, du sollst da nicht reingehen. Selber schuld. Es gibt Dinge im Leben, von denen eine Ehefrau am besten nichts weiß.

VERA: Du böse alte Frau. Das gefällt dir, was? Darauf hattest du es doch die ganze Zeit abgesehen. Daß Dennis mit einer anderen abhaut. Unser Zuhause kaputtmacht.

MARJORIE: Ich weiß nicht, wovon du redest, Vera. Du bist sehr ungezogen.

VERA: Du widerliche alte Kröte. Du hast mich immer gehaßt. Du hast mir mein Zuhause nie gegönnt.

DENNIS: Vera.

MARJORIE: Ich weiß nicht, was in dich gefahren ist.

VERA: Ach, ich würde am liebsten – ich würde am liebsten dein fieses Gesicht wegschmirgeln.
(Sie greift zu der Bohrmaschine mit dem Schleifaufsatz.)

MARJORIE *(schreit und flüchtet in eine Ecke der Garage)*: Vera. Vera.

DENNIS: Mädels, immer mit der Ruhe, Mädels.

VERA *(schreit über den Lärm der Maschine, deren Schnur zu kurz ist, so daß sie Marjorie nicht erreichen kann)*: Du miese, ausgekochte, brutale, kranke alte Kröte.

MARJORIE: Jetzt hör bitte auf. Hör bitte auf. Dennis, hilf mir.

DENNIS *(läßt Pam los und geht vorsichtig auf Vera zu, die die Maschine mit der rotierenden Scheibe hält)*: Also, Vee...
(Pam fällt, als sie losgelassen wird, nach vorn gegen das Lenkrad und auf die Hupe. Ein Dauerhupton)
Also, Vee. Jetzt ist Schluß damit. Ich möchte, daß du das da hinlegst.

VERA: Hexe, Hexe, Hexe.

MARJORIE: Aufhören, Dennis. Aufhören. Sag ihr, sie soll aufhören.

(Neil erscheint mit dem Kuchen samt brennenden Kerzen. Als er in die Garage kommt, knipst er die Lichterkette an und taucht so die Szene in prächtiges Technicolor.)

NEIL: Happy birthday to you
Happy birthday to you
Happy birth–
(Seine Stimme verliert sich.)

Zweiter Akt

Zweite Szene

Ebenda. Januar. Ein kalter, klarer Morgen. Vera sitzt im Garten, im «Sitzbereich». Sie ist in eine große Decke gehüllt, nur ihr Gesicht schaut heraus. Nach einem Augenblick kommt Dennis durch die Pforte, in jeder Hand eine große Supermarkt-Tüte. Er trägt Mantel, Schal und Handschuhe.

DENNIS: So. Hat doch gar nicht lange gedauert. Ich glaube, jetzt haben wir alles, was wir brauchen. Bis auf die Suppe. Deine Suppe gab's nicht, Vee. Ich hab 'ne andere genommen. Aber der Mann hat gesagt, sie ist genauso gut. Genauso gut. Sag mal, ist dir auch nicht zu kalt hier draußen?

VERA *(flüsternd)*: Nein.

DENNIS: Na gut, solang du uns nicht an Unterkühlung stirbst. Das kommt nicht in Frage. Klar? Wenn du willst, kann Mutter dir eine Wärmflasche bringen. Wenn du schon unbedingt hier draußen sitzen mußt... Wahnsinnig voll heute in der Stadt. Samstag vormittag eben. Ach, Vee, das wird dich interessieren. Weißt du, was ich heute gehört hab? Erinnerst du dich an Spooner. George Spooner, erinnerst du dich? Der Mann, der unser Wohnzimmer tapeziert hat. Du, rate mal, was passiert ist. Der ist auf und davon. Mit seiner Sekretärin. Konto abgeräumt und weg. Frau, Geschäft, alles zurückgelassen. Wie findest du das? Ist doch nicht zu fassen. Und keiner weiß, wo sie hin sind. Wenn ich an all die armen Leute mit ihren halbtapezierten Wohnungen denke. Und der arme Neil. Das Geld ist futsch. Na ja, man lernt nie aus. Ausgerechnet George Spooner. Für George Spooner hätte ich die Hand ins Feuer gelegt.

(Marjorie kommt aus dem Haus.)

MARJORIE: Ah, Dennis, du bist wieder da. Hat alles geklappt?

DENNIS: Würde ich sagen, Mutter. Ich werd ja wohl so einen kleinen Einkauf hinkriegen, ohne mir das Genick zu brechen.

MARJORIE: Na, bei deinem Talent. Wie geht's ihr?

DENNIS: Ganz gut, glaube ich.

MARJORIE: Hauptsache, sie ist warm genug. Warum bleibt sie bloß nicht im Haus, das wär mir sehr viel lieber. Da hätt ich sie besser unter Kontrolle. Aber sie will nicht. Sie mag es nicht. Drinnen ist sie zappelig und unruhig.

DENNIS: Na ja, vielleicht tut ihr die frische Luft gut.

MARJORIE: Hast du ihre Suppe?

DENNIS: Ja, ich hab reichlich auf Vorrat gekauft.

MARJORIE: Na, mal sehen, ob sie heute mittag was davon ißt. Mit den Ricecrispies ging's heute morgen schon ganz gut, was, mein Schätzchen? Kannst du das bitte in die Küche bringen, Dennis?

DENNIS: Mach ich. Mach ich.

MARJORIE: Ist auch bald Zeit für dein Mittagessen.

DENNIS: Das seh ich auch so, Mutter.

MARJORIE: Ich hab ein schönes Kotelett für dich.

DENNIS: Mmm. Lecker, lecker.

(Er geht ins Haus.)

MARJORIE: Und dir ist wirklich nicht zu kalt, Vera? *(Mummelt sie noch fester ein)* So. So ist besser. Du bleibst hier einfach schön sitzen. Du brauchst keine Angst zu haben, wirklich. Dennis ist bestens versorgt. Das mache ich schon. Du sollst jetzt nur an dich denken. Wir wollen doch, daß du bald wieder gesund bist. Weißt du, was Dennis für mich gemacht hat? Ein kleines Tischchen. Ein Nachttischchen. Das wollte ich schon immer haben. Und er hat mir die Lampe repariert. Lieb, findest du nicht? Möchtest du vielleicht zum Mittagessen ein Süppchen? Wie wär das, Vera? Ein kleines Süppchen? Möchtest du ein Tellerchen Suppe? Na, du wirst es schon sagen, wenn du irgendwas willst. Ich bin gleich zurück, Schätzchen. *(Ruft)* Dennis, Schatz, sei so lieb und setz das Wasser auf.

DENNIS *(entfernt)*: Sekunde. Es hat geklingelt.

MARJORIE: Ah. Besuch. Vera, Besuch, wer das wohl ist?

(Marjorie eilt Richtung Haus. Dennis kommt mit Pam und Neil.)

DENNIS: Guck mal, wer hier ist. Guck mal.

MARJORIE: Ja, so was. Herzlich willkommen.

NEIL: Guten Tag.

PAM: Tag.

MARJORIE: Wir haben Sie ja eine Ewigkeit nicht mehr gesehen.

NEIL: Ja, ja.

MARJORIE: Na, Sie hatten wohl was Besseres zu tun.

NEIL: Nein, nein. Gar nicht. Wir mußten bloß – äh...

MARJORIE: Wie geht's der Mama?

NEIL: Wie immer.

MARJORIE: Das freut mich. Sie wollen bestimmt die Patientin besuchen.

PAM: Wenn es geht.

MARJORIE: Sie ist da drüben, sie sitzt in der Sonne. Soll ich Kaffee machen, Dennis?

DENNIS: Sehr gut. Sehr gut, Mutter.

MARJORIE: Geht ganz schnell.

(Marjorie geht ins Haus.)

DENNIS: Ach, das ist aber nett. So 'ne Überraschung.

NEIL: Na ja, wir waren... wir haben gedacht, wir –

PAM: Wie geht's Vee?

DENNIS: Na ja, im Grunde geht es ihr viel besser. Sie macht riesige Fortschritte. Der Arzt ist sehr zufrieden, er ist ganz begeistert von ihr. Da sind wir, Vee. Vee, Liebes, sieh mal, wer dich besuchen kommt. Pam und Neil, Vee. Kommen dich besuchen.

PAM: Tag, Vee.

NEIL: Guten Tag.

(Vera schaut sie ausdruckslos an. Sie stehen um sie herum.)

DENNIS: Sag guten Tag, Vee. Sag Tag. Guten Tag.

VERA *(schwach)*: Tag.

DENNIS: Na bitte, seht ihr. Na bitte.

NEIL: Ja, wirklich ein Fortschritt.

DENNIS: Allerdings. Ich meine, als ihr sie das letzte Mal gesehen habt, also ehrlich, ganz offen gesagt, ich glaube nicht, daß sie gewußt hat, wer ihr seid. Aber sie macht sich, seht ihr ja.

NEIL: O ja.

DENNIS: Gestern war nämlich der Durchbruch. Der absolute Durchbruch. Sie hat, was – zwei randvolle Teller Suppe gegessen. Das heißt, ihr Appetit kommt zurück, und das ist ein gutes Zeichen. Zwei volle Teller.

PAM: Und meinst du, das ist gut für sie, hier draußen? Es ist ziemlich kalt.

DENNIS: Ach, na ja. Schon. Aber wenn sie im Haus ist, dann wird sie bloß nervös.

NEIL: Was wird sie?

DENNIS: Nervös. Sie wird nervös. Anscheinend fühlt sie sich hier draußen wohler. Uns wär lieber, sie wär drin, als wenn sie bei jedem Wetter hier draußen sitzt. Mir wär wohler. Ich glaube, uns wär allen wohler, wenn sie mehr drin wäre.

NEIL: Ich finde auch, daß sie mehr drin sein sollte.

DENNIS: Sag ich ja.

PAM: Was hat der Arzt gesagt?

DENNIS: Na ja. Im Grunde läuft es darauf hinaus, daß wir auf ihre Wünsche eingehen sollen. Sie muß einfach mal abschalten, das ist die Hauptsache. Ich meine, wir haben hin und her überlegt, na ja, ob sie besser ins Krankenhaus soll, aber – äh – letztendlich spricht alles dafür, daß die vertraute häusliche Umgebung ihr langfristig guttun wird. Sie ist nie gern verreist. War ihr immer ein Greuel. In Hotels hat sie sich nicht wohl gefühlt. Zu Hause war sie immer am glücklichsten. Zu Hause, das ist ihr Platz.

NEIL: Ja, das sehe ich auch so.

DENNIS: Im Moment ist sie natürlich noch sehr in sich zurückgezogen.

NEIL: Ja, ja.

DENNIS: Der Arzt hat das so erklärt. Vee hat eine mentale Verletzung, das ist ungefähr so ähnlich wie eine richtige Verletzung. Wie, zum Beispiel, ein Schnitt in die Hand. Das dauert, bis es heilt. Bis es wieder zusammengewachsen ist. Mit ihrem Verstand ist es genauso. Das macht er jetzt gerade. Er wächst wieder zusammen.

NEIL: Faszinierend.

DENNIS: Ja, wirklich. Faszinierend.

NEIL: Eine geniale Konstruktion, der Verstand.

DENNIS: Schon. Aber man darf nicht vergessen, daß sie ein sehr sportlicher Typ ist, zum Glück. Immer topfit. Sehr gute Familie, sag ich euch. Das macht sich jetzt bezahlt.

NEIL: Ah ja.

DENNIS: So, und soll ich euch jetzt mal ein Geheimnis verraten? Wißt ihr eigentlich, wie alt sie heute wird? Sie hat garantiert nichts dagegen, daß ich's euch sage.

PAM: Ach, sie hat Geburtstag?

DENNIS: Ja, ja. Aber ratet mal, wie alt sie wird. Da kommt ihr nie drauf. Zweiundvierzig.

PAM: Ehrlich?

NEIL: Donnerwetter.

DENNIS: Na, da wärt ihr doch nie drauf gekommen.

NEIL: Nein.

PAM: Sie hat Glück. Sie hat diese breiten Wangenknochen.

DENNIS: Sie war ein hübsches Mädchen.

NEIL: Kann ich mir vorstellen.

PAM: Vera? Vee... Vee...

NEIL: Sagt sie ab und zu was?

DENNIS: Hm, nein, eigentlich nicht. Sie sagt manchmal ja und manchmal nein. Und wenn man sich Mühe gibt, kann man es hinkriegen, daß sie Tag sagt. Ich meine, verstehen kann sie euch schon. Sie versteht, was wir jetzt reden.

PAM: Vee...

DENNIS: Spar dir die Mühe, Pam. Ehrlich.
(Pause)
Neil. Ich hab's heute gehört, das mit George Spooner.

NEIL: Ah ja.

DENNIS: Ja, tut mir leid.

NEIL: Ja.

DENNIS: Ich bin immer noch ganz platt. Ehrlich. Ich meine, er war überhaupt nicht der Typ. Einfach abhauen. Mit seiner Sekretärin, oder?

NEIL: Ja, soweit ich weiß.

DENNIS: Na ja. Die werden ihn schon kriegen.

NEIL: Ja.

DENNIS: Die kriegen ihn garantiert. Du bist hoffentlich mit einem blauen Auge davongekommen.

NEIL: Nein.

DENNIS: Oh. Na, dann scheint Pam diesmal ja recht gehabt zu haben. Was, Pam?

PAM: Ich hab damit nichts zu tun.

DENNIS: Nein, also du hättest mich totschlagen können... George Spooner. Aber weißt du, was wirklich unglaublich ist – was ich einfach nicht verstehe? Er war Steinbock.

NEIL: Ah.

DENNIS: Steinböcke machen so was nicht. Das paßt nicht zu ihnen.
(Pause)
(Lachend) Ach, übrigens – ähm –, ich hab noch was gehört. Ihr sollt euch irgendwie getrennt haben. Da kann man mal sehen, was man auf solches Geschwätz geben kann. Weiß gar nicht, woher ich das habe.

PAM: Von deiner Mutter wahrscheinlich.

DENNIS: Was?

PAM: Und die hat's von meiner.

DENNIS: Ah.

PAM: Wir waren getrennt, ungefähr eine Woche.

DENNIS: Ach so.

PAM: Ja.

NEIL: Aber jetzt sind wir wieder irgendwie zusammen. Vorläufig jedenfalls. Weißt du, wir haben uns überlegt, daß Pam erst mal eine vernünftige Grundlage braucht. Bevor sie wirklich auf eigenen Füßen stehen kann. Und Darren ist schließlich auch noch da. Und darum wird sie jetzt erst mal ein bißchen was für ihre Ausbildung tun.

DENNIS: Ausbildung ist wichtig.

NEIL: Mein Reden.

DENNIS: Und was willst du dann machen?

PAM: Na ja, ich hab gedacht, Werbung.

DENNIS: Ah ja.

NEIL: Ich dachte, du hast gesagt, du gehst in den Strafvollzug.

PAM: Das war ein Witz.

NEIL: Oh.
(Dennis lacht. Pause)

DENNIS *(zieht beide beiseite)*: Paßt mal auf – ähm –, ganz unter uns, ich bin wirklich froh, daß ihr vorbeigekommen seid. Ich wollte euch schon anrufen. Der Wagen. Den ihr mal kaufen wolltet...

NEIL: Ja?

DENNIS: Na ja, Vee wird wohl noch eine ganze Weile nicht fahren können – und, tja, na ja, er steht da bloß sinnlos rum. Und da hab ich gedacht, ob ihr ihn vielleicht haben wollt. Vee würde sich bestimmt freuen.

NEIL *(tauscht einen Blick mit Pam)*: Na ja…

PAM: Ich glaub nicht, vielen Dank.

DENNIS: Ich meine, geschenkt.

PAM: Ich glaube nicht, daß wir ein Auto brauchen.

DENNIS: Oh.

NEIL: Trotzdem, danke.

DENNIS: Na ja, wenn ihr's euch noch mal überlegen wollt…

NEIL: Danke. *(Pause)*

DENNIS: Wißt ihr übrigens, was ich letzten Samstag gemacht habe?

NEIL: Was?

DENNIS: Ich hab die Türen von der Garage repariert. Was sagt ihr dazu?

NEIL: Das gibt's nicht.

DENNIS: Ich hatte keine andere Wahl. Mutter war unerbittlich.

NEIL: Ah ja.

MARJORIE *(entfernt)*: Huu-huu.

DENNIS: Oh, da kommt sie. *(Ruft)* Ja, Mutter.

NEIL: Sie sieht aber gut aus.

DENNIS: Ja, sie ist in letzter Zeit richtig gut in Form. Fantastisch. Siebenundsechzig, immerhin.

NEIL: Hut ab.

(Marjorie kommt mit dem Kaffeetablett aus dem Haus.)

MARJORIE: Kaffee ist fertig.

DENNIS *(eilt zu ihr)*: Warte, Mutter. Ich nehm das. Bleiben wir hier draußen? Ist es nicht ein bißchen kühl?

MARJORIE: Na ja, schon. Aber was ist mit dem…

DENNIS: Ach herrje. Hab ich glatt vergessen. Ein Glück, daß ihr heute vorbeigekommen seid. Daß ihr dran gedacht habt, wer heute einundzwanzig wird, eh? Unsere alte Wasserfrau. *(Zieht beide beiseite)* Also paßt auf, Mutter hat ihr einen kleinen Kuchen gebacken. *(Er zeigt ihnen einen winzigen Kuchen mit Zuckerguß und einer Kerze.)*

NEIL: Ah.

MARJORIE: Nur ein ganz kleiner. Eher symbolisch.

DENNIS: Mehr lohnt sich nicht. Sie hat doch nichts davon. Ein Glück, daß du dran gedacht hast, Mutter.

MARJORIE: Irgend jemand muß ja an den Geburtstag deiner Frau denken.

DENNIS: Vee. Siehst du das? Mutter hat dir einen kleinen Kuchen gebacken, siehst du? Damit du weißt, daß wir dich nicht vergessen haben.

(Vera blickt ausdruckslos.)

Ich glaube, sie weiß es. Bestimmt.

MARJORIE: Ist mir ein Rätsel, wie sie hier draußen in diesem Zug sitzen kann.

DENNIS: Wir können sie schließlich nicht einsperren. Möchtest du nicht lieber wieder nach drinnen, Vee? Gemütlich zu Hause warm eingepackt? Wie wär das?

VERA *(nach einer Pause, leise)*: Nein.

(Dennis schaut zu Marjorie.)

MARJORIE: Nein?

DENNIS: Nein. *(Zu den beiden)* Sie ist immer noch verwirrt.

MARJORIE *(reicht den Kaffee)*: Pam.

PAM: Danke.

MARJORIE: Neil. Das ist für Sie. Sie nehmen doch ohne Zucker.

NEIL: Ja, vielen Dank.

MARJORIE: Und Dennis. Mit Zucker.

DENNIS: Danke, Mama. Also dann, herzlichen Glückwunsch, Vee.

PAM: Vee.

MARJORIE / NEIL *(zusammen)*: Herzlichen Glückwunsch, Vee.

(Kleine Pause)

DENNIS *(singt leise)*: Happy birthday to you
Happy birthday to you –
(Marjorie fällt ein. Sie macht eine Geste zu Neil und Pam, die auch einfallen. Veras Lippen bewegen sich stumm dazu.)
Happy birthday, dear Vera
Happy birthday to you.
(Das Licht wird eingezogen.)

Vorhang

Ab jetzt
(Henceforward)

Deutsch von
Corinna Brocher und Peter Zadek

Personen

Jerome	ein Komponist
Corinna	seine Frau
Geain	ihre Tochter
Zoe	eine Schauspielerin
Mervyn	ein Sozialarbeiter
«Gou 300 F»	
Lupus	nur auf Video
Junge Geain	nur auf Video

Anmerkung: Gou wird im ersten Akt von Corinna gespielt und im zweiten Akt von Zoe.

Ort: Jeromes Arbeitszimmer

Erster Akt: Freitag nacht / Samstag morgen. Irgendwann bald.
Zweiter Akt: Einige Tage später

Erster Akt

Erste Szene

Ein dunkles Wohnzimmer in einer Wohnung. Das einzige Licht kommt von einem Video-Kontroll-System, das im Moment inaktiv ist. Man kann sehr wenig erkennen und die Tageszeit schwer schätzen. Plötzlich erhellt sich ein großer Video-Bildschirm an der Wand, oder vielleicht eine Serie von Schirmen. Man sieht ein Bild, das von einer Haustür-Überwachungskamera stammt. Jerome, ein Mann um die Vierzig, steht vor der Wohnungstür. Er trägt drei Einkaufstüten und einen etwas merkwürdigen Spazierstock. Man sieht Jerome seinen Schlüssel ins Schloß stecken, er müht sich ab und brummelt, während er die Wohnungstür öffnet.

Er kommt in die Wohnung. Als er die Wohnungstür schließt, wird der Bildschirm wieder dunkel. Nach einem Moment geht das Licht im Flur an, und Jerome geht durch den Flur. Dann geht das Licht im Wohnraum an.

Ein merkwürdiger Raum. Keine Fenster, zumindest sind die, die es gab, von Vorhängen verdeckt, und durch die schweren Metall-Läden draußen kommt keinerlei Licht. Es gibt ein Sofa, zwei Drehsessel und eine Art Couchtisch – alles modern. Anderes erkennbares Mobiliar gibt es nicht. Der Rest der Einrichtung besteht aus hochentwickelten elektronischen Geräten. Nicht das Rattennest von Kabeln und Drähten eines Amateurs, sondern spezialgefertigte Anlagen mit Computern, Tonbandgeräten und Kassettenrecordern – Gestelle mit Verstärkern, Filtern, Hallgeräten und technischen Apparaten aller Art. Auf einer Seite verschiedene Keyboards. Einiges davon ist abgedeckt und bleibt so bis sehr viel später im Stück, wenn man zum erstenmal erkennt, was für eine enorme Ansammlung von Geräten Jerome tatsächlich besitzt.

Der Raum verrät wirklich die Widersprüchlichkeiten seiner Person. Während die makellose technische Anlage liebevoll vor dem kleinsten Staubflöckchen geschützt ist, herrscht im Rest des Zimmers –

dem Wohnbereich – ziemliches Chaos. Überreste von Fertiggerichten, schmutzige Tee- und Kaffeetassen, irgendwelche Kleidungsstücke. Spuren von jemand, der allein lebt und aufgehört hat, sich besonders zu kümmern. Seltsamerweise ist der Gesamteindruck, trotz all des modernen Zubehörs, eher von einer gewissen Schauerromantik. Drei Ausgänge, einer zum Flur und der Wohnungstür, einer zur Küche und einer zum übrigen Teil der Wohnung – den Schlafzimmern, Badezimmer etc.

Jerome steht in der Tür zum Flur und hat gerade das Licht angemacht. Er läßt die Tüten auf das Sofa fallen und stellt seinen Stock zurück in die Nähe der Tür zum Flur. Ebenfalls auf dem Sofa befindet sich Gou, zusammengesunken, Gesicht nach unten, eher unelegant, sie bleibt einige Zeit bewegungslos.

Jerome, der sie nicht beachtet, geht zur Anlage hinüber und schaltet den Anrufbeantworter um. Während er wieder zum Sofa geht, spult das Gerät im Schnellauf sichtbar und hörbar über Bildschirm und Lautsprecher zurück. Er nimmt davon jedoch kaum Notiz.

Er trägt zwei Tüten mit aluminiumverpackten Fertiggerichten in die Küche hinaus. Während er das tut, fängt der Anrufbeantworter an, Bild und Ton abzuspielen. Zunächst ein Piepser. Ein Logo erscheint. «Sozialbehörde. SPARMASSNAHME. Außer in besonderen Fällen sind alle Anrufe NOV. 01–993–9000.»

MERVYN *(seine Stimme)*: Hallo, Mr. Watkins, hier ist Mervyn Bickerdyke vom Jugendamt…
(Jerome stöhnt.)
Ich versuche, Sie schon seit ein paar Tagen zu erreichen wegen eines Termins. Es ist jetzt neun Uhr sechsundvierzig. Ob Sie mich wohl mal anrufen würden? Meine Nummer ist eingeblendet. Danke.
(Er legt auf. Der Bildschirm ist leer. Das Gerät piepst. Einen Moment später erscheint die nächste Nachricht.)

JEROME *(auf dem Weg in die Küche, antwortet Mervyn)*: Nein, würde ich nicht und werde ich nicht.
(Eine fanfarenartige Musik kommt vom Anrufbeantworter und ein Logo erscheint – «BLAISE GILLESPIE – Hostessen-Service für Anspruchsvolle».)

CHOR *(singt auf dem Video)*: Blaise Gillespie! Ein Anruf von Blaise Gillespie!

STIMME *(fröhlich)*: Hallo, Mr. Watkins, hier ist Mary Hope-Fitch von der Blaise Gillespie Agentur. Es ist zehn Uhr vierzig am Freitag. Ich rufe nur noch mal an, um Sie an Ihre Verabredung mit Zoe Mill zu erinnern, die voraussichtlich um vierzehn Uhr heute nachmittag bei Ihnen sein wird. Ich hoffe, das paßt Ihnen auch noch. Sie freut sich so darauf, Sie kennenzulernen. Wir sind überzeugt, daß sie all Ihre Sonderwünsche erfüllen wird. Sollte es irgendwelche Probleme geben, können Sie uns jederzeit anrufen. Vielen Dank.

(Jerome kommt aus der Küche zurück, um seine dritte Tüte zu holen.)

CHOR *(singt auf dem Video)*: Blaise Gillespie! Ein Anruf von Blaise Gillespie...

JEROME *(äfft sie nach)*: Von Blaise Gillespie... Alte Heulboje.

(Noch ein paar Piepser am Ende der Nachricht und die nächste kommt. Es ist dasselbe Logo wie beim ersten Anruf.)

MERVYN *(seine Stimme)*: Mr. Watkins, hier spricht Mervyn Bickerdyke, Jugendamt...

(Jerome stöhnt und geht mit der Tüte in die Küche.)

Ich muß dringend mit Ihnen sprechen. Vermutlich sind Sie grade beschäftigt – mit Ihren Kompositionen –, aber die Angelegenheit ist dringend. Es ist elf Uhr siebzehn, und meine Nummer ist eingeblendet. Vielen Dank.

(Jerome kommt zurück mit einem der aluminiumverpackten Gerichte in der einen Hand und einem handtellergroßen Teil gedruckter Schaltungen in der andern. Ein Piepser am Ende der Nachricht auf dem Anrufbeantworter.)

JEROME: Guck mal, was ich dir mitgebracht habe.

(Er legt das Teil beiläufig auf Gous Rücken, als er an ihr vorbeigeht.)

Ganz schön verwöhnt, was?

(Jerome setzt sich aufs Sofa und studiert die Gebrauchsanweisung auf seinem Einkauf. Ein weiterer Piepser. Der Bildschirm knackt und flimmert, ein verschwommenes Bild, das irgendwer sein könnte.)

ZOE *(ihre Stimme, weit weg)*: Hallo, hier ist Zoe Mill. Ich bin von der Blaise Gillespie Agentur, und es ist elf Uhr fünfzehn... Hallo? Hallo, hier ist Zoe... Hallo? Hören Sie mich? Oh, Scheiße...

(Noch ein Piepser. Der Bildschirm ist leer. Jerome liest gelassen weiter. Noch ein Piepser. Bildstörung wie vorher, eher schlimmer.)

Hallo, hier ist... Ach, Mensch! Funktioniert denn überhaupt keins von diesen blöden Dingern...?

(Noch ein Piepser, die Verbindung ist unterbrochen. Jerome liest weiter. Während er das tut, hört man einen kurzen Piepser – ein Schrei von Zoe und ein weiterer Piepser – die kürzeste aller bisherigen Nachrichten.)

(Ihre Stimme, wütend) Grrrrrr!

(Vom Anrufbeantworter ein weiteres Piepsen, und Lupus erscheint auf dem Bildschirm. Ein hoffnungsloser Anblick, ein abgespannter, von Sorgen gezeichneter Mann in den Vierzigern. Er trägt ein T-Shirt mit der Aufschrift MUSIC IS A LIVING THING. *Seine Umgebung läßt darauf schließen, daß er zu Hause ist. Die Geräusche eines Kindes, das außer Sicht spielt.)*

LUPUS: Hallo, Jerry, ich bin's, Lupus. Ich wollte dich nur mal anrufen, Alter...

(Jerome reagiert auf die Stimme von Lupus und stöhnt genervt.)

...nur daß du im Bild bist, wie's steht –

(Ein Ball, vermutlich von einem Kind geworfen, trifft Lupus am Kopf. Das Kind lacht.)

(Hilflos) Ach, mach das doch nicht, Orson... Das hat Papi weh getan. Es ist nämlich so, Jerry, der Tag X ist da. Ultimaten von Deborah. Drohungen von der Bank. Ich mein, richtig massive Drohungen. Zwei Gorillas in Kamelhaarmänteln, die meine Haustür eintreten wollten. Sieht so aus, als ob ich den Job bei den Greisen annehmen muß. Ich hätte nie gedacht, daß es dazu kommen würde, Jerry. Guck mich an. Ich bin ein Spitzen-Jazzer –

(Er wird wieder von irgendwas getroffen.)

Orson – hör auf, Liebling, Papi unterhält sich. – O Gott, wie tief bin ich gesunken? – Ersatztrommler in einer Drei-Mann-

Band bei einem Tanzabend im Seniorenheim. Muß das sein, Jerry? Antwort: Es muß sein. Und wie es sein muß.

(Jerome, der offensichtlich der Gebrauchsanweisung folgt, die er gelesen hat, nimmt die Alupackung aus ihrer Hülle und sucht nach einer isolierten Fläche. Schließlich stellt er den Behälter auf eines seiner abgelegten Kleidungsstücke, ein Hemd, das er auf dem Couchtisch ausbreitet.)

Und wie. Sonst ist es aus. Aber dir brauch ich das ja nicht zu erzählen.

(Während des Folgenden: Jerome hat seinen Behälter niedergesetzt, hält ihn mit einer Hand fest und zieht an einem roten Ring im Deckel. Damit zieht er einen Metallstreifen heraus, den er in der anderen Hand hält. Er schaut beides mißtrauisch an. Dann geht Jerome zum Anrufbeantworter hinüber.)

Wenn Deborah mich verläßt, Jerry, und es sieht ganz danach aus – sie sortiert grade ihre Platten aus –, also wenn Deborah geht – nach alldem auch noch das... Ich mein, ich war ein liebevoller Ehemann. Ich war ein verständnisvoller Ehemann. Mensch, war ich verständnisvoll. Ich hab sie rummachen lassen mit jedem Arsch, der's bei uns die Treppen hoch geschafft hat. Anwesende ausgenommen. Ich weiß einfach nicht, was ich tun soll, Alter...

(Jerome drückt auf einen Knopf, und Lupus geht in den schnellen Vorlauf. Er spult ruckartig einige Zeit dahin. Gelegentlich trifft ihn ein vom Kind geworfenes Objekt am Kopf, während seine Stimme im Schnellauf vor sich hin zwitschert. Jerome geht hinüber zu Gou, nimmt das Schaltteil und schaut es sich genau an. Er geht zu einem Schrank unterhalb der Anlage, holt ein großes Handbuch heraus (Ringbuch). Er studiert es. Während er das tut, ist Lupus' Nachricht auf dem Band zu Ende, die Maschine piepst und schaltet auf Normalgeschwindigkeit um. Noch ein Piepser. Auf dem Bildschirm steht DEFEKT: BILD VORÜBERGEHEND FUNKTIONSUNFÄHIG!)

ZOE *(ihre Stimme, ziemlich verzweifelt)*: Hallo. Hier ist Zoe Mill von der Blaise Gillespie Agentur. Es ist – wie spät ist es eigentlich? – Es ist zwölf Uhr einunddreißig – richtig? Ich versuche, Sie schon seit Ewigkeiten anzurufen – Nur keine von den – Und ich krieg immer nur Ihre Maschine. Mein Zug hat – mein Scheißzug –

Entschuldigen Sie die Ausdrucksweise – hat Verspätung – und jetzt bin ich in – weiß der Kuckuck, wo ich bin – Wo bin ich denn eigentlich? Bleiben Sie einen Moment mal dran.
(Bahnhofsgeräusche, während sie offensichtlich die Tür der Telefonzelle öffnet.)
(Ruft jemand zu) Entschuldigung. Sagen Sie, Entschuldigung. Können Sie mir sagen, wo ich bin, bitte?... Wo?... Seven Sisters? Vielen Dank.
(Tür wird geschlossen.)
Hallo. Ich bin an einem Ort, der anscheinend Seven Sisters heißt. Also weiß ich überhaupt nicht, wann ich bei Ihnen sein werde. Noch wichtiger, ich hoffe, Sie sind da, weil ich mich totärgern würde, wenn –
(Sie wird durch eine Reihe von Piepsern unterbrochen.)
Oh, ich hab nichts mehr auf meiner Karte, das war's. Bis bald. Hoffe ich. Sonst –
(Kein Bild mehr auf dem Schirm; dann erscheint die Schrift ENDE DER ANRUFE. Jerome studiert noch immer intensiv sein Handbuch. Der Bildschirm wird dunkel.)

JEROME *(nach einer Weile)*: Na gut. Mal sehen, was wir machen können.
(Ohne Umschweife greift er mit seiner Hand unter Gous Rock und tastet einen Moment herum.)
Verzeihung.
(Man hört ein Klicken und seine Hand kommt mit einem identischen Schaltungsteil wieder zum Vorschein.)
Ah-ha!
(Er schaut es sich einen Moment kritisch an und wirft es dann zur Seite. Seine Hand verschwindet wieder unter dem Rock, und er ersetzt die Schaltung mit einem neuen Teil. Eine Reihe von Klickern.)
(Währenddessen) Also... Ich dürfte das ja eigentlich nicht machen, weißt du... Wenn sie mich dabei erwischen würden... würden sie... aaah!... rein mit dir... würden sie mich wahrscheinlich einsperren und dich verschrotten... Ich mußte das von einer Checkout-Maschine im Supermarkt klauen, als sie nicht aufge... aah! *(Ein endgültiges Klick)*

GOU *(ein kleiner Seufzer)*: Aaah!

JEROME: Ah! Na also. Braves Mädchen. Los.

(Er hievt Gou herum und setzt sie auf dem Sofa gerade.)

Mensch, bist du eine schwere alte Schreckschraube. Hoppla.

(Er faßt sie mit beiden Händen am Hals und zieht einmal kräftig nach vorn, dann zurück. Gou klickt. Eine männliche Stimme, eindeutig nicht ihre, vermutlich die eines längst vergessenen Technikers, ertönt von irgendwo aus Gou.)

STIMME: Gou 300 F. Serie vier, Modell 99148622 G für Gerda. Systemkontrolle beginnt – los.

(Gou durchläuft ihre Vorkontroll-Routine. Das geht schnell und umfassend. Viel innerliches Computer-Geschnatter, während die Systeme laden. Ihre Augen blinken schnell, ihr Mund klappt auf und zu, jedes Gelenk in ihrem Körper spannt sich und entspannt. Sie steht auf, setzt sich, ihre Glieder zucken.)

GOU *(mit ihrer eigenen Stimme, sehr schnell)*: Modifiziertes Abtasten beginnt. Um-Gottes-willen-Jerome-kannst-du-nicht-mal-an-jemand-anderen-außer-dich-denken-zur-Abwechslung-nur-einmal-ich-meine-was-für-ein-Mensch-bist-du-denn? Modifiziertes Abtasten beendet.

(Noch einige Surrer und Klicker)

Systemkontrolle vollständig. Betriebsbereit dreiundachtzig Punkt eins sieben. Wir sind sechzehn Punkt acht drei Prozent instabil und sind noch acht Punkt eins sieben Prozent vor der Dauerstillegung. *(Fröhlich)* Uhrzeiteinstellung null-acht-null-acht. Guten Morgen. Morgenstund hat Gold im Mund.

JEROME: Gou, rumlaufen.

GOU: Rumlaufen, Gou.

(Sie geht mit eher federndem Schritt, hinkt aber etwas. Wenn sie mit dem behinderten Bein auftritt, klackert es. Jerome beobachtet sie kritisch, während sie ein paarmal im Raum hin und her geht.)

JEROME: Schon besser. Jetzt läufst du nicht mehr überall gegen wie vorher. Ich muß immer noch dein Bein richten. Es ist die Achse. Du brauchst eine neue Achse, Mädchen. Aber sie stellen sie nicht mehr her, weißt du.

GOU *(läuft in ein Möbelstück)*: Ach, du besonders kopfloses altes Huhn. Wie kommt das denn dahin, na?

(Dies zeigt die reizbare Seite von Gou. Im Laufe der Zeit sehen wir, daß sie Ähnlichkeiten mit Jekyll und Hyde hat. Ihre fröhliche Seite ist das Ergebnis ihrer ursprünglichen Programmierung als Kindermädchen, ihre düstere Art das Resultat späterer Modifizierungen durch Jerome – der Grund dafür wird später deutlich.)

JEROME: Gou, komm her.

GOU: Komme, Gou.

(Gou kommt zu ihm und bleibt vor ihm stehen.)

JEROME: So ist's gut.

(Jerome geht in die Hocke und hebt ihren Rock hoch, um ihr Knie zu untersuchen. Ihre Beine hören an den Kniegelenken auf, menschenähnlich zu sein, sie sind freiliegendes Metall. Gou befeuchtet ihre Finger und glättet Jeromes Haare.)

GOU: So ist's besser.

JEROME: Laß das.

GOU: So ist's besser.

JEROME: Gou, stop.

GOU: Stop, Gou.

(Gou hört auf. Er steht auf.)

JEROME: Gou, schau auf meinen Finger.

GOU: Schau auf deinen Finger, Gou.

(Er bewegt seinen Finger vor ihren Augen hin und her. Ihre Augen folgen der Bewegung langsam.)

JEROME: Ja, ich glaube, wir könnten deine Reflexe noch ein bißchen verstärken.

(Er steckt die eine Hand in Gous Bluse, während er die andere weiter vor ihren Augen hin und her bewegt. Gous Reaktion beschleunigt sich deutlich.)

JEROME: Ja, so... so ist's besser.

(Gou zuckt heftig.)

Ups! Zuviel. 'tschuldigung. So ist's gut. Gou, danke.

GOU: Danke. Wunderbares Glas Orangensaft? Wunderbare Orange?

JEROME: Gou, wunderbar.

GOU: Wunderbar. Wunderbarer Morgen. Morgenstund hat Gold im Mund.

(Sie humpelt fröhlich in die Küche.)

JEROME *(guckt auf die Uhr)*: Ach, ich hab deine Uhr noch gar nicht eingestellt. Macht nichts. Bist schon besser.

(Er geht zur Anlage und dreht an ein paar Knöpfen. Aus der Küche ein Krach)

GOU *(draußen)*: Ach, du besonders kopfloses altes Huhn. Wie kommt das denn dahin, na?

(Jerome runzelt die Stirn, aber er ignoriert das Geräusch. Er hört Musik von Bach. Es entspannt ihn. Das Telefon klingelt. Er geht nicht ran. Es klingelt weiter.)

JEROME: Verschwinde, Lupus, ich bin nicht da.

(Er merkt plötzlich, daß sein Essen in der Aluminiumpackung immer noch da steht.)

O nein!

(Er nimmt die Alupackung hoch. Sie ist sehr heiß.)

(Läßt sie fallen) Ah!

(Er nimmt sie mit dem Hemd, auf dem sie stand, hoch und öffnet vorsichtig den Deckel. Der Inhalt ist schwarz und verkohlt und raucht.)

(Angewidert) Zauberhaft!

(Er läßt die Packung auf den Tisch fallen. Gou kommt herein mit einem Becher in der Hand. Er ist leider leer, weil sie ihn verkehrt herum hält.)

GOU *(stellt den umgekehrten Becher auf den Tisch vor Jerome)*: Wunderbarer Orangensaft. *(Geht in Richtung Schlafzimmer)* Wunderbarer Morgen. Hopp, hopp, aufstehen.

JEROME *(schaut angewidert den Becher an)*: Du alter Schrotthaufen.

(Er will gerade das Hemd auch fallen lassen, als er feststellt, daß es jetzt da, wo die heiße Alupackung drauf stand, eine verbrannte Stelle hat.)

Ätzend.

(Er lehnt sich zurück und hört konzentriert der Musik zu. Gou kommt herein mit einem Waschlappen in der Hand. Sie geht zielsicher auf Jerome los.)

GOU *(neckisch)*: Buuu! Jetzt kommt Gou und holt dich!

(Gou nimmt sein Gesicht mit dem Waschlappen heftig in Angriff. Jerome kämpft dagegen an. Sie ist offensichtlich ziemlich stark.)

JEROME: Uuh! Neg!

GOU: Los, los, los. Vor dem Frühstück Gesicht und Hände waschen!

JEROME: Uuh! Neg! *(Kriegt seinen Mund frei)* Gou, weg. Gou, weg!

(Gou hört sofort auf.)

GOU: So ist's besser.

JEROME: Ich werde dich umprogrammieren. Du hast mir die ganze Haut vom Gesicht geschrubbt. Mach das noch mal und ich schlachte dich aus und schmeiß dich vom zwanzigsten Stock.

GOU: Stock und Hut stehn ihm gut. Märchenstunde, also...

JEROME: O Gott...

GOU: Es waren einmal drei Bären, die hießen Hänsel und Gretel und wollten zum Ball gehen, aber die anderen Entchen wollten nicht mit ihr spielen...

JEROME: Gou, stop.

GOU: Gestoppt Gou.

JEROME: Gou, registrieren.

GOU: Registrieren, Gou.

JEROME *(steht vor ihr, so daß sie sein Gesicht rastern kann)*: Nicht Kind. Nicht Kind.

GOU: Nicht Kind. Registriert Gou.

JEROME: Gou, Nickerchen machen.

GOU: Nickerchen machen, Gou.

JEROME *(knurrt)*: Ich weiß nicht, warum ich mir überhaupt die Mühe gemacht habe, dich wieder einzuschalten, wirklich.

(Sie geht in Richtung Schlafzimmer.)

GOU *(dreht sich um, plötzlich mit Tränen in der Stimme, in ihrem anderen Tonfall)*: Ich weiß nicht, warum ich mir überhaupt die Mühe mache, Jerome, wirklich, wenn du mich so behandelst. Ich hab getan, was ich konnte. Ich bin am Ende. Wenn du gehen willst und mit ihr leben, mir ist das egal. Geh doch! Geh doch! Geh und leb mit der Scheißfrau. Mir kann's recht sein.

(Sie geht ins Schlafzimmer. Jerome runzelt die Stirn. Er setzt sich. Die Bach-Musik läuft weiter. Kurz danach ein Krach aus dem Schlafzimmer)

(Gou draußen) Ach du besonders kopfloses altes Huhn. Wie kommt das denn dahin, na?

(Jerome setzt sich wieder hin und schließt die Augen, endlich Ruhe. Nach einem Moment klingelt es an der Tür. Der Bildschirm wird hell. Es ist wieder das Haustür-Überwachungssystem. Zoe ist vor der Tür. Sie ist außer Atem und völlig aufgelöst.)

ZOE *(auf dem Bildschirm)*: Mr. Watkins...

JEROME *(schon wieder gestört)*: Das darf doch nicht wahr sein...

ZOE: Mr. Watkins! Hier ist Zoe Mill von der Blaise Gillespie Agentur. Würden Sie mich bitte reinlassen?

(Sie schaut ängstlich hinter sich und klingelt wieder. Jerome geht zu der Anlage. Er stellt die Musik ab.)

(Dringlich) Mr. Watkins! Bitte!

JEROME *(drückt den Türöffner in der Anlage)*: Na gut! Drücken.

ZOE: Mr. Watkins, machen Sie auf...

JEROME: Drücken. Sie ist auf...

ZOE: Ach bitte, seien Sie da. Lieber Gott, bitte seien Sie zu Hause.

(Sie klingelt wieder.)

JEROME *(brüllt)*: Sie ist auf. Drücken Sie die Tür.

ZOE: Ich brech sie auf, Mr. Watkins.

(Man sieht sie auf dem Bildschirm einen Schritt zurücktreten und gegen die Tür laufen. Jerome drückt den Türöffner fest und lang. Zoe knallt gegen die Tür, die sich ganz einfach öffnet. Sie verschwindet. Einen Moment später ist sie im Zimmer, ein abgerissenes, atemloses Nervenbündel. Sie stoppt abrupt, atmet heftig. Jerome starrt sie ungläubig an.)

(Zoe versucht Haltung zu bewahren.) Mr. Watkins? Guten Tag. Entschuldigen Sie, daß ich so reinplatze. Ich heiße Zoe Mill. Von der Blaise Gillespie Agentur.

(Jerome starrt sie verblüfft an.)

(Nach einer Pause) Ich hoffe, sie haben Sie benachrichtigt, daß ich komme, ich... *(sie verstummt)*

(Auf dem Bildschirm sieht man die Eingangshalle.)

JEROME *(bemerkt das plötzlich)*: Sie haben meine Tür aufgelassen.

(Er rennt aus dem Zimmer in die Eingangshalle und schnappt sich dabei den Spazierstock. Zoe zuckt erschreckt zurück, als er an ihr vorbeirast. Jerome erscheint kurz auf dem Bildschirm. Sein Spazierstock ist in Wirklichkeit ein Stockdegen, den er jetzt gezogen hat. Er guckt nach links und nach rechts und macht die Tür zu.

Der Bildschirm wird leer. Jerome kommt zurück, den Degen noch in der Hand. Zoe beobachtet ihn gebannt. Jerome birgt seinen Degen und stellt den Stock wieder neben die Tür.)
Lassen Sie nie meine Tür auf.

ZOE *(leise)*: Nein. Entschuldigung. *(Pause)* Nur, da waren diese Leute –

JEROME: Ich weiß, es gibt diese Leute. Deswegen halt ich sie auch immer geschlossen.

ZOE: Ja.
(Eine weitere Pause. Jerome schaut sie an. Zoe versucht sich zusammenzunehmen. Es fällt ihr schwer. Ihre Kleider sind in Fetzen, sie blutet im Gesicht von einer Schnittwunde und ihre Hände sind zerkratzt und dreckig. Sie hat einen Schuh verloren und hält den andern in der Hand. Ihre Strümpfe sind zerrissen. Sie muß ursprünglich recht elegant ausgesehen haben in ihrem schicken Kostüm und der adretten Bluse.)

JEROME *(dem bewußt wird, daß er ziemlich ruppig war)*: Entschuldigung.

ZOE: Nein, nein. Meine Schuld. *(Fröhlich)* Tja, also hier bin ich. Endlich. *(Sie lacht verlegen.)* Ein tolles Zimmer.
(Jerome starrt sie an. Eine Pause)
(Zeigt verlegen auf das Sofa) Ist das – zum drauf Sitzen?

JEROME *(zurückhaltend)*: Ja.

ZOE: Aha. Haben Sie was dagegen, wenn ich ...?

JEROME: Nein.

ZOE: Vielen Dank. *(Setzt sich)*
(Jerome bleibt stehen und starrt sie an. Die Schockwirkung setzt ein, und sie schluchzt ganz plötzlich, beschließt aber, weiterzureden, als ob nichts passiert sei.)
Tut mir leid, wenn ich ein bißchen aussehe wie 'ne – ich seh sicher bißchen aus wie – Tut mir leid. Soweit ich verstanden hab, ist das erst mal nur ein Vorstellungsgespräch. Mrs. Hope-Fitch hat mir gesagt, Sie wollen mich nur angucken. Um zu sehen, ob ich geeignet bin. Aber der eigentliche Job geht erst in einer Woche los, oder? Stimmt das? *(Sie schluchzt.)* Entschuldigung. Oder?

JEROME *(nachdenklich)*: Ja.

ZOE *(guckt an sich runter)*: Sie müssen das einfach alles ignorieren. Das ist auch eklig. Aber ich kann – Sie werden mir das vielleicht nicht glauben –, ich kann ganz toll aussehen. Auch wenn ich es selber sage. Oder? Aber wie gesagt, nicht – also tun Sie mir den Gefallen, das gilt nicht. *(Sie schluchzt.)* Entschuldigung.

(Schweigen)

Soll ich mal – auf und ab gehen? Damit Sie einen Gesamteindruck kriegen. Manchen Leuten hilft das, einen allgemeineren so – äh... Ich weiß natürlich nicht genau, was Sie suchen, so daß es 'n bißchen... Soweit ich verstanden hab ist es etwas Ausgefallenes. Oder? *(Sie schluchzt.)*

JEROME *(nachdenklich)*: Ja.

ZOE: Jetzt steh ich auf. *(Sie tut es.)* So.

(Jerome schaut sie sich an.)

Einssiebenundsechzig und ein bißchen. Ein bißchen kann ich noch abnehmen, wenn Sie wollen. Ich wiege gerade ein bißchen mehr als... *(Sie schluchzt.)* Ich geh mal ein bißchen für Sie rum. Falls ich rumgehen soll.

(Zoe geht herum, humpelt etwas.)

Übrigens, normalerweise humple ich natürlich nicht. Beachten Sie das bitte gar nicht. Ich hab mir bloß irgendwo das Knie verletzt – na ja. Und mit Absätzen bin ich natürlich so viel größer. Sie sind überhaupt in mancher Hinsicht nützlich. Mein Gott, schauen Sie sich meine Beine an. Nein, schauen Sie sich die auch nicht an. Es tut mir leid, ich fürchte, Sie werden mir ganz viel einfach glauben müssen. *(Sie schluchzt.)* Entschuldigen Sie, ich glaube, ich muß einfach mal kurz verschwinden und mich ausheulen. Entschuldigen Sie, ich bin einfach ein bißchen durchgedreht. Entschuldigung. Gibt es ein –? Haben Sie eine –?

JEROME: Ja, ja, klar. Gleich da draußen. Erste links. *(Er zeigt in Richtung der Schlafzimmer.)*

ZOE: Ich mach so schnell ich kann. Entschuldigung.

(Zoe stürzt hinaus. Kurz bevor sie die Badezimmertür im Off erreicht, hört man sie weinen, dann den Knall der Tür. Jerome schaut nachdenklich hinter ihr her. Er geht zu seiner Anlage, läßt ein Band zurücklaufen und stellt auf Wiedergabe.)

(Zoes Stimme auf Band): ...in mancher Hinsicht nützlich.

Mein Gott, schauen Sie sich meine Beine an. Nein, schauen Sie sich die auch nicht an. Es tut mir leid, ich für –

(Jerome hält das Band an und ihre Stimme bricht ab. Er zuckt mit den Schultern und stellt die Maschine wieder auf Aufnahme. Er wartet. Er schiebt einen Lautstärkeregler hoch. Man hört Zoes Schluchzer aus den Lautsprechern, dann putzt sie sich die Nase.)

(Zoes Stimme aus den Lautsprechern) Ach Gott...

(Jerome blendet sie aus und geht von der Anlage weg. Nach einem Moment kommt Zoe mit einer Handvoll Papiertaschentüchern, sie putzt sich die Nase.)

Entschuldigung. Hier bin ich. Wieder da. Also, wo war ich. Richtig. Ich erzähl Ihnen mal was über mich. Eigentlich war ich Schauspielerin. Bin ich immer noch, eigentlich. Aber ich arbeite auch als Modell, um mich manchmal über Wasser zu halten. Vor kurzem hab ich diese Hostess-Geschichte angefangen, und das ist sehr interessant. Soweit ich verstanden hab, suchen Sie nicht bloß eine Hostess, sondern etwas Umfassenderes. Deswegen haben die wahrscheinlich auch an mich gedacht. Ich wollte Ihnen ein paar Fotos und meine Vita zeigen, aber sie haben mir meine Aktentasche weggenommen. *(Wieder den Tränen nahe)* Es war ja nicht mal was drin... Entschuldigung. Es waren diese schrecklichen Mädchen, wissen Sie...

JEROME: Mädchen?

ZOE: Die mich angegriffen haben. Grade eben. Auf dem Weg hierher –

JEROME: Sie angegriffen?

ZOE: Mädchen. Frauen. Ich weiß nicht.

JEROME: Was haben Sie ihnen denn getan?

ZOE *(ziemlich entrüstet)*: Ich hab gar nichts getan. Ich bin einfach ganz normal von der U-Bahn hierher gelaufen. Es war ein herrlicher Tag, und ich...

JEROME: Gelaufen?

ZOE: Ja.

JEROME: Sie sind von der U-Bahn hierher gelaufen?

ZOE: Ja. Hab ich doch grade gesagt. Und dann sind diese Monster... aus dem Nichts aufgetaucht. Was für eine Gegend ist das hier? Gibt's hier überhaupt keine Polizei? Gar keinen Sicherheitsdienst?

JEROME: Nein, nicht mehr.

ZOE: Keine Bürgerwehr?

JEROME: In letzter Zeit nicht.

ZOE: Sie meinen, die Gegend ist nicht geschützt? Überhaupt nicht? Und das Gebäude hier?

JEROME: Man hat die Sicherheitsleute immer tot aufgefunden. Es wurde sehr teuer...

ZOE: Mein Gott. Mrs. Hope-Fitch hätte mich wenigstens warnen können.

JEROME: Wie sahen diese Leute aus?

ZOE: Oh. *(Sie schaudert.)* Grauenhaft. Überhaupt keine Haare. Jedenfalls nicht auf dem Kopf. Aber überall sonst jede Menge. Und so eine Art lila Farbe hier rüber. *(Sie fährt mit dem Finger schräg über das Gesicht.)*

JEROME: Nein, das ist eine Tätowierung.

ZOE: Ach, wirklich?

JEROME: Sie sind die Töchter der Finsternis.

ZOE: Ach so, sie waren weiblich.

JEROME: Die meisten.

ZOE: Na ja, egal was sie waren. Ich hab mich nicht extra vorgestellt. Ich hab der größten eine reingehauen und bin so schnell ich konnte weggerannt...

JEROME *(verblüfft)*: Sie haben eine Tochter der Finsternis gehauen?

ZOE: Ja. Auf den Kopf. Mit meinem Schuh.

JEROME: Ah.

ZOE: Hab ich da irgendwas falsch gemacht?

JEROME: Tja, ich glaube, Sie hätten das nicht tun sollen.

ZOE: Warum nicht?

JEROME: Tja, jetzt sind die vielleicht sauer.

ZOE: Sauer? Und meine Aktentasche...

JEROME: Hatten Sie irgendwas Wichtiges drin?

ZOE: Nein, das hab ich doch grade gesagt, nur meine –

JEROME: Dann wär's einfacher gewesen, ihnen die Tasche zu geben.

ZOE: Aber ich seh nicht ein, warum ich sie einfach hergeben soll. Es war ein Geschenk von meinem Exfreund.

JEROME: Vielleicht gibt's jetzt Probleme.
ZOE *(sarkastisch)*: Ach Gott, ach Gott, wirklich? Mehr hab ich nicht zu sagen.
JEROME: Für Sie.
ZOE: Was heißt das?
JEROME: Na ja, wenn Sie wieder zurück wollen, lassen die Sie vielleicht nicht wieder zurück...
ZOE: Sie meinen...? Aber...? Wie soll ich...? Ich kann hier doch nicht ewig bleiben, oder?
JEROME: Nein, nein...
ZOE: Wenn sie mich nicht rauslassen, dann holen wir eben die Polizei. Oder wer auch immer hier für Recht und Ordnung zuständig ist...
JEROME: Leider sind sie das. Sie sind für Recht und Ordnung zuständig. Sie sind das Recht.
ZOE: Die Töchter der –
JEROME: Finsternis. Ja. Zur Zeit.
ZOE: Also in dem Fall tut es mir leid. Ich hatte keine Ahnung, daß ich einen Polizisten geschlagen habe, glauben Sie mir. Wo ich herkomme, haben die keine lila Streifen im Gesicht. Wollen Sie mir sagen, daß das ein echtes Sperrgebiet ist? Mein Gott, über die hab ich bis jetzt nur gelesen. Aber ich bin auch noch nie so weit nördlich mit der U-Bahn gefahren. Wo sind wir eigentlich? Irgendwo ganz unbeschreiblich. Tottenham. Ich war mal in Wimbledon, aber das ist in der anderen Richtung, oder? Wie schrecklich. Und was jetzt?
JEROME: Schon gut. Ich red mit denen. Ich hab eine Beziehung zu denen, sozusagen. Ich mach Sachen für die, manchmal.
ZOE: Was denn?
JEROME: Ich helf ihnen ihre Tonanlage aufbauen, wenn sie ihre großen Konzerte machen. So 'ne Sachen.
ZOE: Ach, wie interessant. Sind Sie ein Roadie?
JEROME: Nicht wirklich. Nur als Hobby.
ZOE: Was sind Sie eigentlich?
JEROME: Ich bin Komponist.
ZOE: Toll. So was. Deswegen – *(Sie zeigt auf die Tonanlage.)* – deswegen all das.

(Plötzlich knallt es heftig gegen eines der Fenster. Zoe erschrickt.)
Was war denn das?

JEROME: Die Töchter.

ZOE: Was machen sie denn?

JEROME: Schmeißen Ziegelsteine gegen die Fensterläden. Sie zeigen ihren Unmut.
(Noch ein Knall. Zoe zuckt zusammen.)
Kein Problem, anderthalb Zentimeter Stahl. Sie machen das wahrscheinlich noch ein bis zwei Stunden. Bis ihnen was anderes einfällt.
(Noch ein Knall)

ZOE: Ein Glück, daß die Fensterläden zu sind.

JEROME: Glück? Sie sind an die Fensterrahmen geschweißt. Sie sind seit vier Jahren nicht auf gewesen.
(Noch ein Knall. Sie zuckt zusammen.)

ZOE: Die können doch nicht rein, oder?

JEROME: Nur wenn sie zehn Meter hoch springen. Keine Angst.
(Noch ein Knall. Stille)
Ich glaube, sie sind weg.
(Sie horchen beide.)
Ja.
(Sie entspannt sich etwas. Pause)
Wo Sie leben ist es ruhiger?

ZOE: Ja, in Kilburn haben wir Glück. Regelmäßig bewaffnete Streifen, jede Menge Überwachungskameras und so weiter. Sehr gut beleuchtet, zum großen Teil. Also, die High Street ist nachts heller als am Tag. Solange man zu Hause ist, bevor's dunkel wird, kein Problem. Ich hab keinen Ärger gehabt. Nichts Ernsthaftes. Ein paar Einbrüche, mehr nicht. Ja, und mein Hund ist erschossen worden, das war traurig, aber wir glauben, daß es ein Versehen war. Wir glauben, irgend jemand hat ihn für einen Polizeihund gehalten.

JEROME: Schlimm. Wir?

ZOE: Mein Exfreund.

JEROME: Ah.

ZOE: Wir wohnen immer noch zusammen, aber er ist ganz eindeutig mein Exfreund. Immer noch. Genug über mich. An die Arbeit.

JEROME: Ja.

ZOE: Würden Sie mir bitte erklären, was für einen Job ich hier machen soll. Falls ich ihn immer noch machen soll.

JEROME: Ja.

ZOE: Sie überlegen noch?

JEROME: Ja.

ZOE: Ah ja. Entschuldigung. Wollen Sie, daß ich noch mal auf und ab gehe?

JEROME: Nein.

ZOE *(lachend)*: Ich könnte ein bißchen Shakespeare machen. Soll ich? Nein.

JEROME: Würde es Ihnen was ausmachen – ein paar Kleider anzuprobieren?

ZOE *(mißtrauisch)*: Was für Kleider?

JEROME: Ganz normale Kleider. Frauenkleider.

ZOE: Ich soll sie anprobieren?

JEROME: Ja.

ZOE: Wo? Ich meine, wo soll ich sie anprobieren?

JEROME: Hier.

ZOE: Sie meinen, vor Ihnen?

JEROME: Ja.

ZOE: Ich soll mich vor Ihnen umziehen, richtig?

JEROME: Nein. Sie sollen woanders andere Kleider anziehen. Und dann hier reinkommen, so daß ich Sie in den anderen Kleidern ansehen kann. Die ich Ihnen gebe. Zum Anziehen. Ihnen.

ZOE *(denkt über den Vorschlag nach)*: Ja, das scheint in Ordnung zu sein. Entschuldigung. Nur manchmal kriegen wir so seltsame Anfragen. Die alte Nummer, wissen Sie, Nonnen und Baumwollhöschen.

JEROME: Nein, nein.

ZOE: Gut.

JEROME: So was überhaupt nicht.

ZOE: Nein. Entschuldigung. Ich wollte nur...

JEROME: Das sind Kleider von meiner Frau.

(Schweigen)

ZOE: Ihrer Frau?

JEROME: Ja. Sind ganz normale Kleider. Sind vielleicht nicht mehr ganz modern, aber –

ZOE: Ihre Frau, ist sie –

JEROME: Was?

ZOE: Ist sie irgendwie tot?

JEROME: Tot?

ZOE: Ja.

JEROME: Nein, sie ist –

ZOE: Sie ist noch am Leben?

JEROME: Ja.

ZOE: Lebt sie mit Ihnen?

JEROME: Nein. Wir sind getrennt.

ZOE: Oh. *(Sie entspannt sich.)* Entschuldigung.

JEROME: Nehmen Sie es mir nicht übel, aber Sie sind ein bißchen mißtrauisch.

ZOE: Na ja. Entschuldigung. Es ist eben das erste Mal. Als Hostess. Und man hat mir versichert, daß es bei einer Hostess nur ums Begleiten geht, nichts weiter. Und dann komm ich her, und Sie sind hier ganz allein und wollen, daß ich Kleider probiere. Da bin ich durchgedreht. Entschuldigung. Ich bin immer noch ein bißchen zittrig, ich – Geben Sie mir die Kleider, ich zieh sie für Sie an. Schluß mit den Fragen. *(Gibt sich eine Ohrfeige)* Zoe, benimm dich wie ein erwachsenes Mädchen.

JEROME: Warten Sie hier.

(Er geht ab in Richtung der Schlafzimmer. Zoe schaut sich um.)

ZOE *(zu sich)*: Trotzdem. Mir ist die ganze Sache überhaupt nicht geheuer. Das muß mal gesagt werden.

(Sie geht herum und schaut sich das Zimmer zum erstenmal an, fasziniert von der Anlage. Sie guckt sie sich genauer an, es klingelt an der Tür und das horrorhafte Gesicht einer Tochter der Finsternis erscheint auf dem Bildschirm, sie grinst bösartig in die Kamera.)

Hilfe, sie sind's ...

(Sie läuft zu der Tür, die zu den Schlafzimmern führt.)

Mr. Watkins ... Mr. Watkins ... Ich glaube, sie sind's. Sie sind an der Tür –

(Jerome kommt rasch zurück mit einem bodenlangen Rock, der dem von Gou ähnlich ist, einer Bluse und einem Paar Schuhen. Das Gesicht bleibt auf dem Bildschirm und murmelt unhörbar Obszönitäten.)

(Zeigt auf den Bildschirm) Da! Da ist eine.

JEROME: Ach, die ist okay. Das ist Rita. Das ist unsere Bezirksbeauftragte. Sie ist ganz friedlich. Ich sprech mal mit ihr. *(Reicht ihr die Kleider)* Probieren Sie die mal an. Der Rock und die Bluse müßten passen. Bei den Schuhen weiß ich nicht. Wir können ja andere kaufen.

ZOE: Lassen Sie sie nicht hier rein.

JEROME: Allerdings nicht. So friedlich ist sie auch wieder nicht.

(Sie nimmt das Bündel. Er greift sich seinen Stockdegen und geht hinaus. Nach einem Moment erscheint er auf dem Bildschirm, und man sieht ihn in eindringlicher, unhörbarer Unterhaltung mit einer Tochter der Finsternis. Zoe, ziemlich nervös, jetzt wo sie allein ist, schaut auf den Bildschirm, stellt fest, daß Jerome beschäftigt ist, und beschließt, sich hier umzuziehen. Sie zieht sich aus. Als sie nur noch ihren Unterrock anhat, hört man ein kleines Geräusch aus Richtung Schlafzimmer. Zoe erschrickt, schaut auf den Bildschirm, sie sieht Jerome, es ist wieder still im Zimmer, sie entspannt sich. Sie setzt sich, nimmt die Bluse, macht ein paar Knöpfe auf, um sie anzuziehen, als Gou in der Schlafzimmertür auftaucht. Zoe sieht sie nicht. Gou schaut sie einen Moment an und holt ihren Waschlappen hervor.)

GOU *(neckisch)*: Buuu! Jetzt kommt Gou und holt dich!

(Zoe dreht sich um, sieht sie, aber es ist zu spät, um auszuweichen. Sie schreit. Gou schrubbt Zoes Gesicht mit ihrem Waschlappen. Zoe schreit und zappelt, aber ihre Schreie werden ziemlich gedämpft. Unbemerkt beendet Jerome seine Unterhaltung auf dem Bildschirm. Gemessen schließt er die Tür vor Rita, und der Schirm wird wieder dunkel.)

ZOE *(prustend)*: Has hollen hie hon hir? Hass hos! Heg! Heh heg!

GOU: So ist's besser. So ist's besser. Schön sauberes Gesicht.

(Während sie das sagt, geht Gou eilig in die Küche.)

ZOE *(ruft empört hinter ihr her)*: Was soll denn das? Was soll denn das eigentlich? O Gott!

(Sie nimmt die Kleider, will zur Wohnungstür fliehen und rennt fast in Jerome.)

Da ist 'ne – da war 'ne –

JEROME: Stimmt was nicht?

ZOE: Eine Frau kam grade rein und hat mein Gesicht gewaschen.

JEROME: Ach ja.

ZOE: Was heißt das, ach ja? Wer ist sie? Was soll das?

JEROME: Schon gut, sie hat Sie als Kind registriert, verstehen Sie, sonst gar nichts.

(Ein Krach aus der Küche)

Wenn man es ihr nicht anders sagt, registriert sie alle Leute als Kinder.

ZOE: Wer ist sie? Ihre Frau?

JEROME: Nein, nein. Sie ist eine Gou 300 F. Sie ist eine Maschine. Sie ist bloß eine Maschine.

ZOE: Das – war eine Maschine? Glaub ich nicht.

JEROME: Doch.

ZOE: Aber was ist es? Wo kommt es her?

JEROME: Es – genau gesagt kam's von dem Mann in der Wohnung nebenan.

ZOE: Der Mann in der Wohnung nebenan?

JEROME: Ja.

ZOE: Ich gehe. Okay? Ich leih mir die Kleider. Ich verspreche, ich schick sie zurück. Entschuldigung, ich glaub einfach, das ist kein Job für mich. Da wart ich lieber noch ein bißchen, bis ich bei irgendeiner freien Gruppe Hedda Gabler spielen kann. *(Sie geht in Richtung Flur.)*

JEROME: Wollten Sie gehen?

ZOE: Das wollte ich. Oder dachten Sie, daß ich mit dieser – bescheuerten Maschine hier bleibe, danke, nein.

JEROME: Ich – würde jetzt nicht unbedingt gehen –

ZOE: Warum nicht?

JEROME: Na ja, ich glaube, die Töchter würden sich nicht besonders freuen, wenn Sie jetzt weggingen. Nicht bevor Ihr Fall in der nächsten Ratssitzung vorgetragen wird.

ZOE: Wann ist das?

JEROME: Mitternacht.

ZOE: Mitternacht? Ich bleib hier nicht bis Mitternacht... Ich mein, die können doch nicht... ich hab viel zuviel zu... Die können mich – die können mich ganz einfach mal –

(Ein lauter Knall von den Fensterläden)

(Fügt sich ins Unvermeidliche) Was passiert denn um Mitternacht?

JEROME: Sie werden Ihren Fall besprechen.

ZOE: Muß ich dabeisein?

JEROME: Nur wenn Sie wollen.

ZOE: Nein, danke. Was wird denn passieren?

JEROME: Rita glaubt, daß Sie mit einem Bußgeld davonkommen. Es wäre schlimmer gewesen, wenn ich nicht – ein gutes Wort für Sie eingelegt hätte.

ZOE *(sarkastisch)*: Gut, daß ich Sie getroffen habe.

JEROME: Haben Sie Geld bei sich?

ZOE: Ich bin doch kein Vollidiot... Ich hab Kreditkarten dabei.

JEROME *(neugierig)*: Wo?

ZOE: Geht Sie gar nichts an. Würden die gehen?

JEROME: Kann sein. Ich weiß, sie nehmen Schecks. Sagen Sie, wollen Sie sich nicht – *(mit einem Blick auf ihren halbangezogenen Zustand)*

ZOE: Ach ja. Da ich die Nacht wohl hierbleiben werde, zieh ich mich besser an.

JEROME: Da hinten ist ein Schlafzimmer, wenn Sie –

ZOE: Wo ist das Ding?

JEROME: In der Küche. Schon gut, ich paß auf sie auf.

ZOE: Ich bitte darum. *(Sie geht zur Tür.)* Oder gibt's noch mehr davon?

JEROME: Nein. Zweite Tür rechts.

ZOE: Bin gleich wieder da.

(Sie geht ab in Richtung der Schlafzimmer. Jerome runzelt die Stirn, er hat sich noch nicht entschieden. Er geht zur Anlage und schiebt einen Lautstärkeregler hoch.)

(Ihre Stimme aus den Lautsprechern, murmelt) ... eingesperrt bis Mitternacht mit einem total Verrückten und einer gemeingefährlichen Blechfrau, finde ich nicht besonders lustig...

(Jerome blendet sie aus. Er stoppt ein Tonband und spult es etwas

zurück. Er stellt auf Wiedergabe.)

(Ihre Stimme vom Band, prustend) Has hollen hie hon hir? Hass hos! Heg! Heh heg!

GOU *(ihre Stimme vom Band)*: So ist's besser. So ist's besser. Schön sauberes Gesicht.

ZOE *(ihre Stimme vom Band, empört)*: Was soll denn das? Was soll denn das eigentlich. O Gott!

(Jerome stoppt das Band und spult ein Stück zurück. Er spielt wieder ab.)

Was soll denn das? Was soll denn das eigentlich – *(Er spult zurück.)* Was soll denn das? *(Er stoppt das Band.)*

JEROME: Nein. *(Er schüttelt den Kopf.)* Nein, nein, nein.

(Er hört Zoe hereinkommen. Schnell stellt er wieder auf Aufnahme und geht von der Anlage weg. Zoe kommt herein. Sie trägt den Rock, die Bluse und die Schuhe.)

ZOE: Die Kleider sind in Ordnung. Die Schuhe sind ein bißchen zu groß, aber – Wie finden Sie's?

(Sie stellt sich in Positur, so daß er sie anschauen kann. Jerome sieht sie sich von verschiedenen Seiten aus an.)

JEROME: Kann man Ihr Haar – kann man es runterlassen?

ZOE: Ach ja. Wäre Ihnen das –?

JEROME: Wenn Sie nichts dagegen haben?

ZOE: Nein. *(Sie nimmt die Klammern aus dem Haar.)* Ich trag's normalerweise nicht offen, weil ich ungefähr wie zehn aussehe. Aber – wenn Sie das wollen ... So! Ist das besser?

JEROME *(beeindruckt)*: Das ist – das ist ausgezeichnet.

ZOE: Ach. Prima. Tja. Prima.

JEROME: Ausgezeichnet.

ZOE: Sie haben eigentlich immer noch nicht gesagt –

JEROME: Würden Sie mal für mich lachen?

ZOE: Lachen?

JEROME: Wäre das möglich?

ZOE: Ja. Warten Sie. Das ist eine von den Sachen, die ich überhaupt nicht kann. Ich kann sehr gut weinen. Tränenströme jederzeit. Nein? Okay. *(Sie versucht.)* Ha! Ha!

(Jerome guckt zweifelnd.)

Entschuldigung. Das war fürchterlich. Ich kann das natürlich viel besser. Ha! Ha! Nein. Denk an was Komisches, Zoe. Ha! Ha! Sie kennen nicht zufällig irgendwelche Witze? Nein, das dacht ich mir schon. Ho! Ho! Ho! O Gott, das ist ja grauenhaft. Ein Glück, daß mein Schauspiellehrer nicht da ist. Ha! Ha! Ha! *(Da ihr Lachen immer schrecklicher wird.)* Sagen Sie, könnten wir's einen Moment vergessen und dann noch mal drauf zurückkommen? Ich könnte Ihnen ja meinen Shakespeare vormachen...

JEROME: Nein, ist schon gut. Machen Sie sich keine Sorgen. Es ist mir klar, wie schwer das –

ZOE: Ja, es ist nämlich sehr schwer, wenn man keinen wirklichen Grund hat, verstehen Sie?

JEROME: O ja.

ZOE: Ich meine, ganz ehrlich gesagt, mir ist in letzter Zeit nicht wahnsinnig viel passiert, über das ich mich totlachen könnte.

JEROME: Machen Sie sich bitte keine Gedanken darüber.

ZOE: Sie wollen also, daß ich mit offenen Haaren herumlaufe, in einem langen Rock und mich dabei totlache... Irgendwelche sonstigen Anforderungen? Ich mein, was soll das alles? Wollen wir was verkaufen?

JEROME: Bitte. Setzen Sie sich.

ZOE: Danke. *(Sie setzt sich.)*

JEROME: Moment mal.

(Er geht wieder zur Anlage und sucht nach einem Videoband in einem der Schränke. Zoe wartet geduldig. Gou kommt aus der Küche. Sie trägt ein Glas und einen Teller, beides verkehrt herum. Zoe beobachtet sie gebannt.)

ZOE *(flüstert)*: Mr. Watkins... Mr. Watkins...

JEROME *(sucht weiter)*: Ja?

ZOE: Es ist – es ist wieder da.

GOU *(stellt die Sachen ab und dreht sich zu Zoe)*: Da wären wir, sieht doch wunderschön aus. Sieht das nicht gut aus?

ZOE *(angespannt)*: O ja, wunderschön, wunderschön...

(Gou geht rasch auf sie zu, holt eine bunte Haarspange aus der Tasche, die sie der protestierenden Zoe ins Haar steckt.)

(Während Gou das tut.) Ach nein – hör auf – hör sofort damit auf – Mr. Watkins...

GOU: Ei. Ei. Ei.

JEROME *(sieht, was passiert)*: Ach so. Entschuldigung. Ist alles in Ordnung. Ihnen kann nichts passieren... Gou, stop.

GOU: Gestoppt Gou.

(Gou erstarrt neben Zoe, die flüchtet und mit ihrem Dutt ziemlich absurd aussieht.)

JEROME: Sie registriert Sie immer noch als Kind, weiter nichts. Wir werden Sie umregistrieren, dann läßt sie Sie in Ruhe.

ZOE: Egal. Ich meine, ich weiß, daß ich jünger aussehe, wenn ich mein Haar so habe, aber das ist doch albern...

JEROME: Können Sie sich ihr mal gegenüberstellen, dann kann sie Sie rastern.

(Zoe stellt sich in einiger Entfernung hin.)

ZOE: So richtig?

JEROME: Etwas näher bitte.

ZOE *(kommt näher)*: Es guckt mich so komisch an.

JEROME: Das bilden Sie sich nur ein. Sie denkt an gar nichts. Sie ist einfach auf Standby.

ZOE: Ja, ich hab auch schon mal so mit Leuten Theater gespielt.

JEROME: Gou, registrieren.

GOU: Registrieren, Gou.

JEROME: Nicht Kind. Nicht Kind.

GOU: Nicht Kind. Registriert Gou.

JEROME: So.

ZOE *(geht ein Stück weg)*: War's das?

JEROME: Ja. Jetzt hat sie Sie als Erwachsene gespeichert – na ja, sagen wir, als Nicht-Kind –, jetzt wird sie Sie in Ruhe lassen.

ZOE *(nimmt behutsam die Spange aus dem Haar)*: Ist es entworfen worden, um sich um Kinder zu kümmern?

JEROME: Ja. Na, technisch gesagt noch begrenzter. Um sich um ein Kind zu kümmern. Man meinte, daß das Programmieren für mehrere Kinder zu kompliziert würde. Also hat man es entworfen, damit es sich nur um ein Individuum kümmert. Und das war's dann. Es hat sich automatisch stillgelegt, und man mußte ihm ein völlig neues Betriebsprogramm eingeben. Es war eine Sicherheitsmaßnahme, um zu verhindern, daß eines noch mal benutzt wird, verstehen Sie? Bei einem unpassenden Kind. So hat mir der Mann das erzählt –

ZOE: Das war der Mann nebenan –

JEROME: Richtig.

ZOE: Warum hat er es Ihnen gegeben?

JEROME: Ach, wissen Sie, er war Konstrukteur bei der Firma, die sie hergestellt hat. Aber die hat Bankrott gemacht, und er ist weggezogen. Er hat mir das eigentlich nur wegen der Ersatzteile dagelassen. Ich hab sie selber wieder zum Laufen gebracht. Nur zum Spaß eigentlich.

ZOE: Aber wie kann es denn noch laufen? Ich dachte, Sie haben gesagt, daß sie sich stillegen, wenn sie –

JEROME: Ja, das stimmt. Ich glaube, diese hier ist noch nie an ein Kind angepaßt worden. Sie ist ein Prototyp.

ZOE: Ach, und deswegen dachte sie, daß ich ein...

JEROME: Ja. Sie hofft eben immer. Tust du doch, Gou?

(Gou reaktiviert beim Klang ihres Namens.)

GOU: Ich werde jetzt die Betten machen. Zeit, die Betten zu machen.

(Gou geht ab in Richtung Schlafzimmer.)

JEROME: Zufallsprogrammierung. Wenn man ihr nicht sagt, was sie tun soll, sucht sie sich nach einiger Zeit irgendwas aus ihrem Speicher.

ZOE: Ganz schön traurig irgendwie. So rumwandern und nach einem Kind suchen, um das man sich kümmern kann. Irgendwie unerfüllt. Insofern eine Maschine unerfüllt sein kann. Sicher nicht mehr als eine Kaffeemühle unerfüllt ist, die keine Bohnen zum Mahlen findet.

JEROME: Sie ist schon ein bißchen mehr als eine Kaffeemühle.

ZOE: Ja, aber man darf sich in Maschinen nicht einfühlen, oder? Das soll fatal sein. Aber ich mach das andauernd. Ich schrei und schimpf mit meiner Waschmaschine. *(Sie lacht.)* Da. Das war doch ein ganz guter Lacher. Warum hat sie Pleite gemacht? Die Firma, die sie hergestellt hat? Ich hätte gedacht, die verkaufen sich wie warme Brötchen. Was ist denn schiefgegangen?

JEROME: Eh... Sie waren sehr teuer. Und – *(er weicht aus)* – es gab noch Kinderkrankheiten.

ZOE *(mißtrauisch)*: Ach ja?

JEROME *(nachdenklich)*: Ich glaube, der Hauptfehler war, eine so komplizierte Maschine zu machen mit einer so kleinen Funktion. Eine so differenzierte Maschine braucht mehr als ein Kind, um das sie sich kümmert. Sonst muß ja Stress entstehen.

ZOE: Kann sein. Ja. Eine interessante Theorie. Sie meinen, eine Maschine mit einem Gehirn von einer bestimmten Größe kann einfach zuwenig zu tun haben?

JEROME: Zuwenig zu denken.

ZOE: Ja. Erstaunliche Theorie.

JEROME: Deswegen habe ich eine Weile lang versucht –

ZOE: Was?

JEROME: Sie auf andere Gedanken zu bringen. Andere Speicher einzugeben. Besonders weil sie kein Kind hat, dachte ich, es könnte...

ZOE: Hat's geholfen?

JEROME: Nicht wirklich, eigentlich. Immerhin, der Versuch hat sich gelohnt.

(Schweigen. Er scheint wieder in Gedanken versunken. Zoe schaut ihn aufmerksam an.)

ZOE: Haben Sie gesagt, daß Sie Komponist sind?

JEROME: Richtig.

ZOE: Was für Musik komponieren Sie denn?

JEROME: Alles mögliche.

ZOE: Ich meine, ist es – Sie wissen schon – eine populäre Musik?

JEROME: Nicht sehr, nein.

ZOE: Nein, Sie wissen doch, was ich meine – im Gegensatz zu klassischer Musik.

JEROME: Ich schreibe auch keine klassische Musik. Dann müßte ich nämlich schon ein paar hundert Jahre tot sein.

ZOE: Also was schreiben Sie denn?

JEROME: Ich schreibe – moderne Musik.

ZOE: Kenn ich die? Ich meine, könnte ich die gehört haben? Wissen Sie, es wäre schön, wenn ich den Leuten zu Hause sagen könnte – sollte ich jemals nach Hause kommen –, daß ich den Mr. Watkins getroffen habe.

JEROME: Jerome.

ZOE: Jerome, okay. Den Jerome. Nennen Sie mich Zoe.

JEROME: Sagen Sie Ihren Freunden, wenn sie sich an die Fernsehwerbung für Babypuder erinnern, die sie vor zwei bis drei Jahren zehnmal jeden Abend, ungefähr acht Monate lang jeden Abend, gezeigt haben, daß Sie den Mann getroffen haben, der die Musik dazu geschrieben hat und seinem Schöpfer dafür danken würde, wenn er es nie getan hätte.

ZOE: Sie meinen die – die mit den singenden Babies?

(Jerome nickt abwesend.)

(Aufgeregt) All die süßen, kleinen, singenden Babies? Das war einfach genial. Sie haben die Musik dafür gemacht? Das war ganz wahnsinnig. Das war hinreißend. Das war brillant. Das war einfach unbeschreiblich genial. Sie sind ein Genie.

JEROME: Danke.

ZOE: Ach, ich wünschte, die würden das noch mal zeigen. Das war so gut. Genial, Mensch. Ich bin schwer beeindruckt. Was haben Sie sonst geschrieben?

JEROME: Ungefähr dreihundert andere Stücke.

ZOE: Noch welche mit singenden Babies?

JEROME: Nein, nein. Keine singenden Babies mehr.

ZOE: Was sonst?

JEROME *(abwesend)*: Drei Streichquartette. Eine Solo-Cello-Sonate. Ein paar Stücke für Synthesizer...

ZOE: Nein, die kenn ich alle nicht. Erzählen Sie doch mal, ich wette, jeder fragt Sie das – wie haben Sie das hingekriegt, daß all die Babies richtig gesungen haben?

(Jerome schaut sie ungläubig an.)

Oder ist das ein streng gehütetes Geheimnis?

JEROME: Ja, ich fürchte, es ist sehr – streng gehütet.

ZOE *(enttäuscht)*: Ach. Auf jeden Fall genial.

JEROME *(ohne Bosheit)*: Würden Sie sich als intelligent bezeichnen?

ZOE: Ich?

JEROME: Ja.

ZOE: Weiß ich nicht. Eine Freundin von mir, die ist auch Schauspielerin, hat immer gesagt – es kommt aufs Buch an, Schätzchen. *(Sie lacht.)*

JEROME *(nickt)*: Ja. Gut gesagt. Sehr gut gesagt.

ZOE: Das ist also eine intellektuelle Rolle, oder?

JEROME: Nein. Nur einigermaßen intelligent. Ich dachte nur nach, ob Sie –

ZOE: Ach, ich kann ganz intelligent wirken, wissen Sie. Ich hab Arkadina in der Möwe gespielt – kennen Sie das?

JEROME: Nein.

ZOE: Tschechow. Sie wird ja ganz oft dumm gespielt, aber so ist sie nicht. Ich war natürlich viel zu jung für sie... *(Pause)* Soll ich noch mal für Sie rumgehen?

JEROME: Nein.

(Zoe geht unruhig herum.)

ZOE: Und ich hab die Nichte gespielt in Charleys Tante. Die ist auch nicht doof.

(Pause)

(Bei der Anlage, tut, als wolle sie auf einem Keyboard spielen.)

Titum-titum-titum. Komponieren Sie hier?

JEROME: Hm.

ZOE: Wahnsinn. Was ist das denn?

JEROME: Ein digitales Audio-System.

ZOE: Ach so.

JEROME: Das ich hauptsächlich zum Sammeln, Speichern und Synthetisieren von Naturklängen benutze.

ZOE: Wahnsinn. Whey-hey. Titum-titum –

JEROME: Bitte berühren Sie nichts. Bitte.

ZOE: Nein, nein. Entschuldigung. Versprech ich.

(Gou kommt auf dem Weg in die Küche geschäftig durchs Zimmer mit einem Haufen schmutziger Laken, sie summt vor sich hin.)

Was macht es denn jetzt?

JEROME: Och, die macht das stundenlang. Macht sie glücklich.

ZOE: Oh. *(Kleine Pause)* Überlegen Sie noch?

JEROME: Ja.

ZOE: Okay. Kümmern Sie sich gar nicht um mich. Ich kann sowieso nirgends hingehen. *(Sie schaut sich die Anlage an, liest.)* Was heißt eigentlich Schlafzimmer eins, Schlafzimmer zwei und Badezimmer?

JEROME: Ach, nur ein Experiment.

ZOE: Eine Komposition von Ihnen?

JEROME: Richtig.

ZOE: Eine Badezimmer-Suite. *(Sie lacht.)*

JEROME *(auf ihr Lachen bezogen)*: Sehr gut, sehr gut.

ZOE: Ganz gut für meine Verhältnisse. *(Lacht wieder)* Ich bin nicht oft witzig.

JEROME: Witzig?

ZOE: Ja, eben. Das war ein Witz. Haben Sie nicht –? Ach, Sie meinten das Lachen. Das Lachen hat Ihnen gefallen?

JEROME: Sehr gut, ausgezeichnet. *(Er ist aufgestanden.)*

ZOE: Danke. Ich tu's auf meine Vita. *(Mißmutig)* Wenn ich wieder eine neue machen lasse. Zu ihren besonderen Fähigkeiten gehört Lachen.

JEROME: Ich zeig Ihnen mal was...

(Jerome geht zur Anlage und legt das Videoband ein, das er vorher gesucht hat. Nach einem Moment erhellt sich der Bildschirm. Ein kleines Mädchen, ungefähr neun, erscheint auf dem Schirm. Im landläufigen Sinn hübsch, blond und ein bißchen befangen.)

JUNGE GEAIN: Hallo, Vati. Hier ist Geain. Ich ruf nur an, weil ich danke sagen wollte für alle meine Geschenke. Sie sind alle total super. Besonders der Plattengutschein, ich kauf mir davon die neue von Jamie Butterscotch und die von The Grind. Mutti hat mir ein langes Kleid geschenkt, das ist total super. Es ist gelb und grau, und Oma und Opa haben mir super Schmuck dazu geschenkt, und ich zieh das heute abend an, weil wir bei Al – bei Al irgendwas, weiß ich nicht mehr – essen gehen. Schade, daß du nicht mitkommst, Vati. Und du fehlst mir so. Und hoffentlich seh ich dich bald wieder. Tschüs. Kuß, Geain.

(Sie malt mit dem Finger ein großes X in die Luft.)

Das ist ein Kuß.

(Jerome stoppt das Band und sieht Zoe an, die merkt, daß sie was dazu sagen soll.)

ZOE: Das ist Ihre Tochter?

JEROME: Ja.

ZOE: Süß.

JEROME: Danke.

(Kleine Pause)

ZOE: Die könnte ich nicht spielen.

JEROME: Ach, nein...

ZOE: Das wollen Sie auch nicht?

JEROME: Nein.

ZOE: Ein Glück. *(Pause)* Wie alt ist sie?

JEROME: Geain? Dreizehn, glaub ich.

ZOE: Dreizehn? Jung für ihr Alter.

JEROME: Ach, das ist aufgezeichnet – vor einiger Zeit.

ZOE: Ach so.

JEROME: Das war vermutlich das letzte Mal, daß ich sie sehen durfte.

ZOE: Ach ja?

JEROME: Ihre Mutter – meine Frau ließ sie danach nicht mehr mit mir telefonieren. Ich durfte sie auch nicht besuchen. Geain durfte mich auch nicht besuchen.

ZOE: Wieso?

JEROME: Wieso? Weil meine Frau ein egoistisches, rachsüchtiges, nachtragendes Miststück ist.

ZOE: Ach so, ja.

(Eine Pause)

Wollen Sie denn, daß ich sie spiele?

JEROME *(ärgerlich)*: Nein, ich will nicht, daß Sie sie spielen.

ZOE: Aha, gut. Entschuldigung, Entschuldigung.

(Gou kommt mit demselben Wäschebündel wieder durch und geht zu den Schlafzimmern.)

Vielleicht sollte ich ihr gleich mal ein bißchen helfen. *(Sie lacht kläglich.)*

(Jerome schweigt wieder.)

Schöner Name, Jane. Jane Eyre. Haben wir mal gemacht. Ich hab die wahnsinnige Mrs. Rochester gespielt, hinter der Wand versteckt. Keine besondere Rolle. Ich wär besser gewesen als Jane. Ich wär wirklich gut gewesen.

JEROME: G-E-A-I-N.

ZOE: Bitte?

JEROME: Unsere buchstabiert sich G-E-A-I-N. Auf Betreiben ihrer Mutter.

ZOE: Wie ungewöhnlich. Was ist das? Gälisch?

JEROME: Nein, nur prätentiös.

ZOE: Ich würde gerne selber Kinder haben. Na ja, ungefähr zwanzig Minuten lang, jedenfalls. Manchmal denke ich, wie herrlich das wär, wenn sie durch die Wohnung rasen und lachen und schreien. Und dann, so um sechs Uhr morgens, denke ich, nein das wär gar nicht herrlich, ich kann mir nichts Schlimmeres vorstellen. Obwohl, mit dem richtigen Mann – mit dem man sie sich teilt –, der immer aufräumt – vielleicht wären sie genau das, was ich mir immer gewünscht habe. Aber ich bin mir da nicht so sicher. Wahrscheinlich ist man entweder mütterlich oder nicht. Ich weiß, was ich bin.

JEROME *(der sie angestarrt hat, kommt zu einer plötzlichen Entscheidung)*: Also gut. Wir versuchen's. Folgendes Angebot. Sie sollen vierundzwanzig Stunden lang hier mit mir wohnen, als meine liebende, sorgende Gefährtin –

ZOE: Moment mal. Das hatten wir doch schon alles –

JEROME: In ungefähr einer Woche werden meine Frau und meine Tochter zusammen mit irgendeinem Typen von der Sozialbehörde hierher kommen, in diese Wohnung, zum erstenmal seit vier Jahren. Und dann werden die beiden, meine Frau und dieser Typ, entscheiden, ob sie das hier für einen geeigneten Ort und, noch wichtiger, ob sie mich für eine geeignete Person halten, mit der Geain in Zukunft ihre Zeit verbringen kann. Alles hängt von diesem einen Besuch ab. Wenn ich ihren hohen Anforderungen an Häuslichkeit und Hygiene nicht entspreche, wird man mir wahrscheinlich nie wieder erlauben, meine Tochter zu sehen.

ZOE: Außer Sie besuchen sie.

JEROME: Sie besuchen? Wo?

ZOE: Wo sie wohnt.

JEROME: Sie wohnt bei meiner Frau. Wie kann ich sie da besuchen? Die Frau kann mich nicht ausstehen.

ZOE: Aber sie kommt trotzdem hierher.

JEROME: Sie kommt her, weil sie auf Biegen und Brechen jeden zukünftigen Besuch von Geain verhindern will. Ich habe Ihnen ja gesagt, Corinna ist eine sehr rachsüchtige, nachtragende Frau.

ZOE: Was trägt sie Ihnen denn nach?

JEROME *(ausweichend)*: Die trägt alles nach – was einem einfallen könnte.

ZOE: Also müssen Sie eine solide häusliche Situation vorzeigen.

JEROME: Ich will ihnen eine Beziehung vorführen, die so perfekt ist, daß sie nicht nur nichts daran auszusetzen hat, sondern daß sie vor Eifersucht in die Luft geht. Sie soll sich zerfressen vor Neid und Frustration.

ZOE: Ja. *(Zögernd)* Wenn ich sagen darf – es hört sich langsam ein kleines bißchen rachsüchtig auf beiden Seiten an –

JEROME: Wie bitte?

ZOE: Na ja –

JEROME: Ich hab Grund. Ich hab Grund, rachsüchtig zu sein –

ZOE: Ja, ja. Nur –

JEROME *(erregt)*: Ihr hat man nämlich nicht verboten, die eigene Tochter zu sehen. All diese kostbaren Momente verwehrt, in denen sie ihr Kind aufwachsen sieht. Sie hat man nicht allein gelassen in einer leeren Wohnung. Unfähig zu arbeiten – unfähig, eine einzige Note zu schreiben, vier Jahre lang. Vier Jahre!

ZOE *(erschreckt)*: Ja.

JEROME: Gar nichts.

ZOE: Nein.

JEROME: Und Sie sagen, ich sei rachsüchtig. *(Attackiert sie, ärgerlich)* Auf welcher Seite sind Sie denn? Sie sind auf ihrer Seite, und Sie haben sie noch nicht mal kennengelernt...

ZOE: Nein, das bin ich nicht. Ehrlich, bin ich nicht –

JEROME: Wollen Sie diesen Job oder nicht?

ZOE: Ja, ja...

JEROME: Wenn nicht, kann ich ganz einfach...

ZOE: Nein, ich will. Ich will ihn sehr. Ehrlich. Bitte, bitte, bitte!
(Schweigen. Jerome beruhigt sich.)

JEROME *(murmelt)*: Scheißweiber. Ihr haltet ganz schön zusammen, was?

ZOE: Nicht wirklich.

JEROME: Schwester bleibt Schwester, ob sie recht hat oder nicht, was?

ZOE: Überhaupt nicht. Sind Sie nicht so –

JEROME: Was? Nicht so – was?

ZOE *(wechselt das Thema)*: Ich bin sicher, ich könnte die ideale weibliche Gefährtin sein. Vierundzwanzig Stunden lang auf jeden Fall. Das könnte ich bestimmt. Aber nicht viel länger. Mein

Exfreund würde behaupten, daß ich's nicht mal vierundzwanzig Stunden lang hinkriege. *(Überschwenglich)* Hallo! Willkommen Willkommen! Willkommen!

JEROME *(besorgt)*: Ja, Sie brauchen nicht gleich so...

ZOE: Na gut, also ich werde üben. Sollte ich eine Brille tragen? Finden Sie das eine Brillen-Rolle?

JEROME: Nein, find ich nicht.

ZOE: Nein. Aber irgendwas brauch ich. Ich brauch immer irgend so was Kleines als Ausgangspunkt. Manche Schauspieler fangen immer mit den Schuhen an. *(Schaut auf ihre Füße)* Aber ich glaub, mit denen fang ich irgendwie nicht an. Ich kann auch die Stimme ganz tief machen. Soll ich ihr 'ne tiefe Stimme geben? So?

JEROME *(von ihrem Überschwang beunruhigt)*: Nein, nein, bitte nicht. Nur Ihre normale Stimme. Seien Sie ganz normal, wie Sie sind. Bitte.

ZOE *(beruhigt sich)*: Okay. Ich könnte auch humpeln, wie das Ding da draußen... *(Sie macht Gous Gang nach.)* Nein, das war nur ein Witz. Also, okay, ich nehm's an.

JEROME: Gut.

ZOE: Eigentlich ist es ganz nützlich, daß ich hier nicht wegkomme. Ich mein, dann kann ich Vorstudien machen. Mit Ihnen reden. Rausfinden, was für Sie eine ideale Partnerin ist.

JEROME: Na, wir müssen die überzeugen.

ZOE: O ja. Aber es hilft natürlich, wenn ich Ihnen nicht grade einen doppelten Whisky einschenke und Sie sind Abstinenzler. Bei solchen Sachen verrät man sich sehr leicht. *(Pause)* Oder Ihnen ein Hühnchen koche und Sie sind Vegetarier. *(Entdeckt die angebrannte Alupackung.)* Oder Kuchen backe, wenn Sie eine Schlankheitskur machen... Ist das eins von den neuen Essen, die sich selber kochen?

JEROME: Richtig.

ZOE: Wie war's?

JEROME: Köstlich.

ZOE *(guckt sich skeptisch das verbrannte Essen an)*: Ja. *(Pause)* Weil wir schon vom Essen reden. Wäre es sehr unverschämt –? Ich bin heute morgen sehr früh los. Und mein Exfreund hat den Rest vom Müsli gefressen.

JEROME: Ja, natürlich, ich schau mal, was da ist. Ich hab grade eingekauft, es gibt jede Menge Tiefgefrorenes.

ZOE: Nein, ich mach das. Schon gut.

JEROME: Ist okay, ich...

ZOE: Nein, nein, bitte. Lassen Sie mich. Ich muß ein Gefühl für die Rolle kriegen. Frauchen in der Küche. *(Sie geht in Richtung Küche, stoppt.)* Wo ist das Ding?

JEROME: Im Schlafzimmer.

ZOE: Okay. Gucken Sie genau zu. Eine sensationelle Persönlichkeitsveränderung.

(Zoe geht in die Küche, während Jerome ihr besorgt nachsieht. Sie kommt sofort wieder zurück.)

Entschuldigung, da geh ich nicht rein. Um Gottes willen, was haben Sie denn da gemacht?

JEROME: Was?

ZOE: Das ist ja ekelhaft da drin. Das ist widerlich. Es schwimmt ja in – yuurrk. Uggh! Uggh! Das war Ihre gräßliche Maschine. Bestimmt.

JEROME: Sie kippt Sachen um.

ZOE: Kippt Sachen um? Sie hat ganze Berge von fauligen Resten über alles gekippt. Sie müßten tot sein, wissen Sie das? Es ist ein Wunder, daß Sie überhaupt am Leben sind... Ich sag Ihnen, diese Maschine ist ein –

JEROME: Schon gut, ich mach es.

ZOE: Also ich esse nichts, was da rauskommt –

JEROME: Das sind Fertiggerichte. Die sind versiegelt. Ich tu's schnell in den Herd.

ZOE: Aber unbedingt hier drin aufmachen...

JEROME: Wie Sie meinen.

(Er geht in die Küche. Zoe beschließt, ihre Rolle zu üben. Sie nimmt die Haltung einer strahlenden Gastgeberin ein.)

ZOE *(fröhlich)*: Hallo! Hallo! Hallo! Willkommen! Willkommen! Willkommen! Entschuldigung. Ich hab gar nicht auf die Zeit geachtet. Typisch. *(Dreht sich um, als ob jemand nach ihr gerufen hätte.)* Wie bitte? Momentchen, Liebling. Komme, Liebling.

(Während sie übt, kommt Gou ohne Laken aus dem Schlafzimmer, geht zum Flur, sieht Zoe, stoppt und starrt sie teilnahmslos an.)

(Zoe sieht Gou) Oh, hallo, ich wollte grade...
(Gou geht weiter und hinaus auf den Flur.)
Geht dich überhaupt nichts an, so.
(Sie will gerade wieder anfangen, als das Telefon klingelt.)

JEROME *(off)*: Schon gut. Die Maschine ist an.
(Zoe wartet ab. Nachdem das Telefon ein paarmal geklingelt hat, erscheint Lupus auf dem Bildschirm. Er sitzt hinter seinem Schlagzeug, das er vor seinem Video-Telefon aufgebaut hat. Man sieht Teile davon. Er sieht etwas wilder aus als vorher, möglicherweise macht ihm die Wirkung irgendeines Stimulans zu schaffen. Zoe starrt ihn ungläubig an.)

LUPUS *(vom Video)*: Hiya, Jerry. Ich bin wohl wieder beim guten alten Anrufbeantworter gelandet. Aber falls du noch da bist, und falls du in die Geschichte eingehen willst als der einzige Mensch auf der Welt, der noch mit mir reden will, hier bin ich. Ich rufe mein letztes Rettungsfloß, meinen einzigen Freund, meinen einzigen Hoffnungsschimmer in dem dunklen, endlosen Tunnel, den manche von uns lachend als Leben bezeichnen. Du bist leider dran, Jerry. Du stehst zwischen einem Mann und seinem Ende. Sein letzter Strohhalm. Seine letzte brennende Brücke.
(Währenddessen kommt Jerome mit zwei Packungen aus der Küche zurück.)

JEROME: Möchten Sie Perlhuhnbrust en Croûte oder Gourmet-Hühnchen mit Mandeln und Walderdbeersauce?

ZOE *(von beidem nicht begeistert)*: Perlhuhn.

JEROME: Es gibt auch noch Rinderbraten in Muschelsauce.

ZOE: Perlhuhn.

JEROME: Okay. Ich glaub, ich probier das Gourmet-Hühnchen.

ZOE: Da ist ein seltsamer Mann an Ihrem Telefon, in einem verzweifelten Zustand.

JEROME: Ja, ich weiß. Es dauert zwanzig Sekunden. Können Sie warten?
(Jerome geht in die Küche. Lupus hat die ganze Zeit weitergeredet.)

LUPUS: Du hast wahrscheinlich mitgekriegt, daß meine Frau weg ist. Mein Sohn ist weg. Unsere Möbel sind weg. Alles. Aber zum letztenmal, Jerry. Egal, mit wem sie diesmal ist, sie kann bei ihm bleiben. Ich laß sie nicht mehr rein. Diesmal nicht. Sie ist übrigens grade abgehauen, als ich mich für einen Job beworben hab, den ich dann nicht gekriegt hab. Das dynamische Tanztee-Trio im Seniorenheim hat beschlossen, daß sie auch ohne mich auskommen, und zur Feier des Tages haben sie eine Rhythmusmaschine gekauft. *(Er lacht herzhaft, aber freudlos.)* Da sitze ich also, mitten in diesem Haufen veraltetem Schrott – *(Er haut auf ein Becken.)* – den keiner haben will – *(Er schlägt auf eine Trommel.)* – warum soll man auch das echte Ding hören, wenn man eine Synthesizer-Imitation hören kann – *(Noch ein Schlag auf das Becken)* Ich dachte, du würdest es vielleicht gerne hören, Jerry, bevor ich es alles verbrenne – das letzte Trommelsolo live, von einem Menschen. Das allerletzte.

(Jerome kommt zurück. Er hält die beiden sehr heißen Alupackungen mit einem Handtuch. Zoe, die fasziniert auf den Bildschirm gestarrt hat, springt auf. Lupus bereitet sich auf sein Schlagzeugsolo vor.)

JEROME: Vorsicht, sie sind heiß.

ZOE: Entschuldigung, ich – mach mal ein bißchen Platz... Da ist dieser seltsame Mann. Ist er okay?

JEROME *(beiläufig)*: Ja, dem geht's gut. Der ist immer so.

(Lupus spielt Schlagzeug.)

Um Gottes willen, Lupus!

(Jerome hechtet zur Anlage und dreht den Ton ab. Lupus drischt während des Folgenden einige Minuten still vor sich hin.)

Moment mal. Ich hol Besteck.

(Zoe guckt ihn skeptisch an.)

Ich wasch's erst, keine Angst.

(Jerome geht hinaus. Gou kommt herein, mit dem Saugrohr eines Staubsaugers in der Hand, aber ohne den Rest der Maschine. Sie bleibt hinter Zoe stehen.)

ZOE *(ruft Jerome nach)*: Es würde mich beruhigen, wenn Sie alles erst mal abkochen würden, bevor ich es anfasse, bitte.

GOU *(leise und gehässig)*: Machst du es dir schon gemütlich, Deborah?

ZOE *(dreht sich erschreckt um)*: Was?

GOU: Ich weiß, worauf du aus bist, Kleine, aber du kriegst ihn nicht. Wenn du Jerome haben willst, kriegst du ihn nur über meine Leiche, du berechnende kleine Schlampe.

ZOE *(sehr entrüstet)*: Wie bitte?

GOU: Paß bloß auf, Deborah, Liebling, oder du wachst eines Morgens mit einer durchgeschnittenen Gurgel auf.

(Gou geht ab in Richtung Schlafzimmer. Zoe blickt ihr voller Schrecken nach. Sie faßt sich an den Hals. Jerome kommt mit Messern und Gabeln und zwei Dosen Bier.)

JEROME: Hier.

ZOE *(zurückweichend)*: Uä!

JEROME: Ist was?

ZOE: Nein – es war – heiß.

JEROME: Prima. Ich hab Bier mitgebracht. Ich dachte, Sie hätten lieber 'ne Dose als unsere Gläser.

(Er macht beide Packungen auf.)

Das ist Ihrs, glaube ich.

ZOE: Danke.

JEROME *(guckt seine Packung an)*: Ja, ich glaube, das sind die Walderdbeeren. Wollen Sie Bier?

ZOE: Bitte.

(Jerome macht die Bierdosen auf.)

JEROME: Fangen Sie ruhig an. Bevor es verrostet.

ZOE *(probiert)*: Mmm! Nicht schlecht.

JEROME: Heiß genug?

ZOE: Genau richtig.

(Sie essen.)

Wie lange waren Sie verheiratet? Mit Corinna?

JEROME: Elf Jahre.

ZOE: Mensch. Ein ganzes Leben. Muß komisch gewesen sein, sich zu trennen.

JEROME: Ja.

ZOE: Auch wenn Sie sich nicht mehr sehen konnten.

JEROME: Ja.

ZOE: War sie Musikerin?

JEROME: Corinna? *(Er lacht.)* Nein. Sie hat die Filiale geleitet, bei der ich mein Konto hatte. Ich hab die Bank gewechselt.

ZOE: Vermissen Sie sie?

JEROME: Nein.

ZOE: Könnten Sie sich vorstellen, jemals zu ihr zurückzukehren?

JEROME: Was ist denn jetzt los? 'ne Meinungsumfrage?

ZOE: Ich will das nur wissen. Ich muß es wissen.

JEROME: Warum? Warum wollen Sie das alles wissen?

ZOE: Weil ich es brauche. Wenn ich mich wie jemand benehmen soll, der schon länger mit Ihnen lebt, muß ich es wissen.

JEROME: Also, all das müssen Sie nicht wissen. Ich sag Ihnen schon, was Sie wissen müssen, keine Angst.

ZOE: Okay. Gut. Schießen Sie los.

(Eine Pause)

JEROME *(brummig)*: Was wollen Sie denn wissen?

ZOE: Nein, nein. Ich frag keine Fragen mehr. Sagen Sie mir.

JEROME: Ist ja gut...

ZOE: Nein, wenn ich frage, werd ich bloß angeschnauzt. Sie können's mir ja erzählen, los.

JEROME: Tut mir leid. Ich – hab mich ganz lange mit niemand richtig unterhalten – nicht so direkt, wissen Sie. Nachdem sie den Hypermarkt vollautomatisiert haben, hab ich seit Monaten mit niemand geredet. Sie müssen schon Geduld mit mir haben.

ZOE: Ich verstehe.

JEROME: Also. Wenn Sie was fragen wollen. Bitte.

ZOE: Gut.

(Sie essen.)

JEROME: Los.

ZOE: Mach ich. Ich denk grade nach, was. Warum hat Ihre Frau Sie verlassen?

JEROME: Das geht Sie einen Scheißdreck an.

ZOE: Na, wunderbar... vergessen wir's. Ich erfind es einfach. Ich erfind es alles. Aber machen Sie mich nicht verantwortlich, wenn alles schiefgeht. Wenn sich rausstellt, daß ich die wichtigsten Sachen, die ich über Sie wissen müßte, nicht weiß –

JEROME: Ich seh einfach nicht ein, wieso Sie unbedingt –

ZOE: Moment. Wenn es sich rausstellt, daß Ihre Frau Sie verlassen hat, weil Sie sie elf Jahre lang – oder wie lang auch immer – wahnsinnig gemacht haben, weil Sie nackt beim Frühstück gepfiffen haben –, dann ist das was, was ich wissen müßte. Weil – es könnte ja in einer Unterhaltung zwischen uns beiden auftauchen. Meine Liebe, macht er Sie nicht wahnsinnig, wie er nackt beim Frühstück pfeift? Nein, meine Liebe, überhaupt nicht, ich mag das, ich finde es so erfrischend...

JEROME: Schon gut. Schon gut. Meine Frau hat mich verlassen, weil... Sie behauptet, ich hab sie wahnsinnig gemacht –

ZOE: Weil Sie nackt beim Frühstück pfeifen –? Entschuldigung.

JEROME: Sie war letztlich nicht bereit, mit einem schöpferischen Menschen zu leben. Das war's eigentlich. Sie war nicht bereit, sich in den Lebensstil eines kreativen Wesens zu fügen. Wie mir. Sonst gar nichts. Ich behaupte nicht, daß sie egoistisch war. Ich sage auch nicht, daß sie eine Frau war, die sich geweigert hat, sich anzupassen, oder daß sie kein Verständnis hatte für den Druck, unter dem ein schöpferischer Mensch stehen kann. Das behaupte ich gar nicht. Warum auch? Sie ist ja bloß die Filialleiterin einer Scheißbank.

ZOE *(verständnisvoll)*: Ja. Und Sie haben wahrscheinlich auch nicht viel vom Bankgeschäft verstanden, oder?

JEROME *(scharf)*: Was hat das denn damit zu tun?

ZOE *(schnell)*: Gar nichts.

JEROME: Trotzdem, bestimmt wird sie für irgendeinen Oberkassierer eine ausgezeichnete Frau.

ZOE *(beschließt, daß es sich nicht lohnt, in dieser Richtung weiter zu forschen)*: Ich würde gerne ein bißchen Musik von Ihnen hören. Wäre das möglich?

JEROME: Ja. Vielleicht. Irgendwann. Wie gesagt, ich hab seit Ewigkeiten nichts mehr geschrieben.

ZOE: Seitdem sie weg sind?

JEROME: Fast.

ZOE: Vier Jahre. Mein Gott. Sie haben sie wirklich gebraucht, irgendwie. Na ja, wenigstens Ihre Muse hat sie gebraucht.

JEROME: Geain. Ich hab Geain gebraucht. Ich brauch sie wieder, mehr als irgendwas auf der Welt.

(Zoe bemerkt zum erstenmal Anzeichen seiner inneren Verzweiflung.)

ZOE *(bewegt)*: Ja, also – ich werde mein Bestes für Sie tun. *(Pause)* Hat sie Sie zu den singenden Babies inspiriert? Hat sie bestimmt.

JEROME: Erste Laute. Ja. *(Pause)* Ich hab sie mehrere Tage lang aufgenommen...

ZOE: Sie meinen, es war sie selber? Sie haben Geain selber benutzt?

JEROME: Ja. Da hab ich zum erstenmal reine Naturklänge benutzt – gesamplet und bearbeitet. Es hat Monate gedauert.

ZOE: So was. Und all das für was? Dreißig Sekunden?

JEROME: Dreißig Sekunden? Das Original hat fündundvierzig Minuten gedauert.

ZOE: Ach so. Es gibt noch mehr?

JEROME: Viel, viel, viel mehr.

ZOE: Sie können überhaupt nicht mehr komponieren? Keine Einfälle?

JEROME: Ich weiß, was ich komponieren will. Aber ich weiß nicht wie.

ZOE: Was?

JEROME *(mehr zu sich selbst)*: Ich weiß, was es sein wird. Ich weiß, was ich sagen will. Nur wie. Ich hab den Klang nicht. Ich kann ihn nicht hören. Drei Jahre, und ich warte immer noch drauf, den Klang zu hören.

ZOE: Was wollen Sie denn sagen?

JEROME: Ich will sagen – was ich sagen will, ist – na ja, ich will sagen – Liebe. Eigentlich.

ZOE *(verwirrt)*: Liebe?

JEROME: Ja.

ZOE: Ach so. Was für 'ne Liebe?

JEROME: Ganz – allgemein. Liebe. Sie wissen...

ZOE *(verblüfft)*: Nein, ich bin nicht so sicher, daß ich –

JEROME *(gereizt)*: Liebe. Sie haben doch bestimmt von Liebe gehört?

ZOE: Ja, ja. Entschuldigung. Nur, Sie formulieren das nicht besonders gut.

JEROME *(ärgerlich)*: Natürlich formulier ich das nicht besonders gut. Wenn ich es besonders gut formulieren könnte, dann gäbe es kein Problem. Ich will das Gefühl von Liebe in einer abstrakten musikalischen Form ausdrücken. So, daß alle, die es hören – alle – egal welche Sprache sie sprechen – egal welche Religion oder Hautfarbe – sie werden es erkennen und darauf reagieren – sie werden es auf ihre eigenen Liebesgefühle beziehen, die sie haben oder mal hatten, und sagen – ja, mein Gott, das ist es! Darum geht's! Und vielleicht, wer weiß, gibt's dadurch ein bißchen mehr.

(Zoe ist sprachlos.)

ZOE: Wie wunderbar. *(Sie denkt einen Moment nach.)* Es muß ein bißchen so gewesen sein, mit Beethoven zu sitzen.

JEROME: Das bezweifle ich.

ZOE: So stell ich's mir jedenfalls vor.

JEROME: Ich glaube, Beethoven saß gar nicht soviel rum. Er stampfte mehr rum und brüllte.

ZOE: Na, sehen Sie. Sie sind sich unheimlich ähnlich.

(Pause. Sie sind beide mit dem Essen fertig.)

Es muß ja furchtbar für Sie sein. Sie haben alle diese Einfälle und können sie nicht ausdrücken. Sie Ärmster.

(Jerome schaut sie an.)

Ich glaube, ich weiß, wie Sie sich fühlen. Mir geht's schon so, wenn ich einen Brief schreibe. Ich will jemand irgendwas wirklich – weiß nicht – Intimes sagen. Und was rauskommt, liest sich wie so eine schreckliche Weihnachtskarte. Frohes Fest, lieber Freund, in dieser gesegneten Zeit. Und eigentlich wollte ich sagen – ich liebe dich ganz entsetzlich, und ich würde überhaupt alles tun, um dich glücklich zu machen, und ich will einfach bei dir sein und dir nah sein für immer und immer und immer – Und das versuchst du dann aufzuschreiben, so daß es irgendwie Sinn macht, und was kommt dabei raus? Frohes Fest, lieber Freund… *(bemerkt seinen Blick)* Ist was los?

JEROME: Nichts.

ZOE: Wollen Sie sich's noch mal überlegen?

JEROME: Nein, ich überleg was ganz anderes.

ZOE *(etwas ängstlich)*: Aha. Was denn?

JEROME: Ja, ich dachte grade – Sie sind eigentlich ein sehr netter Mensch. Nur, wenn ich das so sage, hört sich das an wie eine von Ihren Weihnachtskarten.

(Eine Pause. Zoe ist ein bißchen unsicher.)

ZOE *(steht auf)*: Ich glaub, ich werd Ihnen jetzt mein Lied vorsingen, wenn Sie nichts dagegen haben.

JEROME *(eher betrübt)*: Wirklich?

ZOE: Ja, entweder das oder meinen Shakespeare. Und ich glaub einfach nicht, daß Ophelia gut zu Huhn und Erdbeeren paßt. *(Stellt sich in Positur)* Schon gut, es ist ganz kurz… *(fängt verkehrt an)* Du bist der – Moment noch. *(Sie sucht den richtigen Anfangston.)* So. Jetzt los. *(Singt)*
Du bist der erste nicht, den ich liebe.
Es wäre weiter nichts als eine Lüge,
wenn ich sag, daß vor dir kein andrer Mann
unter meiner Decke lag.
Der erste kannst du nicht mehr sein,
doch es wird dich sicher freun,
wenn ich sag,
du wirst der letzte sein, du wirst der letzte sein,
der letzte, den ich liebe.
(Das Lied ist zu Ende. Schweigen)
Ja. Es hat eine tolle Begleitung. Tomtiti-tomtom.
(Sie lächelt ihn verlegen an.)
(Jerome steht auf und geht zu ihr. Er steht da, dann küßt er sie. Sie lösen sich voneinander und schauen sich an.)
Du schmeckst nach Walderdbeeren.

JEROME: Und du nach Perlhuhn.
(Zoe lacht. Jerome lächelt, eines seiner seltenen Lächeln.)
Möchtest du noch was?

ZOE: Was?

JEROME: Essen.

ZOE: Nein.

JEROME: Noch irgendwas von irgendwas?

ZOE *(ohne Zögern)*: Ja, bitte.

JEROME: Also, wollen wir…? Was möchtest du am liebsten? Möchtest du lieber – hier? Oder –?

ZOE: Ist mir recht. Hier ist gut, wenn – du –

JEROME: Oder im Schlafzimmer, das wär vielleicht –

ZOE: Klar. Gut. Ob sie das Bett inzwischen gemacht hat, was meinst du? *(Sie lacht.)*

JEROME: Nein, kein Problem. Die Laken sind nur für sie, damit sie –

ZOE: Ja, gut. Wollen wir da reingehen?

JEROME *(bewegt sich nicht)*: Ja, ja, ja.

ZOE: Willst du?

JEROME: O ja, und wie.

ZOE: Wir müssen nicht, wenn du –?

JEROME: Nein, nein, nein... *(lachend)* Nützliche Vorstudien, was denn sonst...

ZOE *(weicht ein Stück zurück, irritiert)*: Ach, ich hab gar nicht... nur dafür?

JEROME: Nein, nein. Das war Spaß.

ZOE: Ich meine, ich will wirklich. Ich mach's nicht, wenn ich nicht will... Ich mach so was nicht.

JEROME: Ich weiß, klar. Ich auch nicht.

ZOE: Gut. *(Pause)* Also – sollen wir...?

JEROME: Warum nicht.

(Sie gehen beide los in Richtung der Schlafzimmer, als Gou reinkommt, mit dem Staubsaugerrohr in der Hand. Zoe zuckt zusammen. Gou geht an ihnen vorbei und hinaus auf den Flur.)

Sie ist okay.

ZOE: Sicher? Fändest du's ganz schrecklich – wenn ich dich bitten würde, sie abzustellen?

JEROME: Sie abstellen?

ZOE: Nur während wir – während wir im –

JEROME: Es ist nicht so gut für sie, wenn sie immer an- und abgestellt wird...

ZOE: Nein, nein, klar. Es ist nur, wenn sie zufällig reinkäme, während wir – dann würde ich wahrscheinlich schreien oder so was...

JEROME: Ja, ich könnte sie auskuppeln. Dann wär sie auf Standby. Ich könnte ihre Bewegungsfunktion ausschalten und ihr Gehirn weiterlaufen lassen...

ZOE *(will keine Einzelheiten wissen)*: Ja, ja, gut. Hört sich gut an. Ich will sie ja auch nicht beschädigen.

JEROME *(ruft)*: Gou, hier.

GOU *(off)*: Komme, Gou.

(Gou kommt vom Flur.)

ZOE: War das Gesicht schon dran? Ich meine, kam sie so aus der Fabrik?

JEROME: Nein, ich – hab ein bißchen dran rumgebastelt. Man kann es ganz leicht ändern, man muß es nur erst mit dem Fön ein bißchen anheizen.

ZOE: Ja, also ich finde, du hättest ein besseres Gesicht machen können. Sieht aus wie Frankenstein.

JEROME: Gou, setzen.

GOU: Sitze, Gou.

(Gou sitzt.)

JEROME: Gou, Funktionskommando Jerome auskuppeln.

(Gou piept kurz.)

GOU: Ausgekuppelt.

JEROME: Gou, gehen.

(Sie zuckt ein bißchen und piept, bleibt aber im Sessel sitzen.)

(Probiert's noch mal) Gou, gehen.

(Gou zuckt wieder und piept, bleibt sonst unbewegt.)

Siehst du, sie kann sich überhaupt nicht bewegen.

ZOE: Nein. *(Sie hat ein bißchen Schuldgefühle, weil sie Jerome gebeten hat, das zu tun.)*

JEROME: Ich check noch mal, daß – alles aus ist.

(Er geht zu der Anlage. Er checkt, ohne daß Zoe es sieht, seine Aufnahmegeräte. Zoe steht in der Tür und wartet auf ihn. Gou dreht langsam ihren Kopf und schaut sie an.)

ZOE: Ah!

JEROME: Ist was?

ZOE: Sie hat ihren Kopf bewegt.

JEROME: Na ja, sie kann ihren Kopf noch bewegen. Das macht doch nichts, oder?

ZOE: Ja, ja, schon in Ordnung. Ich hab es nur nicht erwartet.

(Sie greift unter ihren Rock.)

JEROME *(beobachtet sie)*: Alles in Ordnung?

ZOE *(hat Schwierigkeiten)*: Ja, ich will – ich will dir nur meine – meine – *(Sie holt eine Reihe von Kreditkarten in einem gefalteten Plastiketui aus ihrer Strumpf-Handtasche.)*

Da. Dann haben wir es hinter uns. *(Zeigt auf eine grüne Karte, die in der Reihe der anderen Karten steckt).*

Meine grüne Karte, okay?

JEROME: Ach ja.

ZOE: Ich bin untersucht worden. Letzten Monat. Ich bin in Ordnung. CBH 1.

JEROME: Prima. Gut. Gratuliere.

ZOE: Na ja. Man kann nicht vorsichtig genug sein, oder?

JEROME: Nein.

(Kleine Pause)

ZOE: Bist du –? Hast du –?

JEROME: Ach ja – irgendwo. Es ist im – ich hab's in den –, es ist irgendwo...

ZOE *(leicht zweifelnd)*: Gut. *(Geht los)* Also...

JEROME: Nach Ihnen.

ZOE: Danke. *(Im Hinausgehen)* Du willst es doch immer noch, oder?

JEROME *(macht das Licht aus und folgt ihr)*: O ja... und wie. Klar.

ZOE *(off)*: Weil, wenn nicht, macht's mir nichts –

JEROME *(off)*: Doch, doch. Und du?

ZOE *(off)*: O ja... und wie.

(Sie machen die Tür zu den Schlafzimmern zu und ihre Stimmen sind nicht mehr zu hören. Gou sitzt alleine da. Sie wird von den Lichtern der Tonanlage beleuchtet, die in Relation zu den Geräuschen aus dem Schlafzimmer blinken und aufblitzen, man hört die Geräusche nicht. Die Bewegung der Lichter wird immer heftiger.)

GOU *(langsam und mühsam)*: Deb–or–rah... Deb–or–rah...

(Das Licht flimmert auf ihrem Gesicht –)

Blackout

Erster Akt

Zweite Szene

Einige Stunden später. Es ist vermutlich Morgen, obwohl man es nicht erkennen kann. Gou ist weg. Jerome sitzt auf dem Drehstuhl, zu einer Seite der Anlage gewendet. Er arbeitet an einem seiner Keyboards. Er hat Kopfhörer auf, man hört nichts. Während er arbeitet, ächzt er gelegentlich. Gou kommt schwungvoll aus der Küche, wieder mit einem ihrer umgedrehten Kaffeebecher in der Hand. Sie stellt ihn bei Jerome ab.

GOU: Schöne Tasse Kakao. Nicht kalt werden lassen.
(Auch wenn Jerome sie hört, ignoriert er sie, er ist zu beschäftigt. Gou geht zurück in die Küche. Nach einem Augenblick kommt Zoe aus dem Schlafzimmer, noch ziemlich verschlafen und in eine Decke gewickelt. Sie beobachtet Jerome eine Zeitlang. Dann geht sie hinter ihn und küßt ihn sanft auf den Kopf.)

JEROME *(laut wegen der Kopfhörer)*: Gou, stop. Stop sofort.
(Zoe weicht zurück, verletzt. Jerome merkt zu spät, daß es unmöglich Gou gewesen sein konnte. Er dreht sich um und nimmt die Kopfhörer ab.)

ZOE: Guten Morgen.
JEROME: Guten Morgen.
ZOE: Wie lange bist du schon auf?
JEROME *(zuckt mit den Schultern)*: Oh...
ZOE: Ich hab Ewigkeiten geschlafen.
JEROME: Ja...
ZOE: Na ja...
JEROME: Ja...
ZOE *(küßt ihn)*: Guten Morgen.
JEROME: Morgen.
(Zoe lächelt ihn an. Er wirkt ziemlich verlegen. Der typische Lärm aus der Küche)

ZOE *(trocken)*: Frankenstein ist schon früh auf, wie man hört.

JEROME: Ja, hat einen anstrengenden Tag vor sich.

ZOE: Ein Glück, daß sie mir keinen Tee ans Bett serviert hat.

JEROME: Hat sie schon mal gemacht. Das ist ein Erlebnis, auf das man verzichten kann. Übrigens, Rita war da. Ist alles in Ordnung.

ZOE: Ein Glück.

JEROME: Die Töchter haben sich auf ein Bußgeld geeinigt. Fünfhundert Pfund.

ZOE *(entgeistert)*: Fünfhundert Pfund!

JEROME: Entweder das oder fünfzig Hiebe. Ich hab gesagt, dir wär das Bußgeld lieber.

ZOE: Na, also das kann die Blaise Gillespie Agentur zahlen, das garantier ich dir. Die hätten mich warnen müssen.

JEROME: Du wirst das brauchen.

(Er nimmt eine schmuddelige, farbige Karte und gibt sie ihr.)

Das ist dein Passierschein. Damit kommst du bis zum Bahnhof.

ZOE *(liest)*: «Hiermit wird – bescheinigt – daß ich, die Unterzeichnete, meine Schuld an die Gesellschaft gezahlt habe.» Also wirklich.

JEROME: Ja, und du mußt es auch unterschreiben. Verlier's nicht.

ZOE: Ich wär viel mehr beeindruckt, wenn die «bescheinigt» richtig schreiben könnten. *(Legt die Karte hin)*

JEROME: Ich geh mit dir. Bis zur U-Bahn. Wenn du willst. Möchtest du was? Tee oder was?

ZOE: Nein. Ich muß mich anziehen. Ich muß mittags zurück sein. Ich hab ein Vorsprechen. Ein neues Musical. Spielt in einem Frauengefängnis. Ein Hoch auf Holloway. Jedenfalls nennen es alle so. Ich glaub, ich sing ihnen mein Lied vor. Was meinst du?

JEROME: Klar. Warum nicht.

(Zoe zögert wegzugehen. Sie schauen sich an.)

Ich – weiß eigentlich nicht, was ich sagen soll.

ZOE: Ich – hab überlegt. Ob ich wiederkommen soll. Ob du mich gern wiedersehen würdest. Ich meine, noch bevor – heute abend zum Beispiel. Oder morgen. Wir haben noch viel zu besprechen, nicht? Wenn alles stimmen soll bei dem Treffen mit deiner Frau. Und deiner Tochter. Was meinst du? Ich will nicht aufdringlich sein. Wie du willst. Was meinst du?

(Schweigen)

Mir macht's gar nichts. Aber sag was. Bitte.

(Jerome küßt sie sanft.)

Heißt das ja?

JEROME: Hättest du das gern?

ZOE: Ja.

JEROME: Dann hätte ich das auch gern.

ZOE: Gut.

(Pause)

Noch eins.

JEROME: Was?

ZOE: Wer ist eigentlich Deborah?

JEROME *(überrascht)*: Wer?

ZOE: Deborah. Wer ist sie?

JEROME: Keine Ahnung. Noch nie von ihr gehört.

ZOE: Also irgend jemand kennt sie. Frankenstein murmelt ihren Namen jedesmal, wenn sie mich sieht.

JEROME: Ich hab keine Ahnung, warum.

ZOE: Na gut. Vielleicht erinnere ich sie an irgendwas von früher. Ihre alte Freundin Debbie, die Tiefkühltruhe, vielleicht.

(Sie schaut ihn einen Moment an.)

Gestern abend war das erste Mal – du hast einige Zeit mit niemand geschlafen, nicht?

JEROME: Drei Jahre.

ZOE *(nett gemeint)*: Du kriegst das schon bald wieder hin, bestimmt. *(Merkt, daß sie das nicht besonders gut ausgedrückt hat.)* So. Ich zieh mich mal an. Okay?

JEROME: Ja. *(Spielt mit den Knöpfen der Anlage)*

ZOE: Alles in Ordnung?

JEROME: Ja.

ZOE: Was hast du denn gemacht? Du hast doch nicht etwa komponiert?

JEROME: Nee, eigentlich nicht. Ich – äh – *(Er zeigt auf die Anlage und drückt einen Startknopf. Aus den Lautsprechern kommt das Bruchstück einer Komposition, an der Jerome gearbeitet hat. Es ist, deutlich erkennbar, Zoes Lachen, neu zusammengefügt zu einer einfachen, sanften, melodischen Anordnung.)*

ZOE *(erkennt sich)*: Bin ich das?

JEROME: Ja.

(Sie hören zu. Es ist relativ kurz. Es ist zu Ende. Jerome stoppt die Maschine.)

ZOE: Das war ich.

JEROME: Richtig.

ZOE: Wann hast du das gemacht?

JEROME: Während du geschlafen hast.

ZOE: Aber wann hast du mich aufgenommen? Gestern?

JEROME: Richtig.

ZOE: Du hast mein Lachen heimlich aufgenommen? Mein fürchterliches Lachen?

JEROME: Es ist ein sehr nettes Lachen.

ZOE: Paß auf, sonst verlang ich Tantiemen. *(Sie lächelt.)* Es ist sehr gut.

JEROME *(lächelt)*: Danke. Es ist erst eine Skizze.

ZOE: Sehr raffiniert. Und alles mit der Maschine?

JEROME: Ja.

ZOE: Genial. Geniale Maschine. Weißt du, ich finde, wenn es *(sie summt einige Noten)* geht – wär's eigentlich besser, wenn es *(sie summt eine andere Tonfolge)* gehen würde, oder?

JEROME *(reserviert)*: Wie meinst du?

ZOE: Ja, so – *(Sie summt noch mal ihren Verbesserungsvorschlag.)*

JEROME: Es geht gar nicht – *(Summt ihren Vorschlag)*

ZOE: Weiß ich, es geht – *(Summt ihre Version des Originals)*

JEROME: Nein, es geht nicht – *(Summt ihre Version des Originals)* Es geht – *(Summt das Original)*

ZOE: Also – *(Summt das Original)* Ich find trotzdem, es wär besser, wenn es *(Summt ihren Verbesserungsvorschlag)* gehen würde.

JEROME: Nein, wär's nicht.

ZOE: Doch.

JEROME: Nein.

ZOE: Warum nicht?

JEROME: Weil es nicht so geht. So geht's nicht.

ZOE: Ich weiß, es geht nicht so. Ich sag ja nur, daß es vielleicht so gehen sollte.

JEROME *(ist jetzt ärgerlich)*: Nein, sollte es nicht. Es geht, wie es geht, weil es so geht –

ZOE: Warum? Warum geht es unbedingt so?

JEROME *(brüllt)*: Weil es so geht, deswegen. Weil ich es so komponiert habe, und auf mich kommt es an.

ZOE *(defensiv)*: Na gut. Bitte.

(Pause)

Du brauchst mich nicht anzuschreien. Ich bin nicht deine Maschine, weißt du.

JEROME *(murmelt)*: Die will wenigstens nicht meine Musik umkomponieren.

ZOE: Entschuldigung. Ich dachte, du freust dich über einen Vorschlag. Tust du aber nicht. Dann eben nicht. *(Pause)* Du findest es vollkommen. Gut. Du bist ja der Experte.

JEROME *(gereizt)*: Richtig.

(Gou kommt mit dem Stiel eines Wischmops aus der Küche, der Mop fehlt. Sie geht geschäftig auf den Flur hinaus. Zoe starrt ihr nach.)

GOU: Heute ist der Flur dran.

ZOE: Prima. Höchste Zeit, daß der Fußboden mal abgekratzt wird. Mehr hast du nicht gemacht?

JEROME: Wie?

ZOE: Nur das bißchen da? Mehr hast du nicht komponiert?

JEROME: Nein.

ZOE: Ach so.

JEROME: Ich hab einen zweiten Entwurf angefangen.

ZOE: Gut. *(Pause)* Spiel's mir doch mal vor. Ich sag nichts, ich werd nichts sagen, ich versprech's.

JEROME *(zögernd)*: Ist noch nicht fertig.

(Er spielt ihr den zweiten Entwurf vor. Er basiert wie der erste auf Zoe, hat aber eine ganz andere Grundstimmung – er basiert offensichtlich auf den Geräuschen, die Zoe gemacht hat, als sie mit ihm geschlafen hat. Sie hört völlig verblüfft zu. Es ist zu Ende. Jerome stellt die Maschine aus.)

ZOE: Ist das das, was ich denke?

JEROME: Ja.

ZOE: Du hast das aufgenommen, während wir – ?

JEROME: Ja.

ZOE: Ich glaub es nicht. Das heißt, während wir gebumst haben, hast du dich ganz ruhig aus dem Bett gelehnt und ein Tonband angestellt?

JEROME: Nein –

ZOE: Kein Wunder, daß du dich nicht richtig konzentrieren konntest –

JEROME: Natürlich nicht.

ZOE: Aber wie hast du denn sonst – ?

JEROME: Ich hab's nicht extra angestellt. Sie sind immer an.

ZOE: Immer an?

JEROME: Ja.

ZOE: Was, jetzt auch?

JEROME: Ja. Immer.

ZOE: Was, überall? Auf'm – überall?

JEROME: Sag ich doch – ja.

ZOE *(entgeistert)*: Du bist krank. Du bist nicht normal. Du bist pervers –

JEROME: Ich arbeite so – so arbeite ich.

ZOE: Ja, Entschuldigung, aber ich nicht. Wenn du das Ding nicht sofort abdrehst, geh ich.

JEROME: Ich kann's nicht abdrehen. Es muß anbleiben. Verstehst du das nicht? Was jetzt aufgenommen wird, brauche ich später. Teile davon. Nicht alles natürlich.

ZOE: Dann kannst du ja Teile aufnehmen –

JEROME: Wie soll ich denn vorher wissen, welche Teile ich aufnehmen soll? Menschenskind –

ZOE: Also, ich kann dir genau sagen, welche Teile du nicht aufnehmen wirst. Du wirst nicht aufnehmen, wenn ich bumse, wenn ich bade oder auf'm Klo bin – das sind schon mal drei... Mein Gott, hast du deiner Frau das auch angetan? Und deiner Tochter?

JEROME: Ja.

ZOE: Und die hatten nichts dagegen? Ja, natürlich hatten sie was dagegen. Sie sind ja abgehauen. Wie war das mit Deborah, was hat die dazu gesagt?

JEROME *(brüllt)*: Zum zehntenmal, ich kenne keine Deborah!
(Ein lauter Krach vom Flur)

ZOE: Also, irgend jemand kennt eine. Frag doch mal Frankenstein. *(Sie marschiert ab ins Schlafzimmer. Gou kommt unmittelbar danach vom Flur herein.)*

GOU: Ich weiß, worauf du aus bist, Kleine, aber du kriegst ihn nicht. Wenn du Jerome haben willst, kriegst du ihn nur –

JEROME: Gou, stop.

GOU: Stop, Gou.

(Jerome schaut Zoe hinterher. Gou geht in die Küche mit ihrem Mopstiel. Jerome dreht einen Lautstärkeregler am Pult hoch. Man hört Zoes Stimme im Schlafzimmer aus den Lautsprechern.)

ZOE *(ihre Stimme)*: ... noch nie so was Krankes in meinem ganzen Leben gesehen... ist ja ekelhaft... ich meine, es gibt so was wie eine Intimsphäre... jemand einfach aufnehmen ohne... Ich mein, uns aufnehmen, während wir... wenn du das jetzt aufnimmst, Jerome, und ich geh davon aus – wenn du das abspielst, muß ich dir sagen, daß du ein kranker, überspannter Voyeur bist... oder was das Entsprechende beim Hören ist... ein Auditeur... ein abartiger Horcher... *(Man hört sie aus dem Schlafzimmer gehen.)* *(Jerome dreht rasch das Schlafzimmermikrofon runter. Man kann Zoe hören, wie sie näher kommt. Sie hat sich die ausgeliehenen Kleider angezogen und macht grade die Bluse zu.)*
Ich habe grade gesagt, daß du ein abartiger Horcher bist.

JEROME: Ich weiß nicht, warum du dich plötzlich so aufregst.

ZOE: Wenn du das wirklich nicht weißt, ist das wahrscheinlich der Grund, warum du alleine lebst, Jerome.

JEROME: Worüber redest du eigentlich?

ZOE: Ich will dich nicht enttäuschen, aber es wird schwer sein, sogar heutzutage, eine Frau zu finden, die eine Affäre anfängt, wenn sie dabei riskiert, daß das Ganze später in Stereo veröffentlicht wird. *(Will gehen)*

JEROME: Vergiß deinen Passierschein nicht.

(Zoe kommt zurück und nimmt die Karte, aus ihrer Wut wird wirkliche Verletztheit. Während des folgenden kommt Gou wieder aus der Küche und bleibt in der Tür stehen.)

ZOE: Ich bin so wütend, kannst du dir gar nicht vorstellen. Ich hab dich wirklich gemocht. Wußtest du das? Ich weiß, es sollte nur ein Job sein, aber das hat mir wirklich was bedeutet, du und deine

Frau und deine Tochter und deine Musik ... Und jetzt ist das alles verraten ...

JEROME: Es hat sich doch nichts geändert.

ZOE: Verstehst du nicht, daß es Sachen gibt, die Menschen einander sagen und miteinander tun, von denen sie nicht wollen, daß andere Leute sie hören? Und wenn sie glauben, daß andere Leute sie hören werden, dann sagen sie sie ganz einfach gar nicht erst.

JEROME: Aber meine Arbeit als Künstler hängt völlig davon ab, daß ich diese Dinge wiederhole –

ZOE: Also entschuldige, aber ich scheiß auf deine Kunst. Es gibt Wichtigeres.

JEROME: Zum Beispiel?

ZOE: Zum Beispiel mich. Ich bin zum Beispiel wichtiger als deine Scheißmusik, Entschuldigung.

JEROME: Wieso? Was ist so scheißwichtig an dir?

ZOE: Ja, ich bin ein Scheißmensch, so. Und wenn du das nicht verstehst, dann tust du mir leid. Wirklich. Jerome – ich weiß, du hast es nicht gerne, wenn Leute dir einen Rat geben –, aber wenn du immer noch an dein Stück über die Liebe denkst, vergiß es.

JEROME: Vielen Dank, ich werd's mir merken.

ZOE: Ich mein das, Jerome. Liebe? Wie kannst du in einer Million Jahren je etwas beschreiben, was du nicht mal erkennen kannst? *(Zeigt auf die bewegungslose Gou)* Wenn du mir nicht glaubst, frag sie. Sogar sie versteht mehr davon als du.

(Zoe marschiert raus. Jerome schaut hinter ihr her. Der Bildschirm geht an, als sie die Wohnung verläßt. Einen Moment schaut sie zornig in die Kamera, macht eine Grimasse und knallt die Wohnungstür zu. Der Bildschirm ist leer.)

GOU *(geht in Richtung Flur)*: Ich mach heute hier zuerst sauber. Füße weg.

(Jerome hat einen Einfall. Er dreht an den Knöpfen der Tonanlage. Man hört den Klang des schnellen Rücklaufs.)

ZOE *(ihre Stimme aus den Lautsprechern)*: ... Beispiel ich. Ich bin zum Beispiel wichtiger als deine Scheißmusik, Entschuldigung ...

(Jerome läßt ein Stück vorlaufen.)

... aber wenn du immer noch an dein Stück über die Liebe denkst, vergiß es.

JEROME *(seine Stimme)*: Vielen Dank, ich werd's mir merken.

ZOE: Ich mein das, Jerome. Liebe? Wie kannst du – *(Jerome stoppt das Band und läßt ein kleines Stück zurücklaufen.)*
– das, Jerome. Liebe? Wie ka –
(Er spielt das Band wieder ab, dreht es mit der Hand zurück. Spielt wieder ab, dreht wieder zurück, mehrere Male in verschiedenen Geschwindigkeiten vorwärts und rückwärts.)
... Liebe ... eb – eil ... L ... ie ... b ... e ...
(Jerome probiert es noch ein paarmal, dann gibt er auf.)

JEROME: Nein. Nicht in einer Million Jahren. Keine Wahrheit. Keine Ernsthaftigkeit. Nichts.
(Das Telefon klingelt. Auf dem Bildschirm erscheint das Logo der Sozialbehörde. Jerome starrt lustlos auf den Schirm.)

MERVYN *(seine Stimme)*: Mr. Watkins, hier ist Mervyn Bickerdyke vom Jugendamt. Ich rufe wieder an wegen des verabredeten Treffens. Es kann nicht so weitergehen, Mr. Watkins, wirklich nicht. Es ist neun Uhr drei. Bitte, bitte, rufen Sie zurück ...

JEROME: Mr. Bickerdyke, ich würde Sie gerne zurückrufen, aber wozu?

MERVYN *(seine Stimme)*: ... meine Nummer ist wie üblich eingeblendet. Danke.
(Gou ist hereingekommen und hat angefangen, ziellos um Jeromes Füße herumzusaugen, sie benutzt dazu nur das Saugrohr ohne den Rest des Staubsaugers.)

JEROME *(irritiert)*: Gou, hör mal einen Moment auf, bitte ...
(Sie hört auf.)

GOU: Ich denk, ich hör mal einen Moment auf.
(Gou setzt sich in die Nähe von Jerome. Er schaut sie an.)

JEROME: Was weißt du denn über Liebe? Du alter Schrotthaufen.
(Gou schweigt.)
(Eigentlich weil er nichts Besseres zu tun weiß.) Gou, kopieren.

GOU: Kopiere.

JEROME: Liebe ...

GOU: Liebe ...

JEROME *(leidenschaftlicher)*: Liebe!

GOU: Liebe!

JEROME: Nein, Liebe!

Gou: Nein, Liebe!

Jerome *(gibt auf)*: ... hoffnungslos.

Gou: ... hoffnungslos.

(Jerome läßt die Maschine zurückspulen. Er hält sie irgendwo an und spielt ab.)

Zoe *(ihre Stimme)*: ... Schöner Name, Jane. Jane Eyre. Haben wir mal gemacht. Ich hab die wahnsinnige Mrs. Rochester gespielt, hinter der Wand versteckt. Keine besondere Rolle. Ich wär besser gewesen als Jane. Ich wär wirklich gut –

(Jerome stoppt das Band.)

Gou: ... Schöner Name, Jane. Jane Eyre. Haben wir mal gemacht. Ich hab die wahnsinnige Mrs. Rochester gespielt, hinter der Wand versteckt. Keine besondere Rolle. Ich wär besser gewesen als Jane. Ich wär wirklich gut –

(Währenddessen guckt Jerome einen Moment verblüfft. Dann hat er einen Einfall.)

Jerome: Ah!

(Er geht zu einem Schrank unter der Kontrolltafel, nimmt im Vorbeigehen Gous Perücke ab und entblößt damit ihren silbernen Schädel.)

Gou *(wiederholt ihn)*: Ah!

(Er nimmt ein zusammengerolltes Bündel aus dem Schrank, öffnet es und legt es vorsichtig auf die Arbeitsplatte. Eine ordentliche Reihe Elektroschraubenzieher, Schraubenschlüssel etc. und eine offene Tabakbüchse. Alles makellos glänzend wie das Werkzeug eines Chirurgen. Er macht ein paar von den Hauptlichtern aus, so daß das Licht rund um die Anlage konzentriert ist. Er krempelt die Ärmel hoch.)

Jerome *(sanft zu Gou)*: Na ja. Was soll's. Versuchen kann man's ja.

(Er nimmt einen Schraubenzieher und beugt sich über sie.)

Gou *(fröhlich)*: Na ja. Was soll's. Versuchen kann man's ja.

(Jerome schraubt eine winzige Schraube an ihrer Schläfe auf. Man hört die Schraube in die Tabakbüchse fallen. Von draußen knallen immer wieder Geschosse gegen die Metall-Läden, es hört sich wie Donner an. Jerome arbeitet ungerührt weiter.)

Vorhang

Zweiter Akt

Als erstes sieht man im Blackout Lupus' Gesicht auf dem Bildschirm. Er sieht schrecklich aus. Aus dem Lärm im Hintergrund ist zu schließen, daß er aus einer Kneipe anruft. Die Farbvariationen des Bilds sind sehr extrem, sie wechseln von einer grellen Farbe zur andern.

LUPUS *(vom Bildschirm)*: Hallo, Jerry, Alter. Wollt mal wieder im Bild sein und meine Nase in dein Loch stecken. Mal sehen, wie's läuft. Du bist ja wohl weg oder – beschäftigt – oder irgendwas. Ich ruf aus dem Blauen Kakadu an. Wollt nur mal ein paar von der alten Clique treffen, zur Erinnerung an alte Zeiten. Scheint aber keiner da zu sein heute abend. Nur ein paar ziemlich unangenehme Typen an der Bar – hoffentlich funktioniert das Telefon, ich bin nicht –
(Er haut auf den Apparat, außerhalb des Bilds. Die Farbe wechselt plötzlich. Während er weiterredet, wird es im Zimmer hell. Es ist eine Woche später, und es ist sehr viel ordentlicher als vorher. Es ist viel Anstrengung unternommen worden, die Wohnung in ein geeignetes Zuhause für Geain zu verwandeln. Die meisten Geräte – bis auf die Hauptanlage – sind abgedeckt. Der Couchtisch ist noch nicht ganz fertig gedeckt zum Teetrinken. Jerome kommt aus der Küche. Auch er hat sich mit seinem Aussehen sehr viel Mühe gegeben.)
Besser so? Also, ich bin hier im alten Kakadu, wenn du einen zwitschern willst. Seit ich Deborah endgültig verloren hab, bin ich... *(ruft zu jemanden außer Sichtweite)* Macht mal halblang, Leute. Bitte.
(Er haut wieder gegen den Apparat. Die Farbe ändert sich wieder.)
Seit ich Deborah endgültig verloren hab, bin ich nah am – *(als Antwort zu jemand außerhalb des Bildes)* Was? Wie war das? Und du mich auch. Ja... *(wieder ins Telefon)* Wer sind die ganzen Typen? Na ja, wie gesagt, seit Deborah endgültig abgehauen ist, spiel ich demnächst den letzten Walzer, kann ich dir sagen...

(Jerome ist im Kopf mit ganz anderen Sachen beschäftigt und dreht Lupus ganz automatisch ab. Lupus plappert stumm weiter und ändert noch ein paarmal die Farbe. Schließlich haut er einmal zuviel auf das Videophon, und das Ding geht aus.)

JEROME *(ruft)*: Liebling!

ZOE *(aus der Küche)*: Ja, Liebling?

JEROME: Liebling, was machst du?

ZOE *(off)*: Ich mach nur hier schnell fertig, Liebling.

JEROME: Liebling, komm doch rein, sie sind da.

ZOE *(off)*: Komme schon, Liebling. Momentchen.

(Einen Moment später kommt Zoe herein. Beziehungsweise Gou, die in eine Version von Zoe verwandelt worden ist. Sie sieht ziemlich wie Zoe aus, hat aber immer noch Gous unverwechselbaren Gang – und einige von Gous alten Angewohnheiten, die dann und wann zum Vorschein kommen. Eine Verbesserung hat Jerome hingekriegt, sie trägt einen Teller mit Sandwiches richtig herum rein. Sie ist auch chic angezogen, der übliche lange Rock und viele Schleifchen in ihrer neuen Perücke. Jerome hat ihre Figur stärker betont. Sie ist etwas üppiger als Zoe und wohlproportionierter als Gou. Sie sieht ein bißchen aus wie die Parodie einer Southern Belle im alten Stil.)

GOU *(fröhlich, im Hereinkommen)*: Hallo! Hallo! Hallo! Willkommen! Willkommen! Willkommen! Entschuldigung. Ich hab gar nicht auf die Zeit geachtet. Typisch.

(Sie stellt den Sandwichteller auf den Couchtisch. Jerome beobachtet sie gespannt.)

JEROME: Gut, Mädchen, gut. Richtig. Liebling, holst du den Tee, oder soll ich?

GOU: Ich hol den Tee, Liebling. Entschuldigung.

(Sie geht hinaus. Jerome beobachtet sie kritisch.)

JEROME *(murmelt)*: Dein Bein, ich krieg's einfach nicht hin.

GOU *(aus der Küche)*: Ich komme, ihr Lieben.

(Ein Geschepper aus der Küche)

(Off) Ach, du besonders kopfloses altes Huhn. Wie kommt das denn dahin, na?

JEROME: Verflucht – *(ruft ärgerlich)* Liebling!

GOU *(off, liebevoll)*: Ja, Liebling.

JEROME: Liebling, komm her, du Schrottschraube.

GOU *(off)*: Komme, Liebling.

(Gou kommt unverrichteter Dinge wieder zurück. Jerome nimmt einen kleinen Schraubenzieher aus seinem Werkzeugkasten.)

JEROME *(schroff)*: Liebling, setz dich.

GOU *(setzt sich)*: Sitze, Liebling.

(Jerome nähert sich Gou mit dem Schraubenzieher.)

JEROME *(murmelt)*: Sie werden gleich hiersein, du Schrotthaufen. Liebling, auskuppeln.

(Gou piept und sitzt unbeweglich im Sessel, während Jerome sich auf dem Fußboden auf den Rücken legt und unter ihrem Rock verschwindet.)

(Etwas gedämpft, mehr zu sich selbst) Entschuldigung, aber ich muß dich abstellen, ich möcht nicht noch mal einen Hundert-Volt-Schlag kriegen. Ja... ich stell dauernd diese Gleichgewichtskontrolle ein, aber – es braucht so eine – genaue... Abstimmung... Ich glaub, es ist dein Bein – du wackelst immer so mit dem Getriebe rum... Liebling, kuppeln.

(Gou piept wieder.)

GOU: Eingekuppelt. Betriebsbereit achtundsiebzig Punkt sieben vier. Wir sind einundzwanzig Punkt zwei sechs Prozent instabil und sind noch drei Punkt sieben vier Prozent vor der Dauerstillegung. *(Sie piept.)*

(Jerome taucht wieder auf.)

JEROME: Wehe, du legst dich still. Nicht jetzt. Liebling, rumlaufen.

GOU: Ja, Liebling.

(Sie tut es.)

JEROME: So ist's besser, so ist's besser, Schatz!

(Gou geht zu ihm und küßt ihn auf die Wange. Sie walzt wieder weg.)

(Ein experimentelles Lachen) Ha! Ha!

(Gou reagiert mit einem Lachen von Zoe.)

Gut! *(Ruft wieder)* Schatz!

(Gou kommt und küßt ihn wieder auf die Wange, geht wieder weg.)

Gut! Ha! Ha!

(Gou lacht wieder. Jerome stellt sich neben sie.)

(In normalem Ton) Zoe...

(Gou dreht den Kopf und schaut ihn an, als ob sie zuhört. Sie ist darauf programmiert, wann immer ihr Name genannt wird. Jerome geht auf ihre andere Seite.)

(Wie vorher) Zoe...

(Gou schaut ihn wieder an.)

(Fasziniert) Es klappt, Liebling. Es klappt!

GOU: Es klappt, Liebling!

JEROME: Gou, Ruhe –

(Gou reagiert nicht.)

Ich meine, Liebling, Ruhe.

(Gou bleibt reglos.)

GOU: Ruhe, Liebling.

JEROME: Deine Perücke sitzt nicht. So... *(Schaut sie sich an)* Na, dein Mund stimmt immer noch nicht so ganz.

(Er versucht, ihr Gesicht mit seinen Daumen zu formen, um ihr Aussehen noch ein bißchen zu verändern. Es klingelt an der Tür. Jerome schreckt zusammen. Auf dem Bildschirm erscheinen Corinna und Mervyn, die vor der Wohnungstür stehen.)

Los geht's, Liebling. Küche.

GOU: Ja, Liebling. *(Sie geht los.)*

JEROME: Nein, nein. Warte. *(Er geht zur Anlage.)* Liebling, hier.

GOU: Komme, Liebling.

JEROME *(postiert sie vor dem Bildschirm, so daß sie Corinna und Mervyn sehen kann)*: Liebling, registrieren.

GOU: Registrieren, Liebling.

JEROME: Nicht Kind. Nicht Kind.

GOU: Nicht Kind. Registriert Gou.

JEROME: Gut, Liebling. Küche. Liebling, nimm den Teller.

GOU: Ich nehm den Teller, Liebling.

(Gou nimmt den Teller und geht in die Küche. Jerome checkt sein Aussehen. Es klingelt wieder.)

CORINNA *(ihre Stimme ungeduldig aus den Lautsprechern)*: Jerome, mach endlich die Tür auf. Bitte.

JEROME: Los geht's. Diese warmen, zarten Töne...

(Jerome drückt den Türöffner. Sie bleiben vor der Tür stehen.)

CORINNA: Jerome. Was ist denn los!

JEROME: Die Tür aufdrücken! Drück sie!

(Es klingelt wieder.)

MERVYN *(über die Lautsprecher)*: Mr. Watkins!

CORINNA: Jerome!

JEROME: Drück die Scheißtür auf –! Menschenskind...

(Er rennt auf den Flur hinaus. Auf dem Bildschirm sieht man ihn die Tür öffnen.)

CORINNA *(über Lautsprecher, sarkastisch)*: Sehr freundlich, vielen Dank.

JEROME *(über Lautsprecher)*: Ja, kommt rein, kommt doch rein.

MERVYN *(über Lautsprecher)*: Guten Tag, Mr. Watkins. Mervyn Bickerdyke vom Jugendamt.

CORINNA *(über Lautsprecher)*: Ja, los, bloß raus hier aus diesem scheußlichen Treppenhaus...

(Sie gehen hinein, die Tür wird geschlossen, und der Bildschirm ist wieder dunkel. Man hört sie auf dem Flur. Corinna kommt zuerst ins Zimmer, dicht gefolgt von Jerome, Mervyn hinter ihnen. Corinna sieht natürlich der Original-Gou ziemlich ähnlich, hat aber weniger von Gous unterwürfiger Art und sehr viel mehr persönliche Ausstrahlung, ganz zu schweigen von ihren Neurosen. Sie ist Mitte Dreißig und ihre Kleidung paßt eher zu einer Geschäftsbesprechung als zu einem Familientreffen. Mervyn ist ungefähr gleich alt. Einer von diesen großen, liebenswürdigen, gutmütigen, netten Männern, der in seinem Job eher mit Freundlichkeit und Takt durchkommt als durch eine dynamische Persönlichkeit. Im Moment ist er ziemlich nervös, was er nicht ganz verbergen kann.)

JEROME *(im Hereinkommen)*: ...Ich kann nichts dafür, die Tür ist nicht in Ordnung...

CORINNA: Als ich wegging, war die Tür auch nicht in Ordnung...

JEROME: Wahrscheinlich weil du sie so zugeknallt hast, als du gegangen bist.

MERVYN: Guten Tag, Mr. Watkins, ich heiße –

CORINNA: Und wenn ich sie geknallt habe, hatte ich guten Grund.

JEROME *(bemerkt, daß jemand fehlt)*: Wo ist Geain?

CORINNA: Wenn jemand je Grund hatte, eine Tür zu knallen...

MERVYN: Mr. Watkins, ich sollte mich vielleicht vorstellen – ich bin...

JEROME: Wo ist denn Geain? Wo hast du Geain gelassen?

CORINNA: Geain kommt schon.

JEROME: Wo hast du sie gelassen?

CORINNA: Sie kommt. Geain kommt.

JEROME: Wann? Ich mach das Treffen nicht ohne sie. Es gibt kein Treffen ohne Geain.

MERVYN: Mr. Watkins, wenn ich mich nur mal dazwischenmogeln darf, um mich vorzustellen –

CORINNA: Geain ist im Auto weitergefahren, um was zu besorgen. Sie wird gleich hier sein. Aber wir müssen sowieso erst ohne sie reden –

JEROME: Du hast das Kind da draußen allein im Auto gelassen –?

CORINNA: Mach dich nicht lächerlich, Jerome. Sie ist nicht allein. Sie ist in einem gepanzerten Auto, und es hat ein Vermögen gekostet, das zu mieten – aber nachdem man anders heutzutage hier nicht sicher herkommen kann... Der Fahrer ist dabei und ein Mann mit dem Gewehr bei – wie heißt das – bei Hand –

MERVYN: Bei Fuß.

CORINNA: Bei Fuß. Danke, Mr. Bickerdyke. Außerdem ist sie dreizehn Jahre alt und durchaus imstande, auf sich aufzupassen.

MERVYN: Dem würde ich zustimmen, Mr. Watkins.

JEROME *(etwas friedlicher)*: Ich gebe meine Zustimmung zu nichts, ohne daß Geain die Möglichkeit hat, zu sagen, was sie dazu meint.

CORINNA: Das wird sie ganz bestimmt. Mach dir keine Sorgen. *(Eine kurze Pause, während Corinna sich das Zimmer anschaut. Mervyn ergreift die Gelegenheit.)*

MERVYN: Ich melde mich hier mal kurz, nur um hallo zu sagen, ich heiße nämlich Merv –

CORINNA: Ich muß sagen, es sieht hier ja sehr ordentlich aus. Du mußt ja wochenlang saubergemacht haben.

JEROME: Na ja, es wär doch schrecklich, wenn du dich mit irgendwas Ekligem anstecken würdest, während du uns besuchst.

CORINNA: Uns?

JEROME: Was? *(Macht eine große Nummer draus, daß er das vergessen hat.)* Ach ja. Natürlich. Mein Gedächtnis. Du hast Zoe noch gar nicht kennengelernt.

CORINNA: Zoe?
JEROME: Zoe.
CORINNA: Wer oder was ist Zoe?
JEROME: Zoe ist meine – Verlobte.
CORINNA: Verlobte?
JEROME: Ja.
MERVYN: Oh. Ich gratuliere.
JEROME *(zu Mervyn)*: Vielen Dank.
CORINNA: Hast du Verlobte gesagt?
JEROME: Ja.
CORINNA: Das glaub ich nicht. Das ist ein Witz – das ist ein obszöner, grotesker Witz. Eine Verlobte...?
JEROME: Bevor du sie kennenlernst, meine Liebe, dürfte ich dich bitten, sie ist nämlich sehr süß, etwas scheu – und an Fremde nicht sehr gewöhnt... Also bitte, sei ein bißchen vorsichtig mit ihr und bring sie nicht durcheinander mit komischen Fragen... weil – sie wird damit nicht fertig. In Ordnung? Wär das im entferntesten möglich, meinst du?
CORINNA: Ich glaub das einfach nicht. Kein Wort.
JEROME *(ruft)*: Liebling!
GOU *(aus der Küche)*: Ja, Liebling!
CORINNA: O Gott.
JEROME: Liebling, was machst du?
GOU *(off)*: Ich mach hier nur schnell fertig, Liebling.
JEROME: Liebling, komm doch rein, sie sind da.
GOU *(off)*: Komme schon, Liebling, Momentchen.
CORINNA *(ziemlich erschüttert)*: Na ja, das – ändert alles. Tja.
JEROME *(lächelnd)*: Tja.
(Gou kommt herein wie vorhin.)
GOU *(beim Hereinkommen, strahlend)*: Hallo! Hallo! Hallo! Willkommen! Willkommen! Willkommen! Entschuldigung. Ich hab gar nicht auf die Zeit geachtet. Typisch.
JEROME: Liebling, das ist Corinna.
GOU: Hallo, Corinna. Ich hab schon viel von Ihnen gehört.
CORINNA *(leise)*: Wirklich?
(Mervyn hat noch nie jemanden wie sie gesehen. Jerome ist etwas entspannter, nachdem die erste Hürde geschafft ist.)

JEROME: Tja, also. Wir wollen doch sicher alle Tee trinken. Liebling, holst du den Tee, oder soll ich?

GOU: Ich hol den Tee, Liebling. Entschuldigung.

MERVYN *(geht zu Gou mit ausgestreckter Hand)*: Hallo, darf ich guten Tag sagen. Ich heiße...

(Gou rauscht an ihm vorbei, ohne ihn zu bemerken, er schreckt zurück.)

CORINNA: Und du behauptest, daß sie freiwillig hier lebt?

JEROME: Natürlich. Wir sind verlobt.

CORINNA: Mit dir lebt?

JEROME: Warum nicht?

CORINNA: Aber sie ist – sie ist –

MERVYN: Allerdings. Gratuliere wirklich.

CORINNA: Wo hast du sie kennengelernt?

JEROME: Sie ist Schauspielerin.

MERVYN *(beeindruckt)*: Ach.

JEROME: Klassische Schauspielerin.

CORINNA: Klassisch?

(Gou kommt mit leeren Händen zurück.)

GOU *(beim Hereinkommen, strahlend)*: Hallo! Hallo! Hallo! Willkommen! Willkommen! Willkommen! Entschuldigung. Ich –

JEROME *(unterbricht schnell)*: Liebling, der Tee!

GOU *(unerschüttert)*: Ich hol den Tee, Liebling. Entschuldigung.

(Sie geht raus. Eine Pause)

JEROME: Entschuldigung.

(Er eilt in die Küche zu Gou.)

CORINNA: Ich glaube, sie trägt meine alten Sachen.

MERVYN: Ja?

JEROME *(aus der Küche, brüllt heftig)*: Liebling, Tee! Liebling, Tee!

GOU *(aus der Küche, ebenso heftig)*: Tee, Liebling! Tee, Liebling!

(Lautes Geschepper. Die anderen gucken. Jerome eilt zurück.)

JEROME: Entschuldigung. Ich – hab ihr nur geholfen. Bitte setzt euch.

(Sie setzen sich. Schweigen. Jerome horcht angespannt. Er steht auf. Setzt sich wieder.)

CORINNA: Soll ich auch helfen?

JEROME: Nein, nein.

(Gou kommt zurück. Sie bringt eine Teekanne und einen Teller mit Plätzchen.)

GOU *(zu der sitzenden Gruppe)*: Setzt euch doch alle.

MERVYN *(steht schuldbewußt auf)*: Oh, Pardon, ich...

GOU: Schöne Tasse Tee.

JEROME: Ach toll. Kluges kleines Ding.

GOU: Und selbstgebackene Plätzchen.

JEROME *(etwas zu begeistert)*: Selbstgemachte Plätzchen! Herrlich! Herrlich! Herrlich! Jum jum jum jum.

CORINNA: Sie haben die selber gemacht?

JEROME: Ja, hat sie. Nicht wahr, Liebling, du hast sie selber gemacht.

GOU: Ich hab sie selber gemacht, Liebling. *(Sie nimmt etwas ruckartig die Teekanne.)* Wollt ihr alle Tee?

JEROME *(nimmt ihr hastig die Teekanne ab)*: Ich mach das schon. *(Während er eingießt.)* Ruh dich aus. Du hast den ganzen Tag gearbeitet, Schatz.

(Gou küßt ihn auf die Wange.)

(Verlegen) Ach, nicht doch. Nicht vor allen Leuten... *(Er lacht.)*

(Gou erwidert das Lachen. Corinna schaut ungläubig.)

CORINNA: Ich glaube, mir wird gleich schlecht.

JEROME *(zu den anderen)*: Sie hat den ganzen Tag gearbeitet, kam gar nicht mehr aus der Küche raus. Sie ist ganz früh aufgestanden und hat die Wohnung von vorne bis hinten geputzt. Sie hört nie auf. Den ganzen Tag. Also, Milch oder Zitrone? *(Zu Gou)* Liebling, du nimmst gar nichts, richtig?

GOU: Ich nehm gar nichts, richtig, Liebling.

JEROME *(zu den anderen)*: Sie ißt gar nichts. Strenge Diät.

CORINNA *(säuerlich)*: Sieht aber nicht so aus, als ob sie's nötig hätte.

JEROME: Hat sie auch nicht. Fabelhafter Stoffwechsel. Milch?

CORINNA: Zitrone.

MERVYN: Ich nehm Milch, bitte.

(Jerome gießt sich zuletzt ein.)

Könnte ich mich hier mal bemerkbar machen und offiziell hallo sagen. Ich bin Mervyn Bickerdyke vom Jugendamt, natürlich. Ich hab mit Ihnen telefoniert, Mr. Watkins. Endlich.

JEROME: Ja, richtig. Sandwich?

MERVYN: Danke. *(Lächelt Gou an)* Da Sie sie mit Ihren eigenen Händen gemacht haben.

(Gou ignoriert ihn. Corinna nimmt irritiert ein Sandwich.)

Pardon. Nach Ihnen, nach Ihnen.

(Alle außer Gou nehmen Sandwiches.)

Wir haben alle gehört, daß Sie Schauspielerin sind, Zoe.

CORINNA: Eine klassische, nicht wahr?

JEROME: Das stimmt doch. Du bist doch eine klassische Schauspielerin, meine kleine Apfelblüte.

GOU: Ah ja. Arkadina bei Tschechow und Ophelia in Charleys Tante.

CORINNA *(verblüfft)*: Was?

JEROME: Eine ganz moderne Inszenierung. Freie Gruppe, natürlich.

MERVYN: Ach so. Ja, also der Grund, warum wir hier zusammen sind –

(Irgendwo an ihm fängt etwas an zu piepen. Jerome schaut nervös zu Gou.)

– wir ... Oh, verzeihen Sie, mein Pieper. *(Er steht auf.)*

JEROME *(deutet auf die Anlage)*: Wollen Sie ein – ?

MERVYN: Nein, nein. Ich hab mein Drahtloses dabei. Vielen Dank.

(Mervyn geht in eine entfernte Ecke des Raums. Er holt ein sehr schmales Taschentelefon aus seiner Jacke und meldet sich. Er hört auf zu piepen. Er murmelt unverständlich, während die anderen weiter Tee trinken.)

CORINNA: Ja, ich muß zugeben, Jerome, ich bin völlig verblüfft. Zoe, ich dachte, es wär gar nicht möglich, aus diesem Menschen ein zahmes Tier zu machen. *(Sie lacht.)*

(Gou erwidert das Lachen.)

JEROME: Ich bin Wachs in ihren Händen, Liebling, bin ich doch. Was, Schatz?

GOU: Bist du doch. Was, Schatz?

(Sie steht auf, küßt ihn auf die Wange und setzt sich wieder hin. Corinna starrt sie an, von soviel Glück angewidert.)

CORINNA: Ich weiß natürlich ganz genau, warum ihr beide das macht. Ihr versucht, dieses – *(zeigt auf Mervyn)* – schlaffe Salatblatt da drüben zu beeindrucken. Mein Gott, ist das ein Waschlappen. Drei Stunden haben wir uns im Auto sein Geblöke angehört. Immer wenn sein Pieper nicht piepte. Entweder hat er gepiept oder geblökt wie ein ferngesteuertes Schaf. Mein Gott, Männer heutzutage bringen mich zur Verzweiflung. Sie sind alle so stumpf. Und so dumpf.

JEROME *(zu Gou)*: Meine Exfrau verkündet mal wieder ihre Ansichten.

CORINNA: Na gut, frag Zoe. Ich wette, die denkt das gleiche. Zoe, mal abgesehen von diesem ganz speziellen kleinen Liebesnest, diesem Hafen häuslicher Leidenschaft, finden Sie nicht, daß die meisten Männer heutzutage total lahm und feige sind? Ich meine, nur wenn man sich mit ihnen unterhält – vom Bett rede ich gar nicht. Sind Sie nicht auch meiner Meinung, Zoe?

(Gou guckt ausdruckslos.)

Ja, ist sie. Sie ist nur loyal, die Ärmste.

JEROME: Sie weiß, wann man den Mund hält, nicht wahr, Zoe?

CORINNA: Muß sie auch. Wenn sie mit dir lebt. *(Sie lacht.)*

(Gou reagiert darauf und lacht auch. Corinna schaut sie scharf an, schätzt ihre Rivalin neu ein.)

Ein stilles Wasser, nicht, Zoe? Tut sich einiges da drin, könnt ich mir vorstellen.

JEROME: Und wie.

(Mervyn beendet sein Telefonat und kommt wieder zurück.)

MERVYN: Entschuldigung. Immer im Büro, wenn man so eines hat. *(Wedelt mit dem Telefon)*

CORINNA: Ich dachte, Sie sagten, Sie hätten zwei.

MERVYN: Ach ja. Ich hab auch noch meinen Privatapparat. Falls meine Frau mich erreichen will.

CORINNA *(freundlichst)*: Aber der klingelt nicht sehr oft, könnt ich mir vorstellen.

MERVYN *(kriegt es nicht mit)*: Also. Wo waren wir. Ja. Die kleine Geain –

JEROME: Also wenn wir jetzt ernsthaft reden wollen, würde Zoe bestimmt lieber – draußen weitermachen.

CORINNA: Och, das wär aber schade.

JEROME: Na ja, sie hat grade vorhin gesagt, daß sie das Gefühl hat, sie würde ein bißchen stören. Und sie muß auch noch was arbeiten. Liebling, wenn du jetzt gehen und ein bißchen lernen willst…

GOU *(erhebt sich)*: Ich will jetzt gehen und ein bißchen lernen, Liebling.

(Sie geht ins Schlafzimmer.)

CORINNA: Nein, nein, das ist absurd, sie muß hierbleiben. Zoe! *(Zu Jerome)* Jerome, sag ihr, sie soll sofort zurückkommen, sie muß doch alles hören.

JEROME: Nein, sie muß wirklich arbeiten. Sie hat ein wichtiges Vorsprechen morgen.

CORINNA: Ach, wirklich, für was?

JEROME: Ein Musical.

MERVYN *(noch mehr beeindruckt)*: Kann sie auch singen?

JEROME: Wie ein Engel.

CORINNA: Versteht sich. Trotzdem, wenn sie wirklich vorhat, hier mit dir zu leben – vielleicht sogar, dich zu heiraten –, Gott steh ihr bei – sollte sie bei unserer Unterhaltung dabeisein.

MERVYN: Es wäre ratsam.

JEROME *(zögernd)*: Also gut. Nur ein paar Minuten. *(Ruft)* Liebling!

GOU *(off)*: Ja, Liebling!

JEROME *(ruft)*: Liebling, komm wieder.

GOU *(off)*: Wie du willst, Liebling. Momentchen.

JEROME: Sie kommt.

MERVYN *(zeigt auf die Sandwiches)*: Darf ich –?

(Jerome wedelt mit der Hand, daß er zugreifen soll. Mervyn genießt Essen offensichtlich.)

CORINNA: Hat sie was am Bein?

JEROME: Wie?

CORINNA: Sie humpelt doch.

JEROME: Ach, sie hat sich verletzt – als sie rumgetanzt ist.

MERVYN: Tanzen tut sie auch?

JEROME: Wie ein Engel…

CORINNA: Ich möchte sie nur noch fliegen sehen.

(Gou kommt wieder herein.)

GOU *(beim Hereinkommen, strahlend)*: Hallo! Hallo! Hallo! Will –

JEROME *(unterbricht sie)*: Liebling, setz dich doch mal zu uns.
GOU *(setzt sich)*: Ja, Liebling.
MERVYN: Vielleicht können wir Sie überreden, uns etwas vorzusingen, bevor wir gehen, Zoe.
JEROME: Das geht leider nicht.
MERVYN: Nein?
JEROME: Nein. Sie muß ihre Stimme schonen.
MERVYN: Ach, ich verstehe.
JEROME: Profis. Sie müssen ziemlich aufpassen, wie oft sie singen.
CORINNA: Oder auch sprechen, scheint's. *(Sie lächelt Zoe an.)*
MERVYN: Na ja. Also ich finde, wir sollten – anfangen. Die Frage, die wir zunächst entscheiden müssen, ist, ob Geain –
(Er fängt wieder an zu piepen.)
Oh, pardon. Moment mal bitte –
CORINNA *(genervt)*: Oh, mein Gott.
MERVYN: Schon gut, ich schalt auf Anrufbeantworter. Ist schon wieder das Büro. Ich schalt auf Anrufbeantworter.
(Er wühlt in einer anderen Anzugtasche, während er weiterpiept.)
JEROME *(fasziniert)*: Ach, Sie haben auch einen Anrufbeantworter bei sich?
CORINNA: Wenn du ihn auf den Kopf stellst, macht er auch Eis.
MERVYN *(ziemlich stolz)*: Ja, ich hab einige Drähte hier und da an meinem Körper, das geb ich zu.
(Er findet seinen Anrufbeantworter und stellt ihn an. Das Piepen hört auf. Mervyn holt Objekte aus verschiedenen Taschen und hält sie hoch, um sie zu zeigen.)
Anrufbeantworter. Gut, was? Privatapparat. Büroapparat. Das hier ist interessant. Lokalisator. Wenn man sich hoffnungslos verirrt. Man schaltet ihn ein, und er kann die Bodenposition bis auf zwölf Quadratmeter genau bestimmen. Französisches Fabrikat. Natürlich. Und dann hab ich noch dieses – Pardon –
(Er zieht sein Jackett aus und zeigt, daß sein Rücken und seine Arme mit einem Netz von Drähten überzogen sind.)
– dieses persönliche Alarmsystem. Neueste Ausführung. Westdeutschland. Logisch. Von Heisser-Hausen-Zeiplussen. Das ist eine Unterfirma von Glotz.

JEROME *(abwesend)*: Ah ja.

MERVYN: Irgendein körperlicher Angriff auf meine Person, und dieses Ding schreit wie verrückt.

CORINNA: Brauchen Sie denn eine Maschine, die das für Sie macht?

MERVYN *(zieht das Jackett wieder an)*: Ja, aber wenn ich ohnmächtig wäre? Dann könnte ich doch überhaupt nicht schreien. Wohingegen dieses Ding. Auf zwei Kilometer Entfernung – eine Stunde lang garantiert. Und es ruft automatisch die Polizei an.

CORINNA: Und das könnten Sie sicher nicht, wenn Sie ohnmächtig wären. Es muß Stunden dauern, sich morgens anzuziehen.

MERVYN: Schon. Aber ich kann mich schnell genug ausziehen, wenn es die Situation erfordert, da machen Sie sich keine Sorgen. *(Er lacht über seine anzügliche Bemerkung.)*

(Corinna schaut ihn kühl an. Gou reagiert und lacht.)

(Mervyn zwinkert Gou zu, als er sich hinsetzt.)

Pardon. Wenn ich einmal damit anfange. Schrecklich. Mein Hobby, wissen Sie.

JEROME: Nehmen Sie sich doch noch was.

MERVYN: Danke. *(Er bedient sich.)*

CORINNA: Wunderbar, Ihre selbstgebackenen Plätzchen, Zoe. Wie raffiniert. Sehr ähnlich wie diese neuen tiefgefrorenen, die man in der Hülle backt. Aber Ihre schmecken doppelt so gut. *(Sie lächelt Gou wieder an.)*

MERVYN: Zurück zu Geain. Wir dürfen uns doch nicht ablenken lassen. Wir –

(Das Telefon klingelt.)

Vergessen Sie's. Vergessen Sie's. Ich bin auf Anrufbeantworter, vergessen Sie's.

JEROME: Das ist mein Telefon.

MERVYN: Ach ja? Ach, natürlich, das ist Ihr Telefon... *(Er lacht.)* *(Gou lacht auch.)*

CORINNA: Die Frau lacht über alles.

JEROME: Sie hat Humor. Darum liebe ich sie ja. Nicht wahr, Schatz? *(Gou küßt ihn.)*

CORINNA: Ach, hört damit auf, ihr beiden.

(Der Anrufbeantworter nimmt den Anruf entgegen. Auf dem

Bildschirm erscheint Lupus. Er ist immer noch in der Kneipe, aber es ist ziemlicher Krawall im Hintergrund. Irgend etwas brennt auch, vom Rauch um ihn herum und dem Feuerschein auf seinem Gesicht zu schließen. Er sieht noch schlechter aus als vorher.)
Oh, Gott, das ist doch nicht der...

LUPUS: Hallo, Jerry, Alter. Diesmal muß es kurz sein. Lupus, immer noch im alten Kakadu. Ich hoffe, der Anrufbeantworter bedeutet nicht, daß du auf dem Weg hierher bist. Ich wollte dir nur sagen, wenn du diese Nachricht hörst, komm gar nicht erst her. Hier ist es ein bißchen heftig geworden...
(Jerome steht auf und geht zur Anlage.)

JEROME: Moment mal bitte.

LUPUS: Anscheinend ist die Kneipe heute nachmittag von zweihundert Mitgliedern vom Nostalgie-Club AC/DC gemietet worden. Stell dir vor, Jerry – AC/DC! Wo waren die denn! Ich hab einem von denen gesagt, hör mal zu, wenn du Nostalgie willst, dann tu dir'n Gefallen und hör dir Moody Blues an, das ist echte Musik. Ich mein, wirklich –
(Jerome dreht ihn ab.)

CORINNA: Der gute alte Lupus.

MERVYN: Vielleicht sollten Sie irgend jemand für ihn anrufen. Seinen Anwalt oder so. Es sah gefährlich aus...

JEROME: Nein, nein. Schon gut. So was passiert Lupus andauernd. Nichts Ungewöhnliches.
(Auf dem Bildschirm: Die Telefonzelle kippt zur Seite, Lupus kippt mit ihr, redet und gestikuliert noch immer. Keiner bemerkt es. Der Schirm wird dunkel.)
Sehen Sie, jetzt hat er eingehängt.

CORINNA: Der Mann ist ein wandelnder Notfall. Ist er immer noch mit dieser Frau zusammen? Mit Deborah?
(Von Gou kommt ein kleiner, erstickter Laut.)
Oder hat sie sich schon wieder irgendeinen anderen Ehemann geschnappt?

JEROME: Wie soll ich das wissen? Also wollen wir jetzt –

CORINNA: Die süße kleine Deborah, wie es ihr heute wohl geht?
(Gou reagiert wieder, und tut das jedesmal, wenn Deborahs Name erwähnt wird.)

Haben Sie in letzter Zeit was von Deborah gehört, Zoe?

JEROME: Ich glaube nicht, daß Zoe über Deborah reden will und ich auch nicht.

CORINNA: Du sicher nicht. Aber woher weißt du, daß Zoe nicht will?

JEROME: Weil sie nicht will.

CORINNA: Hast du sie gefragt? Frag sie.

MERVYN *(scherzhaft)*: Ich glaube, ich würde gern mehr über Deborah wissen... *(Er lacht.)*

(Gou lacht. Jerome starrt ihn wütend an.)

CORINNA: Na, los. Frag sie.

JEROME: Bestimmt nicht. Liebling, willst du was über Deborah wissen?

GOU: Ich will was über Deborah wissen, Liebling.

CORINNA *(riecht Blut)*: Na, siehst du. Ich hab's dir gesagt. Natürlich will sie. Jeder müßte über Deborah Bescheid wissen, nicht? Man muß sich über die Deborahs dieser Welt unterhalten. Man muß sie ständig unter die Lupe nehmen – wer weiß, was man dabei findet. Zoe muß informiert sein. Vorsicht ist besser als Nachsicht. Und ich bin sicher, daß Mr. Bickerdyke, der sich sehr schnell ausziehen kann, wenn es die Situation erfordert, auch gerne vor Deborah gewarnt würde.

JEROME: Komm, Corinna, müssen wir die ganzen alten Geschichten wieder...

MERVYN: Ich muß sagen, es scheint mir, daß wir vom Wesentlichen abschweifen, von den grundsätzlichen Dingen, um die es hier geht...

(Er piept wieder.)

Vergessen Sie's. Vergessen Sie's. Das ist meins, diesmal, ist eindeutig meins.

CORINNA *(vertraulich zu Gou)*: Schon gut, Zoe. Später, wenn wir allein sind, Liebling, erzähl ich Ihnen alles über Deborah. *(Sie lacht.)*

GOU *(lachend)*: Erzählen Sie mir alles über Deborah, Liebling.

CORINNA: Ich glaube, Zoe und ich haben mehr Gemeinsamkeiten, als ich dachte.

JEROME: Ich glaube, Zoe hat dir überhaupt nichts zu sagen.

CORINNA: Was ist denn los? Hast du Angst, daß sie die Wahrheit erfährt?

JEROME: Überhaupt nicht.

CORINNA: Das ist für jeden Mann der schlimmste Alptraum, nicht wahr? Daß alle Frauen seines Lebens sich zusammentun und sich über ihn unterhalten. Wie ist er denn beim Frühstück, Liebling? Wie ist er im Bett?

GOU: Er kriegt's schon bald wieder hin, bestimmt.

(Corinna guckt verblüfft.)

CORINNA: Was hat sie gesagt?

(Jerome lacht laut. Gou ebenso.)

JEROME: Mein Gott, dieses Mädchen hat einen ganz schön bösen Witz. Böse. Was, Schatz?

(Gou küßt ihn. Corinna ist sehr verblüfft.)

CORINNA *(schaut sie beide an)*: Ja...

MERVYN: Ja, also, wenn ich vielleicht jetzt mal hopplahopp zum Thema kommen könnte. Es wird ja schon spät, die Zeit vergeht...

CORINNA: Wir können das ganz kurz machen. Die Situation ist so: Geain ist jetzt in einem Alter, wo ich mehr als glücklich bin, wenn wir beide uns die Verantwortung für sie teilen, Jerome. Ich bin damit einverstanden, daß sie dich sieht. Ich bin einverstanden, daß sie bei dir ist.

JEROME: Wie bitte?

CORINNA: Meine einzige –

JEROME: Das sagst du jetzt, nach –?

CORINNA: Meine einzige –

JEROME: Nach vier Jahren –?

CORINNA: Laß mich bitte ausreden. Meine einzige Einschränkung war, daß Geain dich hier besucht. Die Kombination von dir, der Wohnung und dem Allgemeinzustand dieses Bezirks schienen mir immer Grund genug, sie nicht herkommen zu lassen. Na ja, der Bezirk ist bestimmt nicht besser geworden, aber – dank Zoe, glaube ich, hat sich vieles andere verbessert. Also nehme ich meinen Einspruch zurück. Geain kann dich besuchen, wenn sie will und wann sie will.

JEROME: Haben Sie das gehört, Mr. Bickerdyke?

MERVYN: Ja, allerdings.

JEROME: Sie sind mein Zeuge?

MERVYN: Das bin ich.

JEROME: Tja, das wär's dann. Nicht wahr?

CORINNA: Vermutlich. Es kommt auf Geain an. Das heißt, wenn Mr. Bickerdyke nichts dagegen hat.

JEROME: Haben Sie was dagegen?

MERVYN: Nein, nein...

JEROME: Es gibt doch keine Probleme?

MERVYN: Jaaa...

JEROME: Was denn?

MERVYN: Es gibt einen Aspekt, der mich nicht ganz befriedigt, muß ich zugeben. Ich meine, obwohl das Kind an erster Stelle steht, seine Interessen haben natürlich absoluten Vorrang – müssen, in einem gewissen Sinn, alle bedacht werden. Und ich bin nicht ganz überzeugt, daß es nicht gewisse Leute gibt – bestimmte Aspekte des existierenden –

(Er piept. Nach einer Weile schaltet sich der Anrufbeantworter ein.)

Vergessen Sie's – bitte – vergessen Sie's –, Aspekte des existierenden Status quo, der darunter leiden könnte, als Resultat irgendwelcher darauf folgender veränderter Verhältnisse betreffend der möglichen – Umschichtung des jetzigen Sorgerechts für das Kind. Zum jetzigen Zeitpunkt.

(Corinna macht ein lautes Schnarchgeräusch.)

Wenn Sie mich verstehen.

JEROME: Soll ich daraus entnehmen, daß Sie nicht damit einverstanden sind, daß Geain hierher kommt?

MERVYN: Na ja...

JEROME: Sie halten uns für nicht geeignet?

MERVYN: Es ist schwer in Worte zu fassen...

JEROME: Ich bin ihr Vater.

MERVYN: Ja, ja, natürlich.

JEROME: Und Zoe mag Kinder, sie liebt sie. Sie hat es gerade vor ein paar Tagen gesagt. Erzähl ihnen, wie du Kinder magst.

(Kleine Pause. Gou reagiert nicht. Jerome erinnert das Schlüsselwort.)

Herzchen.

Gou *(prompt)*: Ich würde gerne selber Kinder haben. Wie herrlich das wär, wenn sie durch die Wohnung rasen und lachen und schreien. Mit dem richtigen Mann – mit dem man sie sich teilt – wären sie genau das, was ich mir immer gewünscht habe. Wahrscheinlich ist man entweder mütterlich oder nicht. Ich weiß, was ich bin.

(Schweigen)

Jerome *(bewegt)*: Liebling, danke.

Gou: Danke, Liebling.

Mervyn *(auch bewegt)*: Ja, was kann man da sagen...

Corinna: Frag ich mich auch.

Mervyn: Ich will ganz ehrlich mit Ihnen sein, Mr. Watkins. Was ich heute nachmittag hier erlebt habe, war für mich – als verheirateter Mann – herzerfrischend. Sie und Ihre – Verlobte – Zoe – ja – man fühlt es sofort, wenn man zur Tür reinkommt. Man kann das Glück fast greifen.

Jerome: Na also.

Mervyn: Ich bin nur ein bißchen nervös, was passieren könnte, wenn wir Geain in dieses Haus bringen. Auf der einen Seite kann man hoffen, daß Ihr persönliches Glück einen vorteilhaften Einfluß auf das Kind haben könnte –

Jerome: Muß es ja.

Mervyn: Ja, aber es ist schon vorgekommen, daß, weil das Paar so zufrieden war, die Einführung des Kindes den glücklichen Status quo sozusagen aus der Bahn geworfen hat. Und das Paar wurde unglücklich dadurch, daß es das Kind bei sich hatte. Demzufolge war das Kind nicht mehr in einem glücklichen Zuhause, sondern in einem unglücklichen. Und dadurch entwickelte es, das Kind, natürlich Schuldgefühle, weil es sich für das Unglück des Paares verantwortlich fühlte. Und das hatte natürlich den Endeffekt, daß das Kind unglücklich war, und das geht natürlich überhaupt nicht. Weil immerhin der Sinn des Ganzen das Glück des Kindes ist. Oder nicht? Oder täusche ich mich?

(Eine Pause. Sie starren ihn an und versuchen zu verstehen, was er gesagt hat.)

Corinna: Ihr Beruf ist doch sehr viel komplizierter, als viele Leute sich das vorstellen, nicht wahr, Mr. Bickerdyke?

JEROME: Sie meinen, daß Geain mich und Zoe unglücklich machen könnte?

MERVYN: Ja, könnte sie. In ihrer momentanen Pubertätsphase, die – kompliziert ist.

JEROME: Und das würde wiederum Geain unglücklich machen?

MERVYN: Das ist möglich.

JEROME: Ja, dann ist es ja gar kein Problem. Wenn das passiert, schmeiß ich sie raus.

MERVYN: Wie bitte?

JEROME: Ich schmeiß sie raus.

MERVYN: Geain rausschmeißen?

JEROME: Nein, natürlich nicht. Nicht Geain. Ich schmeiß Zoe raus, das ist doch ganz einfach.

MERVYN *(perplex)*: Sie würden sie rausschmeißen?

JEROME: Ja. Wir würden – na, Sie wissen schon – uns trennen. Zum Besten des Kindes.

MERVYN: Einfach so?

CORINNA: Was sagt Zoe denn dazu?

JEROME: Liebling, du hättest nichts dagegen, wenn wir uns trennen, zum Besten des Kindes?

GOU: Ich hätte nichts dagegen, wenn wir uns trennen, zum Besten des Kindes, Liebling.

JEROME: Na, seht ihr, sie hat überhaupt nichts dagegen.

MERVYN: Aber das haben Sie doch schon letztes Mal gemacht.

JEROME: Was?

MERVYN: Sie und Ihre Frau. Das haben Sie letztes Mal gemacht. Das ist doch der Ursprung des Problems. Sie können das doch nicht noch mal machen. Wir müssen an das Kind denken, Mr. Watkins.

JEROME: Ja, das war mit ihrer Mutter. Das war anders. Ich meine, das hier ist ja nur mit – nur – mit – eh –

(Eine Pause)

CORINNA: Nur mit irgendeiner Frau, wollte er eigentlich sagen.

JEROME: Nein.

CORINNA: Nun, Zoe. Sie nehmen das ja alles sehr gelassen, meine Liebe. Ich hoffe, Sie wissen, was Sie tun. Ich persönlich hätte Ihrem Schatz ein paar in die Fresse gehauen.

(Gou küßt Jerome auf die Wange.)

Na gut, sparen Sie sich's. Wenn Sie in diesem Leben sehr brav gewesen sind, könnten Sie im nächsten als Schuhputzschachtel wiedergeboren werden. Das wird Ihnen Spaß machen.

JEROME: Du brauchst nicht beleidigend zu werden, Corinna. Bloß weil der Anblick von zwei hoffnungslos verliebten Leuten dich verstört, brauchst du –

CORINNA: Verliebt? Jerome, du behandelst diese Frau wie einen Fußabstreifer. Was fällt dir ein? Und Zoe, um Himmels willen, Liebling, steh auf, und verteidige dich!

(Gou steht auf.)

JEROME *(schnell)*: Liebling, setz dich.

GOU *(setzt sich)*: Setz mich, Liebling.

MERVYN: Sie müssen mich wirklich jetzt mal ausreden lassen... Es ist nämlich alles etwas hypothetisch. Viel wahrscheinlicher ist, daß Geain sich in dieser friedlichen, freundlichen Atmosphäre wohl fühlt und genau das Gegenteil passiert. Daß das Verhältnis zwischen euch dreien zu nie geahnter Blüte...

GOU: Ah ja, Arkadina bei Tschechow und Ophelia in Charleys Tante.

MERVYN: Wie bitte?

CORINNA: Was?

JEROME: Sie will arbeiten gehen. Liebling, du mußt arbeiten gehen.

GOU *(steht sofort auf)*: Ich muß arbeiten gehen, Liebling.

(Gou geht ins Schlafzimmer.)

MERVYN: Sie haben sie vielleicht beleidigt.

CORINNA: Unmöglich.

MERVYN: Ja, ich weiß nicht. Es gibt Leute, die nicht so gerne als Schuhputzzeug bezeichnet werden.

CORINNA: Aber Zoe doch nicht. Wenn man mit Jerome lebt, gilt das als Kompliment.

(Mervyn schaut auf die Uhr.)

MERVYN: Sie sind verspätet, oder? Ich ruf vielleicht mal im Auto an. Fänden Sie das nicht gut? Daß ihnen auch nichts passiert ist.

CORINNA: Wenn Sie wollen.

JEROME: Wollen Sie das – *(zeigt auf sein Telefon)*

MERVYN: Nein, nein. Ich benutze den anderen Apparat. Schon gut.

(Er geht raus auf den Flur, um ungestört zu telefonieren.)

CORINNA: Na, Jerome, ich gratuliere dir. Ich freu mich wirklich ganz echt für dich. Ich bin begeistert. *(Pause)* Ich finde es so toll, das kannst du dir gar nicht vorstellen. *(Pause)* Wirklich, das mein ich. Ganz ehrlich. *(Pause)* Jetzt hat wenigstens einer von uns es geschafft... *(Pause)* Ich freu mich wirklich. Ehrlich. Du bist bestimmt – ganz glücklich. *(Pause)* Ihr habt beide großes Glück. *(Pause)* Sie ist bezaubernd und ganz offensichtlich ideal für dich, und ihr seid ja beide total verliebt. *(Pause)* Was Schöneres gibt's doch gar nicht.

JEROME: Nein. *(Er lächelt.)*

CORINNA: Nein.

(Pause)

(Mit plötzlicher, unterdrückter Wut) Du süffisantes Arschloch.

(Mervyn kommt zurück.)

MERVYN: Ich wollte nicht unterbrechen... aber sie sind hier. Das Auto ist grade gekommen. Anscheinend waren sie –

(Er wird von der Türklingel unterbrochen. Auf dem Bildschirm erscheint der unrasierte, kurzhaarige Kopf eines Hermaphroditen.)

Ich mach auf, ich mach auf.

(Er geht wieder raus.)

JEROME: Nein, nicht die Tür aufmachen, bevor... *(sieht, was auf dem Schirm ist)* Nein, nicht aufmachen. Laß das Ding nicht rein.

(Auf dem Schirm: Mervyn öffnet die Tür.)

Was macht er denn? *(Hechtet nach seinem Stockdegen)* Der Idiot. Der läßt noch jedes Monster aus der Gegend rein.

CORINNA: Jerome, Liebster, das ist Geain.

JEROME: Was?

(Geain geht in die Wohnung und schließt die Tür. Der Bildschirm ist dunkel.)

CORINNA: Das ist deine Tochter. Das ist Geain. Weißt du noch?

JEROME *(perplex)*: Geain? Das ist Geain?

(Geain kommt herein. In Person sieht sie noch grotesker aus. Sie trägt Männersachen, eine Art Parodie der Arbeiterkleidung, circa 1955, ins Extrem getrieben. Schwere Stiefel, Kordhose mit einem breiten Ledergürtel, im Schritt etwas unangemessen gepolstert, ein altes, verwaschenes Hemd, am Hals offen, so daß man die zur

Zeit moderne «behaarte Brust» sehen kann, das heißt ein Unterhemd, auf das eine Menge sogenannter Brusthaare geknüpft sind. Auf den Rücken ihrer Jacke ist HURENSÖHNE gestanzt. Ihr Haar ist kurz, geölt und straff nach hinten gekämmt; ihr einziges Make-up ist der Blauschimmer auf ihrem Kinn, der ihr ein unrasiertes Aussehen gibt.)

GEAIN *(beiläufig)*: 'llo.

(Sie kommt mit großen Schritten ins Zimmer, nimmt ein Sandwich und setzt sich ohne Umstände und weitere Begrüßungen. Jerome starrt sie an, absolut sprachlos. Ihre Schroffheit verdeckt vermutlich auch Schüchternheit.)

CORINNA: Ja, da ist sie.

GEAIN *(finster)*: Er.

CORINNA: Entschuldigung, mein Irrtum. Er. Du erinnerst dich doch an deinen – Sohn – Geain, nicht wahr? Das ist dein Vater.

GEAIN *(nickt Jerome zu)*: 'llo.

(Jeromes Mund klappt auf und zu. Geain stopft sich noch ein Sandwich in den Mund.)

MERVYN *(unpassend onkelhaft)*: Hast du das Spiel gefunden, das du kaufen wolltest, Geain?

GEAIN *(finster)*: Nein.

MERVYN: Und warum nicht?

GEAIN *(murmelt)*: Töchter.

MERVYN: Wie bitte?

GEAIN: Töchter.

MERVYN: Löcher?

GEAIN: Töchter. Töchter der Finsternis.

MERVYN: Ach, die. Und was ist mit denen?

GEAIN: Wollten mich nicht reinlassen.

MERVYN: Wollten dich nicht reinlassen? Wo rein? In das Geschäft?

GEAIN: Nein.

MERVYN: Warum denn nicht?

GEAIN: Die hassen uns. Wir hassen sie.

MERVYN: Ach, nein. Das ist aber nicht sehr nett.

CORINNA: Sie sind heftige Rivalen. Die Hurensöhne und die Töchter der Finsternis reden nicht miteinander.

GEAIN: Verpißte Säue.

Corinna *(zu Jerome)*: Wie du bemerken wirst, hat sich dein Sohn der Männerherrschaftsbewegung angeschlossen – die Oberen Männer... oder wie immer sie sich nennen.

Geain *(durch ihr Sandwich)*: Männer Oben Auf.

Corinna: Männer Oben Auf.

(Schweigen)

Ihr beide habt euch bestimmt viel zu sagen. Apropos oben auf, solltest du nicht Zoe rufen? Sie müßte doch Geain kennenlernen, nicht wahr?

Mervyn: Ach ja. Holen wir doch Zoe dazu.

Jerome *(immer noch verdattert, ruft)*: Liebling!

Gou *(aus dem Schlafzimmer)*: Ja, Liebling.

Jerome: Liebling, komm doch rein. Meine – meine – Geain ist hier.

Gou *(off)*: Komme schon, Liebling. Momentchen.

Corinna: Zoe ist Vatis neue Freundin, Geain. Seine Verlobte.

(Geain schaut Jerome verächtlich an. Jerome schaut Geain an und gibt einen verzweifelten Seufzer von sich.)

Geain: Ehn?

(Gou kommt aus dem Schlafzimmer.)

Gou *(beim Reinkommen, strahlend)*: Hallo! Hallo! Hallo! Willkommen! Willkommen! Willkommen! Entschuldigung. Ich hab gar nicht auf die Ze –

Corinna: Das ist Geain, Zoe. Geain, sag Zoe guten Tag.

(Geain starrt Gou an. Gou starrt Geain an. Aus unterschiedlichen Gründen sagen beide nichts.)

Ah. *(Sanft)* Geain, sag doch wenigstens hallo.

Geain: 'llo.

Jerome *(ganz automatisch)*: Liebling. Das ist Geain. Herzallerliebste.

Gou *(reagiert sofort)*: Ja, und wer ist denn dieses bezaubernde kleine Mädchen da? Du mußt ja Geain sein. Ja, Geain, ich bin Zoe. Und wir werden sicher sehr, sehr gute Freunde sein, da bin ich ganz sicher. Würdest du gerne mit mir in die Küche kommen, dann kriegst du ein großes Glas Orangensaft, was sagst du dazu? Komm mit, komm mit Zoe...

Geain *(weicht vor Gous ausgestreckter Hand zurück)*: Weg. Nehmt sie weg.

GOU: Weg gehen wir. Ich hab eine große Überraschung für dich da draußen, Geain.

(Bevor irgend jemand sie bremsen kann, hat Gou die protestierende Geain in die Küche hinausgeschleppt.)

CORINNA *(etwas beunruhigt)*: Geain trinkt keinen Orangensaft, Jerome...

JEROME: Moment, ich stopp sie, ich... *(Er will ihnen nachgehen.)*

MERVYN *(für seine Verhältnisse sehr heftig)*: Nein, nein, nein, nein, nein.

(Jerome stoppt.)

JEROME: Was?

MERVYN: Lassen Sie sie allein. Bitte. Das ist das Beste. Damit sie sich kennenlernen.

JEROME: Ja, aber – sie sollte das alles gar nicht machen – sie –

MERVYN: Bitte. Verlassen Sie sich auf mich. Ich bin Spezialist.

CORINNA: Die bringt Geain nie dazu, Orangensaft zu trinken, das kann ich dir sagen.

MERVYN: Dann werden sie das Problem sicherlich untereinander lösen. Geain wird Zoe sagen, nein, danke, Zoe, ich will keinen Orangensaft, vielen Dank, ich hätte lieber ein Glas Milch. Oder so was Ähnliches.

CORINNA: Oder so was Ähnliches.

MERVYN: Und Zoe wird sicherlich Geains Bitte entsprechen und ihr geben, was sie möchte –

JEROME: Möglich.

MERVYN: Und auf diese Weise wird zwischen den beiden eine Bindung entstehen. In unserer Arbeit nennen wir das eine selbstbefruchtende Beziehung.

(Ein Krach aus der Küche)

GOU *(off)*: Ach, du besonders kopfloses altes Huhn. Wie kommt das denn dahin, na?

(Jerome will wieder rausgehen.)

JEROME: Ich geh doch lieber und –

MERVYN: Nein, nein, nein. Bitte, bitte, Mr. Watkins. Haben Sie Vertrauen.

JEROME: Es ist nur so, daß Zoe gar nicht –

MERVYN: Ja, ich verstehe schon. Zoe ist an Kinder nicht gewöhnt, und sie wird aus Erfahrung lernen müssen. Sicherlich wird sie Fehler machen. Da sie ein Mensch ist, wäre es ungewöhnlich, wenn es nicht so wäre.

JEROME: Richtig.

MERVYN: Aber was da draußen passiert ist ein Vorgang gegenseitiger Entdeckung. Also bitte, lassen Sie sie in Ruhe sich gegenseitig entdecken. Setzen wir uns alle hin, beruhigen wir uns und lassen die Natur ihren Lauf nehmen.

(Sie setzen sich. Stille. Ein Krach)

CORINNA: Jerome, sie bringt sie um. Wenn du sie zusammen läßt, wird sie sie umbringen.

MERVYN: Ah-ah-ah-ah-ah-ah-ah...

CORINNA: Ja, wir könnten ja wenigstens zuhören, nicht? Damit nichts passiert. Die Zimmer haben doch bestimmt alle noch Mikrofone. Wußten Sie, Mr. Bickerdyke, daß er alles aufnimmt? Passen Sie auf. Als Geain und ich hier gewohnt haben, wurde jedes Wort, jeder Atemzug aufgenommen und uns vorgespielt.

JEROME: Unsinn.

CORINNA: Das ist wahr.

JEROME: Ich hab euch nicht mal die Hälfte vorgespielt.

MERVYN *(der mehr in Richtung Küche gehorcht hat)*: Es ist sehr still geworden. Ich bin sicher, daß alles gutgehen wird. Wir dürfen nicht gleich Ergebnisse erwarten, aber – es ist ein Anfang.

CORINNA: Ich finde immer noch, man darf sie nicht alleine da draußen mit ihr lassen...

JEROME: Ich weiß nicht. Vielleicht ist es in Ordnung. Zoe ist – sehr sanft.

CORINNA: Ich meine Geain. Niemand sagt Geain, was sie zu trinken hat. Ich hab hier noch einen blauen Fleck, wo sie mich getreten hat, weil ich die falschen Kekse gekauft habe.

JEROME: Ich hoffe, sie versucht nicht, Zoe zu treten.

CORINNA: Sie ist ein ganz schöner Brecher geworden, deine Tochter. Sobald sie merkt, daß sie sich nicht durchsetzt, fängt sie an zu treten und zu schlagen. Viel Spaß. Mehr kann ich nicht sagen. Vielleicht hast du mehr Erfolg mit deinem Kind als ich...

(Wieder ein Krach aus der Küche)

JEROME: Ich möchte mal eins klarstellen. Das – Ding da drin ist nicht mit mir verwandt – dieser Transvestit, dieser Lkw-Fahrer...

MERVYN: Mr. Watkins –

JEROME *(mit einem Aufschrei)*: Was hast du mit meinem kleinen Mädchen gemacht? Ich möchte mein kleines Mädchen wiederhaben. Das Ding hab ich noch nie gesehen. *(Schreit Corinna an)* Was ist es? Ich will es nicht haben. Nimm's wieder weg! Schraub's wieder auf den Kirchturm, wo's hingehört...

MERVYN: Mr. Watkins, würden Sie sich bitte zusammennehmen. *(Jerome schweigt.)*

CORINNA: Schon gut, Mr. Bickerdyke, ich bin solche Ausbrüche gewöhnt, glauben Sie mir. Als Antwort auf deine Frage, Jerome, ich habe nichts gemacht – weil es nichts gab, was ich oder irgend jemand anders machen konnte. Geain macht, was Geain will, und der Rest der Welt kann sie mal. Ich hab keine Ahnung, von wem sie – pardon, er – diese besonders unangenehme Seite seines Charakters geerbt hat, also können wir nur spekulieren. Aber er – sie – es macht, was es will. Es geht in die Schule, es hat Freunde, es will wie seine Freunde sein. Wenn seine Freunde beschließen, sich so anzuziehen, kann ich nichts dagegen tun. Weil, wie es mir erklärt, wenn es sich nicht wie seine Freunde anzieht, wird es keine Freunde mehr haben. Ich muß zugeben, es ist nicht besonders amüsant, wenn ein weiblicher Chauvi dich den ganzen Tag in den Hintern tritt, verlangt, daß du ihn von hinten bis vorne bedienst und dich als schläfrige Kuh bezeichnet. Aber angesichts der Alternativen, die es hätte wählen können, versuche ich, es zu ertragen. Also, wenn du versuchen willst, sie zu verändern, tu dir keinen Zwang an. Mach mal. Bitte. Weil ich wirklich Hilfe brauche, Jerome. Ich schaff das nicht allein. Ich hab wirklich geglaubt, nachdem ich dich verlassen habe, daß ich mit allem fertig werden würde. Ich habe mich geirrt. Ich werde mit Geain nicht fertig, wie sie jetzt ist. In ein paar Jahren vielleicht, wenn sie... Da hast du's. Ich geb es zu. Und ich bin entsetzt von meiner eigenen Unzulänglichkeit. Ich schäme mich sogar ein bißchen. Es wird nur etwas erträglicher, weil ich absolut sicher bin, daß niemand anders unter diesen Umständen besser damit fertiggeworden wäre als ich.

MERVYN *(freundlich)*: Ich bin sicher, Sie haben alles getan, was eine alleinerziehende Mutter tun konnte, Corinna.
(Kurzes Schweigen)
Es ist sehr still da draußen, nicht wahr?
(Bevor sich einer in Bewegung setzen kann, kommt Gou aus der Küche, sie bleibt im Türrahmen stehen.)

GOU: Da ist sie, Mutti. Da ist sie, Vati.
(Geain kommt langsam herein. Sie sieht etwas benommen aus. Ihr Gesicht ist jetzt sauber, fast glänzend. Sie hat ein zu langes Nachthemd an. Sie hält eine große Puppe mit vielen Rüschchen im Arm.)

JEROME *(murmelt)*: O Gott...

CORINNA *(fassungslos)*: Geain!

MERVYN: Na...

GOU: Und was singen wir jetzt, Geain?
(Geain macht ein finsteres Gesicht.)
Geain. *(Hilft ihr)* Alle meine...

GEAIN: Ich weiger mich...

GOU: Also. Alle zusammen. Alle meine Entchen, gib sie wieder her. Sonst wird dich der Jäger holen und die ganze Vogelschar. Stock und Hut stehn ihm gut – Häschen hüpf. Gut gemacht.
(Gou klatscht Beifall. Ziemlich perplex folgen alle ihrem Beispiel.)

GEAIN *(nicht ohne Bewunderung)*: Sie ist verrückt.

MERVYN: Das hab ich auch noch nie erlebt, muß ich sagen. *(Er lacht.)*

GOU *(lacht auch, hält Geain noch immer an der Hand)*: Und jetzt gehen wir ins Bett. Gute Nacht allerseits. Sag gute Nacht.

GEAIN: Ich sag nicht gute Nacht.

GOU *(zieht sie weg)*: So ist's gut.

GEAIN *(wehrt sich vergeblich)*: Ich kann doch jetzt nicht ins Bett gehen, du doofe Frau...
(Sie gehen ab ins Schlafzimmer. Ein Schrei von Geain)

GOU *(off)*: Ach, du besonders kopfloses altes Huhn. Wie kommt das denn dahin, na?
(Sie starren sich an.)

MERVYN: Tja, ich muß sagen. In all den Jahren, die ich – eine erstaunliche Frau. Recht erstaunlich.

(Jerome merkt, daß Corinna ziemlich erschüttert ist.)

JEROME: Das ist ganz einfach ein Teil ihrer – Grundaus –, aus dem Grund, daß es nämlich schon in ihr war, versteht ihr...

MERVYN: Wie in allen Frauen, Mr. Watkins, in allen Frauen.
(Pause)
Tja, ein Problem weniger.

CORINNA: Würden Sie es sehr unhöflich finden, Mr. Bickerdyke, wenn ich Sie bitten würde, uns mal kurz allein zu lassen?

MERVYN: Tja, ich – äh...

CORINNA: Ehrlich gesagt ist es mir ganz egal, ob Sie es unhöflich finden oder nicht. Gehen Sie bitte raus.

MERVYN *(springt auf)*: Ja, natürlich. Ich, eh – ich warte in der, eh – *(Zeigt Richtung Küche)*

JEROME: Küche.

MERVYN: Ja, da werd ich warten, nicht wahr? Ich muß anrufen – mein –, ja. Pardon. *(Er nimmt einige Sandwiches mit hinaus.)* Pardon.

(Mervyn geht in die Küche. Corinna und Jerome schweigen einige Sekunden lang.)

CORINNA: Ich wollte nur sagen – daß ich jetzt gehe. Ohne Aufsehen. Ich lasse Geain bei dir und Zoe. In Ordnung?

JEROME: Ah.

CORINNA: Das willst du doch, nicht wahr? Das wolltest du doch?

JEROME: Ja.

CORINNA: Sie wird natürlich zu mir zurückkommen müssen – irgendwann –, zum Beispiel muß sie wieder zur Schule gehen. Aber sie könnte auf jeden Fall vierzehn Tage hierbleiben. Mal sehen, wie's klappt.

JEROME: Damit bist du einverstanden? Das findest du am richtigsten?

CORINNA: Ehrlich gesagt, Jerome, ich bin so demoralisiert, daß ich gar nicht weiß, was ich finde. Am liebsten würde ich weinen. Die Frau hat in fünf Minuten mehr mit dem Gör erreicht als ich in fünf Jahren.

JEROME: Das ist nur, weil sie fremd ist, sie –

CORINNA: Es hätte mich wahrscheinlich auch nicht so fertiggemacht, wenn Zoe wenigstens – häßlich gewesen wäre oder – ein

Muttchen – oder... Es gab einen herrlichen Moment, da dachte ich, daß sie überhaupt nichts in der Birne hat. Aber wie sich's rausstellt, stimmt das nicht. Sie ist sehr intelligent, geschickt, cool, sexy, toll mit Kindern, eine großartige Schauspielerin, Sängerin, Tänzerin – super im Bett –, das einzige, wo sie lügt, ist bei ihren Keksen – und das ist beschissen und unfair, Jerome. *(Sie fängt an zu weinen.)*

JEROME: Na, na, nicht doch –

CORINNA: Warum darf so was sein? Nach alldem, was du getan hast. All den beschissenen, verräterischen, widerlichen, hinterlistigen Sachen, die du mir angetan hast? Was für ein Recht hast du, so jemanden zu haben? Du bist ein Arschloch, Jerome. Du bist fast kein Mensch. Was hast du je in deinem Leben getan, um irgend jemand zu verdienen?

JEROME: Tja, das kann ich nicht beantworten... leider nicht.

CORINNA: Es gibt keine Gerechtigkeit. So ist es. Keine. Hier bin ich – *(Sie schnieft.)* Ich hab niemand gefunden, weißt du das? Niemand.

JEROME: Ah, das liegt nur an deinen hohen Ansprüchen. Richtigerweise...

CORINNA: Ich hab überhaupt keine Ansprüche. Nicht mehr. Ich nehm jeden, der verfügbar ist. Ich bin eine vierzigjährige Bankmanagerin, die in ihrem Büro sitzt und weint. Wer will das denn? Weißt du, daß ich neulich einem Mann einen Kredit gegeben habe, nur weil ich mit ihm schlafen wollte?

JEROME: Mein Gott. Und hast du?

CORINNA: Natürlich nicht. Es stellte sich raus, daß er das Geld nur geliehen hat, um zu heiraten. Ich hab kein Urteil mehr, kein Selbstvertrauen, und dann kommt dieses Scheißkind aus der Schule und tritt mich in den Hintern wegen einem Päckchen Kekse. Ich halte es nicht mehr aus. Ich möchte irgendwo hingehen und mich hinlegen.

(Jerome schaut sie verwundert an.)

(Trotz allem über seinen Gesichtsausdruck amüsiert) So! Ich wette, du hättest nie gedacht, daß du mich so reden hören wirst. *(Pause)* Wie hat sie Geain zum Waschen gekriegt? Ich hab sie nie zum Waschen gekriegt. Sie stank wie die Pest. Schweiß ist Macho.

Na ja. Sag Zoe toi, toi, toi. Ich hol mal den aufregenden Mr. Bickerdyke und verdrück mich.

JEROME: Ja. Man kann ja nie wissen, vielleicht wirst du –

CORINNA: Hör auf. Kein Wort mehr. Ich hab noch eine Spur Stolz übrig. Na, Kopf hoch. Du darfst nicht traurig sein. Du hast doch, was du willst.

JEROME: Ja.

CORINNA: Wie üblich.

(Pause)

Jetzt werd ich dir mal was Komisches erzählen. Zum Teil bin ich auch hergekommen, weil ich wissen wollte, wie du über – ob du mich zurückhaben willst.

JEROME: Zurückhaben?

CORINNA: Ja, ich – da ich dachte, daß du hier noch allein wohnst, dachte ich, daß wir uns alle drei zusammentun könnten. Ein neuer Versuch. Aber ich wußte natürlich nichts von Zoe. Nun hat sie ihren Besitzanspruch geltend gemacht, und ich glaube nicht, daß ich damit konkurrieren kann. Nicht in meinem jetzigen Zustand. *(Pause)* Ja, ich dachte, du würdest das komisch finden.

(Pause. Sie steht auf.)

JEROME *(langsam)*: Moment mal...

CORINNA: Ich ruf Mr. Bickerdyke.

JEROME: Warte...

CORINNA: Gibt nicht mehr viel zu sagen, Jerome.

JEROME: Ich muß dir aber was sagen, bitte.

CORINNA: Nein, ich möchte nicht über –

JEROME: Nein, weißt du, die Dinge sind nicht ganz, wie sie scheinen. Zoe ist überhaupt nur hier, weil – ich jemand brauchte, um dich zu beeindrucken.

CORINNA: Das hat sie, gratuliere.

JEROME: Ja, aber das ist der einzige Grund, warum sie hier ist, verstehst du? Damit du und Mr. Bickerdyke – damit ihr Geain hierlaßt. Weil es gut aussah.

CORINNA: Was willst du mir eigentlich sagen? Daß Zoe nur unseretwegen hier ist?

JEROME: Ja.

CORINNA: Normalerweise ist sie nicht hier?

JEROME: Nein.

CORINNA: Ja, wer ist sie denn?

JEROME: Sie ist – sie ist Schauspielerin. Sie ist wirklich Schauspielerin. Das hier ist nur ein kurzes Engagement – sozusagen.

CORINNA: Du hast sie gemietet?

JEROME: Richtig.

CORINNA *(schaut ihn an)*: Ich verstehe. Ich verstehe.

(Sie versucht sehr, sich zusammenzunehmen.)

JEROME *(beobachtet sie ängstlich)*: Ja, das ist doch dann okay, oder? Jetzt brauchst du doch nicht mehr sauer zu sein. Oder eifersüchtig auf Zoe. Oder dich unzulänglich fühlen. Oder unattraktiv. Sie ist nur eine Schauspielerin – die – die gut aussieht und mit Kindern umgehen kann. Aber sie ist nichts im Vergleich mit dir. Wenn du nur gesagt hättest, daß wir wieder zu – ja, das ist toll. Genau das wollte ich auch. Ist das nicht wunderbar. Das ist doch genau, was ich wollte. Wir beide – wollten dasselbe – und... Das Leben ist wirklich manchmal fast wie ein Wunder. *(Pause)* Halleluja!

CORINNA *(eisig)*: Ich hoffe, du nimmst das alles auf, Jerome. Dann kannst du dich nachher darüber totlachen, wenn du es abhörst. *(Ruft)* Mr. Bickerdyke.

JEROME: Was ist denn jetzt los?

CORINNA: Mr. Bickerdyke!

(Mervyn kommt aus der Küche. Er steckt sein Telefon weg.)

MERVYN: Komme schon. Hab grade mit meiner Frau gesprochen. Wir geben heute abend eine Party. Mein Boss kommt. Mit ihrem Mann. Meine Frau sagt, mein Boss erwartet große Sachen von mir. Ich hab meiner Frau gesagt, ist mir egal, was die von mir erwartet, solange es nicht mein Körper ist. *(Er lacht.)*

CORINNA *(frostig)*: Wir gehen grade, Mr. Bickerdyke.

MERVYN: Wenn sie fertig sind. Alles klar?

JEROME: Gehen? Ich dachte –

CORINNA: Ich hol mal Geain. Sie muß sich anziehen. *(Ruft im Gehen)* Geain.

MERVYN: Geain? Aber ich dachte...

(Corinna geht ab zu den Schlafzimmern.)

Was ist denn jetzt los? Ich dachte, Geain bleibt hier?

JEROME: Ja. Es ist alles anders... scheint's. Aus irgendeinem Grund hat Corinna sich umentschieden.

MERVYN: Ja? Also – unter uns, Mr. Watkins –, Ihre Exfrau scheint mir eine Frau zu sein, die unter einem starken inneren Stress steht.

JEROME: Ja?

MERVYN: Nicht grade die Frau, wenn Sie den Witz verzeihen würden, die man sich als Vermögensberaterin aussucht. *(Er lacht.)* *(Corinna kommt zurück.)*

CORINNA: Gut. Ich hab sie gerufen.

MERVYN: Warum haben Sie Ihren Plan geändert, wenn ich fragen darf?

CORINNA: Tut mir leid, Mr. Bickerdyke, aber mein Mann hat sich auf unsere Kosten einen kleinen Spaß geleistet.

MERVYN: Wirklich?

CORINNA: Zoe ist nicht, was sie zu sein scheint. Jerome hat sie ganz einfach für den Nachmittag gemietet. Sie gehört nicht hierher, und sie wohnt auch nicht hier.

MERVYN: Aber warum – ? *(Zu Jerome)* Warum haben Sie das gemacht?

CORINNA: Um Sie zu täuschen, Mr. Bickerdyke, und mich zu verarschen. Deswegen.

JEROME: Das ist nicht der Grund –

CORINNA *(ruft)*: Geain! Wenn wir jetzt gehen, Jerome, kannst du deine Schauspielerin früher nach Hause schicken. Vielleicht kriegst du dann sogar noch Geld zurück. Man mietet sie wahrscheinlich stundenweise.

JEROME: Versteh dich nicht. Ich dachte, du würdest dich freuen.

CORINNA: Und wie. Vielen Dank.

MERVYN: Ich komm hier nicht mit. Ich komm hier überhaupt nicht mit.

(Geain erscheint, immer noch in ihrem Nachthemd, sie hält Gous Hand. Sie bleiben in der Tür stehen.)

CORINNA: Komm mit, Geain, es hat ein kleines Durcheinander gegeben, und wir gehen nach Hause.

JEROME: Moment mal, Moment mal...

MERVYN: Also, daß ich das verstehe. Stimmt es, daß diese Frau, daß Zoe gar nicht hier mit Ihnen lebt? Sie ist gar keine ständige Gefährtin, sondern jemand, den Sie gemietet haben...?

JEROME: Ich sehe nicht ein, daß die Bedingungen, unter denen sie hier wohnt, den geringsten Unterschied machen.

MERVYN: Keinen Unterschied?

JEROME: Entweder sie ist geeignet oder sie ist nicht geeignet. Macht überhaupt keinen Unterschied, ob ich sie bezahle.

MERVYN: Ich finde, das Argument ist etwas löchrig –

CORINNA: Natürlich ist es das. Sparen Sie sich die Mühe. Komm.

MERVYN: Ich meine, man könnte genausogut sagen, daß es keinen Unterschied gibt zwischen einer rechtmäßigen Ehefrau und einer Prostituierten – das Argument kann ich nicht akzeptieren...

JEROME: Dann darf ich Ihnen sagen, daß – daß diese *(er deutet mit der Hand in Gous Richtung)* – diese Frau – mehr Würde, mehr Sinn für Loyalität und Verantwortung hat als fünfzig andere Frauen, die Sie mir nennen können...

CORINNA: Du? Was verstehst du von Frauen...

JEROME *(zu Mervyn)*: Übrigens, warum haben Sie Ihre Meinung geändert? Sie hat Ihnen doch sehr gut gefallen –

MERVYN: Ja, aber das war, bevor ich gehört habe...

JEROME: Sie konnten ja gar nicht woanders hingucken, haben sie nur angeglotzt, Sie kleiner Dreckzwerg...

MERVYN: Na, na, na, na...

CORINNA: Hört bitte auf.

MERVYN: Wenn Sie glauben, daß so eine Bemerkung dem Fall einen Millimeter helfen wird –

JEROME *(gleichzeitig)*: Wenn wir auf Entscheidungen von Leuten wie Sie angewiesen sind, Freundchen, ist es sowieso egal. Das Schiff ist schon gekentert.

CORINNA *(laut, bringt sie zum Schweigen)*: Wollt ihr bitte beide aufhören!

(Schweigen)

Danke. Es hat keinen Sinn, darüber zu diskutieren. Geain, komm bitte mit, wir gehen nach Hause. *(Pause)* Geain.

GEAIN: Nein.

CORINNA: Was?

GEAIN: Ich will nicht gehen.

CORINNA: Du willst –

GEAIN: Ich bleib hier.

JEROME: Siehst du. Da siehst du's ja. Kindermund... Haben Sie das gehört, Mr. Bickerdyke? Meine Tochter sagt, sie will hier bei mir bleiben. Ist das deutlich genug?

GEAIN: Sohn.

JEROME: Wie?

CORINNA: Sohn. Verwechsel wenigstens nicht sein Geschlecht.

JEROME: Mein Sohn also hat sich entschlossen, bei ihrem Vater zu bleiben. Bei seinem natürlichen Vater. Es gibt Gerechtigkeit. Danke, lieber Gott, es gibt noch Gerechtigkeit.

CORINNA: Dies, Mr. Bickerdyke, sagt ein Mann, der mich vor ein paar Minuten noch gebeten hat, diesen Transvestiten beziehungsweise Lkw-Fahrer wieder auf dem Kirchturm festzuschrauben.

JEROME: Das war ein Witz. Das war ein Witz – ein Männerwitz. Was, Geain?

CORINNA: Geain, ich verstehe, daß nach vier Jahren mit mir dein Vater wahrscheinlich einen gewissen Neuigkeitsbonus hat, aber ich muß dich warnen, Kleines, daß er sich sehr, sehr schnell abnutzt.

JEROME: Hör gar nicht hin, Geain. Laß sie doch vor sich hin quasseln.

MERVYN: Darf ich nur mal – ich muß einfach mal wieder dazwischenhüpfen... Geain. Tut mir leid, aber hierbleiben kommt gar nicht in Frage, Kleines.

JEROME: Auf den brauchst du auch nicht zu hören, der ist ein altes Weib.

MERVYN: Ich bitte Sie, Mr. Watkins. Soweit ich das verstehe, Geain, ist diese Frau, deren Hand du hältst, von deinem Vater für diesen Tag gemietet. Zoe ist eine Schauspielerin, die so tut, als ob sie eine Freundin von deinem Vater ist. Aber sie gehört nicht hierher, und sie hat auch nicht vor zu bleiben. Sie ist daher auch keine Frau, die wir für geeignet halten, dich zu betreuen. Verstehst du das, Geain?

GEAIN: Sie ist keine Frau.

MERVYN: Was?

GEAIN: Ich hab gesagt, sie ist keine Frau.

CORINNA: Was heißt, sie ist keine Frau...

GEAIN: Sie ist eine Maschine.

MERVYN *(lachend)*: Na komm, Geain, das ist doch Babykram, für jemand in deinem Alter –?

GEAIN: Es stimmt. *(Zeigt auf Jerome)* Frag ihn.

MERVYN: Ja, ich bin sicher, dein Vater wird nie – er wird bestimmt nie – er wird... er ist doch nicht... *(Er schaut Jerome an und erwartet seine Zustimmung, als er merkt, daß er sie nicht kriegt, hört er auf zu reden.)*

JEROME: Ja. Geain hat recht. Sie ist eine Maschine.

CORINNA: Ich hab noch nie so einen... Sie sind beide völlig verrückt.

GEAIN *(hebt Gous Rock hoch und entblößt ihre Metalloberschenkel)*: Guck mal.

CORINNA *(schreit)*: O Gott!

MERVYN *(gleichzeitig)*: Uah!

CORINNA *(mit gedämpfter Stimme)*: Was ist das? Was hast du an sie rangelassen...

JEROME: Es ist nur eine – es ist nur eine Maschine.

CORINNA: Aber ich hab noch nie – von wo kommt sie?

JEROME: Von dem Mann nebenan. Genau gesagt.

CORINNA: Dem Mann nebenan? Welchem Mann nebenan? Hol's weg von ihr, Jerome.

GEAIN: Ihm.

CORINNA: Ihm. Hol's weg von ihm.

JEROME: Sie ist nur eine Maschine. Sie ist harmlos.

MERVYN: Aber woher haben Sie diese Maschine, Mr. Watkins? Ich meine, wo ist sie ursprünglich hergekommen? Ich nehme an, daß Sie sie nicht selber gemacht haben.

JEROME: Nein. Dieser Mann hat sie mir gegeben, und ich hab sie einfach repariert, sonst nichts.

CORINNA: Repariert? Du?

JEROME: Ja.

CORINNA: Du kannst nicht mal die Haustür reparieren. Hol's weg von ihm.

JEROME: Sie kann – er kann ganz einfach von ihr weggehen, wenn er will. Es kann gar nichts passieren.

CORINNA: Geain, geh davon weg.

GEAIN: Ich will nicht davon weggehen.

MERVYN: Sie haben immer noch nicht meine Frage beantwortet. Wo ist dieses Ding hergekommen?

JEROME: Es kam aus einer Fabrik – es war der Prototyp für ein Modell, das nie in Produktion ging. Die Firma hat Pleite gemacht. Macht euch keine Sorgen. Es wurde dafür entworfen, sich um Kinder zu kümmern. Technisch gesehen ist es ein automatischer Kinderhüter. So. Geain könnte gar nicht sicherer sein.

MERVYN *(mißtrauisch)*: Wie hieß das Ding?

JEROME: Na ja, es ist eine – eine GOU 300 F. Sie haben bestimmt noch nie davon gehört.

MERVYN: Oh, doch, hab ich. Hab ich allerdings. Ich weiß sehr wohl Bescheid über GOU 300 F.

CORINNA: Was ist mit denen?

MERVYN: Meine Abteilung mußte die ganze Sache untersuchen.

CORINNA: Welche Sache?

JEROME: Ach, gar nichts. Es gab ein paar Kinderkrankheiten –

CORINNA: Welcher Art?

JEROME: Ach, Kinderkrankheiten eben –

MERVYN: Ja, vielleicht könnte man das so nennen. Wenn man die Tatsache, daß ein Baby in einen Mikrowellenherd gesteckt wird, Kinderkrankheiten nennt –

CORINNA: Es hat was getan?

JEROME: Nicht dieses. Dies da hat es nicht getan.

MERVYN: Eines hat es getan, Mr. Watkins, eines hat es getan.

CORINNA: Es hat ein Baby – ?

JEROME: Das war ausschließlich die Schuld der Mutter.

MERVYN: Der Mutter?

JEROME: Es lag nicht an der Maschine – die Mutter hatte die Küche umgestellt und hat es der Maschine nicht gesagt. Wie kann man erwarten, daß eine Maschine so was weiß –

MERVYN: Ich verstehe nicht, wie Sie für eine Maschine gegen einen Menschen Partei ergreifen können.

JEROME: Gegen die meisten Menschen problemlos. Wenn Menschen sich ein bißchen weniger wie Menschen benehmen würden und ein bißchen mehr wie Maschinen, ginge alles besser –

MERVYN: Das ist das unmöglichste Argument, das ich je in meinem Leben gehört habe...

CORINNA: Bitte. Wenn ihr nichts dagegen habt. Das Ding, dieser Babykiller hält grade die Hand von meinem Sohn. Wollt ihr bitte was unternehmen? Mr. Bickerdyke?

MERVYN: Ja, ich, eh – ich, eh... Gut. *(Spricht zu Gou, langsam und nervös)* Laß los. Laß sie los. Los laß!

(Keine Reaktion von Gou)

CORINNA: In Gottes Namen. *(Geht entschlossen auf Gou zu)* Würdest du bitte sofort die Hand von meinem Kind loslassen. *(Steht tapfer Auge in Auge mit Gou)* Kannst du mich hören?

GOU: Ich weiß, worauf du aus bist, Kleine, aber du kriegst ihn nicht. Wenn du Jerome haben willst, kriegst du ihn nur über meine Leiche, du berechnende kleine Schlampe.

CORINNA *(weicht zurück)*: O Gott...

GOU: Paß lieber auf, Frankenstein, sonst wachst du eines Nachts mit einer durchgeschnittenen Gurgel auf.

CORINNA *(zieht sich zurück)*: Was hast du in das Ding reingemacht, Jerome? Wen hast du da drin?

JEROME: Nein. Sie muß dich verwechselt haben mit –

CORINNA: Ich weiß, mit wem sie mich verwechselt hat, vielen Dank. Ich bin kein Vollidiot... Aber wer denkt sie denn, daß sie ist?

JEROME *(fasziniert von der Frage)*: Weißt du, das weiß ich nicht. Das hab ich sie nie gefragt.

CORINNA: Sagst du ihr jetzt, daß sie unser Kind freiläßt?

JEROME: Nur wenn unser Kind freigelassen werden will.

CORINNA: Wie kannst du das zulassen? Du hast doch gehört, was er gesagt hat.

MERVYN: Schon gut. Überlassen Sie mir das. Ich beende das jetzt. *(Zu Gou)* Komm. Sonst muß ich Gewalt anwenden.

JEROME: Das würd ich – eh –

MERVYN *(geht auf Gou zu)*: Komm. Du hast kein Recht, das Kind...

JEROME: Vorsicht, sie könnte Sie für einen Kinderschänder halten.

MERVYN: Ich bin ganz gewiß kein Kinderschänder, was fällt Ihnen ein! *(Zu Gou)* So, und jetzt...

(Mervyn versucht Geain von Gou wegzuziehen. Gou langt Mervyn nur kurz ins Gesicht und gibt ihm ohne irgendeine Anstren-

gung einen Schubs, so daß der Mann rückwärts durch den Raum fliegt. Mervyn stolpert und fällt auf den Rücken.)

GEAIN *(bewundernd)*: Toll!

CORINNA: Stopp sie!

JEROME: Gou!

(Mervyns persönliches Alarmsystem geht los und gibt ein lautes an- und abschwellendes Geheul von sich.)

CORINNA: Was ist denn das jetzt?

JEROME: Muß sein Alarmsystem sein.

CORINNA: Dann dreh's ab. Er soll es abdrehen. Komm, Geain.

GEAIN: Nein.

CORINNA: Es ist gefährlich, Liebling, du hast gesehen, was es mit Mr. Bickerdyke gemacht hat.

GEAIN: Yeah!

GOU: Ich hab gesehen, was es mit Mr. Bickerdyke gemacht hat, Liebling.

CORINNA: O Gott, es ist verrückt. Es ist eine verrückte Maschine. Kann irgend jemand das Geräusch abstellen?

JEROME: Ich glaub, er ist ohnmächtig.

CORINNA: Dann mach du's...

JEROME: Ich weiß nicht, ob ich das kann. Ich nehm an, daß man das nicht so leicht –

(Jerome wühlt im Hemd des leblosen Mervyn herum. Er zieht ein paar Drähte raus, und während des Folgenden zieht er mehrere Meter Draht aus den tiefsten Tiefen von Mervyn.)

CORINNA: Mach's einfach. So, und jetzt, Jerome, wie kriege ich die Maschine weg von Geain? Bitte.

JEROME: Nenn sie Liebling. Du mußt sie so nennen. Sie ist drauf programmiert, auf Liebling zu reagieren.

CORINNA: Ach ja? Würd ich mich nicht prinzipiell drauf verlassen. *(Geht auf Gou zu)* Liebling... Hallo, Liebling.

GOU: Hallo, Liebling.

CORINNA: Ach, das ist absurd... Jerome, dreh das ab –

JEROME *(die Hände voller Draht)*: Ich versuch's ja abzudrehen.

CORINNA *(versucht es noch mal mit Gou)*: Laß los, Liebling. Geain, bitte, Herzchen...

GOU *(prompt)*: Ich würde gerne selber Kinder haben. Wie herrlich das wär, wenn sie durch die Wohnung rasen und lachen und schreien. Mit dem richtigen Mann – mit dem man sie sich teilt – wären sie genau das, was ich mir immer gewünscht habe. Wahrscheinlich ist man entweder mütterlich oder nicht. Ich weiß, was ich bin.

CORINNA *(währenddessen)*: Worüber redet es eigentlich? Es ist völlig bescheuert, es geht schon wieder los...

JEROME: Schon gut. Du gibst ihr immer Schlüsselworte, deshalb –

CORINNA: Was redest du für einen Quatsch, Schlüsselworte – ?

(Jerome geht weg von Mervyn, völlig in Draht verwickelt, und kommt, um Corinna zu helfen. In diesem Augenblick erwacht Mervyn wieder.)

JEROME: Guck mal, so muß man das machen, ganz einfach. Liebling.

GOU: Ja, Liebling.

JEROME: Liebling, laß los.

GOU: Laß los, Liebling.

(Gou läßt Geains Hand sofort los.)

GEAIN *(greift wieder nach ihrer Hand)*: Nein.

CORINNA: Geain, um Gottes willen...

(Mervyn richtet sich auf, kniet und greift mühsam hinten am Rücken in sein Jackett. Die Alarmanlage geht aus.)

MERVYN: In Ordnung, in Ordnung. Ich... *(Bemerkt den Draht, der aus ihm kommt.)* Um Gottes willen, was ist denn das? Was haben Sie mit mir gemacht? Ich zerfalle ja.

CORINNA: Ach, seien Sie still.

MERVYN: Schauen Sie sich das an. Was haben Sie gemacht?

JEROME: Tut mir leid, ich wollte Sie nur ausschalten.

MERVYN: Vielen Dank. Sie haben mein italienisches Thermal-Trikot erfolgreich aufgeribbelt. Sehr freundlich.

CORINNA *(wieder zu Gou)*: Liebling, laß los. Liebling, laß los.

(Gou reagiert nicht.)

Jerome, sie hört nicht auf mich.

JEROME: Nein, wie komisch.

MERVYN: Hundertdreiundvierzig Pfund ist das wert! Importiert!

CORINNA: Ach, lassen Sie uns mit Ihrem italienischen Schatz in Ruhe.

(Gou küßt sie auf die Wange. Corinna springt zurück.)

Weg! Geh weg!

JEROME: Liebling, laß los.

(Gou reagiert nicht.)

Nein, ich glaube, Geain hat sie blockiert. Es ist ein Sicherheitsding. Sie läßt nicht los, bis Geain losläßt.

CORINNA: Geain, laß los.

GEAIN: Nein.

MERVYN: Gut, ich nehm das jetzt in die Hand. Ich werde jetzt runtergehen und Hilfe holen. Ich werde unsere Freunde aus dem Auto holen. Die werden das hier beenden, keine Angst.

(Mervyn geht raus auf den Flur. Kurz danach sieht man ihn auf dem Bildschirm aus der Wohnung gehen. Er läßt die Tür offen.)

CORINNA: Tja, und was machen wir jetzt? Eh?

JEROME: Wir können gar nichts machen. Wenn sie nicht losläßt, läßt sie nicht los.

CORINNA: Geain, hör zu...

GEAIN: Ich laß nicht los.

CORINNA: Warum nicht?

GEAIN: Ich will nicht.

CORINNA: Aber das ist eine Maschine. Du kannst doch nicht bei einer Maschine bleiben.

GEAIN: Warum nicht?

CORINNA: Weil – weil es eine Maschine ist.

GEAIN: Vati ist doch auch.

CORINNA: Ja. Dein Vater – dein Vater ist eben dein Vater. Aber normale Menschen... wie wir – können nicht mit – *(Sie gibt auf.)* Jerome, in Gottes Namen, erklär ihr das.

JEROME *(nicht überzeugend)*: Ja. Geain. Verstehst du, du kannst nicht bei einer Maschine bleiben.

GEAIN: Warum nicht?

JEROME: Weil – Menschen sind – besser. Sie sind viel – besser als Maschinen, weil...

GEAIN: Weil...

JEROME: Weil, Menschen sind... *(Er bricht ab.)*

CORINNA *(ungeduldig)*: In Gottes Namen, Jerome! Erklär ihr, warum sie besser sind –

JEROME *(verzweifelt)*: Mir fällt kein Grund ein! Nicht ein einziger! Sie hat recht.

CORINNA: Sie hat nicht recht. Du hast nicht recht, Geain. Und er auch nicht. Hör zu. In der Vergangenheit waren dein Vater und ich – beide egoistisch, unachtsam und blöd und – menschlich. Aber davor waren wir auch schon herzlich und unmittelbar und amüsant und lustig und – zärtlich. Das ist etwas, was wir auch sein können, weil wir Menschen sind. Aber was diese Maschine nie sein kann. Verstehst du?

(Geain scheint immer noch darauf zu warten, überzeugt zu werden.)

Was wir jetzt machen werden, wir drei – du, ich und Jerome –, wir werden zu dem Auto runtergehen und zusammen nach Hause fahren. Und wir werden wieder von vorne anfangen. Alle zusammen. Ab jetzt. Stimmt das, Jerome? Jerome?

JEROME: Ab jetzt? Sofort?

CORINNA: Ja.

JEROME: Und das ganze Zeugs hier, ich kann doch nicht einfach...

CORINNA: Jerome, versteh mich. Entweder wir – oder dein Zeugs. Entweder dieses Ding – *(zeigt auf Gou)* oder wir. Entscheide dich.

JEROME *(eine kurze Pause)*: Ja. Okay.

CORINNA *(irritiert)*: Welches?

JEROME *(geht zu ihr)*: Ihr. Natürlich ihr.

CORINNA: Gut. Dann ist ja alles klar. Geain? Läßt du jetzt los? Kommst du mit uns?

GEAIN *(läßt endlich Gous Hand los)*: Okay.

(Sie geht zu Corinna und Jerome. Die drei umarmen sich.)

CORINNA: Gott sei Dank.

(Man sieht Mervyn auf dem Bildschirm in die Wohnung zurückeilen.)

Los. Zieh dich um. Wir gehen zum Wagen.

GEAIN: Yeah!

(Sie will grade ihre Sachen aus der Küche holen, als Mervyn hereinrast.)

CORINNA: Alles in Ordnung?

MERVYN: Nein, es ist nicht in Ordnung. Wir werden belagert.

JEROME: Was?

MERVYN: Die Töchter – ich weiß nicht, wie sie sich nennen. Sie sind draußen überall. Unsere zwei können sich nur grade halten. Wir müssen sofort los.

GEAIN: Verpißte Säue.

CORINNA: O Gott. Geain, komm wie du bist. Keine Zeit, sich jetzt umzuziehen.

(Ein Knall von einem Geschoß gegen einen der Läden)

MERVYN: Wir müssen uns beeilen.

CORINNA: Sagen Sie ihnen, wir kommen, wir sind auf dem Weg.

MERVYN: So schnell Sie können.

(Noch ein Geschoß)

CORINNA: Geain...

GEAIN: Okay. *(Zu Gou)* Tschüs dann. *(Zu Jerome)* Kann Zoe mir auch tschüs sagen?

CORINNA: Geain, komm doch.

GEAIN: Ich will, daß Zoe tschüs zu mir sagt.

JEROME: Liebling. Sag Geain auf Wiedersehen.

GOU: Auf Wiedersehen, Geain, Kleines. Bis bald. Bis ganz bald. *(Sie winkt.)* Tschüs. Tschüs.

GEAIN: Tschüs, Zoe, bis bald.

CORINNA: Nein, Liebling, du wirst sie nicht wiedersehen. Tut mir leid. Tschüs.

(Gou hört auf zu winken. Noch mehr Geschosse treffen die Fensterläden.)

Okay, Jerome?

JEROME: Ich komme, ich hol nur ein paar...

GEAIN: Komm, Vater.

JEROME: Ja, ich komme. Bestimmt. Geht schon vor.

CORINNA: Die warten nicht.

(Corinna und Geain gehen hinaus. Auf dem Bildschirm sieht man, wie sie die Wohnung verlassen. Die Tür bleibt offen. Der Bildschirm bleibt hell. Jerome geht ins Schlafzimmer. Gou bleibt allein. Nach einem Augenblick bewegt sie sich und setzt sich in den Sessel. Stille. Dann ertönt die Stimme desselben Technikers wie am Anfang von irgendwo aus Gou. Ihre Lippen bewegen sich ungefähr synchron.)

STIMME: GOU 300 F, Serie vier, Modell 99148622 G für Gerda. Funktion beendet. Endgültige Stillegung – in zwei Minuten. Sicherheits-Countdown beginnt in 60 Sekunden.

(Gou sitzt sehr ruhig da, schwankt ein bißchen, während sie sanft vor sich hin singt.)

GOU *(singt)*: Du bist der erste nicht, den ich liebe.
Es wäre weiter nichts als eine Lüge,
wenn ich sag, daß vor dir kein andrer Mann
unter meiner Decke lag.
Der erste kannst du nicht mehr sein,
doch es wird dich sicher freun,
wenn ich sag,
du wirst der letzte sein, du wirst der letzte sein,
der letzte, den ich liebe.

(Während sie singt, kommt Jerome mit einer rasch gepackten Reisetasche. Er würdigt Gou kaum eines Blicks. Noch ein Geschoß gegen die Läden. Jerome geht zu der Anlage. Er scheint zu überlegen, was er mitnehmen soll. Er steht unschlüssig da. Corinna erscheint auf dem Bildschirm, auf dem Weg zurück in die Wohnung. Einen Augenblick später kommt sie ins Zimmer.)

CORINNA: Was machst du denn, Jerome?

JEROME: Entschuldige, ich mußte nur...

CORINNA: Die wimmeln da draußen rum. Dutzende davon. Sie probieren, Geain zu kriegen. Ich hab ihr gesagt, daß sie nicht so angezogen herkommen kann. Kommst du?

JEROME: Sag mal, als du –

CORINNA *(ungeduldig)*: Was?

JEROME: Als du das alles gesagt hast, daß wir – noch mal anfangen –, war das nur, damit Geain mitgeht – oder –

CORINNA: Nein, natürlich nicht. Deswegen hätte ich es nicht gesagt.

JEROME: Sicher?

CORINNA: Ja.

JEROME: Du willst mich wiederhaben?

CORINNA: Ja.

JEROME: Warum?

CORINNA *(verzweifelt, am Ende ihrer Kraft)*: Weil wir dich beide lieben, Jerome. Weiß der Kuckuck, warum, aber wir lieben dich. Liebe, Liebe, Liebe! So. Jetzt komm bitte mit.

JEROME *(freudig)*: Ja. Mach ich. Ich komme. Geh vor. Sag ihnen, ich komme.

(Er küßt sie.)

Schnell. Laß sie nicht wegfahren.

CORINNA: Beeil dich.

(Corinna geht. Man sieht sie noch einmal auf dem Bildschirm, wie sie die Wohnung verläßt. Jerome nimmt ein Video-Band, das von Geain. Er geht hinaus, hinter ihr her.)

STIMME *(aus Gou)*: Sicherheits-Countdown beginnt. Sechzig – neunundfünfzig – achtundfünfzig – siebenundfünfzig – sechsundfünfzig – fünfundfünfzig... *(Je länger der Countdown dauert, desto leiser wird die Stimme, bis sich nur noch Gous Lippen bewegen.)*

(Jerome erscheint auf dem Schirm an der Tür, er will gehen, dann überlegt er es sich und kommt zurück, diesmal schließt er die Wohnungstür. Gous Countdown geht weiter. Die Geschosse donnern mit zunehmender Regelmäßigkeit gegen die Läden. Jerome kommt wieder ins Zimmer und geht zur Anlage. Er hält das Tonbandgerät an und läßt es zurückspulen.)

JEROME *(vom Band)*: ...daß wir – noch mal anfangen – war das nur, damit Geain mitgeht – oder –

CORINNA *(vom Band)*: Nein, natür –

(Jerome läßt das Band weiter vorlaufen.)

(Vom Band) ... wir dich beide lieben, Jerome. Weiß der Kuckuck, warum, aber wir lieben dich. Liebe, Liebe, Liebe! So. Je –

(Jerome arbeitet weiter mit der Aufnahme. Gou zählt lautlos weiter, ihr Mund bewegt sich kaum noch.)

(Vom Band) Liebe! Liebe! Liebe!...

JEROME *(wie ein Mensch, der eine Vision hatte)*: Mein Gott!

(Er nimmt hastig die Abdeckungen von dem Rest der technischen Geräte, die bis jetzt verborgen waren. Es stellt sich heraus, daß fast alles im Zimmer Teil von Jeromes Aufnahme- und Sample-Geräten ist, einschließlich des Couchtischs. Während er das macht, hört man eine neue Serie von wütenden Knalls gegen die Fensterläden. Er ignoriert das total. Während er herumgeht, er-

reicht der Countdown von Gou null, und sie legt sich still. Ruhig und ohne große äußere Anzeichen. Sie hebt ganz leicht die Hand und läßt sie fallen. Ein letztes Winken. Ihr Kopf senkt sich, und sie sackt in sich zusammen. Jerome arbeitet jetzt fieberhaft. Er bearbeitet den Originalklang von Corinnas Liebesschrei, samplet und synthetisiert ihn. Ein komplexer, endloser Vorgang, auf wenige Bühnensekunden verdichtet. Jerome spielt seine Komposition. Anfangs improvisiert er, wird zunehmend zuversichtlicher, die Struktur wird immer dichter, der Aufbau voller. Ein großer Chor variierender Liebesklänge, die alle aus Corinnas Original entwickelt wurden. Dies ist seine Komposition über die «Liebe». Er arbeitet etwa drei bis vier Minuten. Währenddessen muß es an der Tür geklingelt haben, ohne daß man es hören konnte, denn auf dem Bildschirm erscheinen die Gesichter von Corinna, Geain und Mervyn, die alle drei lautlos in die Video-Kamera rufen, um wieder reingelassen zu werden. Das Bild wird abrupt abgelöst von Lupus, der auf dem Bildschirm erscheint – offensichtlich hat das Telefon auch geklingelt. Jerome kriegt nichts davon mit. Lupus liegt auf einer Art Krankenbahre – anscheinend auf dem Weg in den Operationssaal. Er ist vollständig bandagiert und kaum erkennbar. Aber sein Mut scheint trotz allem ziemlich ungebrochen. Er wedelt mit den Armen, spricht angeregt, wenn auch unhörbar. Er hält den einen unbandagierten Daumen hoch, um, wie immer, seinen Freund zu beruhigen, daß er sich keine Sorgen um ihn zu machen braucht. Lupus wird langsam aus der Sicht der Kamera gerollt, den Flur hinunter. Zu diesem Bild gibt es mit wachsender Geschwindigkeit Zwischenschnitte von Corinna, Geain und Mervyn vor der Haustür-Überwachungskamera, deren Bild das Bild das Videofon-Gesprächs verdrängt. Schließlich stellt die Hand einer Krankenschwester das Bild aus dem Krankenhaus ab.

Auf dem Bildschirm, vor der Wohnungstür, schaut die Gruppe mit Corinna ein letztes Mal zurück und eilt davon. Rita, die Tochter der Finsternis, kommt in die Eingangshalle gerast, sie schwingt eine Eisenstange und brüllt unhörbar Obszönitäten. Im Vorbeirasen bemerkt sie die Kamera, hält an und zerschmettert sie. Der Bildschirm wird dunkel. Selbstvergessen spielt Jerome weiter, wie ein Besessener. Mit großem Schwung endet er schließlich. Stille. Triumphierend steht er da.)

JEROME *(überglücklich und atemlos)*: Das ist es! Das ist es!

(Stille. Ein Geschoß von draußen knallt gegen die Läden. Jerome reagiert nicht.

Fühlt sich schon so, wie man sich eben fühlt, nach dem Höhepunkt.) Das ist es.

(Er schaut sich um und setzt sich.)

Yeah! *(Pause)* Das ist es, endlich.

(Er sitzt ganz allein da. Und realisiert, wie allein er ist. Während die Geschosse weiter donnern.)

Vorhang

Über den Autor und seine Stücke

Alan Ayckbourn wird am 12. April 1939 im Londoner Stadtteil Hampstead geboren. Der Vater, Horace Ayckbourn, ist Erster Geiger beim London Symphony Orchestra. Fünf Jahre später, 1944, trennen sich die Eltern, und die Mutter, Irene Maud Worley, beginnt unter dem Pseudonym Mary James romantische Kurzgeschichten für Frauenzeitschriften zu schreiben. Mutter und Sohn ziehen nach Staines in Sussex. Der Vater heiratet wieder, gibt die Musik auf und entschwindet nach Norfolk. Als Ayckbourn acht Jahre alt ist, heiratet die Mutter einen Bankmanager, schreibt aber weiter und wird mit ihren populären Liebesromanen später sehr erfolgreich. Ayckbourn besucht die Local Boarding School, während der Woche lebt er in der Schule, am Wochenende ist er zu Hause. Mit zwölf gewinnt er ein Stipendium der Barclay Bank, das ihm den Besuch der Haileybury School (staatliches Internat) ermöglicht. Während der sechs Jahre in Haileybury geht Ayckbourn zweimal in den Sommerferien mit Schultheaterproduktionen auf Tournee. Mit «Romeo und Julia» durch Holland, mit «Macbeth» durch die USA. Ayckbourn spielt den Peter bzw. den Macduff und will anschließend Schauspieler werden, schreibt auch Sketche für Schulaufführungen. Mit siebzehn beendet er die Schule (Einser in Englisch und Geschichte); die Mutter trennt sich vom zweiten Ehemann und geht zurück nach London.

Ayckbourn bewirbt sich als Schauspieler bei Donald Wolfit, einem Shakespeare-Tragöden, den Ronald Harwood später in seinem Stück «Der Garderobier» verewigt. Als Inspizient / Assistent / Darsteller arbeitet Ayckbourn bei einer Wolfit-Produktion für das Edinburgh Festival. Danach folgt ein Jahr als Schauspieler / Inspizient in Worthing und Leatherhead, beides Weekly Rep Theatre, das heißt jede Woche eine Premiere mit kleiner Mannschaft, die alle Bereiche der Theaterproduktion abdecken muß. Ayckbourn lernt das technische Einmaleins des Theaters: Bühnenbild, Requisite, Ton, Beleuchtung etc. Mit neunzehn heiratet er die Schauspielerin

Christine Roland, sie haben zwei Söhne, Steven und Philip, und trennen sich einige Jahre später. Im Sommer 1957 sieht Ayckbourn zum erstenmal eine Inszenierung von Stephen Joseph: Sartres «Geschlossene Gesellschaft» auf der Arenabühne des Mahatma Gandhi Theatre in London. Stephen Joseph gehörte zu den Anarchisten der englischen Theatergeschichte und war ein glühender Verfechter der Arenabühne (Theatre-in-the-Round), die es in Großbritannien nicht gab. Joseph hat nicht nur die Arenabühnen in Scarborough und Stoke-on-Trent gegründet, sein Einfluß wirkte sich auch auf eine Reihe anderer Theaterneubauten aus, in denen diese Bühnenform verwirklicht wurde, von der Joseph meinte, sie sei die einzige, bei der sich der Schauspieler nicht auf sein Spiel verlassen kann, sondern in der er *sein* muß.

Scarborough liegt in Yorkshire, an der Nordostküste Englands, und war bis in die zwanziger Jahre ein vornehmer Kurort, dank einer Heilquelle in Strandnähe, die man 1626 entdeckte. Inzwischen gilt das Wasser der Quelle als ungesund, und Scarborough ist ein einfaches Seebad geworden, mit der typischen englischen Strandpromenade, gesäumt von Spielhallen, Souvenirläden, Fish-'n-Chips-Restaurants und einem kleinen Jahrmarkt. Stephen Joseph war im Sommer 1954 auf der Suche nach Räumen für seine Theatertruppe und fand sie in der Bibliothek von Scarborough. Man überließ ihm den Konzert- und Vortragssaal im ersten Stock (250 Sitzplätze). In den zehn Jahren bis zu seinem Tod 1967 – er starb an Krebs – machte Joseph Theater für die Feriengäste von Scarborough. Acht bis zehn Stücke standen in den fünf Sommermonaten jeder Spielzeit auf dem Programm. Darunter Werke von García Lorca, Strindberg, Sartre und Ibsen, daneben die zeitgenössischer englischer Dramatiker. Joseph zeigte auch unbekannte junge Autoren wie Osborne oder Pinter – er war der erste Intendant, der Pinters «Geburtstagsfeier» nach dem Londoner Mißerfolg produzierte. Pinter inszenierte selbst, Ayckbourn spielte den Stanley.

Ayckbourn kommt 1957, in Josephs dritter Saison, als Schauspieler/Inspizient nach Scarborough und ist mit kurzen Unterbrechungen bis heute dort geblieben. Joseph, der die Meinung vertrat, seine Schauspieler sollten im Theater alles können, vom Kartenverkauf über die Requisite bis zur Beleuchtung, ermutigt Ayckbourn zum Schreiben. Seine ersten Stücke, die beiden Farcen *The Square Cat**, *Love After All** (1959) sowie das Kinderstück *Dads Tale** (1960) und die futuristische Komödie *Standing Room Only** (1961), schreibt er noch unter dem Pseudonym Roland Allen, eine Wortspielerei aus seinem Namen und dem seiner Frau Christine Roland. Es folgen zwei Jahre als Regieassistent und Schauspieler am Victoria Theatre (Stoke-on-Trent). Unter eigenem Namen entstehen dort das Kinderstück *X-mas Vs Mastermind** (1962) und *Mr. Whatnot* (1963), das von René Clairs Film «Le Million» beeinflußt ist und seine Liebe zu den Stummfilmkomikern Buster Keaton und Harold Lloyd spiegelt. 1964 geht Ayckbourn, inzwischen fünfundzwanzig, als Hörspielredakteur/Regisseur zur BBC nach Leeds. Er bleibt dort fünf Jahre bis 1969, kommt aber immer zur Sommersaison nach Scarborough zurück, um dort ein Stück zu schreiben und zu inszenieren.

1965 bis 1969

Halbe Wahrheiten (1965, Stück in zwei Akten, ursprünglich *Meet My Father*, umgenannt in *Relatively Speaking*). Eine klassische Verwechslungskomödie. Ginny liebt Greg und hat ein Verhältnis mit Philip, ihrem Chef, der mit Sheila verheiratet ist. Als Ginny Philip aufsuchen will, um ihm klarzumachen, daß ihre Beziehung beendet ist, lügt sie Greg an und behauptet, sie fährt aufs Land, ihre Eltern besuchen. Greg reist ohne ihr Wissen auch dorthin, um bei ihren vermeintlichen Eltern um ihre Hand anzuhalten. *Halbe Wahrheiten* wird Ayckbourns erstes Erfolgsstück, 1967 hat es im Londoner Westend Premiere und am Hamburger Thalia Theater, Regie: Theo Lingen.

*Im Text mit * gekennzeichnete Stücke sind nicht zur Produktion freigegeben. Titel, die nur in Englisch genannt werden, sind nicht übersetzt.*

The Sparrow * (1967, Komödie in zwei Akten). Zwei Männer in einer Wohngemeinschaft, die um dieselbe Frau konkurrieren.

Countdown (1969, Zehn-Minuten-Dialog), Teil einer Einakter-Sammlung unter dem Titel *Gemischtes Doppel* (*Mixed Doubles*), die auch Szenen von Harold Pinter, Fay Weldon und James Saunders enthält.

Die bessere Hälfte (1969, Stück in zwei Akten, *How the Other Half Loves*). In der Geschichte von drei Ehepaaren aus unterschiedlichen gesellschaftlichen Schichten (die Männer arbeiten alle in derselben Firma) verschränkt Ayckbourn Raum und Zeit auf der Bühne. Das Wohnzimmer der Fosters und das Eßzimmer der Phillips verlegt er in einen Raum, beide Paare benutzen dasselbe Sofa und denselben Eßtisch. Die Aktionen und Gespräche bei den Besuchen des dritten Paares laufen parallel und überlappen sich.

Die unglaublichen Illuzinationen des Ernie Frazer (1969, Einakter, *Ernie's Incredible Illucinations*). Für Schul- und Amateurproduktionen geschrieben. Ernie ist ein kleiner Junge, dessen Tagträume für seine Umgebung sichtbar werden. Bis 1988 ist dies Ayckbourns letztes Kinderstück.

Nach Stephen Josephs Tod im Jahre 1967 leitet Ken Boden, Versicherungsagent und Sekretär der British Drama League in Scarborough, für zwei Jahre das Theater. 1969 übernimmt Ayckbourn die künstlerische Leitung, Boden kümmert sich um Public Relations und Finanzen. Ein festes Ensemble (im englischen Theater eher die Ausnahme) und die Förderung von jungen Dramatikern waren für Stephen Josephs Vorstellung von Theater unabdingbar, und Ayckbourn setzt diese Tradition fort. Seine eigenen Stücke werden inzwischen in der Regel ein Jahr nach der Uraufführung in Scarborough im Londoner Westend produziert, meist in der Regie von Eric Thompson oder Alan Strachan, und anschließend folgen in wachsender Zahl Produktionen im Ausland. 1971 läuft *Die bessere*

Hälfte als erster Ayckbourn am Broadway. Bis 1975 spielt die Truppe noch im alten Library Theatre, jeden Sommer vier bis fünf Produktionen, darunter Stücke von Brenton, Terson, Pinter, Albee, Anouilh, Shaffer, Miller, Dylan Thomas und Tschechow.

1970 bis 1975

Family Circles * (1970, Komödie in zwei Akten, *The Story So Far*, 1972 überarbeitet als *Me Times Me Times Me*, 1978 erneut revidiert als *Family Circles*). Drei Töchter kommen mit ihren Ehemännern übers Wochenende zu den Eltern. Im zweiten Akt sind die Töchter mit jeweils einem anderen der Ehemänner verheiratet. In der neuen Partnerschaft entwickeln alle sechs andere Seiten ihres Charakters.

In bestem Einvernehmen (1971, Stück in zwei Akten, *Time and Time Again*). Lionel ist ein absolut passiver Mann, ohne Wünsche, Willen und Energie, der keine Entscheidungen fällen kann und durch seine Teilnahmslosigkeit das Leben von fünf anderen Menschen gründlich ruiniert. Für Ayckbourn hat Wasser auf der Bühne eine große Faszination. In diesem Stück ist es ein kleiner Teich, in *Stromaufwärts* ein Fluß und in *Der Held des Tages* ein Swimmingpool.

Frohe Feste (1972, Stück in drei Akten, *Absurd Person Singular*). Ein Off-Stage-Stück. Die eigentliche Handlung findet im Wohnzimmer statt, das Stück spielt aber in der Küche. Drei Paare, deren Beziehungen zueinander von den beruflichen Positionen der Männer bestimmt werden (Geschäftsmann, Architekt, Banker), feiern dreimal gemeinsam Weihnachten. Immer ist ein anderes Paar Gastgeber, und die Karrieren der Männer entwickeln sich gegenläufig. (1973: Best Comedy Award, *Evening Standard*)

Normans Eroberungen (1973, drei aufeinander bezogene Stücke, jedes in zwei Akten: **Tischmanieren** (*Table Manners*), **Trautes Heim** (*Living Together*), **Quer durch den Garten**

(*Round and Round the Garden*). Jedes der drei abendfüllenden Stücke, das jeweils ohne Kenntnis der beiden anderen gesehen werden kann, ist gewissermaßen das Off-Stück zu den anderen. Im Zentrum steht Norman, Ehemann einer beruflich erfolgreichen Frau, dessen Sehnsucht nach Liebe für die gesamte Familie zum Problem wird. (1974: Best Play Award, *Plays and Players* und *Evening Standard*, Playwright of the Year, *Variety Club of Britain*)

Freunde in der Not (1974, Stück in zwei Akten, *Absent Friends*). Ein Stück über Tod und Glück und welche Wirkung es hat, wenn die Unzufriedenen und Unglücklichen damit konfrontiert werden. Ayckbourn nach der Uraufführung im Library Theatre: «Durch die Intimität der kleinen Arenabühne, wo das Publikum praktisch mit im Zimmer sitzt, wurde das Stück zu einer Art Schlüsselloch-Erfahrung.»

Konfusionen (1975, fünf kurze Einakter, die ein Stück bilden, *Confusions*). Ayckbourn überarbeitet den Einakter aus *Mixed Doubles* (1969) und schreibt vier weitere dazu. Die fünf Schauspieler seines Ensembles spielen 21 Rollen, die Themen: Trennung, Isolation und ihre Folgen.

Jeeves (1975, Buch und Songtexte von Ayckbourn, Musik von Andrew Lloyd Webber). Die musikalische Komödie nach Geschichten von P. G. Wodehouse wird ein gigantischer Flop. Der Produzent Michael White: «Bei den Voraufführungen in Bristol war die Show noch vier Stunden lang und die Stimmung miserabel. Dann wurden wir leider panisch, machten drastische, falsche Striche. Es war genau die Situation, die jeder Produzent am meisten fürchtet. Ein großes Musical, das auf das Westend zudonnert, wie ein Zug, der nicht mehr lange genug aufgehalten werden kann, um ganz grundsätzlich repariert zu werden. Die Premiere war eine Katastrophe.»

Schlafzimmergäste (1975, Komödie in zwei Akten, *Bedroom Farce*). Ayckbourn zu dem Stück: «Jemand hat behauptet, die

Komödie zeige überspitzte Figuren in realen Situationen. Die Farce hingegen zeige reale Figuren in überspitzten Situationen. *Bedroom Farce* ist eine Komödie über reale Figuren, die in überspitzten Situationen überspitzt reagieren, weil ihnen die Situationen schrecklich real vorkommen.»

1976 muß die Truppe umziehen. Die Aula einer ehemaligen Grundschule für Jungen wird zum Stephen-Joseph-Theatre-in-the-Round (307 Plätze), zu dem auch das Square-Cat-Bistro gehört. Es ist zugleich Restaurant und Studiobühne, und Ayckbourn schreibt dafür in der Folge mit seinem Komponisten Paul Todd eine Reihe von Lunch- bzw. Nighttime-Revuen, um auch Besucher anzusprechen, die sonst beim Theater erst eine Hemmschwelle überwinden müssen. Mit Beginn der Spielzeit 76/77 versucht Ayckbourn einen ganzjährigen Spielbetrieb aufzubauen. Scarborough hat rund 50000 Einwohner, und inzwischen ist sein Theater so etabliert, daß das Publikum aus London oder anderen Teilen Großbritanniens und auch die Presse regelmäßig nach Scarborough kommen.

Peter Hall, der 1972 als Nachfolger von Sir Laurence Olivier Intendant des Royal National Theatre in London geworden war, hatte 1973 die Londoner Produktion von *Absurd Person Singular* gesehen: «Ein schweres, wunderbar konstruiertes Stück. Aber da es als kommerziell gilt, wird es vermutlich nicht beachtet werden.» Für die Eröffnungsspielzeit des National Theatre-Neubaus an der South Bank, mit den drei Bühnen Olivier, Lyttelton und Cottesloe, schreiben Harold Pinter, John Osborne, Howard Brenton, Stephen Poliakoff und Alan Ayckbourn. *Bedroom Farce* (1975 in Scarborough uraufgeführt) wird von Hall und Ayckbourn gemeinsam im Lyttelton, der mittleren der drei Bühnen des National, inszeniert. Langfristig hat das die Konsequenz, daß Ayckbourn bei den Londoner Produktionen seiner Stücke selbst Regie führt, sowohl im kommerziellen Westend als auch auf den subventionierten Bühnen des National und der Royal Shakespeare Company. In der Bundesrepublik inszeniert Peter Zadek 1979 *Spaß beiseite* am Deutschen Schauspielhaus Hamburg, aber es dauert noch acht Jahre, bis auch andere namhafte Regisseure wie Andrea Breth

(*Schöne Bescherungen*), Dieter Giesing (*Familiengeschäfte, Der Held des Tages*), Harald Clemen (*Einer für alles*), Niels-Peter Rudolph (*Der Held des Tages*) Ayckbourns Stücke für sich entdecken und Peter von Becker in *Theater heute* die Qualität des «berühmten Unbekannten» preist.

1976 bis 1980

Ganz unter uns (1976, Stück in zwei Akten, *Just Between Ourselves*). Das erste «Winterstück», also nicht primär für ein Publikum geschrieben, das Sommerferien an der See macht. Ähnlich wie John Cassavetes in seinem 1974 entstandenen Film «Eine Frau unter Einfluß» beschäftigt sich Ayckbourn hier mit der Unfähigkeit von Menschen zu wirklichem Verstehen des anderen, trotz der besten Absichten. (1977: Best Play Award, *Evening Standard*)

Das Festkomitee (1977, Stück in zwei Akten, *Ten Times Table*) spiegelt Ayckbourns Erfahrungen mit dem Umzug des Theaters. Um ihn zu ermöglichen, wurde ein Komitee gegründet, das Planung und Finanzierung mitgestaltete. Ayckbourn: «Bis dahin hatte ich wenig mit Komitees zu tun gehabt. Nach und nach fing ich an, mich für ihre Vorgehensweise und ihre Protokolle zu interessieren. Insbesondere für die Menschen, die dazugehörten, und ihre absurden Spiele.»

Spaß beiseite (1978, Stück in zwei Akten, *Joking Apart*). Ein «glückliches Paar», stets Sieger im Leben, aus der Perspektive der «Verlierer» gesehen, in einem Garten mit Tennisplatz, auf dem im Verlauf des Stücks auch ein Doppel gespielt wird, bei dem der Gastgeber «mit links» gewinnt. Ayckbourn, jetzt neununddreißig, schreibt in der englischen Buchausgabe: «Die Figuren sind anfangs Ende Zwanzig und am Ende Anfang Vierzig, bis auf eine, die ist zunächst Ende Zwanzig und wird schließlich achtzehn. Wenn man das Stück liest, muß man wissen, daß Melody/Mandy/Mo/Debbie von derselben Schauspielerin gespielt werden sollen.» Ein Trick, den Ayckbourn immer dann anwendet, wenn es in einem Stück kleine Rollen geben muß. So auch in *Familiengeschäfte, Glückliche Zeiten*. (1979: Best Play Award, *Plays and Players*)

Sisterly Feelings (1978, Stück in vier Szenen, mit alternativen Versionen der Szenen 2 und 3). Ayckbourn stellt die Frage, ob wir unser Leben tatsächlich durch Entscheidungen bestimmen oder uns das nur vormachen. Hier werfen zwei Schwestern im entscheidenden Moment eine Münze und variieren so den Stückablauf. Ayckbourn: «Der Einfall hat die Wirkung, daß er Schauspieler stimuliert, Inspizienten verwirrt und das Kartenbüro äußerst ärgerlich macht.»

Treppauf-Treppab (1979, Farce in zwei Akten, *Taking Steps*). Eine der wenigen wirklichen Farcen, die Ayckbourn geschrieben hat. Türen sind meist ein wesentliches Element der Farce. Da die Arenabühne im Stephen Joseph Theatre keine Türen hat (es gibt drei Auftritte zwischen den Zuschauern), erfindet Ayckbourn eine Variante: Die drei Stockwerke der Villa, in der das Stück spielt, und die beiden Treppen liegen alle auf einer Bühnenebene. Ayckbourn: «Ein Stück über die Unschuld. Es vertritt die wahrscheinlich naive und sicher unmoderne Ansicht, daß das Gute triumphieren wird.»

Suburban Strains (1980, Stück mit Musik von Paul Todd) gehört wie *Making Tracks* (1981) zu Ayckbourns Versuchen mit Formen des Musicals. Ayckbourn: «Paul Todds Musik hat mir bei meinen eigenen Stücken weitergeholfen, durch sie gab es den notwendigen Impuls, über den Naturalismus hinauszugehen.» Das Stück ist wieder ein Spiel mit Zeit. Die Geschichte der Lehrerin Caroline, die aus ihrer Ehe mit einem Schauspieler in eine Affäre mit einem Arzt flüchtet, beginnt «gleichzeitig» in der Mitte und am Anfang, der Zuschauer erlebt also beide Beziehungen parallel geschnitten.

Schöne Bescherungen (1980, Komödie in zwei Akten, *Season's Greetings*). Ayckbourns fünfundzwanzigstes abendfüllendes Stück. Sein Thema: Die Schrecken der bürgerlichen Weihnachtsfeiertage, vielleicht deshalb wird es gerade in Osteuropa besonders häufig inszeniert.

1980: Ayckbourn ist jetzt einundvierzig Jahre alt. Seit elf Jahren leitet er das Theater in Scarborough. Er hat sich ein festes Team aufgebaut, acht bis zehn Schauspieler, zwei junge Regisseure. Ayckbourn: «Ich glaube, daß langfristige Arbeitsbeziehungen mit Schauspielern gerade dann wichtig sind, wenn man, wie bei uns, in erster Linie neue Stücke produziert. Man muß nur zusehen, daß es keine Stagnation gibt. Wir haben so in etwa zwanzig Prozent Fluktuation im Jahr.» Insgesamt sind rund vierzig Menschen am Stephen Joseph Theatre beschäftigt, einschließlich der Küchenmannschaft des Square-Cat-Bistro. Man produziert zehn Stücke pro Spielzeit, die Proben dauern im allgemeinen vier bis sechs Wochen. Regelmäßige Tourneen bessern das finanzielle Budget auf. Parallel zur Arbeit in Scarborough inszeniert Ayckbourn weiter am National Theatre, 1980 *Sisterly Feelings*, 1982 *Way Upstream* und 1984 *A Chorus of Disapproval*. Nach dem enormen Erfolg dieser Produktion schlägt Peter Hall Ayckbourn vor, in der Spielzeit 86/87 mit einem eigenen Ensemble am National zu arbeiten. Um der Routine von Scarborough zu entgehen und seinen Ruf als Regisseur zu festigen, nimmt Ayckbourn das Angebot an. Michael Gambon, mit dem er schon in einer Reihe von Inszenierungen zusammengearbeitet hat, wird zum zentralen Schauspieler seiner Truppe, zu der auch Mitglieder des Ensembles aus Scarborough gehören. In der Zeit am National schreibt und inszeniert Ayckbourn *Familiengeschäfte*, führt Regie bei «Tons of Money» von Evans/Valentine, John Fords «Schade, daß sie eine Hure ist» und Arthur Millers «Blick von der Brücke». Für diese Produktion wird er 1988 von der renommierten englischen Theaterzeitschrift *Plays and Players* als Regisseur des Jahres ausgezeichnet.

Stromaufwärts (1981, Stück in zwei Akten, *Way Upstream*). Ayckbourn reflektiert das gesellschaftliche und politische Klima der Thatcher-Ära kurz vor dem Falkland-Krieg in einem Machtkampf zwischen drei Männern auf einem Hausboot, das den River Orb zur Brücke von Armageddon hinunterfährt. Ayckbourn: «Es hat mich interessiert, warum manche Menschen zu Führern werden und wie wir durchschnittlichen Menschen auf wirkliche Gefahr reagieren. Es ist ein eher optimistisches Stück und hat etwas von ‹Peter Pan›.» Allerdings begraben die Umstände, unter denen Ayckbourn *Stromaufwärts* am National Theatre produziert, fast das eigentliche Stück. Durch verschiedene technische Pannen wird die gesamte Unterbühne unter Wasser gesetzt, und einige Kritiker erscheinen in Gummistiefeln zur mehrmals verschobenen Premiere.

Making Tracks (1981, Stück mit Musik von Paul Todd) spielt in einem Tonstudio und ist geprägt von Ayckbourns Erfahrungen als Hörspielregisseur bei der BBC. Ayckbourn: «Ich empfinde eine Art Haßliebe zum Musical. Ich liebe die Form und hasse den Schmalz und den falschen Glamour und die ewigen Happy-Ends – ich glaube, vom Gefühl her bin ich viel zu pessimistisch für Musicals.»

Intime Signale (1982, eine aufeinander bezogene Serie von acht möglichen Stücken in vier Szenen mit sechzehn unterschiedlichen Schlußvariationen, *Intimate Exchanges*). Ayckbourn produzierte diesen Stückmarathon (geschrieben für zwei Schauspieler, die jeweils drei bis fünf Figuren spielen) über ein Jahr lang, und im Frühjahr 1983 werden alle sechzehn möglichen Varianten in einem Zeitraum von vierzehn Tagen gezeigt. Ayckbourn: «Die meisten Figuren stammen aus meiner Kindheit, Erinnerungen an mein Internat. Das Ganze ist wie ein großes Fotoalbum, und ich wollte wohl auch über den Moment des Zufalls schreiben: Je nachdem, wem wir begegnen, kann unser Leben eine völlig andere Wendung nehmen.»

A Trip to Scarborough (1982, Variationen auf ein Stück von Richard B. Sheridan). Geschichten von Gästen und Personal des Royal Hotel in Scarborough, erzählt aus drei Zeitabschnitten: 1800, 1940 und 1980.

It Could Be Anyone of Us* (1983). Ayckbourn: «Kriminalkomödien sind beinahe genauso schwierig wie Farcen. Das Problem dabei war: Um einen erfolgreichen Whodunnit zu schreiben, muß man die Bühne mit Figuren bevölkern, die möglicherweise Täter sind. Ich kann mir zwar vorstellen, daß ein potentieller Mörder in einem Haushalt lebt – aber fünf oder sechs...? Am Ende hatte ich nicht das Herz, irgend jemand umzubringen.»

Einer für alles (1984, Komödie in zwei Akten, *A Chorus of Disapproval*). Für die Geschichte über Korruption und Filz in Pendon (eine fiktive Stadt, die oft in seinen Stücken auftaucht) benutzt Ayckbourn als Rahmenhandlung die Proben einer Amateur-Theater-Gruppe zu John Gays «Bettleroper» und verschränkt Themen des eigenen Stücks mit dem des Klassikers. *A Chorus of Disapproval*, wie immer in Scarborough uraufgeführt, ist aber schon im Hinblick auf das National geschrieben, wo es 1985 (mit Michael Gambon als Guy) herauskommt. Ayckbourn: «Inzwischen hatte ich gelernt, was für die große Bühne des Olivier notwendig ist, sie fordert Stücke mit starker erzählerischer Struktur.» (1985: Best Comedy Award, *Olivier, Drama, Evening Standard*)

In Gedanken (1985, Stück in zwei Akten, *Woman in Mind*). Susan verliert (wie Vera in *Ganz unter uns* und Louise in *Spaß beiseite*) ihren Bezug zur Realität. Ayckbourn: «Ich wollte ein Stück als Ich-Erzählung, aus jemandem heraus schreiben, Vorgänge im Kopf eines Menschen. Daraus ergab sich, daß die Person einen eher merkwürdigen Blick auf die Welt haben müßte, sonst wäre es nicht sonderlich interessant. Und ich dachte, es könnte spannend sein, wenn man in jemanden hineinsieht, dessen Wahrnehmung aus bestimmten Gründen immer mehr verunsichert und unrealistischer wird.»

Familiengeschäfte (1987, Stück in zwei Akten, *A Small Family Business*). Seit 1965 das erste Stück, das nicht in Scarborough, sondern im Olivier des National Theatre uraufgeführt wird. Es zeigt einen Mann, der sein Familienunternehmen nach den Regeln von Anstand und Ehrlichkeit führt, den Angestellten gute Gehälter bezahlt und die Steuer nicht betrügt. Als seine Tochter in Schwierigkeiten kommt, will er ihr helfen, weicht ein bißchen von den Regeln ab und endet in einem Sumpf von Korruption. Ayckbourn: «Ich wollte zeigen, daß unsere Gesellschaft keine moralischen Grundregeln mehr hat und daß es ein Trugschluß ist zu glauben, man würde noch danach leben.» (1987: Best Play Award, *Evening Standard*)

Ab jetzt (1987, Stück in zwei Akten, *Henceforward*). Nach *Standing Room Only* (1961) Ayckbourns zweiter Ausflug in eine zukünftige Welt. Jerome, Avantgarde-Komponist, eine Art akustischer Voyeur, der mit einem weiblichen Roboter zusammen lebt, kämpft um das Sorgerecht für seine Tochter. Ayckbourn: «Es sieht so aus, als ob wir auf dem Weg in ein Zeitalter sind, in dem Menschen nur noch Bildschirmen und Monitoren vertrauen, weil sie logischer und verläßlicher scheinen als andere Menschen. Diese technischen Apparaturen kritisieren nicht, man hat keine Konflikte mit ihnen. Man wird nur sehr einsam.»

Die Rückkehr 1988 vom National nach Scarborough bringt eine überraschende Entwicklung: Nach beinahe zwanzig Jahren schreibt Ayckbourn wieder für Kinder. Er nennt diese Arbeiten «Familienstücke» oder «Erwachsenenstücke für Kinder», und sie entstehen auch als Reaktion auf die Politik der Thatcher-Regierung: Den staatlichen Schulen werden die Subventionen für Theaterbesuche gestrichen, und Ayckbourn sucht einen Weg, Kinder und Eltern für sein Theater zu interessieren. Mit wenigen Ausnahmen beschränkt sich das Kinder- und Jugendtheater in Großbritannien meist auf die Weihnachts-Pantomimes, und kaum einer der «ernsthaften» Dramatiker schreibt für das heranwachsende Theaterpublikum der Zukunft. Ayckbourn: «Ich dachte, es wäre an der Zeit, daß ein paar von unseren Top-Dramatikern endlich Theater für Kinder ernst nehmen und entsprechende Stücke schreiben. Kinder verstehen intuitiv all das, was Erwachsene immer erklärt haben wollen, und Kinder sehen sehr viel genauer. Diese Arbeit hat auch auf meine anderen Stücke Einfluß gehabt. Das Ganze ist also nicht nur altruistisch.» Von den bislang fünf Familienstücken für Scarborough inszeniert Ayckbourn zwei auch am National Theatre, das inzwischen von Richard Eyre geleitet wird. Zwar lehnt Ayckbourn es grundsätzlich ab, daß seine Stücke verfilmt werden, aber es gibt zwei Ausnahmen: Michael Winner dreht 1988 in Scarborough mit Jeremy Irons und Anthony Hopkins *A Chorus of Disapproval*. Alain Resnais, der sich seit Jahren regelmäßig Ayckbourns Stücke in Scarborough ansieht, erwirbt 1991 die Filmrechte für *Intimate Exchanges*. 1992 übernimmt Ayckbourn eine Gastprofessur für zeitgenössisches Drama in Oxford.

Ein zweiter Band mit Stücken von Alan Ayckbourn aus den achtziger und neunziger Jahren ist geplant, die Titel aus den Jahren 1988 bis 1993 sind hier nur chronologisch aufgeführt.

1988: **Der Held des Tages** (*Man of the Moment*), **Das Rätsel der gestohlenen Stimmen** (*Mr. A's Amazing Maze Plays*, Familienstück)
1989: **Die Komödie der Rächer** (*The Revenger's Comedies*, Zweiteiler), **Unsichtbare Freunde** (*Invisible Friends*, Familienstück)
1990: **Körpersprache** (*Body Language*) und die beiden Familienstücke **Jetzt sind wir dran** (Zweiteiler, *This Is Where We Came In*) und **Callisto 5** (*Callisto 5*)
1991: **Unsere kühnsten Träume** (*Wildest Dreams*), **Das ist meine Geschichte** (*My Very Own Story*, Familienstück)
1992: **Glückliche Zeiten** (*Time of My Life*), **Dreams From a Summerhouse** (Stück mit Musik von John Pattison)
1993: **Communicating Doors**

1995 wird das Theater erneut umziehen, in das stillgelegene Odeon-Cinema, einen der wenigen noch verbliebenen Art-déco-Bauten einer Kinokette aus den zwanziger Jahren. Das neue Stephen-Joseph-Theatre-in-the-Round soll nur vierzig Sitzplätze mehr haben (400) als das jetzige, aber die Arbeitsbedingungen hinter der Bühne und in den Werkstätten werden sich verbessern. Die neue Studiobühne (getrennt vom Square-Cat-Bistro) läßt sich auch als Kino nutzen und wird als «The-Margret-Ramsay-Theatre» ausschließlich Stücke von Nachwuchsdramatikern zeigen. Margret Ramsay, die 1991 starb, war Agentin für Theaterautoren, eine außergewöhnliche Frau mit einem genialen Gespür für dramatische Talente. Die meisten Dramatiker, die heute im englischen Theater einen Namen haben, werden von ihrer Agentur vertreten. Margret Ramsay hatte 1964, nach dem Londoner Mißerfolg von *Mr. Whatnot*, Alan Ayckbourn in den Kreis ihrer Autoren aufgenommen.

Gefragt, was wohl mit dem Theater in Scarborough geschehen werde, wenn es ihn nicht mehr gibt, antwortet Ayckbourn: «Wenn ich großes Pech habe, produzieren sie meine Stücke weiter, und es wird so eine Art Gedenkstätte. Extrem langweilig. Wenn nach mir nicht jemand mit einer ebenso starken Persönlichkeit kommt, dann sollten sie es lieber schließen. Theater hat für mich nichts mit Gebäuden zu tun, sondern mit den Menschen, die darin arbeiten. In diesem Land werden viele Theater einfach bespielt, weil es ein Gebäude gibt und eine Gruppe von Leuten drin sitzt, die sagt: ‹Wir müssen hier Theater machen.› Es sollte aber eigentlich so sein, daß jemand sagt: ‹Ich habe eine bestimmte Vorstellung von Theater, und jetzt suche ich mir den passenden Ort.› Subventionen sollten immer an einen Menschen gebunden sein, oder besser an eine Truppe, nicht an ein Gebäude.»

August 1993
Corinna Brocher

Hans Fallada

Das vierte Buch wurde **Hans Falladas** größter Erfolg: 1932 erschien im Ernst Rowohlt Verlag «Kleiner Mann — was nun?» Nach jahrelanger Mittellosigkeit begann eine kurze Zeit des großen Geldes. Ab 1933 wurde es um Hans Fallada einsamer. Während Freunde und Kollegen emigrierten, glaubte er, vor den Nazis, wie er es nannte, einen «Knix» machen zu müssen, um weiterschreiben zu können. Als wollte er der wirklichen Welt entfliehen, schrieb er unermüdlich zahlreiche fesselnde Romane, wunderbare Kinderbücher und zarte Liebesgeschichten. Am 5. Februar 1947 starb Hans Fallada, körperlich zerrüttet, in Berlin.

Kleiner Mann — was nun?
Roman
(rororo 1)

Ein Mann will nach oben *Roman*
(rororo 1316)

Kleiner Mann, Großer Mann — alles vertauscht *Ein heiterer Roman*
(rororo 1244)

Wolf unter Wölfen *Roman*
(rororo 1057)

Der Trinker *Roman*
(rororo 333)

Jeder stirbt für sich allein
Roman
(rororo 671)

Wer einmal aus dem Blechnapf frißt *Roman*
(rororo 54)

rororo Literatur

Bauern, Bonzen und Bomben
Roman
(rororo 651)

Damals bei uns daheim *Erlebtes, Erfahrenes und Erfundenes*
(rororo 136)

Heute bei uns zu Haus
Erfahrenes und Erfundenes
(rororo 232)

Süßmilch spricht *Ein Abenteuer von Murr und Maxe*
(rororo 5615)

Wir hatten mal ein Kind *Eine Geschichte und Geschichten*
(rororo 4571)

Ein vollständiges Verzeichnis aller Bücher und Taschenbücher von Hans Fallada finden Sie in der Rowohlt Revue – vierteljährlich neu und kostenlos in Ihrer Buchhandlung.

3222/1

Václav Havel

«Mit **Václav Havel** ehren Sie einen unbequemen Intellektuellen, der weiß, daß er stört, und nicht daran denkt, davon zu lassen. Sie ehren einen Schriftsteller, der weiß, daß die Arbeit an den Worten absolut notwendig ist — eine Arbeit, die sich keiner in diesem Jahrhundert ersparen kann, in dem jedes Wort zum Slogan werden kann, in dem der Aufschrei des Herzens so vielen Manipulationen unterworfen werden kann und in dem gute Absichten zur allerschönsten Verpakkung schlechter Taten dienten.» André Glucksmann in seiner Laudatio auf Václav Havel anläßlich der Verleihung des Friedenspreises des Deutschen Buchhandels 1989

Das Gartenfest. Die Benachrichtigung *Zwei Dramen. Essays. Antikoden*
(rororo 12736)

Die Gauneroper. Das Berghotel. Erschwerte Möglichkeit der Konzentration. Der Fehler
Theaterstücke
(rororo 12880)
«Ich frage bei jeder Gelegenheit Havels politische Bewunderer: Kennen Sie seine Stücke? Seine Stücke geben dem Politiker Havel Dimensionen, ohne die man ihn nicht verstehen kann.»
Milan Kundera

Largo Desolato *Schauspiel*
Mit einem Vorwort von Siegfried Lenz
(rororo 5666)

Vaněk-Trilogie: Audienz. Vernissage. Protest – Versuchung. Sanierung *Theaterstücke*
(rororo 12737)

3234/2

rororo Literatur

Fernverhör *Ein Gespräch*
(rororo 12859)

Am Anfang war das Wort *Texte von 1969 bis 1990*
(rororo aktuell essay 12838)

Briefe an Olga *Betrachtungen aus dem Gefängnis*
(rororo aktuell essay 12732)

Angst vor der Freiheit *Essay*
(rororo aktuell essay 13018)

Versuch, in der Wahrheit zu leben
Essay
(rororo aktuell essay 12622)

Im Rowohlt · Berlin Verlag liegen vor:

Sommermeditationen
Deutsch von Joachim Bruss
160 Seiten. Gebunden

Eda Kriseová
Václav Havel. Dichter und Präsident
Die autorisierte Biografie
Deutsch von E. Thiele, G. Heißig und M. Pasetti
288 Seiten mit Abbildungen. Gebunden.

Rolf Hochhuth

Rolf Hochhuths erstes Theaterstück «Der Stellvertreter» sorgte 1963 für weltweites Aufsehen. Seine Erzählung «Eine Liebe in Deutschland», von Andrzej Wajda mit Hanna Schygulla verfilmt, führte zum Rücktritt Filbingers. **Rolf Hochhuth**, Jahrgang 1931, gelernter Buchhändler und Verlagslektor, ist ein politischer Schriftsteller, ein Aufklärer. Von keiner Partei abhängig, aber entschieden Partei ergreifend.
«Ich finde Hochhuths Fragestellung, seinen unerschütterlichen Glauben an das Moralische, einfach großartig.» *Karl Jaspers*

Der Stellvertreter *Ein christliches Trauerspiel*
(rororo 997)

Ärztinnen *Fünf Akte*
(rororo 5703)

Die Hebamme *Komödie*
(rororo 1670)

Judith *Trauerspiel*
(rororo 5866)

Juristen *Drei Akte für sieben Schauspieler*
(rororo 5192)

Eine Liebe in Deutschland
(rororo 5090)

Schwarze Segel *Essays und Gedichte*
(rororo 5776)

Panik im Mai *Sämtliche Gedichte und Erzählungen*
(rororo 13001)

rororo Literatur

Täter und Denker *Profile und Probleme von Cäsar bis Ernst Jünger*
(rororo sachbuch 8547)

Tod eines Jägers
(das neue buch 68)

Im Rowohlt Verlag sind u.a. erschienen:

Alle Dramen *Kassette mit 2 Bänden*
3056 Seiten. Gebunden.

Sommer 14 *Ein Totentanz*
400 Seiten. Broschiert und als rororo 13069

Alan Turing *Erzählung*
192 Seiten. Gebunden.

Tell 38 *Dankrede für den Basler Kunstpreis 1976 am 2. Dezember in der Aula des Alten Museums. Anmerkungen. Dokumente*
160 Seiten. Broschiert

Unbefleckte Empfängnis *Ein Kreidekreis*
216 Seiten. Broschiert

3239/2

Elfriede Jelinek

Mit kalter Schärfe analysiert **Elfriede Jelinek** die alltägliche Gewalt an Frauen. «Es gibt Dinge, die werden mir als Frau von den Kritikern nicht verziehen. Es gilt als einer Frau angemessen, hübsch intelligent, sparsam und sensibel zu schreiben. Aber ein Extremismus in der Schilderung wird mir als Frau nicht zugestanden.» Elfriede Jelinek, mehrfach für ihr Werk ausgezeichnet, zuletzt mit dem Heinrich-Böll-Preis 1986, lebt in Wien und München.

Die Ausgesperrten *Roman*
(rororo 5519)
«Es ist bemerkenswert, mit welchem Detailreichtum Elfriede Jelinek die Spielarten kleinbürgerlichen Verhaltens aufzeigt, präzise eingeschrieben in die Zeitgeschichte des österreichischen Wirtschaftswunders.» *FAZ*

Die Klavierspielerin *Roman*
(rororo 5812)
«Eine literarische Glanzleistung.» *SZ*

R. Friedrich / U. Nyssen (Hg.)
Theaterstücke
Was geschah, nachdem Nora ihren Mann verlassen hat oder Stützen der Gesellschaft. Clara S. musikalische Tragödie. Burgtheater. Krankheit oder Moderne Frauen
(rororo 12996)

Die Liebhaberinnen *Roman*
(rororo 12467)
«Bestechend an dieser Schriftstellerin ist die Genauigkeit und Schärfe, mit der sie in eine Welt falscher Glücksvorstellungen eindringt.» *FR*

3242/2

rororo Literatur

Michael *Ein Jugendbuch für die Infantilgesellschaft*
(rororo 5880)
In Elfriede Jelineks Buch steht der Name Michael für einen ideologischen Misthaufen, auf dem einzig solche Träume gedeihen, die gesellschaftlich erwünscht und politisch nutzbar sind.

wir sind lockvögel baby!
Roman
(rororo 12341)

Lust
256 Seiten. Gebunden und als rororo 13042

Oh Wildnis, oh Schutz vor ihr
Prosa
288 Seiten. Kartoniert und
Erika Pluhar liest aus «Oh Wildnis, oh Schutz vor ihr» «Keine Geschichte zum Erzählen»
1 Toncassette im Schuber
(Literatur für KopfHörer 66002)

Totenauberg *Ein Stück*
96 Seiten. Pappband.

18,90 / ~~13.20~~
9.45